DICKENS

狄更斯传

[英] 彼得·阿克罗伊德 ◎ 著
(Peter Ackroyd)

包雨苗 ◎ 译　　覃学岚 ◎ 校译

北京师范大学出版集团
BEIJING NORMAL UNIVERSITY PUBLISHING GROUP
北京师范大学出版社

DICKENS (ABRIDGED EDITION) by PETER ACKROYD

Copyright © 1990 BY PETER ACKROYD

This edition arranged with Sheil Land Associates Ltd. through BIG APPLE AGENCY.

Simplified Chinese edition copyright © 2014 Beijing Normal University Press (Group)
Co., LTD

All rights reserved.

北京市版权局著作权合同登记图字01-2012-7408号

图书在版编目(CIP)数据

狄更斯传 / (英)阿克罗伊德著;包雨苗译. 覃学岚校译
— 北京:北京师范大学出版社,2015.1
ISBN 978-7-303-17676-2

Ⅰ.①狄… Ⅱ.①阿… ②包…③覃 Ⅲ.①狄更斯, C.(1812~
1870) –传记 Ⅳ.①K835.615.6

中国版本图书馆CIP数据核字(2014)第157950号

| 营 销 中 心 电 话 | 010-58805072 58807651 |
| 京师心悦读新浪微博 | http://weibo.com/bjsfpub |

DIGENGSI ZHUAN

出版发行:北京师范大学出版社 www.bnup.com
        北京新街口外大街19号
        邮政编码:100875
印   刷:北京京师印务有限公司
经   销:全国新华书店
开   本:170 mm×230 mm
印   张:25
字   数:400千字
版   次:2015年1月第1版
印   次:2015年1月第1次印刷
定   价:56.00元

策划编辑:谢雯萍	责任编辑:李洪波 王 蕊
美术编辑:袁 麟	装帧设计:红杉林文化
责任校对:李 菡	责任印制:陈 涛
营销编辑:张雅哲	zhangyz@bnupg.com

版权所有 侵权必究

反盗版、侵权举报电话:010 – 58800697

北京读者服务部电话:010 – 58808104

外埠邮购电话:010 – 58808083

本书如有印装质量问题,请与印制管理部联系调换。

印制管理部电话:010 – 58800825

引子

～～～～～

"……只要有深刻的洞察力，就可以发现，在最深处是一些惨不忍睹的昏暗、致命、无言的成分，而躲藏在太阳般耀眼光辉下的，则是死亡本身的各种成分。"

——托马斯·卡莱尔如是评价查尔斯·狄更斯

"要记住，你所听到的故事都具有三重性：叙事者的加工，听者的再加工，以及故事里的逝者对前两者的隐瞒。"

——弗拉基米尔·纳博科夫，《塞巴斯蒂安·奈特的真实生活》

"伊波利特·基里洛维奇选择了依据历史发展叙事的形式，所有表达欲强烈的演讲者都偏爱这种形式，因为其局限性恰好能抑制自己滔滔不绝的辞令。"

——费奥多尔·陀思妥耶夫斯基，《卡拉马佐夫兄弟》

查尔斯·狄更斯永远地闭上了双眼。他躺在盖茨山庄饭厅里一张窄窄的绿色沙发上——但对于已经瘦得不成样子的他，还是绰绰有余的。他第一次见到这座山庄时还是个小孩①，但现在他就在这里离开了人世。父亲曾对他说可以把它当

---

① 狄更斯第一次见到这幢房子是在1821年，当时他才9岁，他父亲跟他说，如果他够勤奋的话，有朝一日就可以拥有这所房子或者类似的一所房子。

作自己的奋斗目标；父亲对他人生的影响非常大。而现在他已经离开了人世。按照当时的习俗，应当合上百叶窗和窗帘，让遗体在最终下葬之前笼罩在黑暗中；不过在盖茨山庄的饭厅里，窗帘却拉到了两侧，六月天明媚的阳光洒进来，照得屋子里一面面大镜子闪闪发光。他身边的家人知道他喜欢光明，需要光亮；而且他们也明白，维多利亚时代晚期（那一年是1870年）的阴郁沉闷之气一点儿也没影响到他。

记录了他人生历程的那一道道皱纹都在死亡的寂静中淡去。他年纪并不大——享年五十八岁——但那张斑驳而疲惫的脸上已经有了过早衰老的迹象；据说，随着年岁增长，他看上去"样子很尖刻"。但现在所有这些都不见了，女儿凯蒂看着他躺在沙发上闭眼休息，并在他的脸上再一次看到了"美丽和哀婉"的神情。这就是他在小说里一次又一次描写到的那个"遗忘已久"的神情。他在《雾都孤儿》中就描写过这种"遗忘已久的熟睡婴儿般的表情"再次出现在逝者脸上，在这部小说里，他还将"尸体僵硬的面孔和孩子安静的睡容"联系了起来。汉普雷老爷的死也有一种"如此不可思议且无法定义的年轻感"。这是他笔下威廉·杜丽死时脸上的神情；这是他在巴黎停尸间陈列的一具具尸体上看到的表情。这种死亡和新生之间的联系一直萦绕在他心头：沉睡、憩息、死亡、新生、纯真、遗忘，这些词汇构成了一个圆圈，将他带回了起点。就在这里，在盖茨山庄，这个离他小时候生活过的小镇很近的地方，父亲曾经带他参观过的地方；这个圈就在这里画圆满了。

他的遗容面具也做好了。他一直都讨厌面具。小时候他就被面具吓到过，而且在写作中一再重复着这句话——"看见有人戴着面具……直挺挺地躲在角落里假装死人是一件多么恐怖的事啊！"面具象征了查尔斯·狄更斯内心一种特殊的恐惧；他害怕死人只是在装死，怕他们会突然一跃而起，活蹦乱跳地又活了过来。他害怕死人以及所有没有生命的物体在他身边活过来向他索命；这是一个极其孤独的孩子和孤独的成年男子的恐惧。但这种恐惧之中不也有一种对最终寂灭的期盼吗？面具做好了，他躺进了自己的橡木棺材里。然后这个木质的安息之处上铺满了猩红色的天竺葵；这是查尔斯·狄更斯最喜欢的花，而遗骸盖满鲜花的这一最后画面，真正体现了狄更斯自己说过的一句话："鲜艳一点，鲜艳一点，再鲜艳一点！"——这句话就是他的人生写照。他总是想置身于色彩之中，他的装束也是出了名的鲜艳，尤其是年轻的时候。他的家人还在棺材上方的那面墙上挂了一张他年轻时的画像。毫无疑问，画像是由丹尼尔·麦克利斯所作，画的是1839年狄更斯从书桌上抬起头来的一瞬间，他的眼睛闪着光芒，像是在期待着即将到来的荣耀。他的小姨子乔治娜·贺加斯从他头上剪下一绺头发。家人还依照他生前的吩咐，将他的马射杀了。然后查尔斯·狄更斯便长眠了。

在那个通信快捷的年代，他去世的消息很快传遍了世界各地。在美国，朗费罗写下："我从不知道一个作家的逝去竟会引起那么大规模的悼念。说整个国家都沉浸在悲痛之中都毫不夸张。"不过这在美国也许不足为奇，毕竟这里的人民在读到《老古玩店》结局之前都会忍不住猜测"小奈尔死了吗？"卡莱尔写道："这是一个世界性的事件，一位独一无二的天才突然陨灭了……"而他的重要地位的其中一方面立刻清晰地显现出来了：6月10日，他去世后的第二天，《每日新闻》的一篇报道中写道："他绝对是最能代表这个时代的小说家。后人将在他刻画的当代生活图景中了解到比史料还要清晰的19世纪生活面貌。"

然而，如果说他是那个时代的编年史家，他还是和那个时代保持了一定的距离；在某种程度上，他一直是个孤独的观察者，像人类学家观察相当原始的部落习俗那样看着自己所生活时代中的风俗习惯。而能证明这一点的直接证据只有他自己的遗嘱，他在遗嘱中如此写道："……我强烈要求我的葬礼不可浪费、不可铺张，并且绝不可公开……参加葬礼的人不许披披巾、戴斗篷、打黑蝴蝶结、系黑帽带或诸如此类令人厌恶的荒谬配饰。我恳求我的朋友千万不要为我建造任何纪念碑，不论是用以追悼还是颂扬。"这应该意味着，他希望自己能够悄悄安葬在盖茨山庄和他幼年时常去的地方附近，于是，罗彻斯特大教堂马上为他准备好了一块墓地。

但是狄更斯家人向所谓的国家利益做出了妥协，最终同意将他葬在威斯敏斯特大教堂中，不过葬礼完全是按私人葬礼的仪式举行的。他曾经说过，"……一个人越伟大，礼节就越少"，以此强调简单朴素，而这正是他的一个重要品质。于是，6月14日，一个星期二的早晨，他的遗体从盖茨山庄运到了海厄姆火车站，在那里乘上一列专车来到了查令十字街。由三辆马车组成的一列车队沿着怀特霍尔街行进，在进入拱门驶向迪恩广场时，教堂的大钟开始敲响；然后一小队亲友进入威斯敏斯特大教堂，而查尔斯·狄更斯则将长眠于这里的"诗人之角"①。他周围是莎士比亚和弥尔顿的半身像，简短的仪式最后还响起了管风琴演奏的《死亡进行曲》。就在他入葬的同时，罗彻斯特——这座可以算作他人生真正开始的地方和最后一部小说的取景城市——教堂的钟声也为他鸣起。他在威斯敏斯特大教堂的坟墓两天后才合上。第一天结束的时候，还有一千多人在教堂外等待向他告别。在那两天中，一批又一批百姓走过他的墓前，许多人还向他的棺木投去鲜花——"后来发现，"他的儿子说，"其中有些是用破布条扎起来的简陋小花束。"

这些简易捆扎的花束无疑是从路边的灌木篱墙上和田地里摘来的，而在这些花束中我们可以看到查尔斯·狄更斯的影响力。就连在田里劳作的老百姓也为失去他而无比悲痛；他们感到狄更斯更理解自己，而且他的逝去也从他们心中带走了些什么。人们常说，19世纪伟大的俄国小说家用他们的激情、虔诚和非凡的柔情捕捉到了俄国人民的灵魂；我们同样可以说狄更斯也捕捉到了英国人的灵魂吗？既有忧郁的沉思又有粗俗的幽默，既有诗情又有无畏，既义愤填膺又悲天悯人，既辛辣讽刺又自惭形秽。从狄更斯既轻松愉快又忧心忡忡地在地球上走这一遭的步履中，我们难道不能瞥到这个民族的概貌吗？——如此确信却又如此怀疑，如此精力充沛却又如此混乱不堪。事实上，可以说，狄更斯所呈现的国民性格特点比同时期任何一个作家都要全面，而这正是他独特的才能。作为一个普通人，他虽辛辣尖刻、生气勃勃，却又极易忧郁和焦虑；作为一个作家，他充满了同样的矛盾性，在关心物质世界的同时又对超验世界的愿景念念不忘。而这种对立性的证据在他的作品里随处都能找到。对19世纪的俄国小说家而言，物质世界和精神世界在某种意义上是相互融合的；在19世纪的法国小说家笔下，只有世俗世界的普遍特征而毫无超验主义的共鸣。然而在查尔斯·狄更斯的作品里，现实和非现实、物质和精神、具象和想象、世俗和超验保持着一种不稳定的关系，并且只共存于虚构世界的力量之中，也就是查尔斯·狄更斯的力量之中。

对所有维多利亚时代的人来说，狄更斯的去世昭示了一个巨大转变的到来；19世纪的最后十年里，英国人民见证了旧秩序的最终瓦解和新秩序的举步维艰。

---

① "诗人之角"位于威斯敏斯特大教堂中央往南的甬道上，在这里长眠着许多著名的英国诗人和小说家。

看着狄更斯或是看着悼念他的人，有时候会觉得他的时代和我们的时代之间隔着的岁月突然不复存在。我们正在注视着自己。就像那些来教堂里悼念他的人其实也在看着他们自己一样。当他们把他埋葬，并在墓碑周围铺满玫瑰等鲜花，他们是在象征性地给一个时代画上句点，而狄更斯正是那个时代最突出的代表；比已经作古的帕默斯顿[①]更突出，比站在即将到来的时代的风口浪尖上的格莱斯顿[②]更突出，甚至比英国女王更突出，因为她没有像狄更斯那样目睹这个世纪的所有转变。他不仅看见了转变，经历了转变，还在自己的小说里宣告了转变的到来。他站在远处，象征着这个孕育他的时代；在接下来的篇幅中，我们将看到他如何运用自己独特的天赋将自己的人生变成那个时代的标志——本能而几乎毫无意识地将其戏剧化。但若再走近他一些，若将他的生活和作品结合起来并进行连续动态的观察，我们对于已知的生平事实会继续深信不疑还是会产生怀疑？

因为狄更斯在世时，其生活的方方面面都有一种忧伤，一种沉默寡言的忧伤，几近冷酷——就跟我们在他小说核心中瞥见的那种忧伤和冷酷一样。在此，我们也许可以用上他一直以来都非常痴迷的海景意象：表面上是明亮而湍急的海水，波涛汹涌，整个广阔的自然世界看上去就像一块镜面，或是泡沫，或是波浪，或是彩虹。在这片海面上总是有暴风雨的大场面——狄更斯似乎就住在风暴里——可就算是在较风平浪静的时候，也仍有帆船驶过的痕迹和汽船冲出的水流；总是在动；总是很忙碌。但如果我们进入水面之下，在那一片光明世界的热闹忙碌之下，又会是什么呢？如果我们潜得更深些，潜到深不可测的水底，我们又会看到他的什么？是沉在水底的失物，现在已经轧平，难以辨认出原来的模样；是黑暗和寂静；是闪着磷光的陌生影像。这就是卡莱尔想说的吗？——一个在其光辉之中包含毁灭性本身的人。

但这就是对历史的超越，而在所有的作家中，我们无疑是从狄更斯身上了解到，精神完全体现在各种细节之中。如果真如大卫·科波菲尔所言，"……生活是由琐事构成"，我们能从狄更斯生活的"琐事"中看到他伟大作品的所有要素

---

① 亨利·约翰·坦普尔·帕默斯顿（1784—1865），英国政治家，曾两度出任首相。任职期间发动第二次鸦片战争，胜利结束克里米亚战争，并镇压了印度反英运动。

② 威廉·尤尔特·格莱斯顿（1809—1898），英国政治家，曾四度出任英国首相。他任职期间引进了初等教育，通过了爱尔兰土地法案和第三个选举法修正法案，并发起了支持爱尔兰自治的运动。

吗？——会在其中看到他所处时代的真实面貌吗？这就是挑战，即让传记文学传递真知，在一天、一个片刻、一个转瞬即逝的图像或姿势中找到他创造力的源泉；并在这些细节中看到一个无时无刻不在变化的时代的轮廓。

目录

Dickens

—

　　查尔斯·狄更斯生于1812年2月7日，那是胜利的一年，也是艰苦的一年。在朴茨茅斯市郊一个称作新镇或迈尔恩德的地方，狄更斯在二楼一间小卧室里呱呱坠地。他的父亲约翰·狄更斯在朴茨茅斯的海军军需处任职。据说他的母亲伊丽莎白自称在他出生前一晚还出去参加舞会；但是那天晚上并没有任何舞会的记录，这很可能是有关这位伟大作家诞生和成长的众多杜撰逸事之一。他出生的那一天是星期五，与他小说里年轻的主人公大卫·科波菲尔的生日是同一天，而且从此以后星期五对他来说成了一个带有吉兆的日子。至于他是否和小说主人公一样出生在午夜之前涨潮之时，没有任何记录可以查证；但他和自己笔下的虚构角色之间一直存在着一种不寻常的联系。他曾在一次纪念莎士比亚诞辰的演讲中说道："今天我们相聚在一起，为一大群栩栩如生的男男女女庆生，这些人将永远活着，并且比我们周围这些有肉身的男男女女更具现实性……"此时此刻他想到了哈姆雷特和李尔王，想到了麦克白和普洛斯彼罗，但是在朴茨茅斯这间朝海的小卧室里，在一名外科医生和一名护士的见证下，佩克斯尼夫和斯克鲁奇，奥利佛·退斯特和萨莉·甘泼，塞缪尔·匹克威克和尼古拉斯·尼克尔贝，皮普和大卫·科波菲尔，赫薇香小姐和小奈儿①，小扒手道奇和瓦克福德·斯奎尔斯②，托马斯·葛

_____

① 这些都是狄更斯小说中的人物。但已有的中文版本可能译得不尽一致，如斯克鲁奇（Scrooge）在吴钧陶先生《圣诞颂歌》的译本中就译作"私刻鲁挤"，旨在体现狄更斯在选用这一名字时的用意，因为这个英文单词含有"挤榨、吝啬"之意，而狄更斯小说的很多人物和机构的名字都是本着这样的初衷取出来的，又如斯奎尔斯（Squeers）也含有"挤榨"之意。

② 又译士括尔斯。

擂更和小杜丽，西迪尼·卡尔顿和保罗·董贝，费京①和艾德温·朱特，尤赖亚·希普和维尔金斯·米考伯，奎尔普和山姆·韦勒，巴纳比·拉奇和比尔·塞克斯，小蒂姆和汤米·特拉德尔，所有这些人不也都在二月里跌跌撞撞地来到人世吗？无法准确说出查尔斯·狄更斯到底创造了多少个角色——大约有两千多个，他们和狄更斯一起来到人世却没有随着他离开，而是永远留在人间。因此，狄更斯人生的主角究竟是自己还是他人，接下来会一一道来。

此时，已经有一个人在他生命中留下了印记，当地报纸上登载了这么一则启事："周五，迈尔恩德街排屋内，约翰·狄更斯夫人，诞下一子。"三周之后，约翰·狄更斯和他的妻子——她的儿子长大后疯狂地讽刺她——穿过小巷走过田地，来到了金斯顿圣玛丽教堂。在这里婴儿接受了洗礼，并取名为查尔斯·约翰·赫芬姆·狄更斯——库里斯托夫·赫芬姆是约翰·狄更斯的朋友和孩子的教父，之后在这个故事中扮演了一个举足轻重的角色。然后他们走回自家的小房子里——尽管约翰·狄更斯在报纸上的启事辞藻华丽，这幢位于半郊区地段的房子远离朴茨茅斯的喧嚣，根本就算不上气派，但对一个收入平平但口口声声说自己属于中产阶级的人而言当然也算得上是体面的家。有些奇怪的是，虽然查尔斯·狄更斯在作品中总是对童年时期极为怀恋，却从未对自己出生的这幢房子流露出一丁点儿多愁善感的情绪："我不能说我总是在乎它。"他曾如此写道，而且有一次他在重访故里时甚至找不到自己家的确切位置。

查尔斯·狄更斯并不是长子——一年半以前约翰和伊丽莎白就已经有了一个女儿，名叫弗朗西斯·伊丽莎白，不过之后一直都叫范妮。跟他们住在一起的还有一名仆人，所以这幢房子对他们来说不算宽敞。如果狄更斯幼小时有什么记忆的话，那一定是人们在一间间狭小的屋子里走来走去的印象；女人的说话声和哭泣声，在整幢小房子里回荡。身体部位中，他描写最多的是脸、手和腿，这样的描写中不正带有幼儿观察人物的印记吗？除了大卫·科波菲尔记得的第一个事物是"拥有美丽秀发和年轻身形的母亲"这一事实外，我们找不到任何关于他婴儿时期记忆的线索，这一时期对他和对我们来说其实一样久远。狄更斯长大后常说他不相信孩子对母亲有任何出自"天赐本能"的爱，但他无助而本能的恋母情结

---

① 《雾都孤儿》中的老教唆犯。

却说明他言行不符。在《大卫·科波菲尔》一书中，大卫将自己看作一个吃奶娃娃；在《汉普雷老爷的钟》的开头，叙事者"高兴地依偎在她的胸怀里——她哭泣时也一起高兴地哭泣——因为不知道原因而很高兴"。

那么当时狄更斯的其他家人呢？查尔斯·狄更斯似乎不太了解自己的祖父母，对祖父母以上的祖辈知道得就更少了，但毫无疑问他们总是默默站在他周围。他的家族起源一直都是一个未知的谜。斯塔福德郡的巴宾顿①有一个狄更斯家族，在1437年到1656年之间是丘吉尔庄园的贵族，一名当代的传记作家曾记载说"据说作家狄更斯是这个家族的后裔"。在这种语境中，"据说"永远都是不可靠的八卦或猜测的代名词。还有一个历史悠久的约翰·狄更斯和威廉·狄更斯（分别为他父亲和祖父的名字）家族，最初居住在德比郡，但常常出现在有关十七和十八世纪伦敦的记录中：如果要寻找狄更斯的血统，也许在伦敦人当中找更为恰当。想必狄更斯笔下城市形象的来源和他自己一样深厚，和他的家族历史一样深远吧？

关于其上两代的信息就更多一些。他母亲的娘家姓是巴罗，巴罗家族来自布里斯托。这个家族里似乎出过牧师，但更重要的是，还出过乐器制造师。他的外祖父和外祖母都跟这个行当有关，而且他的外祖父曾经当过音乐教师——不过他之后所做的不那么有意义的事情给外孙产生了不同的影响。然而对他影响最大的人都来自他父亲这一边。狄更斯的祖父和祖母都是仆人，这一事实直到他去世后才公开。威廉·狄更斯是克鲁家的仆役长或男管家，克鲁一家在伦敦市区和乡下都有房产；所有现有证据都表明他非常节俭尽职，若没有出众的管理才能他是不可能坐上那么高的职位的，而且他还有一个清廉的好名声。他的孙子继承了所有这些品质，并青出于蓝而胜于蓝。

狄更斯也从祖母身上继承了一些特质，这是他唯一真正了解的祖辈。她是克鲁家的女管家，而他在小说中总是对这类勤恳的老太太流露出特别的喜爱。她嫁给丈夫的时候还很年轻；结婚之前是某个住在格罗夫纳广场的布兰德福德夫人的仆人，有未经证实的消息称她来自位于通恩村②附近一个名叫克莱伍雷的小村庄，

① 此处原文为"Babbington, Staffordshire"，但其实Babbington（巴宾顿）位于诺丁汉郡（Nottinghamshire）；而位于斯塔福德郡的是Bobbington（波斌顿）。

② Tong，隶属于英格兰西部的什罗普郡（Shropshire），该郡的通恩城堡是一座巨大的哥特式乡间宅邸。通恩城堡始建于12世纪，1911遭遇大火，后于1954年拆毁。

并且曾在通恩城堡里做过女佣。这些捕风捉影的消息唯一有意思的地方在于，人们通常认为小奈尔客死在通恩村的教堂里；如果是这样的话，狄更斯笔下这个幼小病弱的女主人公是在一个和他祖母相关的地方走向死亡的——多么不寻常的朝圣之旅！1781年结婚以后，她来到克鲁家工作，最终被提拔到了女管家的位置，并且一直工作到七十五岁。她也是一个值得信赖并非常能干的人。但更重要的是，她是个有名的讲故事能手；克鲁家的一个孩子在长大后曾回忆说"从那以后再也没有遇到过一个人有她那样惊人的即兴编故事逗乐大家的天赋"。

他的祖父在他出生前就去世了；他的祖母在他十二岁那年也离开了人世；他的伯父死时膝下无一儿一女：因此他家的亲戚真的很少，和他之后既颂扬又痛斥的维多利亚式大家庭全然不同。然而家庭这一形象一直在他脑海中挥之不去。他的绝大部分小说都涉及家庭生活，特别是家庭关系的恶化及其带来的不满足感。他认为这是各种社会丑恶现象产生的根源，但在小说结尾处往往会让某个理想化家庭承受住变化和世俗的考验而屹立不倒。在狄更斯的小说中，这种理想化的家庭成了社会生活和宗教生活的双重幻象；凭借这种不可思议的魔力才华，他把自己对更加有序稳定生活的期盼转化成了一种积极的社会力量。那么，他差一点毁了自己的家庭并且终生为自己亲人的失败和软弱无能所困扰的事实是否也会让人大吃一惊呢？我们必须在他的至亲中去寻找这些不由自主、相互矛盾的情感究竟从何而来——没人能比他的父母——约翰·狄更斯和伊丽莎白·狄更斯——和他更亲近。在他们身上，我们看见他强大的一半和软弱的一半，而在他和父母之间阻碍重重的麻烦关系中，我们还可以观察到他之后接纳他们的那种技巧来源于何处。

他的母亲伊丽莎白·狄更斯生下他时二十三岁——还是一个年轻姑娘，所以，将所有关于她在以后岁月里的故事安插到这一时期是不明智的。而更荒唐的是把尼克尔贝太太[①]的陈腐形象当作查尔斯·狄更斯对其母亲的刻画并以此为由指责她。他与母亲的关系在他生命中占据着关键地位，但这必然是一个十分复杂的关系，不仅建立在内疚和嫌弃之上，还和一种无助的爱交织在一起。他小说中所有的母亲角色事实上都是他用于替代其母亲的方式。他不想将她看得太清楚。他也不想和她靠得太近。但还是有一些他人的转述和查尔斯·狄更斯自己不经意说出

———

① 《尼古拉斯·尼克尔贝》中的人物。

的碎语，让我们有机会更清楚地了解这位天才的母亲。"所有杰出的人物都有一个杰出的母亲并将她们敬重为人生中最好的朋友，这是一个不争的事实"——这些字是从遭人利用还有点儿蠢的泰特比先生①口中说出的。一名早期的传记作者曾写道："据说她著名的儿子后来非常像她。她性格欢愉，喜欢参加年轻人的娱乐活动，尤其喜欢跳舞……"他也喜欢跳舞，但他不喜欢看自己的母亲跳舞；据说他"不赞成她的行为"。在这里我们也发现了铸就两人母子关系的奇异魔力——儿子所鄙视母亲的品性正是自己固有的，就像在小说中他将她当作一个陌生人，却没有意识到其实自己正在看着自己的脸。

至于查尔斯的父亲约翰·狄更斯，也有很多已知的消息，有些已经证实，有些不足为信。他和许多克鲁家的孩子一起由母亲抚养大，他的父亲在他出生前几个月就去世了；大多数消息都称狄更斯是从自己年幼时的悲惨遭遇中提取出那些虚构的孤儿形象，但他父亲的半孤儿身份不也是他创作故事的一个现成来源吗？他有一个比他长三岁的哥哥，名叫威廉。威廉似乎遗传了父母的责任感和清廉节俭，但约翰明显缺乏这些品质。威廉死时是牛津街上一家咖啡店的管理员，这并不是一个特别高贵的工作，而且狄更斯一家似乎从未提起过。但已有证据表明，他似乎更受母亲宠爱；而她把约翰叫作"那个懒东西……过去总是在屋子里瞎溜达"，而且"她从未停止过痛骂他的无所事事和一无是处"。她必然没有在遗嘱里给他留下任何东西，并声称他已经多次从她那里得到了金额不等的钱款；换言之，他的生活方式很早就定型了，在之后的岁月中他一再向狄更斯要钱，比向自己的母亲要的还多。

约翰·狄更斯跟母亲住在克鲁家，一直住到二十岁或二十一岁，而且毫无疑问的是，那个时候他的性格差不多已经完全成型了。也许是受克鲁男爵的影响，1807年他在萨默塞特郡议院的皇家海军出纳处里当了一名临时职员；他在那里遇到了另一个新职员，托马斯·巴罗——伊丽莎白的哥哥。两年之后，他获得了一个更固定的职位——海军军需处的助理办事员，并在之后的几年里平步青云，但早在获得这令人愉快的工作保障之前，他就开始认真追求他同事的妹妹了。1808年他调到朴茨茅斯担任一个更为重要的岗位，而伊丽莎白仍住在伦敦，于是他在

① 《着魔的人》(*The Haunted Man and the Ghost's Bargain*) 中的人物。

追求过程中时常在两地间奔波。1809年6月13日，他们在河岸圣母教堂①举行婚礼，然后回到位于朴茨茅斯迈尔恩德街的新家里。第二年弗朗西斯出生，两年后查尔斯出生。

在最初的几年里孩子的父亲又是怎么样的呢？他是一个小管账员，但这份工作和现在字面意思上的那种普通官职不一样。他和同事负责向港口的海军工人和船上的船员发放薪资，这意味着要亲自将钱款交到他们手上；有时候，身边围满了人，还有可能发生争执，有时甚至还会起肢体冲突。他总是穿得很体面，总是很彬彬有礼，总是很和蔼可亲。他样子不错——一般认为，比他的孩子们都要好看——身材也不错，不过后来也渐渐发福。据同一时期在海军军需处工作的同事说，他是"一个极其幽默、善谈的人，充满活力且很好相处"，似乎大多数人都这么认为。"一个健谈且讨人喜欢的朋友"；"非常友好文雅……性情善良"；"拥有一肚子的奇闻逸事和真诚的幽默感"；"非常彬彬有礼，让人印象深刻"；"最欢乐的人"。他说自己是个乐观主义者，有一次还把自己比作"一个软木塞，一沉入水里就又会立马冒出水面，永远都不会沉下去"。说来也奇怪，他儿子在最早期的报刊文章里曾把这样的人描写为"无忧无虑、游手好闲、自在快活的家伙，像软木塞一样浮在面上让世人把它当作曲棍球打……总是会再次浮出水面，随着水波轻松快乐地跳动着"。他也许很快活，但也有令人害怕的坏脾气；有传闻说，有一次他儿子在进行戏剧表演时，让他看着点，不许外人到幕后来，可他一进演员休息室就朝镜子里的自己猛冲过去，还弄伤了自己的指关节。他总是缺钱花，总是在花钱，又总是在借钱。他的挥霍和不顾后果的脾气和礼貌温良的性格结合在一起，也说明他在本质上是不成熟的，甚至有些冷酷。他还有些空虚、幼稚，拒绝直面自己，这在其他人身上也很常见。我们之所以会注意到这点，是因为他的儿子将其记录了下来。狄更斯曾抱怨道："他长大成为一个男人的过程真是无比漫长。"而且我们也能回忆起，在狄更斯的小说中小孩照顾大人是非常普遍的现象，而这些过分依赖孩子的大人不仅仅是不成熟，而且是糟糕透顶。

事实上，查尔斯·狄更斯和他父亲的关系最为复杂；不是小杜丽对她入狱的父亲那种"又觉得敬佩又觉得难堪"的反应，而是更为激烈且更不易理解。后来

---

① 位于伦敦西敏市河岸街东端道路中心的一座英国圣公会教堂。

约翰·狄更斯更是成为他的梦魇，不断地向他的生活施压。但早在那之前，他父亲的形象就像鬼魅一样以某种说不清道不明的方式纠缠着他。他甚至在发表的第一部小说里就提起过父亲。约翰·狄更斯似乎很喜欢讲自己陪同谢里丹的妻子乘坐火车前往伦敦的逸事，还说自己曾经吻过谢里丹的手——谢里丹在1807年到1812年间任军队军需官——而在狄更斯发表的第一篇文章里，我们可以发现一个大言不惭且"得意傻笑的小男人"，一直都在"努力寻找听众听他讲谢里丹的故事"。

不过他对自己父亲的态度并不是可以靠嘲弄性的模仿解决的；还有其他一些情绪在作祟。如果他敬佩他父亲，那他也鄙视他，但他也承认自己身上有父亲的影子，因此在非常苦恼的时候，他的自怜自艾就会发展成为对这个赋予他生命的男人的怜悯。他从未停止过对父亲贪婪和忘恩负义的指责，但父亲死后，他一再重复的话却是"我可怜的父亲"。

狄更斯一家在迈尔恩德街的那幢小房子里并没有住很久，他出生五个月后全家搬到了霍克街，这次搬家是狄更斯童年里多次搬家经历中的第一次，甚至在他这么小的年纪就对他产生了一定影响。这条街就在港口旁边——对约翰·狄更斯来说，从这里走路去上班只要不到三分钟的时间，一进大门就是那间狭小的海军出纳室。这条街现在已经不复存在了（尽管街名和出纳室还保留着），但在当时，这是一条相当体面的大街，两旁分间出租的公寓里设立了许多办公室。在《董贝父子》中，狄更斯以十分生动形象的细节描绘了一个名叫皮普钦太太的女人，一家寄宿公寓的管理员，而且尤其详细描述了她的衣服——"这位受人敬重的老妇身穿黑色邦巴辛毛葛料子的衣服，把整个接见室都映得昏暗下来"。据他所说，他写完这句之后，他的姐姐范妮就惊呼："老天爷！太不可思议了！你写的就是我们的寄宿公寓管理员啊，但那个时候你才两岁。"这究竟是对那位老妇人的真实描写还是仅仅是对婴儿时期残存印象的加工，是在评估狄更斯超凡想象力的过程中经常出现的复杂难题之一。十八个月之后，他们又搬家了，这一次他们搬去了朴茨茅斯新扩建的南海区，住在维希街39号。这里的租金是先前那幢房子的两倍，这也证实了约翰·狄更斯在职场上青云直上的记载（他还订阅了坎贝尔的《海军上将的生活》，至少表明他对自己的职业有些许归属感甚至喜爱）。这时，伊丽莎白·狄更斯的妹妹——玛丽·艾伦，也叫范妮阿姨——跟他们住在了一起，而且她无疑分担了上涨了的房租里的一部分。

他们在那幢房子里度过了元旦，显然四十六年之后狄更斯还记得这个元旦，并记录在自己所办杂志《家常话》的一篇文章里。"回想遥远的童年，"他写道，"那种在母亲怀抱里下楼，因为害怕看见楼梯陡然下降的景象而紧紧抓住她的感觉仍然记忆犹新。"这句话听上去有着真实记忆的味道，一种紧张经历的记忆，而他偷窥一楼房间里的庆祝活动时看到的画面也是如此——"……一长排女士和男士靠墙坐着，手里都拿着长得像奶油杯一样的带柄小玻璃杯一饮而尽……没有人演讲，没有人快速移动或变换姿势，也没有任何形式的表演。所有人都靠墙坐成一排——特别像我最初想象中天堂里好人的样子，这种观念来自于我看过的一本祈祷书里的一幅拙劣插图——他们个个都把脑袋微微向后一甩，个个都一饮而尽。"这是一个非同寻常的画面，他说只要有人一提起元旦他脑海里就满是这幅画面。然而一排异常安静的人们靠在墙上仰头的这一回忆场面，还重现了一个远遁无踪的时代，一个湮没无闻的时代——当查尔斯·狄更斯回头看时，这个时代已不再为其所有，也同样不属于我们。

三个月后，维希街上又有一个新生命降临；3月28日，一名男婴呱呱坠地，受洗时取名叫阿尔弗雷德·艾伦·狄更斯。那些声称了解婴幼儿心理的人也许会说，鉴于当时狄更斯只有两岁多，另一个男孩的到来可能会引起他的焦虑和不满——如他在另一个语境里所说的那样，也许他会觉得自己成了"母亲心里的陌生人"。他会因此得不到他可能渴望的溺爱吗？他会因此感到遭母亲嫌弃吗？这很难说：母亲厌弃孩子这一观念不管是在他的小说还是在他对往事的追述中无疑都是一条很重要的主线。六个月之后，阿尔弗雷德夭折了，死于"脑积水"，并埋在了不知名的威得利村的教堂墓地里。如果年幼的查尔斯对这位篡位者怀有憎恨甚至期盼他死掉的话，那可真是如愿以偿了！而随之而来的负罪感又该会多强烈啊。但是，若是细想一下狄更斯的成年时期，拿着所有表明狄更斯确实在不知不觉中承受着一种非理性负罪感压力的证据，并从他小说中挑出所有夭折婴儿的形象，要说婴儿时期的这六个月没有对这位小说家产生任何永久性的影响真的很难让人信服。

第二年的一月，他们又搬家了。朴茨茅斯政府在敌对状态结束后缩减规模，约翰·狄更斯又被召回到萨默塞特郡议院。于是，查尔斯·狄更斯第一次来到了伦敦，关于这趟旅程，他除了记得离开波特西时满地都是积雪之外什么印象都没有了。但是当时的首都，虽然算不上处于苦难时期，也已经出现物资匮乏的情况——约翰·狄更斯在城里的收入反而减少，主要是因为他拿不到外站津贴了。他们租下了诺福克街10号（现在的克里夫兰街22号）的房子，就在托特纳姆街的拐角处。那幢房子现在仍在；现在一楼还有一家三明治店，但当时那里是一家杂货店。杂货店老板也是房东，名叫约翰·多德，后来也加入了约翰·狄更斯的庞大债主阵营，而且狄更斯的父亲很有可能是从这个时期才开始负债的。他们在这里住了两年——包括范妮阿姨，也许还有一个仆人——虽然没有关于他们在这一时期的明确记载，毫无疑问的是这段经历对狄更斯产生了影响。这一时期不仅又有一个孩子降生——莱提西娅·玛丽·狄更斯，生于1816年4月——而且在他三四岁时小狄更斯也渐渐开始对世界有了更进一步的了解。当时的世界不再满是田地而是街道纵横。当然，托特纳姆法院路旁边还留有一些农村地区——卡姆登镇的田地就离得不远——但是城市的现实感还是很新鲜的。后来，狄更斯曾在伦敦街道上散步时洒下泪水，虽然很难说一个孩子能够意识到周遭存在的苦难，但要是不相信伦敦各种不可思议的秘密和疾苦以某种方式刺痛或打动了这个孩子的心扉，这也是非常愚蠢的。而在狄更斯小说中不止一次出现的呼喊是什么？——那从奄奄一息的孩子口中喊出的恳求："母亲！……请把我埋在乡下——只要不是那可怕的街道，哪儿都可以……是它们害死了我。"

1817年他们全家回到了"乡下"——希尔内斯，约翰·狄更斯的下一个工作地点，一个有点与世隔绝的港口，而且经常乔迁的狄更斯一家在这里的生活鲜为人知。他们似乎在希尔内斯剧院旁边租了一幢小房子，19世纪中期的一位编年史家说约翰·狄更斯"晚上常常坐在这间屋子里，不仅能听到舞台上发生的事情，还一起合唱《天佑吾王》①和《不列颠尼亚统治这片汹涌的海洋》②"。歌曲和戏剧将在狄更斯的童年扮演很重要的角色，而且，从约翰·狄更斯坐在客厅里演唱爱国主义歌曲，热切地听着从一家小木质剧院里传来的声音这一画面里，我们也许能首次领略那个淡忘已久的世界。在这个世界里，与航海有关或滑稽的歌曲以及滑稽戏是最受欢迎的娱乐形式。查尔斯·狄更斯就在这个世界旁边长大的。

----

① 英国国歌、皇室颂歌。

② 英国皇家海军军歌，一般歌名为"Rule, Britannia"，"Britannia rule(s) the waves"是其中一句歌词。

四个月后，也就是1817年4月初，他们又从希尔内斯沿着海岸线搬到了一个人口更加稠密的港口——查塔姆。查塔姆有时也被称作"世界上最邪恶的地方"，和以教堂闻名的罗彻斯特镇连接在一起，并难以从地理上加以区分。就是在这里，我们第一次看到查尔斯·狄更斯来到了心属之地；在这里，我们开始清楚地看到狄更斯的童年并能够从中找到那些将他婴儿时期和成年时期、他幼时的想象和之后的小说连接起来的线索。这是他最有归属感的地方，晚年时也回到了这里。他的第一部以及最后一部小说都以罗彻斯特为背景；查塔姆曾被他描述为"仅仅是个由白垩、吊桥和浑浊河水里的无桅船构成的梦境"，之后也成了他想象世界里重要的风景之一。

一

　　他们搬到了位于山顶上的欧德南斯街排屋——狄更斯后来曾说这儿是整个堂区①里"空气最新鲜且最宜人的地方"。房子虽然绝对算不上宽敞，但还是能住得很舒服；约翰·狄更斯似乎一直都喜欢新房子，这条街上的房子都是新建成的。这是一幢那个时代典型的建筑：窄窄的门厅，饭厅在二楼，客厅在三楼。三楼还有一间父母住的卧室，再上一层楼梯是两间阁楼房，一间仆人住，一间孩子住。查尔斯·狄更斯童年的一半时间似乎都待在这样的小房间里；他的小说里也经常出现阁楼房、发霉的屋子、客厅、逼仄的厨房、套间卧室，所有这些都表明狄更斯的创作想象力在他幼时熟悉的狭小空间氛围里发挥得最好。欧德南斯街上的这幢房子里，此时住着三个孩子、两个保姆、范妮阿姨和狄更斯夫妇——在一幢仅供六人住的房子里足足挤了八个人。

　　毫无疑问，查塔姆是一个军港镇，小狄更斯从他那间小阁楼房的窗户向外望，越过一片秫草地，便能看到远处的海港和码头；他也许还能看到，远处群山和果园映衬下，那些高耸的帆船桅杆和船厂烟囱的轮廓。再远一些是查塔姆铁路线，那是一个由坑洼、壕沟、吊桥、地下通道和防空洞组成的系统，驻扎在查塔姆的士兵就在这里进行模拟实战演习或是今天我们所说的"军事演习"。这些铁路线，狄更斯之后写道，"眼下表面上长满了野草，看上去清白无辜，骨子里面却有很粗暴的成分"。这里有神秘"昏暗的墓穴"，门口有栅栏，还散发出一股"寒气逼人

---

① 英国农村郡以下的地方行政区。

的泥土味儿"。那种坟墓般的气味在他的这段童年时光有着十分特殊的意义——之后在其他地方，在罗彻斯特和查塔姆两地都闻到过——这种气味似乎缠绕了他一辈子。欧德南斯街所处的那座山通往皮特堡垒，是梅德韦镇周围众多防御工事之一；在狄更斯家房子前的小院子外，街道一直向山下延伸到旧城区以及更远的河边。房子前面就是一块田地，小狄更斯过去常常在那里同姐姐和保姆玩耍；多年后再次回到这里，这块地已经为了给连接伦敦和查塔姆的铁路线让路而不复存在，而且与其他许多方面一样，从这里我们也许能发现，狄更斯童年的古老城郊在他成年后已经渐渐远去，消失在时光深处。

狄更斯一家在这里住了四年。关于这一时期的一个最早记录说他是"一个活泼外向的孩子，性情善良、友好、坦率，不像大多数孩子那样有时爱吵架拌嘴"；这几年无疑是他童年里最快乐的岁月，之后再次想起这里时，他曾写下这样的文字："一捆捆的玉米……在金灿灿的田地里……一片安宁和丰收的景象"；然而查塔姆本身几乎根本配不上如此美好的描写。这里混乱粗俗、肮脏不堪，拿破仑战争刚刚结束时驻扎此地的水手和海军曾经常在这儿厮混，留下了挥霍颓废的生活态度、伤兵残员、普遍的不满情绪和一个专制政府。这是一个因"毫无法纪且污秽不堪"而出名的地方，在这儿，唯一能在数量上与众多邋遢难闻的酒馆相抗衡的只有那同样邋遢难闻的妓院。能肯定的一点是，小狄更斯注意到了所有这一切；至于他能理解多少则是另外一回事儿。但在我们称作"维多利亚时期"的道德约束产生之前，他对这种并不那么健康的画面和气味完全习以为常，完全没有之后所表现出来的那种一本正经或道德上的极端拘谨——这种态度总是会让人以为小时候的所见所闻给他留下了恐惧和厌恶的阴影。恰恰完全相反，有证据表明"低俗生活"在某种意义上总是让他精神振奋，而匹克威克先生关于梅德韦镇（毫无疑问，特指查塔姆）的评价明显带着狄更斯自己标志性的热情活力："街道呈现出一副生气勃勃的欢乐景象，这主要归功于军队的宴饮交际。看着这些英勇的战士在酒足饭饱后踉踉跄跄地走着，对仁慈的人来说可真是欢乐；尤其一想到跟在他们屁股后面取笑他们给男孩子们提供了一种廉价而单纯的快乐，那就更高兴了。"

查塔姆在不知不觉中和罗彻斯特融合到了一起，而罗彻斯特显然比查塔姆要"正派"得多，这是一座古老的集镇，有自己的城堡、教堂和市政厅。一住进这个地段，约翰·狄更斯就订阅了《罗彻斯特历史》，就像他之前订阅《海军上将的生活》一样，表明他急于成为任何新环境中的一分子，急于融入当地生活，而且可以说是急于依附周围环境中更高贵的元素来提高自己的地位。对他的儿子来说，在罗彻斯特的生活却是一个完全不同的经历；这里有一条狭窄的商业街，赶上有集市的日子时，会格外拥挤嘈杂。然而在狄更斯之后的描写中，它却成了"安静的商业街"，有山形墙、古老的钟、雕刻得怪诞奇异的木脸和"庄严肃穆的"红色砖房，一切都成了旧时光的象征。当然，在《匹克威克外传》的前几章里，罗彻斯特及其周围的地方成了上演闹剧的舞台，但就算在如此激动人心、充满活力的娱乐消遣之中——尤其是在狄更斯年轻高昂的精神推动下显得热闹非凡——大教堂和荒废城堡的那种氛围仍然能投下一层阴影；"皱着眉头的墙，"阿尔弗雷德·金格尔说道："——摇摇欲坠的拱门——岌岌可危的楼梯——还有老教堂——泥土的味道——让朝圣者的脚磨损的台阶……"这出自他的处女作；而在他的绝笔之作《艾德温·德鲁德之谜》中，狄更斯在描写那座古城时也用了这样的措辞："一个单调乏味、安静无声的城市，四处弥漫着一种泥土的味道"；当格鲁吉亚斯先生透过巨大的西式门往教堂里偷窥时，他自言自语道，"我的老天……这就像对着旧时光的喉咙往下望"。狄更斯的生命始末同一，但在生死之间的岁月里，他始终认为罗彻斯特反映出"一种普遍存在的庄严、神秘，败落和静默感"，因而也视其为对自己风雨飘摇一生的写照："和生活的强度、高度、力度和长度相比，我简直就是一个简短渺小的恶作剧。"年岁、尘埃、死亡、时光。这些是他脑海中一次又一次出现的有关罗彻斯特的意象，如果我们再一次从狄更斯的成年时期跳跃到其童年，并认为这低沉悲哀的调子正是那个贯穿其童年的主旋律，这样的结论会过于夸张吗？

当然，还有其他的调子。还有别的声音盘旋在他周围。其中最能唤起他记忆的是"潮水的飞溅声和拍打声"。狄更斯是在水边——在海边，在潮水边，在河边——长大的，毫无疑问，他的想象世界中也满是水声。还很小的时候，他就已经对大海和有关大海的许多事情非常熟悉了。比方说，他有时会和姐姐范妮一起，陪父亲乘坐一艘非常破旧、名叫"查塔姆号"的海军军需游艇远航，经由梅德韦河来到希尔内斯。那条河里满是轮船、纵帆船、游艇和快艇；他也许曾在这儿看到过那两艘囚犯船，"欧利阿勒斯号"和"加拿大号"，以及那艘医务船"赫拉克勒斯"①。在造船厂里，他瞥见了那一堵堵若隐若现的木墙，若没有想象力根本无法看出那是一艘艘船只的船体；也正是在这个造船厂里，他听到了打桩声、水闸驱动声、铁匠和木匠干活的声音、磨坊和桅杆房里传来的声音，制作船橹和绳索的声音；四处都弥漫着"木材刨花和松节油那干净的气味"。正是在查塔姆造船厂里，他感觉到"红砖砌成的办公室和屋子呈现出一种庄严感，沉着古板，佯装不值一提也拒绝炫耀，那是一种我从没在英国以外的地方见过的气质"。然而就算是在他童年时候，他的四周也在悄悄发生着变化；帆船时代正在慢慢接近尾声，而多佛和加来之间已经挤满了汽船。

儿时的他第一次燃起了对海军的热爱，这种情感在他的小说中随处可见，不论是在遭遇海难的水手那英勇的冒险经历中，还是卡特尔船长②沟壑纵横的面容上，都一样炙热。因此，狄更斯常常会使用或有时误用许多和航海有关的表述，而且他总是将水手和干净整洁联系在一起；似乎对他来说，船上的生活集中体现了那个他一直向往的安全、隐秘且井井有条的世界。在他最后一部小说中，他想象力最为珍爱的也都是和水有关的元素。涌流的潮水，潺潺的河水，一望无垠的大海，甚至还有月亮在水中的倒影——年幼的狄更斯认为这"是一条通往天堂的路，好人的灵魂踩着它去面见上帝……"还有那些"志存高远迎风破浪"的船只。他不止一次在发表的文章中引用坎贝尔的《英格兰水手歌》：

> 当我驶在
>
> 那浩瀚的大海
>
> 狂风巨浪不停歇……

而且他一生都喜欢阅读关于航海游历的故事。当然，我们不该在了解狄更斯的童年后说：这是一切的开端，这是他才华的由来。因为孩子并不需要去理解自己的所见所闻；幼年早期的气氛可以在不知不觉中渗透到之后的写作中，而作者自己并没有意识到它们出自何处。

众所周知，狄更斯是一个善于观察的孩子；同样毋庸置疑的是，他也是一个非常聪明的孩子。母亲是他的启蒙老师；据他自己回忆，她每天都给他上课，而

---

① 《远大前程》中出现过的三艘船。

② 《董贝父子》中的人物。

且教得很好。（从她用拉丁文给他上课的事实中我们可以得出两点结论——第一，她比传言中要知书达理得多；第二，尽管她后来遭到儿子的非难，但说她没照管好他是毫无道理的。）"我隐约记得，"一次他告诉好友约翰·福斯特，"她教我认识字母表；我看着识字课本上那些粗大的黑色字母，看着它们新奇费解的形状，字母O和S跟往常一样似乎总是显出一副自如从容的好性情。"我们也许因此会说，年幼的狄更斯第一次打开想象世界的大门以及第一次亲密接触让他如此着迷的文字世界，都要归功于他的母亲；就算当时他只是迈出了第一步，我们也可以清楚地看到文字本身让他感到的满足，以及他在字母中找到的内心安宁。是诸如此类的一系列理由让他曾经声称"我大约在六岁左右做了第一个作家梦……"。这一说法真够惊人，不过他随后就把它修正成了八岁。

1818年，他和姐姐范妮一起走进了罗马巷里一家老太太办的家庭小学。这种陈旧过时的教育机构从15世纪一直延续到了19世纪，它们存在的依据仅仅是因为人们认为，教小孩子非常容易，也许找个有几本小故事书的识字老太太就行，还划算。不可否认，有一些家庭小学还是不错的，但查尔斯·狄更斯对它们都痛恨至极，这种仇视态度很有可能来源于他自身的经历。成年之后他曾说他上的那个家庭小学"在一间染坊上面"，但在一次演讲中他似乎表达了对于那个时期更为真实的情感，那时他"在一位老太太管教之下，在我眼里，那位老太太是拿桦条来统治世界的"；也是在她的帮助下，我们能够察觉到小狄更斯在文字中发现和感受到的那种力量。"现在我再也不会看到一排巨大、粗壮、醒目的黑色罗马大写字体了，但这幅画面总是浮现在我眼前。"尤其是他同学的着装，也时常浮现在他眼前——一顶棕色海狸毛童帽、一条黑裙子和一条围裙。那间染坊让人联想到的也只有刺鼻的臭味。是的，这些就是一个孩子所能有的、并很有可能回想起的印象。

这一时期，他和稍微年长一些的姐姐范妮一起上课。关于范妮，我们知道她是一个聪明伶俐、很有天赋的孩子。在后来的日子里，人们说她拥有"果断的个性"以及"天生轻松愉快的乐观精神和对社会的热爱"；据说，她的独立能力"很不一般——还有十分充沛的活力和干劲"。因此，在一些方面她和弟弟有些相像；与弟弟妹妹不同，这姐弟俩在性情方面似乎都主动和父母保持差别。不过，姐弟两人之间也还是有一点差异：据说"她的性格中没有一丝浪漫情怀"。

所以，在儿时的这几年里，他和姐姐一起去上学，听母亲上课，并且开始阅读。他的第一批小伙伴是"画册"。如他之后所说的:"……画册:画的都是短弯刀、拖鞋、包头巾、侏儒、巨人、魔鬼和精灵,还有蓝胡子、豆茎、有钱人、山洞、森林、瓦伦丁和奥森①:都那么新鲜,也都那么真实。"之后他还回想起几本自己曾爱不释手的画册:《杰克与巨人》就是其中一本,《小红帽》是另一本。"那是我的初恋",他如此评价后者。毫无疑问小红帽也是其他孩子的初恋,而且在幼儿房里的押韵小诗和故事中,我们可以找到过去两三个世纪里这个国家生活中一种真正意义上的人类延续性。据说,若回溯数代,大多数人的童年都大抵相同。这也许是真的,也许是假的——19世纪早期的生活状况在一些方面已经无法复原,所以我们既不能证实又不能反驳那种说法——但事实上,当时的社会风气在虚构世界里仍然保存完好。这无疑是狄更斯作品的影响力依旧如此强大的原因;它所扎根的民族文化是我们大家或多或少都共有的根基。

在狄更斯的这段与他人共有的往事里还有其他一些顿悟的时刻,其特点就是,他会记得某个特别的场景或是画面,而且不知是什么原因,他一直没有忘记过这些画面——斯基普顿夫人的一幅"风格浮华"的彩色版画,《谁杀了知更鸟》②长篇故事里牛拉钟绳的画面,该隐谋杀弟弟时照在他身上的一缕阳光,皑皑白雪之中的一个俄国农奴;所有这些画面都在他脑海里重现。但并不是所有这些记忆都和死亡或赤贫有关,在后来的一篇文章里他还引用了一本名叫《花花公子的舞会,或城市上流生活》的画册里的句子。

然而,他不只是热爱读书;和所有好孩子一样,很多时候他还是一个热心听众。儿童故事,童谣,还有睡前故事。不过这些故事究竟是保姆讲的还是他母亲讲的,现在早已无从知晓。当时还有两个女佣和狄更斯家一起住在欧德南斯街的排屋里——一个叫玛丽·维勒,一个叫简·邦妮——但在后期的一些文章里,他还描写了一个叫梅西的女佣和另一个叫萨莉·弗兰德斯的女佣。显然,这些人当中有"一个面色蜡黄的女人,目光呆滞,鹰钩鼻,身穿一件绿色长裙,擅长讲一个让人听了不寒而栗的故事",即一个房东把房客做成了肉馅饼的故事。狄更斯还

---

① 这些都是当时类似于我们所说的小人书上的内容或人物,如瓦伦丁与奥森的故事就是一个非常有名的传说,说的是这对双胞胎兄弟在森林中走失后一个很快重新回到了人类社会,一个则让一头熊给逮住了,然后各自在不同的环境中长大成为性格迥异的人,后来又相遇、战斗,最终认出对方并重新团聚的故事。
② 《谁杀了知更鸟》(*Who Killed Cock Robin*)是一首英国童谣。

说，"我一直坚信，"这个讲故事的人不仅"像食尸鬼一样以把我吓得魂飞魄散为乐"，还经常说自己亲戚朋友的坏话。还有一个保姆会跟他讲凶手船长的故事和一只会说话的老鼠受诅咒的故事——这只老鼠会大叫"哦，别让老鼠进囚犯的坟地！"上一句话和狄更斯小说里的哥特元素绝对有着异曲同工之妙；但就因为这个理由，对他小说里那种完全不带感情色彩的事实，我们还是谨慎对待为妙。

早年的日子就这么过去了，除了狄更斯家庭成员的缓慢增加和约翰·狄更斯维持家庭生计的无能为力之外，也没有什么可提及的：1819年8月，就在又一个女儿降生三周之前，约翰·狄更斯向一个名叫詹姆斯·米尔本的人借了两百英镑的巨款，终身还款，每年偿还二十六英镑。1820年的3月，依照先例他得到了加薪，但他还是没能按期还钱，最终他的大舅子——曾在他劝说下会签了欠条的托马斯·巴罗——被迫帮他还清了债务；这也是后来伊丽莎白娘家人对她丈夫态度冷漠的一部分原因，而这种称为"契约"的单据之后在狄更斯的童年里占据了非常重要的位置。1820年8月，又一个孩子出生了——这一次是儿子，名叫弗雷德里克，他在随后几年里很招自己这位大名鼎鼎的哥哥讨厌。所以，狄更斯让自己小说中的家庭所遭受的一切灾难和不幸此时就已经现出了端倪：中产阶级家庭、债务、官司的威胁，都暗示出一种过度紧张甚至焦虑的基调，而小狄更斯对这种感觉再熟悉不过了。

但约翰·狄更斯并没有山穷水尽，走投无路，在困境之中仍然追求尊严无疑是他性格中的一大特点：所以，1820年3月他为《泰晤士报》报道了一起发生在查塔姆的火灾。这件事情虽然没有给他带来流芳百世的名声，至少也让他进入了正在组织救济受灾人民的教区会议委员会。但要说他儿子后来对新闻行业和大火都很感兴趣和约翰·狄更斯的活动有任何关系，也未免太过牵强了；但不容置疑，父亲还是在他生命中留下了印记。狄更斯在查塔姆这些年里的一个小伙伴——J.H.司铎奎勒本着儿时伙伴至少有权开玩笑的原则，在之后的一篇回忆录里把他这位朋友叫作"查理·逃课"——曾描述他和小狄更斯过去常常一起在罗彻斯特大桥上无所事事地闲逛或沿路走向一幢叫作盖茨山庄的房子。这似乎是狄更斯最喜欢的一段旅程，而且他的目的地无疑带着一点私人性质。因为这就是那幢父亲曾经指给他看的房子，后来狄更斯一经过那幢房子就把这个故事讲给他的朋友听，并且至少用文字记录了两次。所以，我们终于能肯定以下叙述的真实性了："……

和父亲从查塔姆出来，一看到它，"福斯特曾写道，"他就艳羡地仰头望着它；父亲告诉他，只要他努力，长大成人后他也有希望住在这里或像这样的房子里。"于是，多年后，他买下了这幢房子。任何不相信童年对查尔斯·狄更斯之后的种种嗜好和痴迷有影响的人都无法自圆其说，因为毫无疑问，只有一个极其在乎父亲称赞的人才会花之后三十年的人生去争取获得它。或许盖茨山庄只是他父亲随手挑的一幢房子，一个近在眼前的威望和财富的象征；但它一直在狄更斯的脑海里挥之不去。同样有趣的是，还是一个小孩儿的他会经常步行到这幢位于罗彻斯特镇外的房子：他想一遍又一遍地看着这幢房子，把它幻想成自己未来生活的样子；他还那么小就想要有一幢好房子了。他还那么小，就想要逃离自己现实生活中那个逼仄拥挤的家了。

可以追溯到他童年这一时期的还有其他一些没那么引人注目的记忆，而且这一次也是一样，与其相信狄更斯自传或小说中更为详尽的再现，还不如相信他不经意间的题外话。因此，我们可以相信他经过查塔姆时，曾指着一堵墙，惊呼"我记得……我可怜的母亲，上帝保佑她，把我放在那堵墙的墙沿上好让我挥舞着帽子给乘车经过的乔治四世——当时的摄政王——欢呼"；我们可以相信他关于"那只风筝像个想象中的朋友一样拽我手"的简短记忆。我们可以相信他真的"因为告诉一位女客人桌上一件包着大理石纹纸的装饰物'不是大理石做的'"而吃了一记耳光，因为这和我们之后会发现的一个事实相一致，那就是小狄更斯非常相信字面意思。我们当然也可以相信一段似乎获得了他姐姐证实的奇怪小插曲：不记得出于什么原因，也不清楚是什么时候的事儿——"……我们偷偷摸摸地领着一个有一条木腿的人——一个我们很熟悉的人——进了一个煤窑，正当我们把他弄过煤堆，想将他藏在某个隔墙后面时，他的木腿却嵌在了碎煤块之间……"在这个军港上，有许多装木腿的先生（你也许会说，这是一种职业危害），而且这则逸事带有"地下室"仆人之间小阴谋的所有特点。事实上，狄更斯对木制假腿好像有一点迷恋——它们在他的小说里一再出现——而这个一条木腿插在小煤块堆里的情景在《我们共同的朋友》里也再次得以上演，那便是塞拉斯·魏格"那条不听话的腿插进骨灰里一半深"的场面。童年的场景就这样在小说中重又记起，不复存在的画面就是这样得以重现。

但是，如果要按这种方式来讨论他的童年，那么决定其最终命运的最重要因素，除了他的独自阅读之外，也许还有英国19世纪早期的一个特色：那便是他童年时期对戏剧、对童话剧的热爱。有时候，亲戚们会带他去伦敦，而且主要目的毫无疑问就是为了去看戏；他记得很清楚，有一次他被带去看格里马尔迪[①]的演出，"据说我表现得非常早熟，还鼓掌向他致敬"。约翰·福斯特也在他的传记里添上了这一笔："我总是听他说，他第一次去剧院是兰默特带他去的，那时年纪还非常小。"兰默特是狄更斯家的一位朋友——他的继父最后娶了"范妮阿姨"——这里所说的剧院是罗彻斯特的皇家剧院，位于通往查塔姆并将两镇连接起来的新街上。那幢建筑现在仍然屹立未倒，又小又窄，很难看出这是小狄更斯锻造想象力的熔炉。然而事实证明它就是。"这家又脏又破却十分亲切的乡村小剧院"——查尔斯·狄更斯这么叫它——散发着木屑、橘子皮和煤油的味道，而他一辈子都对这些味道念念不忘。他就是在这里看了《理查三世》和《麦克白》，李洛[②]的《伦敦商人，或乔治·巴恩维尔的历史》以及罗[③]的《简·肖》；在这里，世界变成了滑稽的闹剧和煽情的情节剧，而且在他对童年剧院之旅的所有描述中，我们都能明显感觉到他那如饥似渴和目不转睛地灼热眼神。他什么都没错过；那个关在最深地牢里的滑稽男人"顶着仓促做成的红色假发"唱了首关于一条羊腿的滑稽歌，绿色幕布上的破洞，理查三世在一张对他来说太小的沙发上假装睡觉，扮演巫婆和邓肯王的演员总是上台跑不同的龙套，愤怒乡巴佬的台词（"老爷，先生，举起你的拳头来打啊！"）；而且他什么都信。他喜欢拙劣的表演和戏服，喜欢演员的荒唐愚蠢和剧情的陈腐乏味，仿佛它们都是真实生活本身的写照；而且在所有这些记叙中，他再现了一个全神贯注的孩子坐在皇家剧院那"价钱很贵但又窄又不舒服、坐垫都褪了色还满是跳蚤的单层包厢里"的所见所感。他从未忘记过这幅景象，尽管每次他离开灯火通明的剧院回到一旁那个阴郁、萧条且一成不变的世界里，这幅画面都会渐渐暗淡下去。

如果要说有一种戏剧艺术真正激发鼓舞了他，那就是童话剧。"在那个欢乐的世界里，"他这么说道，"……丝毫没有任何痛苦或不幸的印象……简而言之，在

---

① Joseph Grimaldi（1778—1837），英国喜剧演员、舞蹈家，尤其以演儿童剧中的白脸小丑出名。

② George Lillo（1694—1739），英国剧作家，著有《伦敦商人》和《致命的好奇心》等。

③ Nicholas Rowe（1674—1718），英国诗人、剧作家、杂文家，1715年时曾获"桂冠诗人"称号。

那里虽然意外总是发生，但每个人都完全不受无常世事的影响。"一个明亮安全的世界，喜剧和悲剧交加，时而惹人捧腹大笑时而催人泪下，爱情和死亡、傻老头①和科伦芭茵②、暗场和场景的突然转换、游行和爱国主义歌曲、滑稽舞蹈和押韵对联都混杂在一起，而且所有台词都是唱出来的而不是说出来的。"没有语言可以形容，"与狄更斯同时代的一个人写道，"这些圣诞童话剧中的活力、欢乐、大胆、疯狂、语无伦次、粗俗、壮美、异想天开的诗意以及残忍。"在《远大前程》中，皮普曾回忆起自己在一次赶集后不得不躺下来，因为"我年幼的感官实在有些吃不消"。我们应当借此来想象小狄更斯的样子——极其兴奋、极其渴望、高兴地尖叫，什么都看，什么都不忘。长大以后，最能让他开心的事也是模仿小丑的姿势和一举一动；一次，他"在浴缸沿儿上扮童话剧里的小丑"，一不小心跌进了热水里，还有一次，他在火车上向人们表演小丑如何"扑通一声坐下然后把自己像折刀一样对折起来"；他也很擅长即兴创作小丑和老丑角之间的"顺口溜"。我们在成年狄更斯身上也能发现同样的兴致和精神，他甚至在行将就木之年还会弯腰读伦敦童话剧的海报。

也正是凭借这种精神，他在查塔姆之后更为悲惨的童年岁月里搭建并办起了一个玩偶剧场；那是在伦敦的卡姆登镇，剧场配有供裁剪的角色单（黑白的一便士，彩色的两便士），剪下的人物可以贴在纸板上，然后再粘到金属丝或者木棍上。然后这些角色会放置在一个小舞台上，还有背景幕和道具；穿好成套服装，摆好适当姿势，这些小纸片人儿就开始演戏了。狄更斯就是在这儿上演了《磨坊主和他的手下》和《伊丽莎白，或西伯利亚之放逐》；狄更斯自己负责把剧情朗诵并表演出来，他的兄弟们则负责动手移动这些小纸偶。不幸的是，这些纸偶总是会起皱或者脱胶。他从那个时候就开始写作了，之后他曾说自己的第一篇文章《米思娜》是在九、十岁时写成的，那是一部依据《鬼怪故事》③所写的悲剧，剧中一个谦和聪慧的年轻王子（当然是狄更斯自己）总是在魔鬼或怪物包围下说出

① Pantaloon，意大利即兴喜剧中以傻老头形象出现的丑角。
② Columbine，意大利传统喜剧中的女角色，也是英国喜剧中的定型角色，通常为傻老头（Pantaloon）的女儿，并与丑角哈勒昆（Harlequin）相爱。
③ *Tales of the Genii*，是由詹姆斯·里德雷（James Ridley）（1736—1765）根据《一千零一夜》所著的故事杂集。

一些颇有哲理的话来。狄更斯曾经宣称："我从小就爱……演戏和演讲"；一个小男孩手里捧着书，在这个袖珍剧院里扮演各类角色的这幅画面，也是狄更斯和外部世界关系的一个缩影。他女儿曾注意到，他写小说时，真的会先在镜子前带感情地把句子念出来，然后才写到纸上，当然最终他还会把自己的小说大声念给英国和美国的读者听。他从不抛弃自己的天赋；多年以后他住进了盖茨山庄，他的儿子得到了一个迷你玩偶剧场，结果他一下子就着迷了——他开始忙活着上演了第一出戏，名叫《暹罗之象》，并且据他儿子回忆，他"废寝忘食地制作暹罗的风景和建筑，那种干劲在其他任何一个人身上都会显得异常巨大，但我很快就发现这对他来说是再平常不过了"。因此，我们能够明白，在他后来的人生里，在他对看戏的热爱中，以及在他自己的表演才华中，舞台绚丽的灯光对他来说不仅象征了童年的记忆也让他能够一遍遍重温那些记忆。

童年经历中有一个组成部分，狄更斯自己管它叫作"欢乐"。大意就是娱乐消遣，就是一群观众分享同一种喜悦的理念，友谊和家庭的理念，他不由自主地穷尽一生去复兴这些理念，这正是因为它们都源自他早期童年的记忆。欧德南斯街的年轻保姆玛丽·维勒对他这一点印象很深刻。"有时候查尔斯会下楼来跟我说：'来，玛丽，把厨房收拾一下，我们来玩一个游戏。'"这段回忆的真实性毋庸置疑，而且这是我们第一次从别人口中清楚地听到查尔斯·狄更斯的声音；在他自己的文字中重复响着这个声音：他在《匹克威克外传》中说"萨米，我给你准备了一个游戏"，又在《圣诞颂歌》的公共朗诵中说"玛莎，那儿有好大一只鹅"。就这样，成年狄更斯再现了小狄更斯的声音。欧德南斯街上的一个名叫乔治·斯乔若希尔的小伙伴，有时会带着他的魔法灯来玩，但有时"他们会唱歌、朗诵并表演一些戏剧片段"。查尔斯自己有一篇"最爱诵读的文章"，是艾萨克·瓦茨的《懒汉的声音》；"小狄更斯，"玛丽·维勒回忆道，"总是念得很有感染力，手舞足蹈，有模有样的"（在这儿我们也能想象出成年后的狄更斯仰着头，手高举在空中，念着自己小说的样子）：

> 这是懒汉的声音；我听他抱怨道，
>
> 你把我叫醒得太早，我得继续睡觉。

他也会朗读经典名著中的片段，而且毫无疑问，他对莎士比亚的了解大多都是这么而来的。他还喜欢唱歌。他有一副"清亮的男高音嗓子"，而且玛丽·维勒记得，"和海洋有关的歌……是他的最爱"。

小狄更斯常在生日聚会和主显节前夜①聚会上一展歌喉。他也自己写歌；他创作并演唱了一首滑稽歌曲，题为《最迷人的秋波》，从中也能看出他对喜剧表演的喜爱，此外，他还模仿喜剧表演大师查尔斯·马修演绎过一段"一人分饰多角的对白"，顾名思义，这种表演就是一个人扮演一个短剧中的所有角色，并通过一些惯用短语、滑稽的言谈举止和模仿方言来做到这一点。当然，所有这些元素后来都在他风格成熟的小说中再次出现，而且很快狄更斯的模仿天赋就会展露无遗；但正是在这儿，在这些略带稚气的表演之中，他开始使用了自己的这种天赋。这是狄更斯童年画卷中最重要的画面之一——一个小男孩，满脸笑容、两眼炯炯有神，摆着各种身段唱歌，表演得十分精彩，获得阵阵欢呼和掌声。

1821年年初，狄更斯离开了罗马巷的家庭小学，转到了苜蓿巷一家规模更大也更有前途的学校——这是由一位二十三岁的年轻人威廉·贾尔斯开办的学校，他父亲是一名浸礼会的牧师，而他自己也是一名非国教教会成员。贾尔斯在查塔姆地区享有"一个有教养、爱读书的演说家"的好名声。他好像曾在牛津待过一段时间，在当地的一所学校教书，虽然因为不信奉国教而被禁止在牛津大学里居住，他很可能还是获得允许上了一些课程。他无疑是一个受过良好教育的年轻人，而且从他为之后在别地开办的学校所写的广告里就可以看出他在查塔姆的这所学校的性质——"英语系以一种公认有效的分析式教学方法为特色，十分注重书信写作、翻译和论文随笔写作。商务系致力于确保学生字迹美观工整……"狄更斯上学时的教学大纲与此大致相同，只不过增加了从林德利·默里的语法书中摘选出来的课程。《尼古拉斯·尼克尔贝》②中的中瓦克福德·斯奎尔斯校长曾提到过此书。"是'我'，'我'是第一人称单数……"狄更斯自己在这种语法问题上也非常讲究，虽然有时候他激情澎湃的写作风格会让他忽略句法上的细节，但他总是能够一眼发现并大肆抨击他人的错误。

狄更斯记得在这所学校上学时的许多细节；他记得学校的操场，据他女儿玛米说，在那里"他和他的小伙伴们'上演'过各种各样的英勇奇迹"；他记得自己

---

① 基督教的节日，1月5日晚，过去为圣诞节庆祝活动的第12天即最后一天。

② 又译《尼古拉斯·尼克贝》，林纾译作《滑稽外史》。

第一次考试时背诵了《幽默作家大杂烩》中的几段，他自称，结果在场的人都要求他再来一段。多年以后，他在给校长的一封信中评论道"……在我困惑不解的脑袋里，您的形象变得十分高大而威严，但一点也不严厉"。如此一来，我们可以认定贾尔斯不是狄更斯小说中任何荒唐校长的原型。在这所学校学习的两年时光里，狄更斯和贾尔斯一家走得很近；威廉的两个弟弟也在这里上学，威廉的妹妹也记得他是"一个非常英俊的男孩子，一头淡色的长鬈发"。

贾尔斯一家似乎对狄更斯一家的下一次搬家有一些影响：狄更斯一进这所学校上学，他们就搬到了圣玛丽街18号（又叫"布鲁克"）的一幢房子里，就在威廉父亲供职的浸礼会礼拜堂旁边。这是一幢"其貌不扬、正面用石灰刷白了"的房子，半独立式，六间房间，配有标准的前后两个小花园。这比欧德南斯街排屋的房子小不了多少，但从宽敞明亮、舒适宜人的郊区搬到一个地位低下的船坞小职员聚居地，这对约翰·狄更斯而言绝对意味着社会地位的下降。当然，这里离船坞更近更方便了，当时也有人把它描述为一个"有着非凡建筑之美和魅力"的地方——尽管那种魅力有可能是辛酸痛切的。小狄更斯从他楼上的窗户望出去看见的，是他之后在《一个孩子的星星梦》中所纪念的教堂和教堂墓地。然而，狄更斯一家是不是从那时开始了社会地位的缓慢下降，并最终导致约翰·狄更斯因为负债而锒铛入狱，这一点不得而知；但是在这个地方必然发生了一些氛围上的变化，玛丽·维勒曾回忆说："在这幢房子里我再也没有见过（欧德南斯街）排屋里那种稚气的娱乐活动。"

然而，若要猜测狄更斯童年宗教方面的学习情况，还有比这儿更好的地方吗？他似乎对任何一个宗教门派都没有什么深入的了解；关于宗教，他最深刻的记忆是圣玛丽街家中的壁炉，上面的瓷砖上都画着《圣经》里的场景（也许是出于报复，他把这段记忆给了《圣诞颂歌》里的斯克鲁奇）。另一个有关童年宗教经历的记忆更为冗长，但同样也不是劝人皈依的记忆；据他自己所说，小狄更斯有时候"被拽着头发"去听祷告，或者，用他的话说，"像一个土豆似的蒸在强劲的'传教士蒸锅'和教堂会众的呼吸里，让人喘不过气来"。或许他是在回忆某次去隔壁浸礼会教堂的不情愿之行——也许是在贾尔斯一家对狄更斯一家的影响之下——但由于这段描写出自《不赚钱的行者》，这也很有可能是狄更斯凭空想象出来的场景。不过，他的确有可能受过一些宗教教育；在一封信中，他特别提到

"……极其荒谬的行为让我联想到自己童年经历过的同样愚蠢的（基督教教义）问答法"，都是有关"神的羔羊"之类的问题。

不管怎样，就算查尔斯·狄更斯没有好好了解基督教的美和神秘，他也在别处找到了美和神秘。正是在圣玛丽街上的这幢小房子里，他第一次意识到自己对书本的热爱并第一次进入了文学世界。在他隔壁的屋子里，父亲收藏了一整套标准藏书："非常壮观的一群人——蓝登[①]、皮克尔[②]、亨弗利·克林特[③]、汤姆·琼斯[④]、威克菲尔德的牧师[⑤]、吉尔·布拉斯[⑥]和鲁滨孙[⑦]纷纷从那间神圣的小屋子里走出来，陪我做伴。他们让我保持了想象力以及对那个时空之外的希冀——他们，以及《一千零一夜》和《鬼怪故事》——而且从未伤害过我……""我对那个时空之外的希冀"——是住在一幢不起眼的小房子里的小男孩心中挥之不去的渴望和抱负。

除了一个小男孩在一张酒馆桌上又唱又演的画面之外，读书是狄更斯童年的另一个重要画面——画面里一个孤独的孩子全神贯注地看着书，沉醉在自己的想象中，创造出一个属于自己的世界。他创造出的世界如此形象生动，甚至取代了他身处的现实世界。《圣诞颂歌》[⑧]里就有相似的情景；埃比尼泽·斯克鲁奇（在精灵带领下）无助地回到童年，并看到了"小时候的自己，专心热切地读着书。突然间一个男人出现了，身穿异域风情的大衣，看起来非常真实且清晰：站在窗外，腰带上别了一把斧子，手执缰绳，牵着一头驮着木头的驴，'天哪，是阿里巴巴！'斯克鲁奇欣喜若狂地惊呼道……某一个圣诞节，那个孤独的孩子一个人被丢在这里时，他就像那样出现过，那是头一遭。可怜的孩子！"

---

① 《蓝登传》（*The Adventures of Roderick Random*）主人公。

② 《皮克尔历险记》（*The Adventures of Peregrine Pickle*）主人公。

③ 斯威夫特小说*Humphrey Clinker*主人公。

④ 亨弗利·克林特《汤姆·琼斯》（*The History of Tom Jones, A Foundling*）主人公。

⑤ 《威克菲尔德的牧师》（*The Vicar of Wakefield*）主人公。

⑥ 法国作家勒萨日的代表作*The Adventure of Gil Blas*（*L'Historie de Gil Blas de Santillane*）主人公。

⑦ 《鲁滨孙漂流记》（*Adventures of Robinson Crusoe*）主人公。

⑧ 本书讲述了一个发生在圣诞节的故事，商人斯克鲁奇是一个成天与钱柜、账本和发票打交道，只知道攒钱的吝啬鬼。他克扣员工工资，拒绝外甥的问候和祝福，不施舍分文给穷人。然而，在平安夜出现的三个精灵将他带到了过去、现在和未来的某些生活情境，使他从一个抠门、冷漠的吝啬鬼变成了心中充满爱意，助人为乐的善良老人。

这样的小狄更斯无疑和同一时期其他人对他的印象截然不同。威廉·贾尔斯学校里的一位同学记得他"非常友好"并且"擅长所有男孩子玩的运动，比如板球之类的"。关于成年狄更斯也有许多类似的描述，但从本质上说这些描述都会导致对他的误解；在他内心中隐藏着一个更加安静、更加警惕的他，一个更加阴暗、更加深沉的性格，几乎从不示人。因此，在他之后对童年半自传性质的描写中，另一个自我从欢乐幽默背后走了出来，这也不足为奇；故事里的那个孩子内疚、焦虑、敏感、易怒，充满了担心忧虑却未曾向任何人吐露。

所以，这个看似乐观和群但自认为柔弱孤僻的男孩到底构建了一个什么样的想象世界呢？我们很难忘记这位成年后的小说家书中和童年联系起来的死亡意象，这种联系一部分出于自我怜悯，但或许也是因为联想到了早夭的弟弟和妹妹。然而更重要的是，对狄更斯而言，童年总是和突如其来的恐惧和莫名的害怕联系在一起，就像斯克鲁奇的血脉"能察觉到一种从婴儿时期起就不陌生的恐怖感觉"一样。

当然，现在要说他曾是一个敏感的孩子不会引起任何质疑，而且他在查塔姆度过的最后几年对他来说也非常与众不同，就算不是因为家庭的缓慢败落，至少也是因为问题的不断增多。虽说按照惯例他父亲的职位正一步步上升——1821年他成了查塔姆的三等职员，同年12月从军需处调到了负责检查海员遗嘱和委托书的部门——但他自己的财政状况却岌岌可危。5月，由于他未能向詹姆斯·米尔本支付所借款项的利息，他的大舅子不得不向约翰·狄更斯的债主支付总额达二百三十镑的款额；从这天起，巴罗一家和狄更斯一家之间的关系开始冷淡疏远起来。然后这个家庭本身也开始发生变化，对一个小孩子而言，这是一段极其不安的经历。他的阿姨玛丽·艾伦于1821年12月嫁给了托马斯·兰默特，这对新婚夫妇带着家中一位女仆简·邦妮搬到了爱尔兰。然而，狄更斯印象更深刻的是次年——1822年3月，一个孩子降生，并取名为阿尔弗雷德·兰默特·狄更斯，以纪念八年前不幸夭折的那位孩子。但这一新生命降临之后，另一个生命却消逝了；狄更斯年幼的妹妹，哈丽特死于天花（《荒凉山庄》中的艾斯特·萨莫森也因此毁容）。妹妹的死或许又一次在他心中激起了害怕和自责：这一点无从知晓，不过说来也怪，作家们一生中似乎总会经历弟弟妹妹的早夭。我们无法确定哈丽特究竟死在查塔姆还是伦敦，因为这一年6月约翰·狄更斯正式调回了萨默塞特府。他交出了圣玛丽街上的这幢房子，且出售了家中一些动产；一位娶了玛丽·维勒的当地造船商买下了家具中最好的一套椅子。玛丽·维勒离开后，狄更斯家找了查塔姆济贫院的一个孤儿当新仆人。剩下的家具都通过水路运到了伦敦，而狄更斯一家则坐马车来到了伦敦；他们来到了卡姆登镇，并住进了贝恩街上的一幢新房子里。

　　不知出于什么原因，查尔斯·狄更斯没和他们一起去。他留在了查塔姆，在他校长威廉·贾尔斯家中待了近三个月。也许是他自己要求留下来完成学业——虽然只有十岁，他无疑已经是个非常有决心、有抱负的人了——也许是因为他父母了解他敏感的性情，希望在完全安定下来之前他能留在那里。

三

　　伦敦：大熔炉，热土，罪恶之城，臃肿之都。1822年早秋，十岁的查尔斯·狄更斯来到了他的王国。结束了从查塔姆出发的旅程，他在卡姆登镇的新家和家人团聚了——贝恩街16号，一幢建成不久（不过十年）的房子，那片区域当时也刚刚开发。他住在顶楼一间小阁楼里，从窗户望出去可以看见一个用围墙围起来的小花园。一楼和二楼有两间房，还有一个地下室，在这个有些狭窄的空间里住着狄更斯的父母、他们的五个孩子、从查塔姆济贫院带来的仆人和詹姆斯·兰默特——范妮阿姨刚嫁的那个男人的继子。他借住在这里，付的租金必然在物质上帮助了狄更斯一家，但他对查尔斯·狄更斯生活的影响简直可以说是灾难性的。

　　卡姆登镇是一个宁静体面的半乡村地区，尽管偷盗问题一直困扰着路边和田边的住户，但这里几乎可以称得上"安宁古朴"。新铺的道路上长着野草，取水得去狄更斯新家对面的一个水泵。往南就是萨默斯小镇，但两地之间隔着许多田地；往北是树木繁茂的海格特高地和汉普斯泰德高地；往东往西都是田地和商品菜园，其中有著名的红帽大娘①露天茶馆——一处旅游胜地，而且就算它算不上世外桃源，也至少和大都市里的酒店大不相同。现在的尤斯顿火车站所在之处当时是放牧的田地。卡姆登镇和名为肯特镇的小村庄之间有一条穿过一片片空旷田地的路，没有路灯且荒凉偏僻，常有拦路贼出没。事实上，贝恩街是当地为数不多的已建成的街道，当地人仍然主要以割晒干草和捕蟋蟀为生，当时至少有一个人觉

---

① 卡姆登镇上的一家酒馆，于18世纪晚期买下了一座露天茶馆。

得那完全就是农村："小时候我觉得它是一个乡下的小村庄，看上去是个绿油油的好地方。"

而狄更斯的记忆有些不同。约三十二年之后，他说它毗邻"田地的边界"但"在当时是一个没有人想看一眼的破旧、肮脏、潮湿的贫民居住区……僻静而压抑……那些建得毫无章法的房子——最大的有八间屋子——大车把房子震得晃动起来的情况极为罕见，最大的也就数来这里将房客"卖掉还债"的东西拉走的弹簧车了。从没比这更重型的交通工具会从一旁经过……我们常会冲到门口或窗口去看一辆出租马车，因为那真的很少见"。他还记得在红帽大娘茶馆里演奏的乐队。"……他们常以'无忧无虑'开场，并总是以一首当地人称之为'我宁要一几尼金币①也不要一英镑纸币'的曲子结尾"，他向约翰·福斯特描述自家房子时说它是"一幢又破又小的宅子，带着一个又破又小的后花园，紧靠一条逶迤的短巷"。事实上，不论是那幢房子还是那片区域，都没有狄更斯想象中的那么破败差劲：给人的感觉仿佛是，这个小孩子因为沉浸于自己的痛苦之中而看不到这个地方的真正面貌，并把自己的不幸归咎于周围的环境。

因为事实上，在这个小男孩的记忆中，卡姆登镇是他第一次受到忽视的地方。在一个自传性的片段里，他这么写他父亲："……由于是个不着急的慢性子，加上又囊中羞涩，此时的他似乎已经完全把送我上学的事儿给忘得没影了，也完全忘了自己在其他任何方面对我负有的义务。所以我沦落到了每天早上先给他擦鞋接着给自己擦鞋的田地；还要承担起那幢小房子里的各种家务活……还因为家境贫困而跑腿干低贱的杂事儿。"他好像多次向约翰·福斯特提及过这一时期，这位第一个给他作传的福斯特回忆起他说过的话："在贝恩街那间背阴的小阁楼里，我想到了因为离开查塔姆而失去的一切，如果我还剩下什么的话，只要能让我回到原先任何一所学校，或者在其他任何地方学到些什么，叫我拿什么来换都愿意！"值得注意的是，狄更斯在这里再一次强调了自己的失学；这个小男孩所有的苦痛都包含在不可能继续求学的现实之中了。未来就这么给夺走了，年轻的梦想和愿景都付诸东流，心中所有成名的希望和满腹才学（就算孩子也有那种学问）也都

---

① 几尼（guinea）：1663年英国发行的一种金币，合21先令，1816年金币本位制后，几尼的法定货币地位被英镑取代，但"几尼"一词仍沿用了很久，表示21先令（相当于十进制的1.05镑）。

失去了意义。对一个有才华有抱负的孩子来说，没有比这更让人无法忍受的人间地狱了；他在对贝恩街的描述中回忆起的所有脏、所有累，以及所有贫困就从那儿而来。詹姆斯·兰默特给他建了一个玩偶剧院，而且他好像也写了一些小短剧（其中一个写的是服侍他们用膳的一个聋子老太太）；但这些只不过是一些偶然而又简短的娱乐消遣，却因为让他想到自己所放弃的生活以及现在看来将要荒废的才能而变得愈发令人悲伤；就好像，他的自我意识受到了玷污，然后他的整个小世界也都给弄脏了一样。

他让他的小主人公大卫·科波菲尔在十岁时就开始给摩德斯通—格林比公司干活了，那正是他自己来到伦敦的年纪。在他小说数不胜数的段落里，他都把世间所有的贫穷和惨状安放在伦敦，并把所有的安宁和僻静都安放在肯特郡的郊外。但有时候现实似乎比他能在小说里付诸笔墨的更加糟糕；在《大卫·科波菲尔》的出版版本中，用以描写他人生这一时期开始的那句话是这样写的："此时我陷入了无人照管的境地，每每回忆起这段经历我心中都充满了自怜自艾。"但对照过他手稿中的修正部分后就会发现他的原话是"此时我陷入了无人照管的可怕境地，每每回忆起这段经历我都无法抑制内心的万分苦痛"。他也在小说里回忆过贝恩街上的这幢房子；这是《圣诞颂歌》中可怜的克拉奇蒂一家庆祝圣诞节的那幢房子，这也是《大卫·科波菲尔》中米考伯①先生的房子，在一条"恶臭难闻、邋遢不堪的街道"上显出一股"残存的高贵派头"；他自己那间阁楼也在同一部小说中出现过，那是"……一间气闷的屋子；墙上印满了同一种装饰图案，在我的小脑瓜里那就是一个个蓝色的松饼；里面几乎没什么家具"。

就是在这里，他陷入了他所说的"一种与其他同龄男孩子隔绝的孤独状态"。一个人，没有朋友，被剥夺了任何可能的前途或任何其他生活的可能性，他有时候会沿着这条狭小、铺满石头的贝恩街一直往南走，就像在查塔姆时望着大海那样望着南边的城市；从这里望去，这座大都市在灰蒙蒙的光线之中烟雾弥漫，也许在他看来就像"一片宏大的海市蜃楼"。他也失去了几位家人；她妹妹哈丽特有可能是在这里去世的，而不是在查塔姆；他的范妮阿姨则肯定是于这一年秋天在爱尔兰去世的。

---

① 亦译作密考伯。

　　然而毫无疑问的是，对他而言，城市在某种程度上是个有魔力的地方。他在一篇名为《误入歧途》的文章里回忆说，在这一时期里他曾在一个不知姓名的"某人"带领下去参观圣吉尔斯区，并不知怎么地与这位成年同行者走散了。于是他一个人在伦敦的大街小巷里溜达，每时每刻都在观察周围"宏伟而神秘"的一切；他遇见了一条狗，吃了一根香肠，看见了恢宏的伦敦市政厅[①]，还把伦敦金融城里每个商人都想象成神话故事里的形象。就算是孤零零一个人迷了路，他仍然"因为坚信一切都是美妙的而备受鼓舞"。这段记忆到底有多确切仍有争议；不过，他说："自己确实就是这么迷路的。他们过去总说我是个奇怪的小孩，我觉得我就是挺奇怪的。"确实，这么一个心中充满好奇和期待的小男孩形象挺真实。故事里的另一件事似乎是确有其事：他决定去剧院看看："每当发现自己招来了注意，不管是在门外还是后来在剧院里面，我都会装出一副在找自己监护人的样子，找跟自己走散了的那个人的样子，还假装朝那个我想象出来的人点头示意并微笑。"这段文字也许是适时提醒有些小孩在伦敦街上有可能发生的恐怖事情，但更塑造了一个年仅十岁却已经很会演戏的小男孩的形象。

　　他并没有完全放弃自己在查塔姆度过的童年里所培养起来的才能。约翰·狄更斯仍然保持着和库里斯托夫·赫芬姆——查尔斯·狄更斯的教父——的友谊，并多次带儿子到赫芬姆在莱姆豪斯[②]的家中和商店。和他的兄弟一样，库里斯托夫·赫芬姆是一个船帆制造工和船用杂货商，他住在教堂街，就在尼古拉斯·霍克斯穆尔设计的莱姆豪斯大教堂后面，而他们的生意在加福德街上，差不多就在莱姆豪斯小港对面。就是在这位富足的商人家中，约翰·狄更斯把他年幼的儿子放在餐桌上并劝他唱歌。《猫粮贩》是他最喜欢的歌曲之一：

　　　　猫粮贩沿街吆喝，

　　　　丁零当啷的手推车和罐头。

　　据查尔斯·狄更斯自己回忆，有一次来听他唱歌的邻居说他简直就是一个"神童"。但这个小男孩对这个地方的记忆充满感情还有别的原因。就跟狄更斯描写大

---

① 伦敦金融城政府所在地，几百年来一直作为市政厅使用，该建筑现仍用于举办各类大型庆典活动、宴会等。伦敦金融城（City of London）是伦敦的城中城，辖区1平方英里，是大伦敦市33个行政区中最小的。

② Limehouse，伦敦区名。

海和与大海有关的一切事物时一样，他在小说中描写像《董贝父子》里所罗门·吉尔斯那家店一样的船具商店时总是饱含深情，而且很有可能莱姆豪斯的氛围让这个小男孩想起了查塔姆——他几个月前还住在那里。在去见库里斯托夫·赫芬姆的路上，他会经过一片铁匠铺、制绳工棚、桅杆铺、制桨铺、造船铺。所有在不久之前的童年中熟悉的味道和景象一下子重又浮现；在赫芬姆砖砌的工坊——也就是他们制作船帆、储藏绳索和成堆铁链的地方——旁边，泰晤士河依然流淌着。所以他在这里找到了童年联想的慰藉吗？他是否也因为赫芬姆家的富足而开始感觉到了这种生活和贝恩街上那种生活之间的差距呢？

毫无疑问，约翰·狄更斯在一步步走向倾家荡产。他在接到传票之后才补交了应当在1823年4月就上缴的贫民救济税，第二年他似乎根本没打算上缴用以铺路和照明的地方税。搬到伦敦后，他再也拿不到各式各样的"外站津贴"了，而且据估算，他年薪减少了约九十英镑。这显然不是一个可喜的变化，但以每年三百五十英镑左右的薪水，他也应当能够支付所有的家庭开销。然而他的钱似乎一直都不够用，且原因不明。据说他有可能酗酒，这显然是因为查尔斯·狄更斯多年后不经意间评价说，一个人可以花钱赊账买面包和肉但——指着一个酒瓶——"没有权利以同样的方式做这种事情"。不过，很难相信他是一个酒鬼，而且也没有证据支持这一论点。还有人说他常常暗地里赌博，《老古玩店》里小奈尔的爷爷便是证据——狄更斯对他的嗜赌成癖刻画得很成功。但这也许只是不必要的猜测；事实是，约翰·狄更斯就是不计后果地挥霍钱财，他就是那种就算想到自己肩负着各种责任也照样及时行乐的人。

狄更斯刚来到贝恩街的时候，就让伦敦的"夜生活"迷得神魂颠倒；让他印象尤为深刻的是七面晷①世界——"……那片地方在我脑海中呈现出一幅多么荒诞的画面，充满邪恶、贫困和卑鄙行径的奇观！"但此时他离这种生活也不远了。首先是因为詹姆斯·兰默特。他再也不跟狄更斯一家住在一起了——当然他这一决定和空间不够以及小孩子制造的噪声有些关系——他的表兄乔治·兰默特来找他去他刚买下的一家商行当总经理。那是亨格福德码头30号的沃伦黑鞋油作坊，

---

① 七面晷（Seven Dials）是位于伦敦西部柯芬园的一个著名的七岔路口。路口中心近圆形的广场上有一个柱子，柱子上有六面日晷（而非七面），原因是原本六条路相交的计划在修筑后期改成七条。"七面晷"也用于指该路口周围的地区。

专门生产靴用黑鞋油，而且是詹姆斯·兰默特提议让快满十二岁的查尔斯也来店里打工，每周薪水六或七先令。狄更斯自己非常不快地描述了这件事："……我父母非常乐意地替我接受了这份工作，于是一个星期一的早晨我走进了这家黑鞋油批发商店开始了自己的商业生涯。"普遍认为，这一不幸事件发生的日期是1824年2月9日、星期一，就在他十二岁生日的前两天。这对他来说也许是——借用《雾都孤儿》里的话——"……某个硬把他推进社会生活里的邪恶阴谋"，但对他父母而言，这一定是个令人愉快的好机会，可以让他们儿子赚钱来帮助缓解家中的经济拮据的问题。毕竟，在一个善良的亲戚经营的商行里，什么梯子他们儿子不会顺着往上爬啊？

于是在那个有着深远影响的星期一，他从卡姆登镇出发走了三英里路，来到伦敦的河滨马路，又沿着汉普斯泰德街和托特纳姆法院路往前走，穿过通往宽阔的圣吉尔斯广场①的高街，又沿着圣马丁巷往前走。然后又穿过河滨马路来到一个满是脏兮兮的角落和巷子的地方，顺着亨格福德码头往下来到河边。他的目的地是左边最后一幢房子，就在泰晤士河旁边，"……一座疯狂、摇摇欲坠的老房子，自然是紧邻着河，而且基本上已经是老鼠的天下。它那装有护墙板的房间和木头，已经腐烂的地板及楼梯，地窖里挤作一团的大灰鼠，楼下老鼠不绝于耳的吱吱声与混战声，总是从楼梯上传来的它们吱吱乱叫和扭打的声音，以及这个地方的尘土和腐烂味儿，都一一清晰地浮现在我眼前，就好像我又回到那里一样。"

十二岁的狄更斯来到了这里。詹姆斯·兰默特出来招呼他，并把他带到了二楼的账房；那里有一个往下能俯瞰泰晤士河的凹室，是他即将干活的位置。一个在楼下干活的男孩，鲍勃·费金，被叫来给狄更斯介绍他的工作是什么：他要将黑鞋油瓶准备好以供出售。严格地说不是瓶子，而是有一道边儿的容器，这道边儿是系绳子用的，有些像用陶泥做成的小花罐。狄更斯的具体工作是"……给一瓶瓶糊状的黑鞋油封口：先盖一层油纸，再盖一层蓝纸，用绳子把它们扎起来，然后齐绳把多余的纸剪干净"。弄完几罗②之后，"我会在每个罐子上贴一个印好的标签"。他一天工作十个小时，十二点有一个午餐休息时间，下午有一个茶歇。

---

① 此处广场指城市中数条街道交会的空旷区域，圣吉尔斯广场中世纪时曾设有绞刑架。

② 1罗等于12打。

小狄更斯"有着非凡的才能：聪明、急切、脆弱，所以很容易受伤，不论是身体上还是心灵上"，他现在坐在一张工作台前，握着剪刀、绳子和糨糊向窗外望去，下面那条死气沉沉的河流正带着他的希望远去。要说他的童年以及陪他度过许多童年时光的阅读和想象世界此时突然结束了，一点也不为过。但它没有消失；它结束得那么突然，没有像大多数人的童年那样渐渐远去直至消失不见。反而，它完好地保存在了由狄更斯丰富记忆所制成的琥珀之中。"一想到这段经历，我整个人都会沉浸在无尽的悲伤和羞耻之中，以至于现在尽管很有名，受到大家爱戴，也很快乐，但我还是会经常在梦里忘记自己有亲爱的妻儿；甚至会忘记自己已是一个男人；并且会落寞地回想起生命中的那段时光。"

这不是那段时间中发生的唯一一起灾难，因为小狄更斯来到沃伦黑鞋油作坊才没几天，约翰·狄更斯就因为欠债被捕了。逮捕行动是在一个名叫詹姆斯·卡尔的面包店店主煽动下发起的，他就住在卡姆登镇上的贝恩街拐角处；这笔有争议的债务数目不小，四十英镑。这不是约翰·狄更斯欠下的唯一一笔债——甚至在罗彻斯特和伦敦还有未还清的债——被捕之后他进了一个"负债人拘留所"或"过渡教习所"，即将入狱的债务人可以在入狱之前在这里寻求一些帮助。这时，他年幼的儿子"哭肿了双眼，泪眼汪汪"地替约翰·狄更斯到处跑腿和捎信，其中一些无疑是捎给他奶奶和大伯的。但也许因为约翰·狄更斯过去索要的太多或这一次他实在太出格了，没有人来帮他一把。2月2日，他因无力偿清债务而以破产债务人的身份进了马夏尔西监狱。这种罪行在当时以及之后的一些年里很常见——据估计，1837年大约有三四万人因欠债入狱——但破产债务人仍然算作准罪犯，在能偿还或有权依据《破产债务人法令》申请释放之前一直都关押在监狱里。通常情况下，这种囚犯都会无限期地关在监狱里，而约翰·狄更斯在马上要被带走之前，曾宣布说"他永远都会受太阳的恩泽"。

狄更斯一生中，马夏尔西监狱这个地方和马夏尔西地区一直在他脑中挥之不去，而他来这里时还是个孩子。在他自传性质的片段中，他曾清晰地回忆起那些场景和细节，就好像前天刚发生的一样：他记得他父亲起草了一份请愿书，另一个囚犯把它大声念出来，自己听时"心中带着一丝作家的虚荣，并凝视着（神情倒不严峻）对面墙上的那一排尖钉"；他记得探视父亲时他看见并注意到一个囚犯睁大了眼睛仔细观察着自己牢房的裂缝和墙面；他记得自己一边坐在沃伦黑鞋油作坊给黑鞋油瓶封盖贴标签熬时间，一边思考着监狱和囚犯的所有特性；他也记得自己"在幼年那旷日持久的苦恼不安之中"，给在那里见过的那些衣衫褴褛、不幸的人们编造过去的故事。

狄更斯的父母之后从未向他们的儿子提及过人生中的这一时期，他们缄口不提也许表明他们和他一样也因为这件事情遭受了精神创伤；但无法肯定。不过狄更斯的反应是毋庸置疑的。他从未忘记过马夏尔西的画面。高高的墙，墙顶上的尖钉，监狱建筑投下来的阴影，衣衫褴褛、懒洋洋躺着的人们——所有这些画面都一次又一次在他小说里出现。但是监狱是最核心的画面；他在小说里有时会将整个世界都描述成一种监狱，所有的人都是囚犯，而监禁、惩罚和内疚的阴影也时常弥漫开来。

那几个月的变化不定一直延续着，而对一个孩子来说没有比四处辗转，不停地换住处更苦恼的事。约翰·狄更斯入狱后好几个星期里，伊丽莎白和孩子们都待在北高尔街；他们大部分的财产都已经变卖，于是大家在仅存的几件家具和其他一些财产的包围之下挤在两三间屋子里安营。她好像在等什么东西或什么人"突然出现"来解决丈夫的经济问题——也许是双方的家人——但到了4月初，不再对紧急援助抱有任何希望的她带着最年幼的孩子住进了马夏尔西监狱，与约翰·狄更斯做伴。查尔斯则被带到了朋友罗伊兰斯太太家借住，在离北高尔街只有几步之遥的小学院街上。

约翰·狄更斯仍然在领军需处的薪水，但入狱后一个月，他便提出了领养老金退休的申请；他当然害怕自己的破产会导致免职，于是就想杜绝那种可能性的发生。但他提出申请的依据是自己身体状况不佳；根据他在申请书中附上的体检报告，他患了"一种泌尿器官慢性传染病"，他在附信中还大言不惭地将它形容成一件"不幸的灾难"。毫无疑问，他是得了这么一种难受的疾病——他的确死于此病——但他的申请似乎因为他生命中出现的一个转折而失效了。4月26日，他母亲在她儿子位于牛津街上的房子里逝世，享年79岁，尽管她的遗嘱里没有把约翰·狄更斯立为遗嘱执行人，这无疑是"突然出现"的转机。

不过，这件事没有产生任何直接影响。约翰·狄更斯仍然待在监狱里，而他最大的儿子仍然待在小学院街上；每个星期天白天他都会待在马夏尔西。星期天晚上他又会回到卡姆登镇一个人待着；关于这些日子，我们唯一可以确信的是，查尔斯·狄更斯和往常一样将自己对这件事的情绪隐藏得很深，自己一个人挣扎和痛苦着。不过，他还是爆发了一次：大约三个礼拜之后他曾向父亲抱怨自己太孤独，"可怜巴巴地，流了好多眼泪……这是我第一次对自己的命运表示强烈抗议，也许比我原本打算的火力更猛了一些"。这里我们会再次注意到小家伙非同寻常的内敛，心里能藏得住事儿，就像《远大前程》里的幼年皮普一样，心中纵有万般感受也只字不提；但这一次的情感宣泄很有效。他从小学院街搬了出来，住进了兰特街上的一间出租房里；兰特街是一条逼仄的街道，毫无生气且安静到了能激起"灵魂中一丝淡淡忧愁"的地步，而且从这里到马夏尔西监狱只有不到两分钟的路程。狄更斯在这条街上的住处属于一个名叫阿奇伯德·拉赛尔的人，他是破产法庭的一名代理人，对这类交易习以为常。据狄更斯自己的记述，房东和房东太太后来就成了《老古玩店》里的嘉兰夫妇。他的房间又在阁楼，而那"小窗户外有一片木料场的宜人景色"，但相比之前住的地方这对他来说已经算是"一个天堂"了。但天堂真的已经是一个失乐园了，而且就是在这间阁楼里，这个年幼的小男孩在一天夜里又经历了一次情绪爆发，一直持续到了第二天早上。

因为他的人生早已成了这个样子：早上他会在旧伦敦桥——就是那座上面已经盖满了各种各样的房子的桥，从前他在上面闲逛时，老把自己编出来的那些发生在身边的栩栩如生的故事讲给那个从查塔姆济贫院来的仆人听——周围闲荡，直到监狱大门打开，然后和家人一起吃早餐，再动身去黑鞋油作坊。一天的活儿结束之后，他通常会穿过黑衣修士桥，拐到大萨利街后一直往前走，然后再拐进一条小路来到大萨福克街，最后就回到了马夏尔西。他会和家人一起吃晚饭，然后在九点的时候走回兰特街的住处。

这时的他很有可能起过逃跑的念头；或许逃回威廉·贾尔斯家里，逃回他度过更愉快时光的地方。再一次找回那个变得"博学且受人尊敬"的梦想。或者，至少是"像故事里的主人公一样去别处寻找我的出路……"当然，这就是他安在大卫·科波菲尔身上的那个梦想，他离开了自己工作的那间工坊开始了去往查塔姆——狄更斯曾经生活过的地方——的旅程，去那里找他善良的阿姨。然而，就算他有过这样的梦想，它们也很快淡去了；正如他在《大卫·科波菲尔》一书中再次写道的那样："……我有时候会坐着看那些转瞬即逝的幻想、白日梦，它们仿佛是画在或写在了我房间的墙上，隐约可见，而且它们会渐渐消失，又留下一面空白的墙。"所以说，他承受了许多，但都默默承受着；他从未向他的工友抱怨过，就连父母也没有。"我从未向一个大人或小孩说过自己如何落到这个地步，也没有因为自己的现状而流露出一丁点的难过伤心……我对这一切闭口不提，只管干好自己的活儿。"这种对自己情感的克制和缄默也是成年狄更斯性格的一大特征——从来不想展示真正的自己也不想表达自己真实的感情，正是这个仿佛能在自己小说中抒发世间所有情感的男人的一个显著特征。

四

　　很难说约翰·狄更斯究竟会在监狱里关多久；所以，换句话说，他儿子也无法知道自己究竟要在那间黑鞋油作坊里干多久。但约翰·狄更斯和威廉·杜丽不一样，他没打算一直待在牢房里，这从他一进马夏尔西监狱就开始准备运用"破产债务人法令"重获自由这一点就能明显看出。这意味着在法庭宣告他破产以后他就能获得释放，只要他能证明自己并非有意欠债，所有财产都已经上交，以及所有总价值超过二十英镑的物品都将用于偿还其债务。

　　破产法庭受理了约翰·狄更斯的案子，狄更斯后来在《匹克威克外传》里将这间法庭描写成一个灯光昏暗、通风不畅的房间，里面"……总是挤满了人。混着啤酒和烈酒味的水汽一直上升到天花板，在受热凝结之后重又沿着墙像雨一般滚落；里面那一套套旧衣服，任何时候都比12月份所有在猎犬沟渠街上卖的旧衣服还要多；还有脏兮兮的皮肤和灰白胡子……"这个地方所有的恶臭和噪声都在他的文字里得到重温，读起来像是他对此的追忆。庭上，他父亲按规定站在陪审团左侧的一个围栏里，对他的案子进行了复查，详细列举了他在罗彻斯特和伦敦的债务，并指定了一个人负责处理这些债务的支付事宜（事实上约翰·狄更斯必须在第二年11月筹到一笔相当数目的钱款，第三年11月又筹得一笔），案子就此画上了句号。

　　于是，5月28日，在马夏尔西监狱度过了一年零两个月之后，约翰·狄更斯重获自由了。要是他没有像塞缪尔·匹克威克和威廉·杜丽一样在众人列队欢送下来到监狱大门，那种轻松宽慰和喜悦的心情肯定还是一样的。一开始，除了范妮之外，狄更斯一家都搬去小学院街上和罗伊兰斯太太一起住；与此同时，他们好像遣走了那个孤儿仆人，这进一步说明在一个不得不挣扎求生存的时期，人们的行为会有多残酷。罗伊兰斯太太的孙女之后解释说，他们"并不是以房客的身份"，"而是以受欢迎的客人身份"入住的。他们在这里住了多久，无从得知——再说了，谁会愿意费心去记录一个贫困家庭流离失所的行踪呢？——不过，他们后来，具体时间不清楚，搬到了更北边的汉普斯泰德，并一直待到了12月下旬。然后，这年年末狄更斯一家又搬到了萨默斯镇上的约翰逊街29号，离他们原来在贝恩街的房子只有几分钟的路程；那个地区之后很快就变得污秽不堪，但当时也是还能称得上"破落的上流"，都住着小店主和小职员。这条街大约有三十年的历史，俯瞰着那片依然毗邻卡姆登镇的田野；这条街很狭窄，带着一种亲密气氛——"家庭圈子"是用以形容这条街的词儿——但它一点儿没受受邻近城市的影响是不可能的。首先，当时这里还没有煤气灯，因为大多数住户可能太穷了，根本没钱让油灯长明，所以要不是离城市近，到了晚上整条街就会突然陷入一片漆黑中。

由于第一份退休申请失效了，约翰·狄更斯便继续在萨默塞特府当小职员；而且，他得知几乎所有同事都听说了自己欠债入狱的事，所以这段时间里他也过得很不好受。毫无疑问，他马上就又申请退休了，这说明他对于这一份自己从事了约十九年的工作已经不再满意。但他还是天天从萨默斯镇走到河滨马路去上班。他儿子会陪他一起走这一段路，他也在那个区域干活，而我们会不禁猜测这段时期他俩之间的关系——父亲继续做那个自己越来越讨厌的工作（而且无疑仍然受那个在危急时刻会突然加剧的泌尿器官感染所困），而儿子每天都要去一个自己又恨又怕的地方。

然而对狄更斯而言，并不是所有在这段人生时期里的经历以及所有在伦敦的经历都是不愉快的。剧院和"低级戏院"就在拐角处，几乎真的就在拐角处，不过他特意提到过这一时期他经常阅读的一份报纸——那是一份两便士的周刊《作品集》，自称以传统风格寓教于乐但本质上就是一个集恐怖故事、神话故事、死刑、灾难（"我们所有人都有被活埋的危险"），谋杀和伦敦生活题材短剧于一体的大杂烩。狄更斯总是爱读这样的东西，而且在这段特别时期里，在一个非常通俗的文化背景里——甚至是在伦敦本身的文化之中——观察他天赋的成型，并不算草率。

而且他在黑鞋油作坊的日子最后的确是熬到了头。1824年年底，约翰·狄更斯又一次请求批准他领固定养老金从海军军需处退休——据支持该申请的上司所说，他摆出的是一个"综合性的理由"，但其中包括他身患泌尿器感染及依据"破产负债人法令"而获得释放这两点。他的第二次申请获得了批准，在工作了约二十年之后，约翰·狄更斯于1825年3月9日从海军岗位上退了下来。他得到了每年一百四十五英镑的养老金，但由于他正处于偿还债务的过程中，所以还是很穷；用他儿子之后的话说，还是"硬装体面"。在他最终离职前几个月，他儿子做工的地方变了，因为沃伦黑鞋油作坊搬离了泰晤士河边那间快散架了的货仓，搬到了柯芬园外的钱多斯街。作坊规模更大了，但更重要的是，狄更斯此时也跟鲍勃·费金一样在涂糨糊和绑绳子的技艺上变得非常娴熟。这两个男孩子坐在一扇窗户前，好在做工时有点光，"……而且我们俩干活干得特别快，窗外的人们都常常会停下脚步来看我们。有时候外面还能围上一小群人。一天我们正忙着干活，突然看见我父亲进门来，我心想，他怎么能受得了这一切。"

事实上，不知出于什么原因，约翰·狄更斯好像最终还是无法承受这一切。他的儿子成了他和詹姆斯·兰默特激烈争吵的起因。几封书信往来之后，查尔斯·狄更斯便离开了钱多斯街上的作坊，心里带着一种"非常奇怪的轻松感，奇怪得就像压抑感一样"。吵架的起因不明；狄更斯自己认为是因为父亲看到自己儿子在一扇窗户前做工的景象促使他采取了行动，但这好像不大可能。可能是跟钱有关；可能是跟自尊心有关。又或许，这两者对一个像约翰·狄更斯这样处境的人来说都很重要；他和他的儿子一样，总是对轻视冷落很敏感，所以也不难明白为什么最终他会选择和雇用他儿子做劳力的人吵架。于是小狄更斯回家了——正如他所说的，心里很轻松而且毫无疑问也很压抑，因为他的突然离开意味着他不得不开始一种全新的生活。这时候，小狄更斯的母亲却站在了兰默特和自己的丈夫中间，她做了一件狄更斯永远都无法原谅的事情——她平息了他俩之间的争执，而且从钱多斯街回来的时候"要求我第二天早上回去"。约翰·狄更斯拒绝了，而这一时刻最重要的意义也许是他为后人拯救了狄更斯。他想要送儿子去上学，寻回两人似乎共同拥有的希望和抱负。

他在沃伦黑鞋油作坊里待了多久并不清楚，而且他自己好像也不确定。"我不知道那持续了多久；也许有一年，也许一年多，或者不到一年。"近期评论家对此的估计在六个月到一年之间不等，但真正的重点是小家伙不知道自己可能会在那里干多久。就他看来，他也许是被父母彻底抛弃了。他在之后的日子里从未提及过这一段人生插曲，一直藏在心底。他告诉之后为他立传的福斯特，但是否告诉了妻子还尚有争议。当然他从未告诉过自己的孩子们。就像秘密和愧疚是狄更斯小说中的典型主题一样，沉默寡言也是他人生的关键词。

当然了，这段插曲一直在他脑海中挥之不去；靴用黑鞋油在《匹克威克外传》中出现过后，在之后每一部小说中都出现过，一直到最后一部《艾德温·德鲁德之谜》。黑鞋油瓶、黑鞋油刷、擦鞋工箱子上的广告、甚至连黑鞋油作坊都在狄更斯的小说中露过面，像他小说和私人生活之间的某种秘密交流；给人的感觉是他反复提起这段人生插曲，是在以此表明自己的一个力量源泉。

所以在某种意义上，他成年时的想象力和性格是在马夏尔西监狱和沃伦黑鞋油店的这段经历中铸成的。我们不禁想象，当狄更斯被遗弃在黑鞋油作坊里，看到那些他认为在虐待他并不顾他死活压榨他的成年人，他就会幻想善良的陌生人正不顾一切地寻找他并想办法营救他。在危急或变化无常的时刻，成年狄更斯总是会回想起那段童年时光及童年时代对现实的恐惧。这些就是他脑海中挥之不去的人物形象，那些他迁移到小说中的人物形象。不然的话，为什么他笔下的成人世界总是，而且每次都那么险恶？——这和古典时期的前辈们所呈现的生活是多么不同啊！他们也描写死亡和灾难，但他们从来不会用那种灾难性的低沉口吻，而这种口吻贯穿于狄更斯的作品中并响亮得有时候会让读者觉得："要是这种幸福被毁了，或者这次远足被毁了，或是这个小男孩的钱被人偷了，或是这个孩子被绑架了，我可承受不了！"但这些恰恰就是最终会发生的事情。这些小说自始至终都给我们留下了这个仍然住在书中世界某处的小男孩形象。没有自信、饱受虐待、食不果腹、弱不禁风、多愁善感、压抑、自责、年幼、无父无母。当然在他的文字中也能找到健康的孩子，但就像《老古玩店》里的小学生们一样，他们都只是角色而已。不知什么原因，他的孩子们都与这个世界脱离，并被迫保持一定距离。"我的梦想实现了吗？"这个孩子又一次喊道，语气中充满了热情，任何人听到也许会内心为之一振。"没有，那永远都不可能。那怎么可能——噢！怎么可能啊！"

五

　　于是查尔斯·狄更斯离开了那间黑鞋油作坊，也告别了自己童年的性格成型时期。他父亲几乎马上就给他在威灵顿寄宿学校报了名，那所学校离他们在约翰逊街上的房子很近，在附近的名声也不错。他在那里读了两年，而根据他在那里上学期间的记录，他跟短短几个月前那个消极、受苦受累的"小苦力"转变程度之大让人吃惊；他所有的同学都一致认为他非常活泼随和、精力充沛、健康向上，而且很明显是"一个绅士的儿子"。狄更斯可以说是从那些在他内心深处留下深深伤疤的经历中"走出来了"；从那种意义上说，他经过了自我重建，而且在这个十三四岁的男孩身上，我们已经能够看到成年狄更斯的轮廓了。他如此成功的过渡说明他有一个非常善于适应而又极其刚毅的性格；他不是一个会让不幸压垮的人，而是会利用并战胜生命中出现的每一个灾难的人。

　　学校就坐落在汉普斯泰德街上，面朝一大片奶牛农场（从约翰逊街出发，对狄更斯来说最近的路线是走田边的一条路），是那种很传统的学校。一间用木料建成的大教室里坐了两百来个男孩子，按照"粗略划分的"年级分坐成一排一排；教室外面有一个中等大小的操场，旁边就是这所学校的开办者兼校长的房子。在我们脑海中浮现的教室画面里，座位应当是按学习能力而不是年龄划分的，男孩子们在各种说话声、石笔①声和羽毛笔的声音中死记硬背课文（通常老师会指派一个年长一些的男孩教年幼一点的孩子）。查尔斯·狄更斯本人对这所学校的印象

---

① 用于在石板上书写。

远算不上赞许，在之后所做的一个演讲里，他曾宣称"这位受人尊敬的校长是我到现在为止有幸认识的最无知的人，属于有史以来脾气最差的那类人，而他的职责就是尽可能从我们身上多榨取一点儿，少教我们一点儿……"

他在学校受到的教育似乎并不出众。"毫无疑问，"狄更斯的一个同辈写道，"他是一个靠自己力量成功的人。"这句话响应了约翰·狄更斯对他儿子的评价："可以说是自学成才！"（狄更斯后来很喜欢模仿他父亲的语气说这句话）。不过，狄更斯在威灵顿寄宿学校学了拉丁文，而且好像学得非常出色，有一年还夺得过拉丁文奖；作为回报，他送给了老师一本贺拉斯诗集。其他人对于狄更斯自称学过这门语言表示质疑，但从他的小说本身判断，这似乎是毋庸置疑的——多年以后，有人的确看见他在翻阅维吉尔的作品。而且他很明显也学过小提琴，据一名早期传记作家所言，"狄更斯在这门技艺上无法取得任何进步，于是不得不中途放弃"。用他一位同学的话说，就算他是"在离校之后长期勤奋学习才"掌握了英语这门语言的学问，他此时掌握的也已经远不只是一些基本英语知识了；让他同学吃惊的是，他是班上仅有的一个能拼写出"剧院"这个词的人，这一壮举不仅说明他从小对那个娱乐场所的热爱，更说明他的同学不学无术到了可悲的地步。

然而，大多数人对于他在这里上学的记忆并不是关于他在学习或文学方面的杰出才能，而是他的"活泼和旺盛精力"。大家都记得他曾唱过《猫粮贩》并将那首歌"所有的低级趣味"都表现得淋漓尽致；这多么让人感动啊，小家伙居然还在唱着自己生活穷困艰难时学会的歌曲。同样，人们也记得他即兴创作男生之间的"隐语"或"黑话"，记得他假扮穷人向老妇人乞讨，当着她们的面"突然爆笑起来然后拔腿就跑"——这多么不可思议啊，他竟然已经开始模仿自己几个月前生活真实写照的命运来逗乐，不过将自己生活中的事件转化成戏剧的确是他与生俱来且经久不衰的天赋。人们也记得他早期说的一个笑话——他一个朋友说他的裤子穿得太旧太破，都得给它放个假了。

于是狄更斯说："啊，对！你说得对，它的确很久没打盹①了。"

小狄更斯给人留下深刻印象的还有他对戏剧和业余戏剧演出的兴趣。据记录，

① 这里用了双关，即原文nap在英文中有两个意思，一为"打盹，睡午觉"；一为"织物表面起的绒毛"。

在一个朋友家，他和两个同学"常常在厨房里表演小短剧"。他的一个同辈曾说："……他非常喜欢表演。我记得他在丹·托宾家后面的厨房里排了一个戏……我们编了剧情，每个人有自己的角色；但每个人都得编自己的台词。"他鼓弄起詹姆斯·兰默特在贝恩街上给他搭建的玩偶剧场来依旧很得心应手，而且他还为那个体积虽小却办得如火如荼的剧院写剧本，其中包括《樱桃与四颗星》和《伊丽莎白，或西伯利亚之放逐》，那是一部悲情剧，描写了一个小女孩去莫斯科见沙皇的悲伤冒险经历。我们不知道狄更斯自己在这个传奇故事里扮演了什么角色，但他的兴趣所在是显而易见的；这些天真的剧情及其戏剧性的对话和刺耳的效果，这些贴在小棍子上前后移动的"纸片人儿"和这些迷你但极其精细的布景，在狄更斯用想象力对外部世界做出的回应中占据了核心地位。这个剧院并没有激发他对心理探究或社会现实主义之类问题的兴趣，这类事物对狄更斯向来没有吸引力；让他深深着迷的是光鲜的表面、强有力的故事、鲜明夸张的色彩和纸片人儿的曳步移动。

他在威灵顿寄宿学校只待了两年，父亲挥霍无度的习惯再一次成为儿子实现抱负的绊脚石。这么说的原因是，尽管约翰·狄更斯有军需处的养老金，而且此时很有可能已经干着记者的活儿，他口袋里的钱还是入不敷出。有一些欠债仍是直接从他的养老金中扣除的，1825年和1826年他都交出一大笔钱还给债主；结果到了1825年10月，他拖欠了数目相当可观的一笔债款，于是他给资产管理人写了一封信，解释说："一件对我至关重要的事情即将出结果，我满怀信心地希望它能让我变得相对富裕一些……"而这滔滔不绝的话正是他儿子非常仔细借用并加以模仿嘲弄的。然而七个月过后，"相对富裕"再一次与他擦肩而过，他便请求以按月分期付款的方式还债。

尽管约翰·狄更斯浪费挥霍、毫无远见，但他并不是一个懒汉。这一时期，具体是什么时间说不上来——很有可能是在他从萨默塞特府退休不久之后——他开始从事新闻记者这一新行当。他受《英国报业》雇用，既是一名国会记者，又是一名海上保险话题的撰稿人。此时的他已进入不惑之年，能如此迅速地开始一个全新的职业，正是他勇敢精神的象征；如果此时他还着手学习速记这门难学的技巧（看似很有可能）的话，那么他的勤奋和专注的精神实在让人钦佩。当时也在《英国报业》工作的J.P·柯林曾委婉表示，约翰·狄更斯是"一个不怎么聪明的绅士",但查尔斯·狄更斯说他是"一个一流的格尼速记法速记员和顶好的记者……"对于后一个角色而言,他已经有过一些实践经验——他曾为《泰晤士报》报道过查塔姆的那场大火——但现在能证明他新闻采写技巧的证据已经不太容易找到了。唯一能够确定出自他的手笔的是那些有关海上保险话题的文章,他在一篇充满溢美之词却又同样十分严谨的文章里,吹捧了劳埃德保险公司的赔偿额度要高于竞争对手。

然而,他和《英国报业》这一关系并没能维持很久,因为报社在1826年10月倒闭了。于是,并不出人意料,约翰·狄更斯向劳埃德保险公司——这家他曾在报纸上用笔墨捍卫拥护的公司——申请了一笔钱;作为回应,他们给了他十几尼。但这么小一笔钱根本不够用来避免这个家庭进一步陷入经济混乱中;几个月之后,全家都被人从约翰逊街上的房子里赶了出来,并在克拉伦登广场上的多角区——这个名字的来源是因为它由五个朝里的楼群组成,每幢楼的短巷和花园都在中心汇聚到一点——拐角处租了一间房。事实上这里比约翰逊街要体面得多,而且像狄更斯一家这样的房客可能并不怎么受欢迎。九或十个月之后,一家人又回到了约翰逊街,但不清楚是凭借信用评级当局的债务清偿协议以半夜突袭的方式,还是通过之后在这个区域称为"地方自治"的手段(拿回十分之九的个人财产等)实现的。事实上,这段时期叫作查尔斯·狄更斯的"沉寂岁月",而他那再也无法复原的青春期生活中,其中一方面肯定是冷落和侮辱——他必然经常遭受冷落和侮辱——而且像他这样性格敏感的年轻人一定因此痛苦不已。

就眼前看来,约翰·狄更斯的财务危机导致他的儿子不得不从威灵顿寄宿学校退学;那时他十五岁,并且不得不如他几年后在一封信中写道的那样"踏入社会"。他两年的学习生涯就此结束了,但说来也怪,他并没有对突然被迫放弃这一标准的中产阶级教育表现出怨恨的迹象或感觉。也许他真的想要"踏入社会"并和身处相似情形中的大卫·科波菲尔持有相同的信念:"……与其说生活像别的什么东西,还不如说它是一个不同寻常的童话故事,而我正要开始读。"当然,他似乎从来没有后悔过自己没上过大学,而且如果需要进一步证明,那么也许证据就在于他也不太愿意让自己的孩子上大学——他好像更希望他们能早早离开学校去做"正经事儿"或者其他与钱财相关的职业。

查尔斯·狄更斯此时开始从事的"正经事儿"是法律。他的父母,尤其是他的母亲——又是她——率先采取了行动。伊丽莎白·狄更斯有个姑妈叫查尔顿太太，在伯纳斯街上办了一所寄宿公寓。她有位房客是一名年轻的律师，名叫爱德华·布莱克默，查尔顿太太向他引见了狄更斯太太。布莱克默说明了事情的经过："他的母亲表达了希望他能在我事务所工作的强烈愿望，而且这个男孩的行为举止让人非常有好感，于是我就同意让他来当一名小文员……"布莱克默补充说，他也"一表人才，特别聪明"。于是，1827年5月，查尔斯·狄更斯在埃利斯-布莱克默事务所开始了他初级文员的生活，那是在霍尔本大楼里"一个又破又旧、由三间屋子组成的律师事务所"，他的起薪为一周十先令六便士，最后涨到了十五先令。事务所在年底搬到了离那儿不远的雷蒙德大楼；在三楼的办公室里，年轻的狄更斯似乎常常靠扔樱桃核砸楼下行人的帽子来自娱自乐，并且在遭到行人控诉时都"一脸严肃还做出一副无辜的样子，结果他们都只好离开……"

他在埃利斯-布莱克默事务所里似乎"人见人爱"。一个原因：他很善于"模仿逗乐"，是那种到了任何所里都会带来许多欢声笑语的人。霍尔本大楼里有一个老洗衣女工——狄更斯之后在小说里很擅长塑造的那种吸鼻烟的邋遢仆人——狄更斯"对她非常感兴趣，并会非常惟妙惟肖地模仿她的言谈、她的习惯、她的借口"。他见过她，理解她，也许甚至还为她所吸引——他之后称其为"因为厌恶而吸引"——并用自己来再现她。只有聪明人才能成为好的模仿者，因为模仿的基础就是理解和共鸣，即为了所要取代的性格而不得不克制自己的性格。就算他在那阴暗的事务所里干活的时候，他也还在观察、学习。比方说，正如他之后在《匹克威克外传》里所写的，他观察到每天早上"一个又一个文员急急忙忙从这个或那个入口进入广场，并抬头看大楼上的钟，然后根据自己的上班时间加快或减慢步伐；九点半上班的人们便突然加快了脚步，而十点上班的绅士们则变得和大多数贵族一样悠闲地踱起步来"。

当然，法律本身也出现在他许多小说里，尽管有时它的出场方式很低微。在埃利斯-布莱克默那精美的现金账簿里有维勒、巴德尔太太、科尼、拉齐和纽曼·诺特之类的名字——在之后的作品中，他都以这样或那样的方式用过这些名字。据一位同事说，纽曼·诺特"这个人的古怪举止和个人经历是职员们的一大娱乐来源"，而且大家都认为他是《尼古拉斯·尼克尔贝》里纽曼·诺格斯的原型；

很明显，这时期在大法官法院里还有一位小老太太，之后成了福莱特小姐①的原型。但在做诸如此类的推论时我们必须谨慎——毫无疑问，狄更斯曾多次使用他见过或认识的人身上某些鲜明的个性，但他几乎从来不会把自己的所见所闻直接写进小说里。小说家的技艺不是那样的：狄更斯察觉到一个非常引人注目的个性、情绪，或是行为，然后就在自己的想象中将其加工和发挥直到这个"角色"和原型之间只有一丝相像之处。狄更斯在写小说时会进入一个文字世界，而这个世界有属于自己的程序和关系，所以任何原来的"个体"都并入了一个更宏大并且一般来说更令人信服的集体之中。

现阶段看来，狄更斯今后的生活除了单调沉闷的工作没别的可能，但还是有些可以聊以慰藉的事。那就是剧院。用他老板的话说，他"非常喜爱戏剧演出"，而且多年之后狄更斯回忆说"自己每天晚上都会去一家剧院，几乎从不缺席，并持续了至少三年：首先是非常仔细地研究节目单，然后会去看哪儿的表演最好……我练得非常多（甚至包括如何走进走出、在椅子上坐下这样的事情）……"他这是在说离开埃利斯-布莱克默之后没多久的一段日子，尽管年纪还小，他就已经是各式各样戏剧演出的热心常客了。少年狄更斯在这段时期是否亲自参与演出过，还尚有争论，不过大多数证据表明这一时期作为一个小文员的他有可能曾经上过台——至少尝试过。多年之后，他告诉约翰·福斯特自己曾经在一出现在已经被人们遗忘的话剧《爱情、法律和医术》里，扮演过富莱克西伯这一角色，乔治·李尔②曾记录道："他告诉我，在来我们这里之前他曾经经常参加业余戏剧表演"。这里他也许是指家庭私人聚会，但他在学校的一个朋友的确声称"狄更斯大约在十四岁时在凯瑟琳街上的小剧院里表演过"。这就是李尔和狄更斯去看波特试演角色的那家小剧院，但由于扮演像奥赛罗这样的角色需要大约十五先令，所以，即使狄更斯有演主角的野心，还是男孩子的他也不可能出得起这么大一笔钱：他也许是那种参演一两幕然后随着时间流逝非常开心地将其抛诸脑后的人。因此这方面可以参考的材料并不多。

狄更斯在埃利斯-布莱克默事务所待了大约一年半，在这段时间里，看样子，

---

① 《荒凉山庄》里的人物。

② 和下文的波特都是狄更斯在埃利斯-布莱克默的同事。

"他长大了许多"；这话出自乔治·李尔，他还补充道："我记得他有一套新衣服，棕色的，上衣剪裁有点像燕尾服，还配了一顶高帽子：他好像一下子就变成了一个青年。"他在1838年11月离开了埃利斯-布莱克默事务所之后，又在查尔斯·莫洛伊事务所干了一小段时间，也做类似的工作——他能去那儿好像是由于一名叫托马斯·米顿的文员推荐，这个人跟狄更斯很熟。但尽管有米顿做伴，他并没有在查尔斯·莫洛伊事务所待很久。他上一任老板布莱克默认为，狄更斯没有继续其法律生涯的原因是"工作的单调乏味"，而且狄更斯后来也告诉威尔基·柯林斯说自己"并不喜欢它"。这看似很有道理，但原因并不仅仅是厌倦或无聊那么简单。狄更斯曾经并一直都是一个胸怀大志的人——他已经经历了这么多苦难，而且也向自己证明了自己可以克服这些苦难，像这样的人怎么可能忍受一个"小文员"的生活呢？事实上，他还在埃利斯-布莱克默的时候就打算开始新的职业了。当时他在学速记，这是为成为下议院记者席里的一名记者而特地做的准备。也许这看起来并不是一个特别崇高的职业，但在当时，这是许多伟大职业的敲门砖，此外，这也是对一个速记员来说报酬最好的工作。于是，他开始努力掌握一门一个能力中等的人一般需要三年时间才能学会的方法。狄更斯似乎也花了差不多长的时间才学会。他自学了格尼速记法（无疑是在他父亲或者甚至是他叔叔——这两人都学过这门课——的劝说之下），并且在自学这个他称之为"一个非常难的技艺"时，他"每天都会走好几公里去法院练习一整天"。

　　学习速记也带来了好处，尽管他也许并没有充分重视这些好处。速记法中的语音拼写和图形表，让他非常仔细地去听字词的发音；而且，只要他一听出区别，就能非常迅速地记下来，且准确无误。人们常说，他对伦敦东区口音或美音所做的听记有些言过其实，但几乎所有实例都表明，狄更斯能非常准确地记下地方通俗语言之间的不同读音。速记法也教会他从语音到文字转变时真正意义上的"捷"径，这样语言中一些自由随性的东西也能在他的文章里保留下来。这也是为什么他的小说从来不会因为大声读出来而效果大打折扣的原因——狄更斯最终还是靠此开始了另一个事业——因为声音和说话方式这两个要素和文学评论家所发现的更具文学性的优点一样，都是他小说的内在精华。这是狄更斯从来没有丢掉的一项技能：向秘书口授信稿时，他经常会像自己在做速记似的做动作，他的一位老同事乔治·多尔比也注意到，狄更斯对别人说的话感兴趣时会"以一种几乎无法察觉的动作跟着说话者的话，就好像在用速记法记下那段话一样"。

正因为具备了这些技能，狄更斯此时便想要开始一个新的职业生涯，当一名自由抄录员。狄更斯曾想跟他父亲和叔叔一样进入议会的新闻记者席，但是职位没有空缺或是当时缺乏经验对他很不利，他没有成功。于是他决心在别处积累经验，1829年春天，十八岁的这一年他加入了伦敦民事律师公会。在本质上，这不是一个激励志向抱负的地方，仅仅是伦敦市隐蔽深处的两个四方院，大门在圣保罗天主教堂南侧的奈特莱德街上，房子是由石头和红砖砌成的，除了藏匿着的困倦、矮小的树木和土灰色的麻雀什么都没有（虽然现在伦敦民事律师公会早已不复存在，这里还保留着一些这样的地方）。在同一个办公楼里有一系列的法庭，而且由于多种原因，这些法庭负责审理与基督教会和海军事务相关的案件。一个主教法院、一个大主教法院、遗嘱验证法院、代理法院和海事法院；狄更斯在之后的小说中曾用这混乱的法律体系来反映社会的混乱，而且作为一个青年人陷入一个显而易见的荒唐体系之内，这样的经历无疑让他对生活的错综复杂、不确定性以及产生无限复杂情况和延期的可能性有了更深的理解。正如《大卫·科波菲尔》里的斯提福兹所说，这是"……呈现在一群特别精选的观众面前的小型私人戏剧演出，总是非常愉快且很有意义"。

头几个月，狄更斯好像受一家代诉人事务所的雇用——狄更斯之后在一个短剧里称他们是"看上去非常自命不凡的大人物"——负责记录证据和判决(有一个传说是关于他坐过的那个凳子，那种似乎总是和伟人的名气纠缠在一起的重要道具)。但不久他就成了一名独立的速记员；他在法院里租了一个记者专用的小隔间，并在贝尔院里和别人合租了一间遗嘱认证办公室或抄录室。他甚至还刻了一版名片以明确宣布自己的独立身份："查尔斯·狄更斯先生/速记员/费兹洛伊广场诺福克街10号"。后面这个地址是狄更斯一家接下来几年里的一系列新地址之一，每一次搬家似乎都像是为了逃离债主的视线。

这是一份艰辛而单调的工作。"这并不是一个非常好的生计（不过也不是非常糟糕）"他之后写道，"还很不稳定，实在让人厌烦……"如此来看，他一直都记得的是这份工作的不稳定；的确，自由速记员的岗位非常依赖代诉人的惠顾，或者说是依赖突然的任务，因此对一个像青年狄更斯这么敏感焦虑的人来说吸引力并不大。我们必须想象这样一个年轻人：他已经察觉到自己身上潜在的天赋，但仍然和家人一起过着拮据的生活，每天都要穿过伦敦市去干他那个单调乏味的工作。"……我可以平静下来，进入一种平和的低落情绪之中，"他的小说主人公大卫·科波菲尔说道，"并将自己交托于咖啡；现在回想起来，我当时似乎是一加仑一加仑地喝咖啡……"在这些"沉默的岁月"里——（可以说是）在他充满变故的童年和同样不平静的成年之间积蓄力量的潜伏期——狄更斯给人的总体印象是一个既雄心勃勃又果断坚定但又不确定该往那个方向追求自己志向的人。

六

　　初恋。这不是什么幼稚的爱恋，也不是对母亲和姐妹的亲情之爱。是迷恋。她名叫玛利亚·彼得奈尔，比查尔斯·狄更斯大一年又三个月。她个子很小——很明显她当时的绰号叫"袖珍维纳斯"——深色的头发，深色的眼睛，有那种随着年纪增长极易消去的丰腴之美；而且，所有已知证据表明，她很善于调情甚至可能有些卖弄风骚。她的"纪念册"里收集了不止一个仰慕者的诗歌和画作，但这本册子有幸收有查尔斯·狄更斯现存的第一篇作品，一首包含了玛利亚·彼得奈尔名字的藏头诗，它的开头是这样的：

　　　　我的生活也许痛苦和辛劳交错，

　　　　而且也许和逆境做徒劳的斗争就是我的命运……[①]

　　狄更斯是如何遇见她的，这一点不得而知，不过据说可能是通过一位名叫亨利·科勒的年轻银行职员认识的。她父亲是一个银行主，而且他们好像住在朗伯德街上的"办公室"旁边。他们在1830年春天相遇，狄更斯在第二年为彼得奈尔一家写的一组诗中对此加以纪念：

　　　　参加我们宴会的查尔斯·狄更斯，

　　　　是一棵没有心的嫩卷心菜；

　　　　并不是说他无情，而是因为，正如大家所说，

[①] 第1行中的头一个词"我的（My）"和第2行中的头一个词"而且（And）"的首字母分别是M和A，即玛利亚（Maria）开头的两个字母，所以是藏头诗。

他在十二个月之前的五月，丢了他的心。

"查尔斯·狄更斯"这个名字在当时什么也算不上——只不过是又一个仰慕者，一个家里的朋友，一个业余的蹩脚诗人。

多年后，狄更斯正处于人生中一段非常痛苦窘困的时期，玛利亚一封突如其来的信打开了回忆的闸门，让他想起了当时一些非常具有代表性的细小物件和场景——一双蓝手套，一件"紫红色连衣裙"，"你爱蹙的双眉"；这些互不相关的记忆依次可以和大卫·科波菲尔对朵拉的回忆作对比——"两条纤细的胳膊里抱着一只黑色的小狗，映衬在一片繁花碧树之下"。这并不是什么普鲁斯特[1]式的回忆，因为他既没有详尽地意识到也没有完全感觉到：狄更斯能在瞬间非常清晰逼真地回想起一些事物，将其描写下来，然后便不再作任何停留。但如果他对玛利亚·彼得奈尔的记忆是她的衣服或她的某个五官——真是吉光片羽——那他对这段往事的真正怀念之情其实深深埋藏在自己心里。"……从没有像我这么忠心、痴情的可怜人……"他之后在另一封信中告诉她，他想知道"……认为一个人在世上能获得的名誉都是补偿他——就像我一样——在年轻时错失的红颜"是否并非"忘恩负义"。狄更斯是一个对自己有着无限怀旧情愫的人；对他来说，所谓真实以及一直保持真实的，是一个经历青春期长大成人且雄心勃勃的男孩。这就是为什么这段拼搏时期——早在他成功之前，真正"造就"他的时期——让他永生难忘的原因。一段他继续在小说中进行阐释的时期，一段他最愿意以乐观态度看待的时期。

但他的确拼搏了。他为了取得进展而奋力拼搏——为了和玛利亚·彼得奈尔，为了这个世界，也为了自己的工作有所进展。1831年，他还在伦敦民事律师公会当速记员的时候，就成了《议会之镜》的议会工作人员。他的舅舅约翰·亨利·巴罗，既是这份期刊的编辑，也是老板；鉴于他父亲早已是一名议会新闻记者，所以小伙子加入记者行列也在情理之中。这份期刊于三年之前就创刊了，宗旨很明确，就是对每周的上议院和下议院会议进行报道；它在这方面已经做得很成功，名声也比它的竞争对手《英国国会议事录》好。过了一阵子，查尔斯·狄更斯也担任起该报纸的一些管理和编辑工作，但他还是主要负责定期去议会用速记法准

---

① 马塞尔·普鲁斯特（Marcel Proust），法国小说家、散文家和评论家。其花一生时间创作的小说《追忆似水年华》的中心主题便是通过无意识记忆的刺激重现已逝年华及其原创力的释放。

确记下那里发生的一切。这是一份薪水不错但让人筋疲力尽的工作。在旧议会大厦——这幢建筑于1834年毁于一场大火——的那些日子里，记者都被赶到旁听席的后排席位上，在那儿很难听清楚楼下议员席上发生的一切。除此以外，正如一个议会记者所回忆的那样，"那儿很黑：后排席位的光线总是不够，连报纸都看不清；而且通风特别差，很少有人能长时间忍受那种有害身体健康的空气……"——得提醒大家一下，在当时洗澡和洗衣服可不是人们的头等大事。

这位年轻人当时很可能不止忙于议会报道这一件事情，德克斯特搜集的狄更斯资料（现存于大英图书馆）中，有一份关于审判威廉、毕夏普和梅三人谋杀"一个意大利男孩"这一案件的报道。此事发生在1831年2月12日，标题页上称该法庭记录为"速记而成"。虽然没有直接证据表明这和狄更斯相关，但其对凶手的描写和狄更斯几年后写的散文感觉非常相近："毕夏普迈着沉重的脚步走到被告席，微微弓着背；他垂着的胳膊紧贴着身体，而当他站到被告席并把一只手搭在面前的桌板上时，他看上去像是松了一口气。站在法庭前面，他的样子看上去像是那种在巨大精神痛苦之下长期劳作的人，没精打采、恍恍惚惚……"而对于同案的另一个被告，这位未署名的速记记者是这么描写的："……他一副觉得自己这辈子都没希望了的样子……在他的沮丧之中似乎给人一种——我们不能称之为勇敢，甚至连自信也称不上——而应该称之为一种体力上有耐力的印象……"

这也许是出自狄更斯的手笔；也许不是。对于这一时期，我们唯一能确定的是他的速记能力在不断提高，而《议会之镜》的工作也让他在伦敦新闻界的名气越来越大。另一份叫《真太阳》的期刊，1832年3月创刊时也肯定邀请过他，让他为他们做一些临时性的工作；这份工作的性质不明，现在也无法证实，但非常明显且重要的一点是，狄更斯深入参与政治事件报道时正值国家命运经历巨大变革之际。然而，在他的小说和报刊文章中，狄更斯很少提及生命中这一时期的这一方面；在他对自己焦虑不安、阻碍重重的生活进行描写时，总是对政治情形忽略不计。但他当时并不忽视政治情形，在去世前五年的一次演讲中，他表明自己非常了解并懂得自己身处的这个世界："报纸上每天都有对一种广为认可和接受的体制的报道，这一体制给不幸患有精神病的人加上锁链，让他们睡稻草，不给吃喝，让他们饿肚子，不给他们衣服穿，用鞭子狠命地抽打让他们平静下来，还定期把他们拉出来展览，收取少额费用，把我们的公共精神病院搞得活像一个凶残的动物园。报上还连篇累牍地登载毁坏机器的报道……同时也刊发因争抢面包而暴乱频发，把国家搞得国将不国的报道，报道最可怕的阶级仇恨，刊登一些动辄雇佣密探来搞清，甚或组织令敌对双方都可暂舒一口气的密谋活动细节的报道。与此同时，这些报纸还向我们介绍我们周边的社会状况，而这类报道的规则就是挑最荒淫无度的事情加以披露……这样的社会乱象在英国已经永远绝迹了。"这是狄更斯对自己长大和上学那段时期最清晰的记忆；他在1865年春天做这个演讲时，这些记忆中的事情离他已经非常遥远了，但正如我们即将看到的，这些记忆一直都是他想象生活中一个不可分离的部分。

的确，他需要为自己的想象生活找到一个宣泄途径，就连在记录议会有关改革的辩论以及在激进的《真太阳》做普通记者时，他也在认真考虑开辟自己的戏剧生涯。甚至有人认为，他报道议会议程期间，也出现在附近的陶德希尔街上一家名叫威斯敏斯特的小剧院里。但这也许只是无中生有的猜测。然而，毫无疑问的一点是，在1832年三四月间，才20岁的他给柯芬园的一个叫巴特利的舞台经理先生写了一封信，"告诉他我有多年轻，自认为能做哪些事情；告诉他我相信自己对性格和怪癖有着很强的洞察力，并且有一种与生俱来的能力，可以再现在其他人身上所观察到的行为举止。"

这里需要重点指出的是，他当时特意模仿查尔斯·马修斯的招牌动作；马修斯是一名喜剧演员，其聪明机智让他成了当时的偶像——"优雅的美好典范，"同时代有人如此评价他，"我们热忱地研究他的服装"。狄更斯自己一直都对服装的表现力充满了极大兴趣，但马修斯如此吸引他还有另一个原因。比方说，我们有必要回顾一下，这位演员真正的才能在于他的敏捷和灵巧，他可以"在一个晚上"扮演"七八个不同且非常多样的角色"。一个人呈现不同角色和声音的能力对狄更斯来说非常重要，这意味着一种对世界的熟谙和对个人存在的逃避。在之后的岁月里，如此多面的表演对他而言，的确成了一种卸下自我人格负担的方法——当时有一位美国观察员便注意到狄更斯"在扮演角色时转变嗓音和行为举止之迅速几乎就像传说中的老马修斯一样"。一份报纸随即声称狄更斯的步态、举止和嗓音都很像马修斯——但这份报纸也非常敏锐地指出这位作家拥有那位喜剧演员所缺乏的一种"热切"。还有值得回顾的一点，就是马修斯经常扮演的角色是那种喋喋不休的女人、小淘气和英语说得支离破碎的外国人——这些一直都是传统角色，但也正是狄更斯带进他小说里的那些角色类型。狄更斯应该也很熟悉马修斯表演的《毁灭之路》——这是一部现在早已为人淡忘的戏，出自托马斯·霍克罗夫特之手——中那段断断续续的长篇独白，因为这就是这位小说家之后借阿尔弗雷德·金格尔之口得以让其流芳百世的那一段话，而阿尔弗雷德·金格尔则是他所创作的第一个真正意义上的喜剧角色。我们当然不该过多强调这些相似之处，但没有一个伟大的艺术家是在真空之中创作的，而且狄更斯最初在查尔斯·马修斯的直接启发之下开始探索自己潜在的喜剧天分，这一点几乎毋庸置疑。

可表演生涯终究不属于他。狄更斯写信联系的那位舞台经理巴特利先生很快就回信了。"我信里一定有什么东西深深打动了剧院负责人……"狄更斯之后告诉福斯特，"回信如期而至，约定某日在剧院里我可以在他和查尔斯·肯布尔面前表演一些马修斯的节目。"范妮也要和他一起去，帮他钢琴伴奏，这样他俩就又重拾起小时候小狄更斯给父亲的朋友唱歌时各自的角色了。可是，约定的那一天狄更斯却"卧床不起"，正如他所说，"感冒非常严重，脸上滚烫"。不可能有比这来得更是时候的病了。他本来也成不了一个伟大的舞台演员；让他演爱情剧的主角，他个子不够高大，而且他看上去又瘦又轻，真的只适合演仆人、花花公子和各类滑稽角色。他命中注定不属于舞台，所以在通往舞台的命运大门向他开启的那一天，他病倒了。不知怎么的，他自己知道——或者说至少他的身体知道——这不是他想要的生活。在伟大的艺术家身体内都有一种秘密的势头总是拉着他们向前进，这样他们就能在不知不觉中克服种种困难并避免走上岔路——狄更斯就是这样。不论是称其为意志力还是抱负的力量，不论这是一种自我意识或甚至是对自我的无知，就是这么一种不可抗拒的东西引导他朝着正确的目标前进。他告诉巴特利自己会在下一季重新申请，但他没有这么做。

这一时期——1833年春天——也因为另一件事而显得格外重要：它标志着他和玛利亚·彼得奈尔分开的最后一个阶段。要说"分开"或许不是很恰当，因为无论从哪种意义上讲，他俩似乎从来没有在一起过。这是一个很常见的剧情，但常见并没有让第一次经历这种事情的这对年轻人少痛苦一些——一方很热情，另一方很矜持，一方是因为纯粹的爱而爱，另一方则是因为神秘吸引而爱。事情似乎是这样的：狄更斯追求玛利亚·彼得奈尔追了大约三年之久。他的求爱一开始讨得了女方好感，后来受到了怠慢，最后遭到了玛利亚断然拒绝；他俩的关系处于缓慢却持续的恶化之中，而在两人关系快要走到尽头的这段时间里，狄更斯会大清早在下议院的工作结束之后走到朗伯德街，只为了看一眼她的闺房。他俩还通过像亨利·科勒这样的共同的朋友往来了一些秘密信件。但到了1833年3月，在他第一次见她约三个月之后，他开始哀叹自己追求无果。虽然没有双方家长对此态度的记录，但很清楚的是，彼得奈尔一家肯定有一些冷淡或不感兴趣。玛利亚的母亲叫他"狄更先生①"，而且很有可能彼得奈尔一家并不喜欢年轻的狄更斯，尽管他的志向和议会记者的职位无疑弥补了他父亲曾因负债入狱并于1831年年末又上了破产法庭这一事实：不过，狄更斯在信件中暗示他的家人在这一时期感觉到在某种意义上"不受欢迎"并且对蔑视尤为敏感，不论是真实存在的还是想象中的。

毫无疑问，他很受挫、止步不前、灰心丧气并且很受伤；他一直都害怕遭到拒绝，而此刻，他生平第一次遭到了拒绝。三年对一个年轻人来说是人生中一段很长的时间，而现在这三年的追求到头来一场空，付诸东流。他掏出自己的真心，也枉费了这一片真心。在后来的人生里，他似乎把这当作一次惨痛的经历——一件"锁"在内心中的事，并且他说这件事直接导致自己"习惯性的心理压抑"，这意味着他永远都不能对别人甚至自己的孩子表露自己的真实情感。他成年后的性格的确是这样——尽管他小说中也有"情感"，可若要展露自己的情感，没有一个作家会比狄更斯更痛苦——但这绝不是事实的全部。玛利亚·彼得奈尔对自己的拒绝，是他可以最直截了当地表示惋惜且感受最清楚的一次情感经历，但这件事在他心中激起如此痛切的情绪，说明在某种意义上这是他早期遭人抛弃经历的一种回响和重演；那些被他母亲和姐姐抛弃的经历在他童年的记忆中都历历在目，而且我们绝对有理由认为遭女性拒绝的经历对他情感生活的影响很大。他非常渴求——其实是需要——完整的爱，而世上没有人会对此真正感到满足；此外，他似乎还会寻求爱恋对象对自己的完全认同，而且他对这种认同的极度渴望致使他会把任何抗拒或拒绝的迹象都当作巨大的灾难。

与玛利亚·彼得奈尔之间无果的感情在另一种意义上给狄更斯那几年的生活定下了一个格调，不仅带着明显的不确定性和困惑，也暗示着他的生活找到了真

---

① 彼得奈尔夫人将"狄更斯"误称作"狄更"，说明她并不看好这位年轻人。

正的方向。当然，他还在继续遭到家庭问题的伏击和围攻。约翰·狄更斯在1831年11月再次宣告破产，而且由于被破产法庭起诉，他的名字还出现在了《伦敦宪报》上，但他继续从事着自己的新职业；他当时正在为《议会之镜》工作（他的主要职责之一就是给议员送去他们演讲稿的清样以供校对），还成了《先驱晨报》的议会报道人员。和他的儿子一样，他也来到大英博物馆读书——这至少表明，尽管这些年处境很艰难，他还没有完全放弃自己在文学上的某些志向。这个已经有些超负荷的家庭又多了一位新成员，小奥古斯塔斯，小名叫"摩西"或"博兹"，与《威克菲尔德的牧师》里普林姆罗斯医生的儿子同名。狄更斯的另外两个弟弟，阿尔弗雷德和弗雷德里克，当时在汉普斯泰德上学；但他们只上了两年学，因为约翰·狄更斯的浪费奢侈再一次导致他无法供他俩继续上学。（狄更斯当时似乎负责每天放学时去学校接弟弟，而且事实上，他还不得不照顾这两人的生活。）

所以说，不仅有家庭生活的不确定性，追求爱情的不确定性，而且，他的最终命运也有极大的不确定性。他已经接触了三种职业的边缘地带——戏剧表演、法律和新闻——但这一时期他好像也非常认真地考虑过移民去西印度群岛。一个名叫玛格丽特·哈德菲尔德太太的亲戚刚刚从那里回来，"趁那次拜访机会，"狄更斯一个表亲之后回忆道，"狄更斯正好还在盘算着选择什么职业，他就非常仔细地追问她去西印度群岛谋求发迹的前景如何，想要得到一点点鼓励，去那里试试运气。"

他写的所有东西都有一种恰如其分的突然性，而且，最完整的例子实际上就是收藏在玛利亚·彼得奈尔纪念册里他偶尔为她写的诗。但它们不无可取之处——"魔鬼之行"、"菜谱"、"教堂墓地"和"寓所出租"展现了他在诗歌方面的高超才能，也显示了他唤起催人泪下以及滑稽模仿气氛的能力。这些都是年轻作家诗歌中的普遍特征，而且，或许若不是因为这些附上的标题，这些诗也没什么不同寻常的。

这除了象征狄更斯永不停歇的旺盛精力，没有其他什么可以用来转移注意力或值得读者目光为其停留。他的主要工作仅仅是在一个自己不得不帮忙供养的家庭里谋生。1832年他找到了一个投票站当办事员的工作（他效力的议员查尔斯·泰尼森是他的叔叔，但也许更重要的是，他也是一位改革主义者），在1833年议会休会期间，他曾试图争取一个速记员的额外职位：他让一个朋友如果"有这样的机会"就推荐他。同年晚些时候，他和一个名叫约翰·佩恩·科利尔的人一起吃过晚饭，这个人是《纪事晨报》的职工。用科利尔的话说，他的舅舅约翰·巴罗想帮他"聪明的侄子"在那家报社谋求一个职位所以把两人凑到了饭桌前。科利尔多年之后回忆起这个故事："……［巴罗的］侄子特别想成为《纪事晨报》的一名议会记者。我问他多大了，为《真太阳》工作之前都干过哪些工作。他的回答都很模棱两可；他舅舅只知道窘迫的家境导致查尔斯·狄更斯什么活儿能谋生就干什么……在巴罗的请求之下，我同意与狄更斯见一面，一起吃顿饭，他舅舅也告诉我有他在的场合总是很欢快而且他很擅长唱滑稽歌曲。"事实证明就是如此，不过狄更斯好像"直到很晚并在再三请求之下才愿意一展歌喉"。最终，他唱了《一流的狗粮贩》和他自己创作的《最迷人的秋波》；两首都是他童年时的歌谣。但这顿晚饭在其他所有方面都是白费工夫——科利尔不是没能力就是不愿意在狄更斯的记者之路上帮他一把，直到次年年末他才实现理想，加入《纪事晨报》。

七

　　1833年的夏天或秋天，狄更斯正经地开始写作事业，或许是受玛利亚·彼得奈尔拒绝的刺激，或许是想要好好利用自己在议会休会期间的空闲时间，又或许只是在这一适当的时机突然想要发挥自己的天赋。这是一篇题为《白杨园的晚餐》的短篇小说。经过几次修改后（它的标题最后改为《明斯先生和他的表弟》），这篇小说终稿的开头是这样的："奥古斯塔斯·明斯先生是一个单身汉，自称四十岁左右——而他的朋友说他有八十四岁。"明斯先生和约翰·狄更斯一样，是"萨默塞特府里的一个小职员"，这篇轻松的小说讲的是一家人过于热切地想获得遗产时所经历的不幸遭遇。我们从中可以察觉到青年狄更斯自身财务问题和家庭荣誉感的影响，而且毫无疑问的是，他在早期的作品里几乎是不加考虑地使用近在手边的任何素材。不过这篇小说的总体基调极具戏剧性而且几乎到了荒唐可笑的地步；读起来很像一份演出用的剧本。但不管怎么样，就是很有趣。

　　之后他曾说过，在他最初为报纸杂志创作的短篇小说里，他都使用"非常清晰的字迹和一张足够写下所有话的纸"；而且，他选择了《月刊》发表第一篇作品，那是一份并不出名也没有太大发行量的期刊（当时一个名叫开普敦·霍兰德的人刚刚接管它）。杂志是在福利特街外的约翰逊大楼里刊印出版的，狄更斯带着他的文章，"在一天黄昏时分偷偷摸摸、战战兢兢地投放进一间漆黑的办公室里一个漆黑的信箱里……"但那黑暗并没有持续很久。他再次去同一个地方买这份杂志的下一期时，便发现上面印着《白杨园的晚餐》。"我沿街走到了威斯敏斯特会堂，然后拐进去待了半个小时，因为太过于喜悦和骄傲，我的双眼模糊得都看不清楚大街了，而且这副样子让路人看见了不太合适。"在这里，所有的激动心情和难以抑制的情感更多是因为作品发表的喜悦，而非任何后来的或更为老练的传闻所称：对狄更斯而言，第一次见到自己的作品出版就像是对自己的一种新发现，更重要的是，这也是对自己未来道路的一种启示。他的眼睛看不清街道，是因为他在脑海中看见了一幅比当前现实中任何事物都要更加广阔的画面；那是他对自己名望的想象。他马上给在爱情方面胜自己一筹的亨利·科勒写了一封信，自豪地宣告自己作品的发表——"我真是紧张得，"他写道，"手都发抖……"

接下来的几个月里，他又给《月刊》写了八篇小说（顺便提一句，他没有一篇文章拿到稿酬）。1834年1月他写了一个几名戏剧爱好者把戏演砸了的故事（那出戏是他已经在别处嘲弄过的《奥赛罗》），2月又写了一篇小说，讲的是一个布料商助手的行为举止掩饰了他"卑微的"地位。所有这些札记式的作品中，都闪现出了尽管有些活泼但很尖刻的风趣感（在某些方面有些像简·奥斯汀少年时期的作品），但情节和幽默之处大体上都很荒诞可笑，而且几乎有些粗俗低级——就像狄更斯之后讽刺的那股伦敦"劲儿"。这些短篇小说都是关于丢脸或有失体面、太想给人留下好印象的危险，以及出错的夸张举止；毫无疑问，都是些对一个下决心要有所作为的年轻人来说很重要的主题。而且事实上，这位年轻人明显已经有了在一个无法在小杂志里实现的更加宏伟的志向；他正在策划一个札记或短篇小说系列，总标题为《堂区》，而且1833年年底他就已经有了一份"小说计划"了。据说，这一计划涉及《雾都孤儿》，因为大多数计划中的处女作都包含太多的自传性材料，这是一个毋庸置疑的事实，所以很可能狄更斯也想到了类似的主题——一个从湮没无闻和悲惨境遇之中解救出来的可怜孩子——反映了他自己童年的经历和想象。

而且，查尔斯·狄更斯与众不同的风格此时也开始依稀成型——在1834年发表的短篇小说《布鲁姆斯伯里的洗礼仪式》中，那个愤世嫉俗的老家伙尼科迪默斯·顿普斯身上就有之后斯克鲁奇的影子，而在奇特贝尔一家身上则能看到那些无忧无虑、无药可救、不负责任的家人（狄更斯之后很擅长描写这类人物）的影子。两个月后的另一篇小说里预演了又一种狄更斯式的幽默：故事里的一封情书中，"您收到这封信之前，离得很远——恳求体谅——爱得发狂——蜂蜡——沉迷"这句话很像金格尔的说话风格。最终，到1834年8月，又一篇非常搞笑的小说以"博兹"①这一笔名发表。他一下子既创造出了一个可以将这些零零散散的作品统一起来的身份，同时也给作者蒙上了一层神秘的面纱。毫无疑问，他有充足的理由为自己的作品感到骄傲；这时已经出现了对他作品的好评（虽然很简短），而且他的作品也在英国和美国再版重印——更确切些说，是盗版——虽然他并不想要这样的赞美。他想要的，一直都是"名气"。而这正要开始实现。此时，他信件中常常出现的一个词是"闪耀"，他在各种语境中都使用这个词，用来描述作品发表、派对、争论以及任何其他类型的多人参加或激烈的活动。但它的真实意义再明白不过：发光发亮、突然爆发、最终获得成功。

但他还不算一个成功的作家。还算不上。他还得靠给别人打工来维持生计。1833年秋，他还在帮舅舅约翰·巴罗打理《议会之镜》的工作，但很快就找到了一个更广阔的发展空间，便跳槽了。说来也巧，第二年年初，一位名叫约翰·伊斯特霍普爵士的自由派政治家成了《纪事晨报》的新东家，这原本是伦敦地区一份非常严肃的日报，但不知怎么在上一任老板的手上有些迷失方向。伊斯特霍普买下它，主要是为了把它作为辉格党和改良主义者的喉舌。一个名叫托马斯·比尔德的人加入了该报纸议会记者的队伍，并建议让查尔斯·狄更斯也成为其议会记者团的一名代表。伊斯特霍普绝不是一个随意温和的人——他的员工称他为"梦想摧毁者"——但最终狄更斯还是成了他手下的一名员工。

重获新生的《纪事晨报》成了一份有较高水准的报纸；约翰·斯图亚特·米尔认为它是一个"比新闻界之前通常所鼓吹的任何观念都要超前的舆论喉舌"，他的意思是，这是第一份将边沁主义理论"引入报纸讨论"的严肃日报。换言之，《纪事晨报》在自由党阵营中位于更靠向知识分子且更热忱的那一端。事实上，它也因此提高了自己的声望——发行量在短短几年内从一千份增长到了六千份。总的说来，其编辑约翰·布莱克好像也信奉边沁主义，而且约翰·斯图亚特·米尔说他是"第一个将批判和改革精神带入英国习俗细节之中的记者"。此时的狄更斯当然是一个激进派，但正如我们所看到的，他并不是像布莱克和伊斯特霍普那样的边沁主义者——而且，之后他和布莱克还为实施边沁主义措施的后果《新济贫

---

① 1836年出版的狄更斯第一部散文集就叫《博兹札记》（*Sketches by Boz*），一部描写伦敦街头巷尾日常生活的特写集。

法》——一个为了捍卫该政治理论而制定的济贫体系，不仅野蛮残暴还过于简单化——而发生争论。不过，非常重要的一点是，布莱克和其他任何优秀的编辑一样都能够慧眼识英雄，用狄更斯自己的话说，他不久之后就成了"第一位由衷且完全赏识我的人"。

但狄更斯显然也和其他普通记者一样，过着严酷艰辛的生活。他是该报纸所雇用的十二名议会记者之一，每周薪水只有五几尼，但在之后的两年里他的工作还包括写剧评，而且在议会休会期间，他还到处奔波报道选举运动、晚餐、公众集会等。狄更斯旺盛的精力终于找到了一个合适的发泄途径，而他也曾记录下"自己经常在死寂的夜里，乘坐在一辆奔驰在荒野上的驷马驿车里，借着一盏提灯的昏暗光线，彻夜不眠地将速记笔记、对准确性有严格要求的重要公共演讲……以及写在手掌上的速记整理成文字以供印刷……"

这阶段，狄更斯也可能并没有展望自己的文学生涯，因为他写信给新学院①的管事表明自己打算"只要条件一成熟，就成为一名律师"。事实上，狄更斯好像在别的时候也考虑过法律生涯的可能性——甚至他还有可能申请过地方治安官的职位，就像他之前的亨利·菲尔丁一样——但最有可能的是，此时的狄更斯只想要给自己找一个住处。他想要独立，换句话说，他想要和自己的家人保持一定距离；他父亲好像有些难以接受这一事实，因为他曾提到"查尔斯刚（在《纪事晨报》）获得一年的雇用期，就决心要离开家"。不过，狄更斯这一决定的明智之处很快就得到了证明，因为就在他给新学院写信的一周后，他父亲又因为欠债被捕——这一次是由他欠钱的几个酒商告发的。正当小伙子开始找到一片天地并准备大展身手时，他旧时的童年屈辱和痛苦似乎又有重演之势。而且这一次的情况比以往更糟糕；显然，狄更斯在他父亲的一些债款票据背面也签上了自己的名字，因此他也面临着被捕的可能。"我还没有进去，"他写信给托马斯·米顿求助，"但这迟早是这场'家庭悲剧'的下一幕。"他父亲被押送到了科斯特街4号的斯洛曼债务人临时拘留所；那天上午狄更斯手头的报社工作太忙，根本无暇顾及这件事，就请米顿替他去看望他父亲。到了下午六点，离议会新闻席的晚班开始只有两个

---

① New Inn 是Middle Temple的附属学院，Middle Temple, the Inner Temple, Lincoln's Inn 和Gray's Inn 是英国伦敦培养律师的四个学院。

小时，狄更斯才去了科斯特街并设法给了他父亲足够的钱，用以避免债务导致的不良后果（这些钱中有一部分来自狄更斯的"法国老板"，但没有关于这个人的任何信息——不管怎么说，这表明他当时到了被迫接受各式各样工作的地步）。然而，关于这一时期最有趣的一点并不是老啃少的那种无助，也不是狄更斯家庭生活的艰难，而是不到两个月他就在给《月刊》写的一篇小说里使用了这一经历。《瓦特金·托特先生的一段人生插曲》中有很长的一段篇幅描写这位托特先生给关进了"大法官法庭路附近的一间监狱里"，狄更斯非常详细且逼真地描写了这幢建筑和里面的住客。"房间——是那种简陋污秽的小房间——被分成了一个个小隔间，就像某些低档餐厅里的公用厅。那脏兮兮的地板显然很久没人刷洗过，也很久没有粉刷过或者用布擦过；天花板则让晚上照明用的油灯给熏得一片乌黑。"虽然这些个人的家庭经历和他写的故事情节没有直接关系，狄更斯还是把它写进了小说里——要么是因为他作为一个优秀的记者，想要好好利用他亲眼观察到并让他感到悲哀的第一手材料，要么他只是为了妥善地应对这件事并正视自己的情绪，而不得不将这段经历用小说的方式记录下来。这就是为什么狄更斯这一时期的札记和小说虽然有时情节有些廉价烂俗，但狄更斯会认真详尽地观察描写，用在自己身上发现的那种"天性中的强度"将其补救。

他的父亲获得了释放，不过这全靠他儿子以自己工资为担保向朋友借的钱。但这并没有阻止约翰·狄更斯几乎立马给那些朋友依次写信要钱；例如，他告诉托马斯·比尔德自己的家庭快要支离破碎了，家里好几个人都出去租房间住，而"您卑微的仆人快'随风而逝'了。他在紧接着的一封信中告诉比尔德，说他的儿子阿尔弗雷德"每天都穿着轻便舞鞋……在家和汉普斯泰德之间来回赶"。这些信真是有趣——无疑是歉意更少，趣味更多——而且这位父亲用于形容最惨淡情形时那种自我夸张的语气真是让人忍俊不禁。当然，他也把这一天赋遗传给了他那位有名的儿子。

与此同时，这个儿子（可以说是)逃走了；1834年12月他和弟弟弗雷德里克搬进了福尼瓦尔客栈的套间里。他租的房间当时称为"四楼阴面"[①]，一年租金三十五镑，这在当时可不算是小数目——三间中等大小的房间，一个地下室和一

---

① 四楼阴面（three pair back）：实质上相当于阴面的阁楼。

间杂物室，位于一堆特地建成套间且并不怎么让人喜爱的建筑物之中。这是个"好"地方，但所有记录都表明这儿有点阴森压抑，而且狄更斯在之后的文章中常常提到类似地方的孤寂和破败——曾将它们描述成"忧郁大本营"并详细描写了那些理应打扫卫生和照顾房客的"洗衣女工"令人不满的恶习。如此一来，我们就可以肯定，狄更斯承认自己常有的"阴郁想法"在他整个职业前景看似很光明的时候也仍然纠缠着他。但就像他在这一时期所说过的，"总而言之，相对于失望沮丧，我们有更多的理由感到开心；比如，我就下定决心要尽可能积极地看待万事万物……"我们要永远记得狄更斯的这一点：乐观的精神一直都能突破重围。

这个时候，他正在创作札记，这些文章偶然之中还获得了影响范围稍广一些的读者群。1834年秋天或冬天，他结识了乔治·贺加斯，此人当时正要担任《纪事晚报》的编辑——这是《纪事晨报》的一份衍生季刊，主要面向伦敦周边的农村地区。贺加斯"恳求"这位年轻人给他的新报纸写札记，狄更斯仁慈地答应了——不过以非常友好的态度补充了一个要求，那便是，他想要《纪事晨报》工资以外的"一些额外薪酬"。在这一点上两人似乎都达成了一致，于是狄更斯拿着每周两几尼的额外薪水便开始了一个系列的创作，这就是后来称为《伦敦札记》的一系列文章。

不过乔治·贺加斯对他人生的重要影响远远不止于此。贺加斯是一位乐评人和新闻记者。他认识沃尔特·斯高特——他的姐姐①嫁给了斯高特的印刷工詹姆斯·巴伦泰——而且在艾克赛特和哈利法克斯两地担任当地报社编辑，虽然在两地兼职，相对而言还是很受人尊敬。他在1834年初秋搬到了伦敦担任《纪事晨报》的音乐剧和戏剧版编辑，但正如我们所看到的，他很快成了《纪事晚报》的编辑。他住在约克广场18号，那一片排屋的花园毗邻富汉姆路的南面（富汉姆地区在当时以苗圃和郁金花园闻名，但也许因此也成了无聊的代名词）。他很快就和查尔斯·狄更斯成了朋友，而且很明显，他非常钦佩这位年轻人在报刊上的偶尔之作。不久之后狄更斯就正式拜访富汉姆地区了。

贺加斯一家很欢迎狄更斯来做客，他也很喜欢他们。贺加斯的长女凯瑟琳在

① 也许是妹妹，英文中的sister既可指姐姐，也可指妹妹。此处无法考证。

1835年2月的一封信里告诉她的表亲，她参加了狄更斯在福尼瓦尔客栈里举行的生日聚会："……聚会很欢乐，我也玩得很愉快——狄更斯先生和我也处得越来越熟了，他很绅士也很讨人喜欢……"这预示着19世纪最有名的一场婚礼即将到来。三个月之后，查尔斯·狄更斯便和凯瑟琳·贺加斯订婚。她是贺加斯一家年纪最长的孩子——她初次见狄更斯的时候十九岁，她妹妹玛丽·贺加斯十四岁，乔治娜只有七岁——但这三个姑娘都在这样或那样的方面对狄更斯的生活产生了永久性的影响。比方说，虽然玛丽还没到适婚年龄，但毫无疑问她和青年狄更斯之间有强烈的好感；他才认识贺加斯一家没多久，她就送他一把水果刀和一个银质墨水池作为礼物，而且之后所有的记录都非常明显地表明，她温柔无私的性格给这位年轻人留下了深刻的印象。但除此之外鲜有关于她的信息——只知道她似乎拥有"高尚的"品质。此外，因为她年轻时就去世了，所以我们只能说她正直美好的品格正在成型，只留下一个模糊的影子，狄更斯之后以其为原型创造出了他挚爱的"玛丽"。

相比之下，凯瑟琳是一个更加具体可知的人物。关于她的描写有许多，但最全面准确的要数她和查尔斯·狄更斯见面后没几个月的一则："……一个漂亮的小妇人，丰腴且面容清秀，有一双男人很欣赏的蓝色大眼睛，盖着浓密的眼睫毛。鼻子微微有些上翻，额头很漂亮，樱桃小嘴总是像在冲人友好地微笑，不过慢慢扑闪的双眼总是显出一副睡意。"换句话说，她和狄更斯上一个迷恋对象玛利亚·彼得奈尔的"外形"很相似，而这一相似也许进一步证明了狄更斯"娶一个科伦芭茵"的童年愿望。但凯瑟琳好像完全不像玛利亚那样反复无常、卖弄风情——显然，此时正忙于自己新闻事业的狄更斯不用为这些琐事过度紧张。

狄更斯为《纪事晚报》所写的《伦敦札记》已经渐入佳境，而且他写作事业的发展甚至可以在这些偶尔所为的报刊文章上体现出来。他正在不断扩大自己的领域。头几个月他将"小说"和"札记"严格地区分开，但调和对立的念头一直是他的天才之所在，于是在他此时为《纪事晚报》新写的一个系列里——标题为《我们的堂区》，而且无疑和他仍然打算写的小说有关系——他开始将虚构和观察以新的方式结合在一起。小说总是更为目空一切，更荒诞可笑，且借鉴许多戏剧因素。札记则更平易近人，目的性更明确，也更偏向于阐释这个世界。给人的感觉是，由于早年对舞台的痴迷，狄更斯创造力的那一面依然没能得到尽情施展，而他迄今未露过锋芒的观察力却在与日俱僧，越来越强。很有趣的一点是，他此时开始间歇性地表达他对社会的愤慨；他已不再是那个爱讽刺、目空一切的闹剧作者，他对社会的关心在他为《纪事晚报》所写的第一批文章里就开始清晰地显现出来。例如，在一篇题为《酒馆》的短篇里，他将无节制和贫困联系起来，而且一生都坚持这一观点。狄更斯一直都清楚自己的前进方向；正如他后来评价另一个同事那样，他现在正处在"为成功拼搏"的处境中，而且他也非常明白在那样的境地里，用他自己的话说，"让公众知道"自己的名字是多么重要。后来他否认这些札记源于一种不成熟的敏感性，那时他对为这些文章正名很在乎；毫无疑问，是这些文章而非《匹克威克外传》的发表让狄更斯第一次有了些名气。

与此同时，狄更斯也在下议院的新闻记者席工作。他越来越疲倦，经常熬夜工作到天亮，然后第二天上午睡到十点十一点。然后他爬起来立马给凯瑟琳写信："我一直写到今天凌晨三点（我直到八点才开始干报纸的活），整个晚上——如果那个点儿之后还能称作晚上的话——都因为腹侧痉挛而备受折磨，我这辈子都没有这么痛过。"所以在压力特别大的时候，童年留下的腹侧痛还是会发作。（不过，多亏了托马斯·彼得奈尔的哥哥弗朗西斯——当时是一名医学院学生，后来成了狄更斯的家庭医生——开的药剂，疼痛大体得到了控制。）他已经超负荷工作了：1835年6月他不再给自己未来岳父大人的报纸写札记，而是开始改为给一份叫作《贝尔在伦敦的生活》的杂志写作。一部分原因是他们给他的价钱更高；另一部分原因是出现在大都市期刊的头版总是比藏在主要面向农村地区的报纸不起眼的角落里要强得多。此外，他非常崇拜其编辑文森特·道林。他给道林寄了他那张有名的"名片"，是在道林办公室对面的一家客栈里一时兴起而写："查尔斯·狄更斯，掘尸者，寻找供解剖的尸体①"。"掘尸者"或是盗墓人是偷尸体卖给医学机构以供解剖的人，当时正出现在新闻报道中；狄更斯从小就在内心深处害怕死人复活，但后来还是对这个职业非常着迷，着迷到在《双城记》里设置了一个该职业的代表人物。但在这一点上，他更像是仅仅以一个报道者和观察者的身份，并以令人毛骨悚然的方式来嘲笑自己的生活，而非积极参与其中。

他一直都在试图平衡自己职业的需要和他对凯瑟琳的职责，凯瑟琳有时候似

---

① "Subject"在英语中既有"供解剖的尸体"之意，也有"题目、主题"之意，此处为双关。

乎也会因为他只关注工作而忽视她感到不安。她完全有理由不安：这看起来就是他们以后婚姻生活的模样，而且在这点上她的确没有想错。不过，他为了更接近她，就搬到了赛尔沃德排屋的寄宿公寓里；那是一排位于富汉姆路北侧的房子，离贺加斯的房子只有几步之遥。他在5月租下那房子，正值他们订婚之际，并在那儿待了六个月——因此他要支付这儿和福尼瓦尔客栈两处的租金。事实上，尽管两人有过一些短暂且无伤大雅的不和，他们婚约期间的生活还是相当顺利的；他一直都称她为"我的至爱"或"我最亲爱的""最亲爱的小猪"或只是"小姑娘"，而且也有证据表明他们互相之间的爱意随着订婚后的生活与日俱增。

然而，他的工作还是越来越繁重。1836年1月，他又一次开始为《纪事晨报》写札记，在那几个月里，他也经常写剧评，继续在下议院的新闻记者席里工作（一则记录表明，丹尼尔·奥康奈尔一篇关于爱尔兰农民困苦生活的演讲让他感动得大哭起来，无法继续做笔记），报道了在布里斯托为约翰·罗素伯爵举办的一次晚宴，报道了哈特菲尔德宅的一场大火，还参加了一次补缺选举。他将这场选举总结为"……在钟鸣鼓响之中，竞选议员说着话……人们干着架，边喝边骂……大声争吵"，在这期间狄更斯和其他议会记者一起躲在一间酒店房间里通宵玩弹珠游戏。他还参加了一个奠基仪式（他之后在《马丁·朱述尔维特》[①]中极具渲染力地借用了这一仪式）。在那时，他的记者生涯虽然很丰富多样，但十分劳累艰辛。但他成功了，这是无可争辩的事实；而且正如经常发生的那样，他事业上的东风似乎带给他自信，着装风格变得浮夸："……一个充满活力、帅气、温良的年轻人，"那时他在议会的一名同事这么形容他，"有一头浓密的棕发，一双明亮的眼睛……穿着上总是倾向于曾经称为'花花公子派头'的风格，背心和手指上总是有许多珠宝。"另一个同事也有类似的一个故事："……他买了一顶新帽子和一件非常漂亮利落的蓝色斗篷，带着黑色天鹅绒的镶边，他还像西班牙人那样把镶边的一角扔过肩膀。"这位同事还回忆起一件事，而这件事集中体现了狄更斯性格中欢乐的一面：他们一起经过亨格福德市场，"在里面他们跟在一个拉煤工后面，那人肩上背着他那肤色红润但满身污垢的孩子；查尔斯·狄更斯买了半便士的樱

---

① *Martin Chuzzlewit*：已有的中译本译作《马丁·瞿述伟》，由于后文中讲到作者为这个书名取名的种种考虑时，提到了一大串相近的名字，故改译作《马丁·朱述尔维特》。

桃，然后一边走一边背着孩子父亲把樱桃一颗一颗地递给那个小家伙。查尔斯·狄更斯好像和那个孩子一样开心"。穿过那个市场后，狄更斯便用一种意味深长却十分滑稽的语气讲起了自己童年困苦的经历——"我们穿过市场的时候，他告诉我他很熟悉亨格福德市场，特别重读了前个名字①。"然而在随后仅仅几个月的时间内，狄更斯的生活就发生了巨变，就算是在童年异想天开的日子里也不可能想到的改变。

———————

① 亨格福德市场（Hungerford Market），前两个字指hunger，意思是饥饿的意思，其实这个市场如果采用意译的话也可译作"饥饿滩市场"。

八

　　1835年秋，年轻的出版商约翰·麦克柔恩找到狄更斯，想以合集的形式再版他的小说和札记，并出价一百英镑买下版权。狄更斯一下子就抓住了这个机会，尤其是因为这意味着他在即将结婚之时能获得一笔相当可观的额外收入；而且他几乎立马开始策划安排所提议的这一文集。确定标题是个大难题；麦克柔恩自己首先提议将其取名为《博兹脑中及克鲁克香克刻刀下的泡泡》[①]，但狄更斯认为从钢版雕刻师手中冒出来的泡泡有些牵强，并建议了一个不那么玩世不恭但更加准确的标题《博兹札记及克鲁克香克版画》——不过两个标题中更为重要的名字其实都是第二个。麦克柔恩把这位插画家乔治·克鲁克香克招致麾下来帮助这位略有名气的年轻作家，是一大妙举。封面页上印有他的名字，就算不是给成功打保票，也至少是一种避免失败的保值措施，可谓极富远见。他在当时享有"光辉的乔治"之称号，是非常出名的漫画家和图书插画家——他在某些方面很难相处，洞察力很强但同样很有主见。他可以很咄咄逼人、固执己见，尽管这种独断专行的态度在他饮酒作乐时——他爱豪饮的名声很大——会被一种醉醺醺的滑稽和欢乐所替代。他一头深色头发，皮肤黝黑，一双突眼，一只又大又挺的鼻子；看上

[①]　英文原文为"Bubbles from the Bwain of Boz and the Graver of Cruikshank"，其中Bwain一词从上下文看似乎应与Graver一词相对应，故应该是Brain的变体。其中Cruikshank又译克鲁辛格（George Cruikshank，1792—1878），英国漫画家和插图画家，狄更斯的第一部文集即由他插图。另外出版商建议用这一书名，主要是让人们联想到Sir Francis Bond Head所著的一本题为*Bubbles from the Brunnens of Nassau, by an Old Man*的书。

去活像是从自己的漫画里走出来的人物一样，而且他的确和之后所画的死囚牢房里的费金十分相像；G.K·切斯特顿也许算得上最好的狄更斯评论家，他就曾经说"那幅插画不仅看上去像一幅费金的画像，也像一幅出自费金之手的画"。克鲁克香克管狄更斯叫"查理"，而且尽管一开始两人的工作关系似乎非常友好和睦（克鲁克香克明白自己的地位更为显著），很快这位年轻作家就决计不肯顺从这位更加年长也更加有名的画家了。事实上，情形正好相反；非常自信、甚至有些自作主张的狄更斯——这是狄更斯个性上的一大特点，从小就是——开始为自己第一部书中插画的问题不断纠缠克鲁克香克；克鲁克香克还在写给麦克柔恩的一封信中将这件事形容为一个"令人不快的转变"。但很显然，对狄更斯而言，掌握对自己书稿的控制权很重要——在第一版《博兹札记》中，他过分恭维地赞扬了克鲁克香克，但之后所有的版本除了提及他的名字之外删除了所有和他有关的文字。后来，他和这位艺术家的关系变得非常紧张（克鲁克香克在19世纪六十年代说过，"当我和狄更斯先生在路的同一侧碰面，要么狄更斯改道，要么我改道"）。这一初期的小冲突事实上导致第一版发行时间推迟约两个月。该书1836年2月才出版。

　　该书获得了巨大成功。狄更斯并没有按照任何可辨别的计划组织他的小说或报刊文章，事实上，他似乎一直在努力表明自己才华的广度和多样性（在报纸上为该书打的广告里，他在稿子里加上了"多才多艺"一词来形容自己）。但他花了不少工夫为这一更加永久性的出版形式准备材料——他写了一篇关于纽盖特监狱的文章，也许是所有短篇里最深刻有力的一篇，仅仅为了收录到合集中。其实，他对公众口味和公众反响一直富于直觉且感觉非常敏锐，第一次出书就特意对札记进行修改以便更适合书籍的读者群而非报纸的读者群；他删去了不再相关或合适的开头和结尾两段，缓和处理一些对社会的批判，剔除所有因写作速度太快而不可避免的粗糙及拙劣之处。

　　但是一个更加重要的提议，一项更加重大的事业即将到来。《博兹札记》于2月8日出版。仅仅两天之后，一位名叫威廉·豪尔的人去福尼瓦尔客栈的出租房里拜访了狄更斯。狄更斯眼睛很敏锐，一下子就认出来两年多前正是此人在约翰逊大楼里卖给他印有自己第一篇小说的《月刊》。现在，威廉·豪尔是查普曼与豪尔出版公司的合伙人，这是一家相对年轻的企业，豪尔负责贡献财务方面的才能而托马斯·查普曼则主管"文学工作"（这种分工在出版商之间很常见，这也许也给狄更斯之后创作"斯本罗和乔金思"提供了灵感和素材）。

上一年，查普曼与豪尔出版的《诗歌、政治及名人讽刺年鉴》大获成功，而这是一本以罗伯特·西摩讽刺漫画为主要内容的书；现在他们想要再现之前的辉煌，而西摩想到一个主意，便是出版一个讲述"好猎手俱乐部"英勇事迹的系列，每月一册，每册一先令；这涉及伦敦东区一群打猎爱好者的不幸遭遇（当时很常见的喜剧主题，在一定程度上表明人们对城市生活独特性的意识越来越强烈）。不过，西摩的画才是主角；而文字提供者，或者说"插图图书的文字部分"，肯定是配角。该书之前向查尔斯·怀特黑德递出过橄榄枝，这是一位刚刚在查普曼与豪尔手下担任起《小说文库》编辑工作的作家，但他有些犹豫；而且似乎正是他推荐了刚刚小有名气的博兹来接这份活儿。毫无疑问，出版社在做出任何决定之前都会和西摩商量，但商谈的结果完全有利于博兹。于是霍尔就来到了福尼瓦尔客栈，邀请查尔斯·狄更斯接受这份工作，报酬为每个印张九几尼，一个月一个半印张（1印张是出版用语中16页成品的意思）。狄更斯立刻接受了这份工作，那天晚上他写信给凯瑟琳说，"这份工作可不轻松，但报酬实在太诱人，让人无法拒绝"。尤其是因为他们此时正在积极筹备婚礼，接到豪尔工作邀请的一周之后，狄更斯就搬到了福尼瓦尔客栈里一间更宽敞的房间里，每年多付租金十五镑。他还给新家添置了家具——客厅里配的是黄檀木家具，饭厅里则是红木家具。他正是在这儿开始创作让他享誉世界的小说。

但还有别的问题需要提前解决：狄更斯的自制力和决心再一次促使他改变这份新工作的性质。他此时也许还没有透彻了解自己的独特才能，但凭借一个"专业"作家的直觉，他知道需要避免什么；户外运动俱乐部以及"伦敦东部地区的打猎爱好者"这样的主题在最近几年已经过于泛滥，毫无新意可言，于是狄更斯从一开始就决定扭转这一计划的方向，以便能给自己充分利用自己特殊才能的空间。他告诉豪尔："……如果插图是从文字中自然衍生出来的，那情况不知会好多少倍；此外，我想要以我自己的方式更自由地塑造一系列英国风光和人物，而且恐怕最终无论如何我都会这么做。"换言之，他从来没有打算仅仅为罗伯特·西摩的插画做文字陪衬。他在所有承接的书稿中，都坚持必须由自己担任最主要的角色。因为在当时，正如一个同代人所评价的那样，西摩是他那个时期"最多样化且最高产的"漫画家,所以狄更斯的态度愈发斩钉截铁。最终西摩勉强默许了,于是查普曼和豪尔也就同意了。

终于快到要开工的时候了。他需要一个标题和一个主人公。出于对西摩最初设想的尊重,他还是采用了一个城里人俱乐部或团体的概念,尽管他们和那位画家所设想的"捕猎爱好者"几乎毫无关系。更要紧的是,他需要一个名字。对他而言,名字一直都非常重要。在之后的创作生涯中,他只有想到一个恰当的标题才能开始一本书的创作,而且他会在一个笔记本里列出一长串稀奇古怪的名字来帮助自己寻找灵感。道理其实很简单,没有名字,本质就不能存在也不存在;他信仰文字的力量,而一个名字似乎能够让一个角色呼之跃出,这样他才能开始对其进行塑造。他这项新书计划也是如此:他想起了巴斯一个马车业主的名字,他在《纪事晨报》做记者期间见过或坐过那个人的马车。这个人叫摩西·匹克威克。于是匹克威克先生就这么诞生了。然后,《匹克威克外传》也随之诞生。

查尔斯·狄更斯此时已经搬进了他的新住处。下议院处于休会期间,所以他就能空出早上和晚上的时间写作。他现在得争分夺秒,因为他同意在3月初交出第一期,3月末交出第二期——每一期大约在一万两千字左右,比他之前写过的任何文章都要长,但长度并没有让他感到困扰。1836年2月18日,他在书桌前坐下开始写作。

《匹克威克外传》的形式和风格预示了发行方式和叙事小说吸引力方面的一次大变革。当然,发行一先令月分册最初是罗伯特·西摩的主意,而且这种形式本身并不是特别新颖;当时在轻幽默和诙谐小说领域也有类似的远足主题,例如乔若克斯先生和句法博士[①]。杂志上的连载长篇小说也同样常见(马里亚特和高特的大部分作品均以这种形式发表),甚至还有以月分册形式发表的小说——区别在于,这种长篇连载的方式只用于《天路历程》之类古老且为人熟悉的故事。狄更斯冒险之举的新奇之处在于用这种方式来推广一个全新的故事,而仅仅几个月的时间,狄更斯当初的设想究竟是什么就变得一目了然了。

3月底,第一期《匹克威克俱乐部遗稿,包含俱乐部成员漫步、遇险、游历、

---

① 乔若克斯先生(Mr. Jorrocks)是英国作家罗伯特·斯密斯·瑟提斯所创造的著名喜剧形象。而句法博士(Dr. Syntax)是作家威廉·库姆和画家托马斯·罗兰森共同创造的一个小说角色。

冒险和公正交易的忠实记录》就发行了。该杂志"由博兹主编",绿色封皮,共二十二页,内含四幅西摩的版画,每份定价一先令。具体的印刷量并不清楚,但可以假定查普曼与豪尔出版社发行了大约四百份。工作虽然很艰辛,但最后还是完工了。他在《小说文库》上写了一则广告,并在广告里以开玩笑的方式预告了一部能和吉本的《罗马帝国衰亡史》相提并论的大作。

完成一项艰苦工作后他心情大好,情绪也因此高涨起来,于是他便继续跨入了人生中的下一件大事,婚姻——这里用"继续跨入"一词很恰当,因为对这位年轻的作家而言,生命中这几个月很不寻常,在某种意义上就像是一系列他在前进时必须跨越的障碍。毫无疑问,《博兹札记》的成功以及《匹克威克外传》带来额外经济收入的前景促使他提前于原定计划结婚。他和凯瑟琳·贺加斯订婚才不到一年,由于她尚未成年,狄更斯不得不回到他以前工作过的地方——伦敦民事律师公会——去获得一份结婚特许。婚礼于4月2日在贺加斯的教区教堂——切尔西区新建成的圣卢克教堂——内举行。狄更斯送给妻子一个镶嵌有象牙的檀香木针线盒作为结婚礼物,在约克广场用过早餐后他便带着新娘去肯特郡乔克村的一间小村舍(一幢刷白的两层木质房屋)里度蜜月;这里离罗彻斯特只有几英里,而且似乎是狄更斯在欧德南斯街的老邻居纽汉姆太太帮忙租的这间房子。决定在一个从小就熟悉的地方度蜜月也许并没有看上去的那么感情用事:很有可能,狄更斯当时正忙于应付大量工作,便选择了最省力的方法,即让家里一位老朋友来帮忙以确保自己有地方住。而且,他当时正在创作一篇以该地区为背景的小说,回到当地多做些观察不失为一个好主意。

这对新婚佳人在乔克村待了不到两周,就回到了福尼瓦尔客栈里的新房里;这三间房比狄更斯原来住的套间要大,但对凯瑟琳来说还是有些小,毕竟她曾经住在宽敞的贺加斯府上。但狄更斯立马就投入了工作中。当月18号,他和罗伯特·西摩第一次见面;狄更斯之前曾写信邀请他、查普曼和豪尔一起来到福尼瓦尔客栈,"喝一杯格罗格酒"(狄更斯的弟弟弗雷德里克和他感情很好,也参加了这次小聚会),但在同一封信中狄更斯还建议西摩修改一幅插图,从而维护了自己对此书稿的所有权——这一任务无疑违背了西摩的意愿,但他还是执行了。聚会随后的情况无人知晓,而这一聚会现在之所以显得不寻常是因为仅仅两天后西摩走进自己伊斯灵顿花园的凉亭,架起一把枪并在扳机上系了一根绳子,然后拉动扳机，子弹便射穿了他的脑袋。

毫无疑问，西摩的自杀对狄更斯和他的出版商来说都是一个意想不到且极不愉快的消息，因为原本建立在这位画家名气之上的整个出版计划也许会因为缺了他而立马泡汤。眼前更紧急的问题是第二期马上就要开印了，于是这位画家的工作室立马被搜了个遍；最终找到了三幅版画按时付梓，并成为西摩对《匹克威克外传》最后的贡献。但是关键问题仍未解决：从度完蜜月之后，狄更斯已经写完了下一期的一半内容，失去了西摩，他需要马上决定这一系列小说未来的发展趋势。于是他立即开始物色起合适的画家。

狄更斯最终选择了一位和他作品最搭调的插画师——哈勃雷特·奈特·布朗。他比狄更斯年轻一些，而且没有受过学院式的培训，不过一直跟着一名版画师当学徒；学徒期刚结束没多久，仍在犹豫到底是该成为一名画家还是一名插画家时，他突然遇到了这位小说家。他已经和狄更斯合作过一本小册子，尽管他在蚀刻版画方面几乎没什么经验，狄更斯还是选择由他继续为《匹克威克外传》作插画。这其中也许有个人原因，也有一些其他原因：狄更斯和他见过面，而且无疑在他身上看到了坚定、锲而不舍、灵活圆通——尤其是灵活圆通这一点，狄更斯心里很清楚他需要这个。布朗是一个安静、谦逊、内敛且极其害羞的人；他讨厌"和别人"一起出去，而且直到生命的最后一刻他都是个"独来独往的人"，一个很满意生活现状并且心满意足过自己日子的人。事实上，他在某些方面很像托马斯·比尔德，而且狄更斯似乎很喜欢这种性格的人——倒也不一定是因为这种个性和他自己更为活泼、合群的性情很互补，而是因为这些谦逊、腼腆的品质正是他所欣赏并感觉自己最缺乏的。因此，虽然听上去也许有些矛盾，但他和这位画家的友谊在某种程度上补偿了他因自己的长处而失去的东西。所以他选择了布朗，后来的事实也证明，再也找不到比布朗更好的插画师了——他不仅马上适应了狄更斯的作风并遵从他的各种要求（甚至还取了"菲兹"一名来和"博兹"相配），而且还从这位小说家身上学到了许多技艺并在某种意义上与其共同成长。

到了5月初，狄更斯已经和约翰·麦克柔恩签订了一项协议，准备写一本题为《伦敦锁匠加布里埃尔·瓦尔登》的小说。也许他从开始写札记起心里就一直筹划着这么一部小说，由于它最终完成时成了《巴纳比·拉奇》，这应当是狄更斯拖延得最久的一部小说。他因此获得了两百英镑的稿酬，三个月之后他答应为托马斯·泰格写一本题为《拉洋片的所罗门·贝尔》的少儿读物，于是又赚了一百英镑。然后，同一月，他又和另一位出版商理查德·本特利签订了两部小说的合约，每一部都是传统的三大卷。他还同意给一家新办的周报《卡尔顿纪事报》写札记——与所有这些活儿同时进行的还有《匹克威克外传》、《纪事晨报》的议会报道和另一册供约翰·麦克柔恩出版的《札记》。换句话说，他在忙着创作自己第一部小说的同时还接了大约五份书稿工作。

他之所以挑起如此沉重负担的原因有许多，不过第一个原因就是他需要钱。毫无疑问，他早就打算离开《纪事晨报》（他最终在11月迈出了这一步），而且毫无疑问他现在甚至正试图估量自己数月甚至数年后的资金状况，把离开《纪事晨报》造成的收入减少和那几份小说计划的报酬相权衡。狄更斯一生都对金钱所能带来的安全感有一种迫切需求：我们应当记得，他塑造的吝啬鬼埃比尼泽·斯克鲁奇的童年在一定程度上有作者自己的影子。很显然，他和其他人一样清楚——至少和他的传记作家一样清楚——他这种对金钱的需求是源于一种忧虑苦恼。他并不是一个吝啬鬼也不爱金钱本身。他一直都非常慷慨大方。只是幼时在马夏尔西监狱和黑鞋油作坊的经历在他心中点燃了一把焦虑的烈火，只有金钱上的富足才能将其平息。

毫无疑问，一部分是长期辛劳的压力，一部分是维多利亚早期"换个环境"的观念，驱使凯瑟琳和她丈夫在夏末住进了乡间的一个小村舍里——两人逃到彼得舍姆待了两个月，但在9月24日回伦敦之前，狄更斯不时会从这一乡间隐居之处突然回去一下。就是在这儿，在这段时间内，他把醉醺醺的匹克威克放在一辆独轮手推车里并将道孙和福格两人的律所合伙人关系介绍给了读者。

10月，他的出版商查普曼与豪尔已经在商量给《匹克威克外传》出续篇的事情，因为在这整个期间这个故事的剧情缓慢向前发展，同时吸引力也不断增强。狄更斯写作速度很快，但其创造力让人放心之处就在于他的书稿非常完美，无须修改。他一拿起羽毛笔便文思泉涌，下笔如神，一边写一边不忘在每页纸顶端标上页码——每页纸上会有两三处小小的删改，看上去像是边写边删的，而且还有其他一些字句明显是他写完后再次检查手稿时删掉的。他经常在清晨或深夜写作，也经常在忙完报道任务精疲力竭的时候写作。结果，故事里就会有一些重复之处，有些地方明显可以看出狄更斯当时一边写着这一个场景脑子里却一边构思下一个场景。比方说，弗利特河畔的负债人监狱里有一个小插曲，即一个可怜的人"在想象中拼命不停地跑障碍赛马"于是精神慢慢失常，而这一形象在几期之后便发展成了一个完整的故事。狄更斯想象力往前推进的同时迸发出了激情的火焰，而他自身的能量和速度又让这把想象之火愈烧愈旺。他几乎从一开始就充满了这种永不停歇的精力，于是，几周之后他小说中故事发生的月份便和那期小说出版的月份重合了。到10月，他就已经计划好了之后三期故事情节的发展趋势，而在12月那期中，他已经开始展望第二年春天的故事情节。这份辛苦的工作结束之前，他已经把故事的时间和真实的时间非常紧密地连接在一起，而且也非常成功地让每一个小故事或小事件参与到推动更大范围的情节发展中来，可以说，他几乎在《匹克威克外传》里呈现了生活本身的节奏。

在一定程度上，《匹克威克外传》的创作对查尔斯·狄更斯来说是一种锻炼；公众反应方面的锻炼、对人类观察力方面的锻炼，以及喜剧叙述才能方面的锻炼。正如他在创作深入时在匹克威克先生这一人物身上发现了新的意义和新的生命——匹克威克先生很快就不再仅仅是一个滑稽角色，而成了仁慈天性的象征——他也在自己身上发现了新的力量和才能。而且这也是一部年轻人的书，因为它没有结束感。他到当时为止的整个人生都记录在了这本书中，而正是在这一意义上，《匹克威克外传》不仅成为一种故事叙述方面的锻炼，也成为一种自我定位的训练。这便解释了为何此书如此吸引人，那种天生的、令人欲罢不能的且让人兴奋不已的发现感。以罗彻斯特为背景的情节和发生在监狱里的情节一样，证明了狄更斯此时所感觉到的那种放大感和解放感；真正的罗彻斯特，真正的公牛客栈，以及真正的负债人监狱远远没有像他文字中呈现的那么宽敞或那么空旷，在书中这些地方都迷宫一般错综复杂，不仅大得不可估量，还混乱不堪。有时候，狄更斯会因过度劳累而生病——1836年冬，剧烈的头痛和一种他所谓的"脸上的风湿病"把他折磨得不轻。这种看似毫无大碍的健康问题，在那个连感冒都会要人命以及医疗技术和手术尚不成熟的年代，可一点儿都不无关紧要。但就算是在这种重压时期，狄更斯也仍坚持写作，而且他的创造力和幽默感也丝毫没有减弱。

《匹克威克外传》很快便大获成功。查普曼与豪尔第一期月刊印刷了约四百份。但最后，他们的销售量到了四万册左右。到了第四期或第四集的时候，也就是狄更斯引入山姆·维勒这一角色并且哈博罗特·布朗的插画第一次出现的时候，书开始大卖。博兹的身份到了6月才第一次公之于众，同一月，威廉·杰登在其极具影响的《文学公报》中刊登了该小说的一个选段。而且，由于《匹克威克外传》每月发行一期，每个月都有其他刊物对其有所提及或评论，它也从中获益不少。不过有时候，这些刊物并不能将其引用的这一材料进行正确归类，一些期刊没有把它归入小说类而是归入新闻报道或"作品杂集"之下。但毫无疑问这部小说幽默诙谐的感染力——对人性的感召力——不断获得认可，而且其读者群也在不断壮大。这也就是为什么在第四期中会首次出现"匹克威克广告栏"，即在正文前有一块区域专门用于打广告，就像报纸上的广告一样。第一版"广告栏"中只有书籍广告，其中包括《日常饮食及养生法通俗专著》《拜伦夫人》和《垂钓者的纪念品》，但《匹克威克外传》太成功了，到了第九期，广告页数（约三十六页）反而超过了正文页数（约三十一页）。广告的范围也从单一的文学方面扩展到包括鹿特丹的玉米、拇指囊肿溶剂、辛普森牌的新型胆病药片、"各方面都优于丑陋的天然橡胶"的男士防水斗篷以及"深受喜爱的"洛伦兹牌马卡发油。

广告种类的多样性说明了一个重要的事实：《匹克威克外传》已经取得了非同寻常的成功。"……新一期一发行，"当时有人写道，"买不起书的书迷就把脸紧贴着书店的窗户，渴望能好好看一眼书上的版画并仔细阅读每一行能够看见的文字，还会常常大声读给鼓掌叫好的旁观者听……人们对其如此狂热，这本书获得的关注超过了人们对日常政治的关注"。丹曼男爵常常趁陪审员考虑判决时在法官席上读《匹克威克外传》，而当时非常受欢迎的医生本杰明·布鲁迪爵士常在来往于病人住所之间的马车上读它。1840年，一个正在"遍游欧洲大陆"的绅士发现一个金字塔上刻着"匹克威克"，还有一个很有名的故事，讲一个将死之人无法从他的牧师那里寻得心灵上的慰藉，却说："噢，感谢上帝，不管怎么样，《匹克威克外传》十天后就会出版了。"但也许能证明狄更斯作品成功的最重要证据出自最早给他立传的一位作家手笔，此人在该小说问世期间，拜访了一位利物浦的锁匠："我发现他正在读《匹克威克外传》……给二十个人听，听众有男有女、有老有少。"因为他们买不起一期一先令的月刊，所以这书是他们大家从收费的流动图书馆里以每天两分钱的价钱租来的；而且这位传记作家永远都忘不了这些出身卑微、不识字的人们和书中的山姆·维勒一起大笑的场景，也忘不了他们听到可怜的负债人死在弗利特河畔负债人监狱里时"忍了许久的泪水"夺眶而出的场面。这就是查尔斯·狄更斯的读者群——不仅仅有法官和医生，还有贫穷的劳动者。通过他的天分，他找到了一种独特风格，既能打动社会地位高的人，也能感染处于社会底层的人民。他的书真正赢得了举国上下的喜爱。

九

　　现在，他终于成功了。他终于能自己讲条件订协议了。他终于能甩掉老雇主，开始完全给自己打工了。1836年11月初，他和出版商理查德·本特利签订了一个合约，同意担任一份新杂志的主编，该杂志原本叫《风趣人作品杂集》，但后来更名为《本特利杂文集》——"那会不会走向了另一个极端呢？"当时一个真正风趣的人如此问道。我们已经知道他早已答应给本特利提供两部三卷本的小说，而编辑本特利新杂志的新合约让两人走得更近了。狄更斯同意做一年的主编，然后便毫无顾虑地着手工作起来。这是他第一次担任主编工作，不过他曾在《议会之镜》里做过更加技术性的管理工作，而且在那儿待的时间也足够长，不至于让这份职责给吓倒；他几乎立马就动笔给许多作家写信，希望他们能向杂志投稿，而其中最有名的也许是道格拉斯·杰罗尔德。杰罗尔德本身是一名激进的记者，跟狄更斯一样也是靠自己努力拼搏从卑微出身一步步升到了现在的位置，此人的确属于和狄更斯非常容易相处且意气相投的那种作家和那种人；狄更斯一直都偏爱结交工人阶层或中产阶级下层出身且观点坚定的作家。狄更斯那一代人是激进的一代，并在19世纪三十年代渐渐走向成熟，他的同行或同代人有时会展现出激烈好辩的一面，因而从这一角度来解读他的小说以及报刊文章非常重要。

　　狄更斯不久前和《博兹札记》的出版商约翰·麦克柔恩商定，准备创作一部题为《加布里埃尔·瓦尔登》的小说，但麦克柔恩现在才听说狄更斯和理查德·本特利签订了出版两部小说的协议——而且是在狄更斯写信询问他能否撤销先前约定时才听说。这是一个很尴尬的局面，尤其是因为麦克柔恩当时正准备出版《博兹札记》的第二辑，所以他不知该如何继续下去。有几个同事建议他维持和狄更斯之前的协议，但这位出版商本人肯定至少已经猜到在这方面非常固执任性的狄更斯心意已决。正当狄更斯和麦克柔恩为他取消约定的事情争论之时，《博兹札记》第二辑问世了。这一次只出了一卷，其中一部分原因是狄更斯不断为琐碎的细节和克鲁克香克争执，但更主要的原因还是狄更斯过度劳累，时不时生病，导致他无法提供足够两卷长度的材料。他把第一辑余下的大部分材料给了麦克柔恩，但也有一些新近创作的散文——不得不说这一合集完全没有前一辑编辑得那么认真，但仍然是研究狄更斯这一时期发展情况的一条重要线索。但他和麦克柔恩之间的问题一直存在，直到经过了相当错综复杂的谈判——主要是讨论能否将《札记》版权转让给麦克柔恩作为补偿的问题——才最终得以解决。这样一来，狄更斯现在只给理查德·本特利写小说了。

这些谈判都是狄更斯本人亲自处理的，但此时他人生中出现了一个人，此人在之后的岁月里将帮他减轻许多事务上的负担。1836年年末，狄更斯遇见了约翰·福斯特。见面地点是哈里森·安斯沃思家。至于狄更斯是如何结识安斯沃思的，这一点并不清楚，不过很有可能是他俩共同的出版商麦克柔恩之前介绍两人互相认识的。于是他们两人也成了朋友。可以说，他们两人实力相当。安斯沃思比狄更斯大七岁，直到两年前才因为作品《鲁克伍德》名声大震。当然，他的名气和狄更斯相当，而且他之后出版的《杰克·雪柏德》似乎甚至一度让狄更斯的《奥利佛·退斯特》黯然失色。

要说和狄更斯的名字联系最紧密的，那便是福斯特；而且，他的确是最有可能以这位天才作家志趣相投的好友身份而名垂千古。他和狄更斯同岁，他俩第一次碰面的时候就已经知道或至少很快发现两人之间有许多相同之处。福斯特出身也很低微；他父亲是纽卡斯尔的一个屠夫（他后来还因为对手在背后取笑他是一个"屠夫的儿子"而勃然大怒），而且据说他母亲是"一个牧牛人的女儿"。但在英国历史上的这一时期，他属于那种已经准备好且有能力闯出一番天地的年轻人——在当时的社会转型和政治混乱并没有使实现这种壮举变得容易许多。本书之后会证明，福斯特是一个非常友好大方的朋友。但事实上，还是有一些人永远都无法理解狄更斯为什么会这么喜欢他。毕竟，福斯特的确是个挺难相处的人。他似乎很在乎自己低微的出身，而且常常会变得非常不安或警觉。因此，他总是动不动就大声咆哮，拥有一种近乎可笑的自尊感，还常常摆出一副"我永远没错"的姿态，让人无法忍受。有一次他竟去纠正19世纪最伟大的演员麦克雷迪的莎剧表演，这件事非常臭名昭著。事实上，他给别人——尤其是那些对他并不了解或不习惯他小缺点的人——留下的印象总是无礼、自负或仅仅就是脾气不好。

　　福斯特的朋友圈相当广——19世纪，没有人像他一样能在社会上、政治圈和文学界认识如此多大人物——但最重要的是，他一直都是狄更斯的好朋友、好伙伴。刚认识没几周，福斯特就在各种杂乱的出版事务上给狄更斯帮忙并出主意，要说他成了狄更斯的文学经理人、编辑、校稿人及评论家一点都不为过。狄更斯自己好像也很快意识到福斯特有多么敏锐且足智多谋，于是在文学事务上总是把他当作一个读者代表；这便是为什么他多次全权委托福斯特改动或修正他手稿的原因。福斯特厌恶造势煽情，很有可能狄更斯默默认可了他朋友的这种反对而有意抑制了自己在这一方向上的自然倾向。当然，两人也经常发生分歧；没有哪两个性情如此迥异的人能避免这一点。他们之间有过冷战，也有过激烈争执，而到了狄更斯的晚年，福斯特成了上流社会的忠实成员而狄更斯恰恰在这个时候彻底对其不再抱有幻想，就算两人惺惺相惜的感情没有变淡，相互之间的热情肯定有所淡漠。但他一直都是狄更斯最好的朋友和最忠诚的拥护者；从某种意义上说，或许是因为在这位作家身上看到了自己所缺乏的才能，他才将自己生命中大部分的精力和时间都投入到狄更斯身上。而且，福斯特在狄更斯去世之后说了这么一句话："……生活仍在继续，生活的职责也就依然在继续，但于我而言生活的快乐已不复存在。"我们对后续发生的事件的认识就是以这种方式来反映我们对先发事件的理解，而在开始的时候我们就瞥见到了结局。

　　那时，他们的小世界里充满了冒险和变化，也充满了乐观和变革——不久，其他一些和他们一样自信激情的年轻人也加入了狄更斯和福斯特的"圈子"。也许也带着一丝这一时期的无礼和粗俗风气，因为当时的英国仍有当众实施的绞刑，身体残疾或畸形的人在大街上遭到公然嘲讽也是很平常的事情。在另一种意义上，这些新朋友都属于同一类型。他们都是这样或那样"不为上流社会接受的粗俗之人"，大部分都是经历了磨难、拼搏和自我牺牲之后才闯出一条成功之路。比方说，和狄更斯关系最好的人中有一位名叫丹尼尔·麦克利斯的爱尔兰人，只比狄更斯大一岁；为了能成为一名画家，他十四岁便辍学了。在这一点上，他非常成功——他十六岁来到伦敦，两年后获得了皇家艺术院最佳历史画金奖；他在当时以其理想化、"传奇式"的油画最为著名，有时会创作鸿篇巨制，不过现在人们大多因他所画的查尔斯·狄更斯画像而记得他，这也许正是历史的嘲弄和不公。然而，当他见到这位年轻的小说家时，已经是一位极负盛名的画家了。不过他这个人很自相矛盾，其复杂的性格非常吸引狄更斯。表面上，即使在最困难的情形下，他都看似安逸自在，甚至有些满不在乎的样子；但他也算是个隐士，而且有证据表明他的情绪常在兴奋和抑郁两个极端之间变化。毫无疑问，他后来便成了一个多病且喜怒无常的遁世者，就连狄更斯饱含深情的劝说也不能将他从这种与世隔绝的状态中拉出来。但我们必须认识到，在早期，当他还是狄更斯的挚友并响应狄更斯的欢乐和活力时，他和这位小说家一样拥有一个光明的未来。

另一位密友年纪要大一些，名叫威廉·查尔斯·麦克雷迪。他认识狄更斯时已经是当时最有名的莎剧演员，狄更斯一见他就对他表示尊敬，两人短时间内就意气相投。他在一些方面极其戏剧化，他有一张富于表现力的脸，一副响亮的好嗓子和铿锵有力的说话方式，除此之外他在表演上非常专业，因而也符合了狄更斯自己的职业精神。正如一位同事所言："他是一个十足的艺术家，非常勤奋认真，非常诚挚热切。"尽管麦克雷迪通常扮演主角，他似乎更擅长表演那些充满激情的角色，因而他的戏剧表演风格也非常吸引狄更斯；他精于表现悲怆、悔恨的情感，即情节剧中更气势磅礴的部分，而没有什么比这点更能打动狄更斯了。

这一时期狄更斯朋友圈里的核心成员包括福斯特、安斯沃思、麦克利斯和麦克雷迪（说到这里，当然不得不提他更早期的朋友比尔德和米顿，这两人仍然和他保持着亲密的关系）。但同时也有一个外围圈子，这至少忠实反映了让狄更斯感到最舒适的那种人和那种社交圈，同时也清晰地体现了他的兴趣嗜好。这是一个在本质上对社会问题非常激进的社交圈。其中有《考察家报》的主编阿尔巴尼·方布兰科，狄更斯是通过福斯特的介绍认识了他：他和狄更斯的关系从来都不亲近，一方面是因为他年纪要大得多，但他当时是一名主要的"哲学激进分子"——边沁的密友，而且热切投身于法律改革事业。狄更斯和布尔沃-李顿①的友谊也是以类似方式建立起来的；"白手起家"的人在狄更斯朋友圈中很常见，虽然他根本不是那种人，但他第一次见狄更斯时已经因其激进主义而非常著名了。还有T.N·停塔尔福德，19世纪早期一个拥有多栖社会身份的典范；他认识狄更斯时，是出庭律师业中的一名高级律师（一种特殊职位，类似于出庭律师，但只允许在特定几个法庭中出庭辩护）、一名自由党的国会宣读②议员以及一名成功的剧作家。他比狄更斯年长十七岁，而且比这位年轻的朋友带有更多十八世纪的遗风："我记得他保持过去一代传统的样子，"当时有人写道，"他走进客厅时嘴里口齿不清地念念有词，步子还有些不稳。"他也是兰姆③和柯勒律治④的朋友（我们应当记住，之后称为浪漫主义运动的这场文学艺术思潮在19世纪继续盛行并发展至高潮，就连狄更斯都可以看作其忠实追随者），即使他未必因此而受到狄更斯钟爱，这一点也给狄更斯留下了深刻印象。但他有时候自高自大、自私自利，不过也不是有意为之；而且很不幸的是，他不会发"r"这个音，并总是因此遭到狄更斯的模仿和嘲笑。

狄更斯和凯瑟琳在这期间仍然住在福尼瓦尔客栈里，但在他对这段时期的简短追述中，更多的都是跟凯瑟琳的妹妹玛丽·贺加斯有关的往事，而非凯瑟琳本人。他似乎的确和她关系越来越亲密；1837年元旦，他给她买了一张桌子，而在后来的日记里，他记下了自己第一个儿子出生的日期，以及对玛丽的进一步描写：

"1838年1月6日，星期六：去年今日，我和玛丽在霍尔本区和周围的街上来来回回溜达，走了好几个小时，就是为了给凯特⑤的卧室物色一张小桌子。最后我们回到逛过的第一家旧货店买了那张桌子，其实之前我们在这张桌子边徘徊了好几次，就是因为我不想去问价格。晚上我带她去了布朗普敦，因为家里没她睡觉的地方（两位母亲都和我们住）。第二天，她又回来帮我收拾家务，而且在那个月

---

① Bulwer-Lytton（1803—1873），即爱德华·布尔沃-李顿，英国政治家、诗人、剧作家、小说家，代表作为《佩勒姆》（*Pelham*）。

② 此处宣读是指议案在议会上的宣读，是议案成为法律之前必须经过的一个阶段。

③ Charles Lamb, 英国散文家。

④ Samuel Taylor Coleridge, 英国湖畔派诗人、浪漫主义作家。

⑤ 即凯瑟琳。

接下来的日子里几乎天天都来。我再也不会像在那三层楼高的套间里时那么开心了——即使我名利双收了也不会。如果我能付得起的话，我会租下那个套间让它一直空着。"这一忧郁的口吻和之后发生的事情有部分关系，但从中我们很容易瞥见这一时期狄更斯家庭生活的基本事实：玛丽是这对年轻夫妇家的常客，也很受欢迎，而且总的来说家中呈现出一种欢乐的气氛，而这种欢乐氛围在后来的日子里再也无法找回。

生下第一胎之后，凯瑟琳便患上了某种产后失调症，这一早期症状之后便演变为一种神经性疾病，且经常发作。玛丽·贺加斯写信给堂亲告知姐姐的状况："……非常遗憾地告诉你，第一周过后，我最亲爱的凯特恢复得并没有我们预期的那么顺利。正当我们以为她的身子要硬朗起来的时候，却发现她不能给孩子喂奶，所以，她不得不把亲生骨肉交到陌生人怀中，虽然她极不情愿，你应该也猜到了。可怜的凯特！这对她来说真是痛苦的磨难……而且看她这么遭罪我心里也很不好受。我很肯定，我之前从没有为任何人或任何事这么伤心过……她每次见到自己的孩子就会突然大哭起来，嘴里还不停地说她肯定孩子长大以后不会和自己亲近，因为她现在不能照顾他。"因此，凯瑟琳当时患有严重的抑郁症，听上去像是一般性神经焦虑的恶化。

狄更斯是一个尽心尽职、通情达理的丈夫，既然凯瑟琳的病情没有好转，他便决定搬去空气更健康怡人的肯特郡，尽管这会给当时非常繁忙的他增添很多麻烦。在玛丽的陪伴下，他们回到了乔克村；毫无疑问，孩子也跟着他们一起去，并在不久之后接受了洗礼仪式且取名为查尔斯·库利福德·博兹·狄更斯，其中的"博兹"很明显是一个错误，都是因为约翰·狄更斯在洗礼盘旁边大声喊了这个名字。（顺便提一句，狄更斯父亲的出场并不总是这么和蔼可亲：他儿子的职业生涯还处在起步阶段，但就算在这种时候，他还试图向出版商查普曼和豪尔"借"钱——"请回想一下你们的利益和我儿子的利益联系得多紧密"。）

在乔克村，狄更斯自己没办法休养，在他们住在那里的两个月间，他一直都在忙着之前答应的工作。此时的他是一位名副其实的主编，而且据他自己估算，为了给《本特利杂文集》寻找可发表的文章，他在一个月里读了约六十或八十份手稿。但那只是他主编工作的一方面，此外，他还得校对、修改和削减文章。他不仅负责安排每位供稿作者的酬劳，每月还要忙于创作自己的文章。还有一点应当记住，那就是他当时正和乔治·克鲁克香克紧密合作，此人是该杂志的官方插画师，拥有非常重要的地位；尽管最近因为《札记》起了些争执，两人的合作关系还算比较融洽。他们合作的大体模式就是，狄更斯建议哪些文章需要插画，然后交由克鲁克香克决定具体选哪一段或哪一个场景进行配图。毫无疑问，他很享受这份工作。他曾经还把主编比作舞台经理，而且他明显把自己管理业余舞台表演的技巧带到了这份编辑工作中。毕竟这两个领域里，他都想成为指挥千军万马的人，把最核心的位置留给自己。

此外，我们不能忘了他当时每月仍有整整一期《匹克威克外传》的写作任务，而这个时候他的工作压力和野心都太大了，导致他不得不赶着截稿日期拼命写，有时要到正式出版前几天才能把小说里某一部分写完。这么匆忙的原因主要是他立刻又开始了另一个连载小说的创作。1837年1月，这份新杂志的第一期由他自己的小品文《特伦堡先生的公共生活》打头阵，2月份，另一篇题为《奥利佛·退斯特》的小品文作为上一篇的延续而发表。第一篇的背景设在"泥雾镇"，即查塔姆的化名，这是一篇非常有趣的讽刺文章，旨在抨击州政府的愚蠢无能，其寓意是"目空一切的狂妄不是值得尊重的品德"。第二篇以《奥利佛·退斯特》为题，故事的开始发生在"泥雾镇"的一家济贫院里。换言之，此时的狄更斯不断为家庭问题困扰，因工作过度而精疲力竭，并忍受各种病痛的折磨，所以他一开始似乎都没有意识到正着手创作的这部小说日后会成为自己的代表作。原来，他脑袋里只有一系列文章的想法（也许可以叫作《泥雾镇编年史》），但他几乎一开始动笔，就发现自己"突然想到了一个绝妙的主意"。因为他已经创造了奥利佛这一人物，这个在济贫院里出生长大并敢于要求更多的孩子，于是他立刻看到了可以从中挖掘出的创作潜力。而原先那个小品文系列的想法便随之放弃了。

关于《奥利佛·退斯特》[①]一书的由来存在一些争论，这主要是由乔治·克鲁克香克造成的，因为他在多年之后（以及在这位小说家去世之后）坚持声称自己才是想出小奥利佛这一形象及其悲惨历史的主要贡献者。乍看起来，这是不可能的——狄更斯不是会默然接受别人意见的作家——但若说克鲁克香克曾提建议，写一个霍加斯[②]式的可怜男孩在贫穷和不幸中的"成长经历"，这也是有可能的。不管怎样，

---

① 该小说也译作《雾都孤儿》。

② 威廉·霍加斯（William Hogarth），英国现实主义画家，其作品常常讽刺和嘲笑当时的政治和风俗，这种风格被称为"霍加斯风格"。

克鲁克香克和狄更斯在关注的事物方面有许多共同之处；他们都着迷于伦敦这座城市，尤其是其更污秽阴暗的方面，而且都对监狱和刑罚的画面如痴如醉。比方说，克鲁克香克无疑早在让费金住进纽盖特"死刑犯牢房"之前就已经画出了牢房的粗样。但这丝毫不能证明《奥利佛·退斯特》的任何问题，最多只能说明这位作家和插画家非常适合一起合作这个讲述伦敦"社会底层人物"的长篇冒险故事。

　　至少有一点非常清楚，那就是狄更斯一想到这个"绝妙的主意"——一个忍饥挨饿且备受欺凌的孩子——整个概念就在他头脑中激起许多想象的火花。从根本上讲，这甚至可能就是他从事写作事业以来一直盘算着的那部"计划中的小说"，而且据说《奥利佛·退斯特》是第一部以一个小孩为中心人物或主人公的英语小说，这说得没错；这也许是一个翻天覆地的变化，不过在当时并没有引起广泛注意。这主要是因为事实性的"孤儿故事"在当时其实很常见，狄更斯自己就常常读那些突出表现童年时期穷困不幸的自传故事：就连塞缪尔·约翰逊所著《理查德·萨维奇的生活》中也有很长一段文字专门描写幼儿时期的悲惨遭遇。此外，当时还有一个古老但仍非常兴旺的"流浪汉文学"传统，这些作品在一定程度上翔实记载了有关走失或遗弃儿童的戏剧。所以在这方面，《奥利佛·退斯特》的主题并不新颖。虽然如此，这一主题直接唤起了狄更斯的自我意识和对往事的感触，从而能将自己想象世界中的所有资源倾注其中。在最初的草稿中，奥利佛出生在"泥雾镇"或查塔姆，即狄更斯自己的童年故地，而这位堂区男孩"游历"的身影一下子引发了一串对童年的情感和联想。奥利佛·退斯特落入费金的贼窝，看起来像是残忍地重演了黑鞋油作坊里小狄更斯与鲍勃·费金的友谊；奥利佛为赢得体面尊重而努力奋斗；他从一个脏兮兮的小毛孩成长为一个干净优雅的人。正是以这种方式，狄更斯似乎变相重过了自己的童年，不论是其混乱的现实，还是不安的逃跑幻想。沃伦黑鞋油作坊的生活、恶臭难闻的伦敦街道、迷路孩子那种彻彻底底的绝望响彻整个故事，而这个故事也成了狄更斯童年的回音室。《匹克威克外传》3月刊中，托尼·维勒提到了"沃伦黑鞋油店"，而在《奥利佛·退斯特》的4月刊中，声名狼藉的教区执事也提到了一个"黑鞋油瓶"。所有联想都在写作过程中又涌现在狄更斯的脑海中。

　　然而，他的童年并没有原封不动地变成他的小说，这就是为什么他是一名艺术家而非一位传记作家的原因。这也是为什么意识到他同时创作《匹克威克外传》

和《奥利佛·退斯特》这一点如此重要的原因——事实上，在写这个可怜男孩游历故事的前几章时，他正在创作《匹克威克外传》中几个最滑稽的段落：前者的开篇全是苦难和遭遗弃的情节，而后者则描写了鲍勃·索亚的不幸遭遇和丁格利·戴尔庄园里的滑冰聚会。其实狄更斯不久就采用了先《奥利佛·退斯特》后《匹克威克外传》这样一个有特色的写作节奏，而且《匹克威克外传》似乎也因此获得了一个更加轻快活泼的形式，就好像他曾在这个喜剧故事里注入的悲悯因素现在都转移到了这个每月在《本特利杂文集》连载的小说中似的。但我们也不能将两部小说过度联系起来，因为它们的文学类型大不相同。首先，《奥利佛·退斯特》篇幅短很多，每一节大约九千字，而《匹克威克外传》每节有一万八九千字；此外，以每月一册的形式发行小说和每月在杂志上刊登连载小说是两件截然不同的事，有各自不同的惯例。《奥利佛·退斯特》和其他小说并置在一起（尽管它总是出现在《本特利杂集》的头篇位置），所以它的读者总是会对其描述的"历险故事"类型抱有习惯性的预期：月刊杂志上的连载小说通常都是奇险类或疑案类的作品，并在很大程度上依赖于悬念和情节设计等形式上的手法来维持那种基调。从这种意义上说，狄更斯并没有让读者失望。即使它超越了这种文学类型，也完全符合其要求，而且从狄更斯对常见素材精妙的利用中，其才华可窥一斑。

对狄更斯而言，写作完全是一种出于本能的行为，说他走到哪儿就能编到哪儿，真是毫不夸张。奥利佛这个名字显然是他在一辆公交车上从售票员口中不经意间听到的；他在库灵教堂见过一个穷人的葬礼（在狄更斯心中那个位于湿地上的教堂总是和死亡紧密联系在一起）然后就把它写进了小说；他听说哈顿街有一个名叫雷因先生的治安官，把他写成《奥利佛·退斯特》中的方先生之前还去见过他；他曾打听过那些济贫院孩子"寄养出去"（即成年人将他们带回自己家抚养并因此获得一定补助或报酬）后的死因，并在文中使用了这个素材。一开始，他在长度方面遇到了一些问题——第一期篇幅太短——但仅仅几周的时间他就渐入佳境。这真是前所未有——《匹克威克外传》和《奥利佛·退斯特》这两部类型迥异的连载小说同时发行。从前令人感到钦佩，现在依然令人感到钦佩的是，两个故事的行文都十分连贯、流畅、自然；诙谐幽默本身不仅在于故事情节本身，也同样在于狄更斯不倦的构思，因为从这种构思中我们能听到人类创造力的欢声笑语。而且，狄更斯自己也乐在其中；从没有一个作家像他这么年轻就能如此轻松娴熟地使用这种语言的智慧，游刃有余地挥舞着这一武器，他唯一拥有过的武器。

　　毫无疑问，狄更斯必须经常从乔克村赶回伦敦——因为编辑事务他常往返于家和市区之间——这期间他的一个当务之急是物色一幢大一点儿的房子。儿子的出生意味着他和凯瑟琳不得不从福尼瓦尔客栈的套间里搬出来，而且此时狄更斯的名气不断高涨，搬家似乎也在情理之中。他出价竞租一幢房子，但最终落入他人之手，于是他就暂时租下了诺顿上街30号出租房，而家人则搬回了福尼瓦尔客栈；有可能他是需要一个安静的地方潜心工作。事实上，他当时非常忙，尽管他也抽出时间和玛丽·贺加斯在伦敦各地寻找供出租的房产，他还是雇用了房地产中介替自己处理相关事宜。最终，他在不经意间找到了这幢中意的房子——1837年3月18日他开了价，意欲租下道提街48号的房子，他同意每年支付八十英镑租金，于是两周之后便搬了进去。这是上世纪建造的一幢房子，非常舒适宜居，坐落在一条私家道路边，前后两端各有一个门道和门房。他向理查德·本特利借了一笔钱用以支付搬家费之类的款项。当时在狄更斯心目中，这是一幢"极上等的府邸，也随之带来了巨大的责任"。这幢房子的确比狄更斯之前住过的任何房子都要大——四层楼，共十二间房，为了料理这幢相对雄伟的建筑，狄更斯还雇了一个厨子、一个女佣、一个奶妈，以及后来雇用的随身侍从亨利。这就是这位年轻作家现在的生活。他的书房在二楼，靠阴面，可以俯瞰花园。三楼有两间卧室，玛丽·贺加斯似乎常常在其中一间过夜，而一楼是饭厅和会客厅。客厅在狄更斯书房的隔壁，一家人常常聚坐其中。现在若要重现这幢房子当年的真实面貌，实在有些困难，不过很清楚的一点是，它颇具狄更斯式的格调。房子的木建部分都刷成了粉色，屋内添置了一个带纹理的大理石壁炉，书房里摆着一整套新购置的"经典小说"，地板上还铺着花朵图案的鲜艳地毯。（因为他很怕火，对此有些神经过敏，所以他搬来之后做的第一件事就是在太阳火灾保险公司给所有东西都上了保险。）家具都是摄政时期和威廉四世时期的风格，而且相比更为阴郁素淡的维多利亚中期家居装饰风格，狄更斯之后一直都更喜欢这种风格。他钟爱高贵典雅，但他也喜爱鲜艳明快，两者同样重要；这就是为什么他要在每幢居住的房子里都装上许多镜子的缘故。那个年代，室内照明都是靠蜡烛和油灯，因此使用镜子来反射光线至关重要，不过一些刻薄的评论家却认为，狄更斯对镜子的喜爱多是虚荣的表现。

当然，在道提街的房子里，他也会摆放和重新安置所有家具；他的一大非凡特点便是能在脑海中想象出他住过的每个房间里每件家具的确切位置。整齐有序对他来说极其重要，而且他有一个神经质的习惯，那就是，他只有把桌椅摆放到正确的位置且丝毫不差，才能坐下来开始一天的工作。他无法忍受任何东西放错位置，而且住在饭店或出租房里的时候，他首先会做的一件事便是根据自己心中的室内平面图重新摆放家具。就连在这种琐碎的方面，他也要在身边的每样事物上留下自己个性的印记，因为在一个没有自己风格的环境里，他会喘不过气。说到这里顺便提一句，狄更斯一直有一个很迷信的习惯，即他总是把自己的床转到南北方向——这个习惯他坚持了一辈子，据他一个朋友说，这是因为"他声称自己在其他任何朝向的床上都无法入眠；他还用接地电流和正负电的论点来支持自己的抵触心理。这也许只是一种荒诞的想法，但对他来说足够真实……神经质且随心所欲，他总是按一闪而过的念头行事，而自我克制对他来说是不可能的事"。

在道提街上，他会设宴招待朋友（当然还有他的父母）；事实上，宴请规模非常大，似乎有人认为就算他当时是一个年轻有为的作家，这样花钱也非常挥霍无度。几位朋友回忆起这一时期，每个人都认为狄更斯此时的家庭生活相当幸福美满，而这是他从童年起就从未享受过的——他已经有了一个儿子，而且他弟弟弗雷德里克和他小姨子常常来家中做伴，这就让他聚齐了一个大家庭的必备因素。尽管狄更斯多年之后坚持声称从一开始就感到和妻子在情感上很疏远，但那时的家庭生活还是很快乐的，这点毫无疑问。凯瑟琳本人当时并没有这样的疑虑——"哦，亲爱的玛丽，"她写信给自己的表妹，"要是你能来我家做客，我该多开心啊，这样我就能自豪地介绍你认识查尔斯了。虽然他的才华现在名扬天下，但他那颗充满柔情的心却只钟情于我。"看上去，随着狄更斯社会地位的慢慢提升，这种平静快乐的家庭生活应该会永远继续下去。他现在已经获得了"认可和赞许"；他也进入了嘉里克文学俱乐部；5月3日他还在皇家文学基金会的周年庆典上发表了平生第一个公共演讲，当有人提议为"狄更斯先生的健康和本世纪写作新星"举杯祝酒时，场上响起了"经久不息的欢呼"。但四天后，一件突如其来的事情改变了一切。

十

1837年5月7日，玛丽·贺加斯去世了，年仅十七岁。她前一天晚上还同狄更斯和凯瑟琳一起去圣詹姆斯剧场观看了一场他创作的闹剧《她是他的妻子吗？》。凌晨一点左右，他们回到了道提街的住处；玛丽回到自己房间后，还没来得及宽衣就寝就大叫一声然后晕倒在地（后来经医生诊断，她患有某种心脏病）。玛丽的母亲贺加斯太太接到通知便赶来了，却因悲伤过度而不省人事；玛丽躺在那间狭小的里屋里，凯瑟琳和狄更斯则一直守在她身旁，但她一直没有好转。第二天下午三点，她在狄更斯怀中静静离开了人世。或者，更确切地说，她似乎早就停止了呼吸，只是狄更斯没有完全意识到这一事实。他们唤来了一个殡仪员——在多年后的一篇文章中他回忆起"殡仪员那一记骇人的敲门声，让他永生难忘"——将她收敛入棺，而这口棺材就这么躺在那间卧室里，俯瞰着道提街48号的花园。六天后她才下葬。贺加斯太太病倒之后就变得非常歇斯底里，不得不拦着她不让她靠近那间屋子，而让人吃惊的是，凯瑟琳却显得非常平静坚强，而对狄更斯来说几乎有些过于平静坚强。但很明显，在这种情形中她必须坚强起来。

因为这件事对她丈夫影响之巨大实属反常。他那么悲痛欲绝，而这其实是他有生以来因为失去而体会到的最强烈的痛苦。失去亲生父母和骨肉对他的影响都不及这一半；而且在他这种挥之不去且几乎到了歇斯底里的悲痛中，我们能感觉到这个男人性格中的古怪。他从玛丽·贺加斯头上剪下一缕秀发，并将其保存在一个特别的箱子里；他从她的玉指上摘下戒指，然后戴在了自己手上。这些都是很自然的反应，但更为古怪的是，他还保存了她所有的衣服，两年后还会时不时将它们拿出来仔细端详——"它们会在属于自己的秘密之地慢慢腐烂。"他这么说道。在她死后的九个月里,他天天晚上梦见她——他把这些夜间出现的幻觉叫作玛丽的"幻影"——并一再表达要和她葬在同一个墓里的心愿。留着一个十七岁女孩儿的衣物,并想要同她合葬在一起,这种情愫就算在19世纪早期那种狂热的岁月里也非常罕见。

玛丽成了狄更斯心目中完美女性的典范。"年轻、美丽、善良"是他在她的墓碑上铭刻下的几个词,而且他之后也用同样的词语来形容萝丝·梅莱、小奈尔和弗洛伦斯·董贝。他曾在一封悼念信中说道:"没人想象得出,她们两姐妹之间的感情有多深……"而且他在小说中总是会将姐妹间的关系理想化,就好像在那种快乐的情谊之中存在着某种神圣的联系。他的虚构世界中当然不乏这种善良纯洁的少女形象——"她完美无瑕。"他曾如此说道——并且这一形象总是带有一种神秘的半宗教色彩;事实上,若说狄更斯的宗教情感是由于玛丽的离世而逐渐产生的,完全不言过其实。众所周知,他开始定期去附近大克罗姆街上的弃儿医院教堂,而且,鉴于他曾提到自己在她刚去世后就去了一次教堂,他很有可能就是在这一时期开始感觉到有必要从宗教中寻求希望或安慰。"尤其是"一想到"有一天能和她在一片无忧乐土上再次相聚,并永不分离",他就倍感欣慰;谈到狄更斯的基督教信仰,就不能忘记它产生的个人原因——他的痛苦和宽慰。所以,在对待他赋予记忆这一概念的宗教意义时也应如此;她一离开人世,他就开始追忆起两人共同生活的往事。他曾说:"我可以回想起在那些快乐的日子里我们说过的每一句话和做过的每一件事";而且对他来说,记忆力和幻想以及想象力结合在一起就成了一种神赐的能力,可以将在世之人和已故之人联系起来,也能将人间和天堂连接起来;它成了一种让现实中充满神赐恩典的方法,而且毫无疑问,是玛丽的离世唤醒了他天性中这些曾经因对名利的渴望而掩盖的方面。年纪轻轻的狄更斯又上了沉重的一课——他才二十六岁——但从某种意义上说,早些体验这种对作家想象力有巨大影响的深刻经历,于他也是一件幸事。

但他这时还不能动笔写作——这是他人生中第一次也是最后一次未能按时交稿,他推迟了应当在该月完成的那两节《匹克威克外传》和《奥利佛·退斯特》,并和凯瑟琳去乡下静养了一段时间。那是汉普斯泰德的柯林农场,说来也奇怪,他不久后把谋杀了南希的比尔·赛克斯也打发到了差不多同一个地方。他们在这儿待了两周，不过最后一个礼拜狄更斯每天都会回到道提街。他们显然需要安静和休养，因为尽管凯瑟琳在玛丽去世时显得非常平静，她实际上还经历了一次流产——不过，这可能不仅是由于自己太过于悲伤，也是对丈夫情绪失控的一种反应。但很明显，现在她总是在担心死亡这件事；她想让襁褓中的儿子查尔斯尽快接受洗礼仪式，并写信给表亲请求她接替玛丽来当孩子的教母。"我们从这件伤心的经历中所学到的，"她写道，"是生活的无常。"

6月初他们回到了道提街，狄更斯立马开始创作《奥利佛·退斯特》延期的那一章。许多敏锐的评论性文章都试图确定狄更斯何时开始决定采用明确的小说形式来写这部连载小说，而非仅仅传统意义上那种堂区男孩的"游历"故事——即，他何时放弃了原先的线性叙事方式而采用了一种环形叙事结构，并重新拾起之前任其散落在地、尚未了结的故事线。但另一个变化却没引起那么普遍的注意：玛丽·贺加斯刚刚去世的这段时间以及之后的日子里，他渐渐失去了前几章中对针砭时弊的兴趣。结果，叙事中曾被抑制的诗意开始更为清晰地显现出来，曾经在某种程度上算得上文笔尖刻的讽刺小品系列现在变成了一个更浪漫也更神秘的故事。或许我们并不应该将这种转变完全归因于玛丽的去世，但她的确也以某种更为直接的方式出现在他的小说里。这就是为什么他在此时塑造了一个十七岁的年轻女子萝丝·梅莱的原因，"……那么温顺娴静，那么纯洁美丽，仿佛不属于这个世俗的人间……"；这也是为什么她生了一场重病，奄奄一息的时候却奇迹般地康复了的原因。他用自己的笔让玛丽·贺加斯起死回生，而且此时在狄更斯笔下逐渐展开的故事中，痛失又复归成了一个核心主题。

但这并不意味着这些章节或段落完全是由狄更斯痛失玛丽·贺加斯的经历所决定的——这个故事的感染力源自一个更深更隐秘的地方，甚至比近期发生的最让他心痛的事件还要深，还要隐秘——而应当说，狄更斯富于创造性的想象力中有某一部分因此得到了加强或因此觉醒。这就是为什么此时的《奥利佛·退斯特》中常常有一种对睡眠、遗忘以及那种"只有从新近痛苦中解脱出来才能有的"沉睡的渴望；现在书中有许多描写奥利佛徘徊在半睡半醒之间的情节，而且他在这种悬浮于真假梦醒间的状态下体验了狄更斯称之为"幻象"的经历——在这些幻觉里，"现实和想象以一种十分奇异的方式混杂在一起，之后几乎无法将两者区分开来"。狄更斯自己是否就是在这种状态下看见了玛丽的"幻象"？不过，这和小说本身的类型也很贴合。

小说中还有另外一种与之前的小说截然不同的诗意，一种如耳语般细微的语调在文章中不断重复，好似深沉的副歌，而将浪漫主义时期的语言引入到记叙文的领域中则是狄更斯的一大创举。他是第一个真正拥有他前辈——那些伟大的诗人——那种"感同身受的想象力"的小说家，通过这种想象力，他能领会并整合出一个完整的世界。所以，在考虑他世界观中不一致且令人费解之处时，我们应该记住亨利·泰勒爵士对自己那一代浪漫主义诗人的评价："对他们来说，感觉比内省更容易，而文思枯竭时脑海中总能浮现出一个画面。"这一评价用来形容这位小说家或许也很恰当，但单单说他从浪漫主义诗人那里继承了这种神赐的想象力，是远远不够的。甚至在《奥利佛·退斯特》中也呈现出另一种诗意，一种存在于某些哥特式小说中的美，而在狄更斯笔下，这种诗意演变成了一种伦敦诗意，一种阴郁孤独的美；没过几年，布尔沃-李顿就将其称之为"我们周围无边无际、阴郁隐秘的美——现代文明和日常生活的诗意……步入仙境的人必须面对这种幻象"。

当然，这不是说查尔斯·狄更斯的每一个情绪或感情都能以逻辑分析的方式予以详细阐释；我们观察到的是各种各样互相挤撞或互相协作的欲望和反应、本能和记忆，那是许多强劲的冲力，而无论何时我们都只能恰如其分地叫出其中一些的名称。毫无疑问，对那些认识他的人来说，《奥利佛·退斯特》中所呈现的那个查尔斯·狄更斯一点都不眼熟，很难一眼认出来；的确，他在柯林农场上暂住了一段时间后就回到伦敦继续他的工作生活，因为对那些和他保持联系的人来说，好像根本没发生过什么特别的事儿。他早已在《本特利杂文集》里插了一则公告，解释为什么《奥利佛·退斯特》没有照常出版，并在下一期《匹克威克外传》中解释了6月刊没能发行的原因是"一个极其惨痛的家庭悲剧"。但他现在又重新投入工作，重新回到他惯常的活动中。他和麦克雷迪一起去了寇得巴斯监狱（位于克勒肯维尔区，可以从他在道提街的住处步行到达），之后他们还和喜剧演员哈利共进了晚餐——"那天晚上我们都很高兴。"麦克雷迪在日记中写道；另一天晚上，他和麦克雷迪、福斯特一起在塔尔福德的房子里吃饭；他还参加了他妹妹莱提西娅和亨利·奥斯丁的婚礼（奥斯丁是一位建筑师和工程师，并在狄更斯的帮助下成了卫生改革的积极倡导者）；他在格林威治参加了一次文学基金会的晚宴；他甚至还在策划一个喜剧，并和麦克雷迪商谈了这个计划。7月的一周，他和妻子以及哈勃雷特·布朗一起去法国和比利时旅行。在这一人生阶段，他似乎对其他国家并不特别感兴趣；从某种意义上说，他把所有精力都用在了理解和征服自己的国家上。只有当他在英国的地位变得更加牢固时，他才感到需要离开。

8月底，狄更斯和家人带着玛丽的母亲贺加斯太太一起来到了布罗德斯泰斯，她当时还没有从四个月前女儿的突然离世中缓过来。所以9月初，就是在这里，（在拒绝了为《本特利杂文集》写新一期《奥利佛·退斯特》之后）狄更斯重新开始了《匹克威克外传》的创作，但此时，这部小说已经写了很久，于是在倒数第二期中出现了某种迹象，若算不上疲劳感，也至少表明他的创作兴趣转移到了别处。他在一定程度上对匹克威克先生有些厌烦，而且已经开始思考想要创作的新小说了——显然他心里一直惦记着拖了很久的《伦敦锁匠加布里埃尔·瓦尔登》，或《巴纳比·拉奇》，此外他也准备在三四个月内着手写《尼古拉斯·尼克尔贝》。于是，他又回到早先仿效当代戏剧的手法，并试图以戏剧形式来给《匹克威克外传》写一个圆满的大结局；他再次引入了像鲍勃·索亚、《伊顿斯维尔公报》的波特先生、红鼻子牧师斯蒂金斯先生、臭名昭著的胖男孩等角色，并设计了其他几个角色——例如金格儿和乔伯·特罗特，道孙先生和福格先生——的最后一次露面。不过此书以"流芳百世的匹克威克"开场，也以其收尾，而狄更斯当年创造出这个角色的时候还是一个在福尼瓦尔客栈出租房里为生计打拼的小记者。狄更斯，这位当时最著名的作者，在道提街的书房里写下了这么一段话："……忠诚的山姆始终如一地侍候着他，他和主人存在着一种牢固的互相依恋的关系，至死不渝。"但死亡显然没有降临，因为匹克威克先生的确是"流芳百世的"——他的故事永远不会消逝，因为它充满了让人无法抗拒的能量和真诚、富有创造力的幽默感，狄更斯在创作这部小说的过程中也一直很享受这种能量和幽默感。

狄更斯完成《匹克威克外传》之后，发现自己手上空出大量时间，而不工作对他来说仅仅是浪费时间，所以他立刻开始加以利用。毫无疑问，他心里依旧惦记着那两部小说——1838年4月起，查普曼与豪尔将以月刊形式出版《尼古拉斯·尼克尔贝》，而本特利将在同年秋天出版《巴纳比·拉奇》。但这两个计划狄更斯都没做好准备；其中一个原因是当时查普曼与豪尔已经开始以月刊形式发行《博兹札记》，而狄更斯不想让市面上充斥太多自己的作品。所以，在一番劝说之下，他答应编辑著名小丑乔·格里马尔迪的回忆录并撰写一本题为《年轻绅士札记》的短篇小册子来打发空闲时间。我们不必在后一本书上耽搁太久，这是一本机智辛辣、精彩纷呈的滑稽小品文集，狄更斯在其中一如既往地用19世纪早期的例行方式将世人变成各种各样的"典型人物"。《约瑟夫·格里马尔迪回忆录》则是另一回事儿。狄更斯开始很不情愿，因为将格里马尔迪（已经校订过）的文字整理润色成书是件非常烦琐的事儿，要不是本特利最终把编辑工作的酬劳提高了，他根本不会同意。该书计划在童话剧季准时出版，于是狄更斯的对策就是把已经删节过的文章再加以删减，然后将结果口述给专门为此事而来道提街的父亲。

　　1838年年初的几周，他正在反复考虑下一部小说的可能性（他已经向查普曼与豪尔许诺春天交出第一期的稿子），一天他决定和哈勃雷特·布朗一起去约克郡。但这绝不是什么"短途游览"——他心里有一个明确的目标，并且是据此安排的行程。小时候他就隐约听说过约克郡那些声名狼藉的学校，而且对一个故事印象尤为深刻："某个男孩回家的时候身上有一个化了脓的脓包，都是因为他在约克郡的导师、哲学家和朋友"——换句话说，也就是校长——"用一把沾满墨水的小刀把它给划开了。"他对这些学校一直"很好奇"，而这些学校大都仅仅只是遗弃儿童、私生子或孤儿的便利垃圾场；它们打出的广告上通常都有"无假期"这样令人不寒而栗的字眼，这个词就意味着那些孩子是无期限地关在那里。根据当时的传闻判断，那里的条件一般都恶劣得让人难以想象。显然，《奥利佛·退斯特》中影射时事的成功让狄更斯备受鼓舞，因此他决定将针砭时弊的矛头瞄准一个新目标；一想到可怜的孩子几乎真的囚禁在肮脏破败的环境里并遭受成年人的凶残虐待，狄更斯的想象力就一发而不可收。于是，他童年读过的故事以及儿时的记忆或幻想，再一次帮他激发出了一部新小说的灵感；这种互相促进的过程便开始了。他"决心摧毁"约克郡的那些学校，带着这一目标，他还捏造了一个情节，假装自己有个朋友是位丧偶的母亲，想要把自己的孩子送进这样一家机构里。本来是想让此行成为一次"瞒天过海的秘密"行动，可是律所的一个同事托马斯·米顿认识一位在北部那一带开业的律师，而且还给狄更斯写了一封介绍信，于是狄更斯为此化名为哈勃雷特·布朗。很明显，他不想让自己新选的攻击对象或受害者发现自己是《奥利佛·退斯特》的作者以及济贫院的抨击者这一真实身份，1月底，他向北进发来到约克郡，意欲调查这些可怜的学生究竟生活在怎样的环境中。（他带上了他的插画师，这样他就能亲眼看到当地的风貌和那些人物。）他们在约克郡只待了两天，但在那两天里，狄更斯掌握了一切对他有价值的信息，因为他有这样一种能力，能像整理其他一切事物一样将自己的印象整理得十分有条理（他曾把自己的大脑比作许多鸽笼式文件架，还把它比作对细微的印象也十分敏感的照相底片）。

星期二早晨，他们乘坐了一辆慢速的长途马车北上，可笑的是，这车居然叫"快车号"。车子在早上八点从斯诺希尔①的萨拉森人头客栈②出发；他们在格兰瑟姆过了一夜，然后又坐皇家格拉斯哥邮车来到格雷塔桥村，最终抵达了鲍维斯，一个位于格雷塔河附近一片旷野之上的小村庄。

正是在这里，狄更斯邂逅了威廉·肖先生和他的学校。他之后在日记中写道："我们今天见了肖校长，他学校里有好几个孩子曾经因为学校的严重过失而失明……请在报纸上留意此事。"当然，狄更斯此行并不是特地来见肖的，据当地媒体报道，他当时大概会见了一名不满的助教（或教师），并从他口中听说了肖的失职行为。肖本人显然没那么健谈；狄更斯的真实身份好像还是败露了，而且肖似乎也不是特别欢迎这位小说家来调查他的学校。不过关于这所学校及其所有者，狄更斯已经看到了所有他需要看到的；可能他从始至终对于如何处理这个话题都心中有数，只不过在找一些细节，给自己的构思提供一个具有当地色彩的地点和名字。也是在鲍维斯，他漫步到了当地的教堂墓地，发现里面有许多死去学生的坟墓；在二十四年的时间里，该地区约有三十四名年轻的"求学者"在此类卑劣的学校里丧命，年纪从十岁到十八岁不等。其中一块墓碑给狄更斯留下了特别深刻的印象，上面刻着："威尔特郡特罗布里治镇约翰·泰勒之子乔治·艾什顿·泰勒的遗骨埋葬于此，于1822年4月13日在此地威廉·肖先生的学校中意外身亡，年仅十九岁。年轻的看官，人必有一死，但死后恶人必遭天谴。"狄更斯读到这个墓志铭的时候，是一个阴郁的冬日下午，四处都是厚厚的积雪。那年晚些时候他告诉一位朋友，"我觉得是他的灵魂当场把斯迈克这个形象植入了我的脑海中"。

狄更斯立刻就想动笔写这部小说，与《奥利佛·退斯特》以及《本特利杂文

---

① Snow Hill，意为雪山。

② Saracen's Head，Saracen又译撒拉逊。萨拉森人指中世纪信伊斯兰教的阿拉伯人，勇悍善战；其头像常做旅店招牌，以之守卫大门，与我国旧时的门神相似。

集》的创作一起开始，但在消除对另一部小说的焦虑之前他没办法安心工作：那便是他早就答应理查德·本特利《巴纳比·拉奇》的交稿时间不迟于10月。毫无疑问，他一个字都没写，而且在当时的情况之下也不可能写，于是他就写信给本特利，建议《巴纳比·拉奇》应等《奥利佛·退斯特》完结之后也以每月一期的形式刊登在《本特利杂文集》上——这样就为《尼古拉斯·尼克尔贝》的创作争取了时间，也扫清了道路。或者，应该给出此书的全名：《尼古拉斯·尼克尔贝的生活和历险，包括尼古拉斯家族祸福兴衰和整个发展历程的忠实记录。"博兹"编》。本特利同意了这一请求，于是狄更斯就能暂时把《巴纳比·拉奇》放在一边，然后着手写这部以约克郡为背景的小说，不过一开始也是时写时停，很不稳定。值得注意的是，他的字迹在这部小说创作期间发生了改变；他终于抛弃了过去在学校里形成的书写风格，发展出了一个有自己鲜明特色、潦草却清晰的笔迹。事实上，按时间顺序观察他每个时期的签名，就能发现一个先收缩后扩展的模式——最早期信件上的签名都是标准的教科书字体，之后慢慢地往里回缩，字都非常紧凑地挤在一起，这种字迹风格在1837年到达顶峰，之后便开始舒展开来，渐渐形成了之后更为繁复的签名。此外，1836年他不再把签名里的花体涡卷放在"查尔斯"下面，而是改写在"狄更斯"下面；大约是从1837年1月底开始，他在信纸顶端写下信件的完整日期，似乎象征了对自己生活大事记的一种全新自我意识。毫无疑问，在写《尼古拉斯·尼克尔贝》期间改变字迹，意味着他终于开始意识到自己著名小说家的身份了。

而且，所有证据都表明，在克服了时断时续的开头之后，他这部新小说的进程就变得非常快速顺畅了；从《尼古拉斯·尼克尔贝》尚存的手稿上可以看出，狄更斯当时的创作十分清晰流畅，鲜有删除或补充的地方。由于小说的开头介绍了尼克尔贝家族，紧接着便是"联合都市改良热松饼与脆饼烤制并准时供应公司"的开办情节，狄更斯在这之中显然有意要重温《匹克威克外传》创作的灵感——那种别出心裁、随心所欲且几乎有些流浪汉般冒险的精神。但如果要以这种方式来即兴创作这个故事，那狄更斯为什么要花那么多力气去调查那些约克郡学校的状况并明确指出要在这部小说中使用这一素材呢？原因就在于狄更斯此时对于自己职业生涯的雄心壮志；他想要超越之前的两部小说，并想主要通过将两者的精华加以结合来实现。他知道《奥利佛·退斯特》哀婉动人的感染力和《匹克威克外传》令人捧腹的喜剧效果同样成功；而且正如他之后所说的，他也意识到当时"自己的前途还不见得能一帆风顺"，所以针砭时事的小说家和滑稽小说家这两个美名他一个都不想丢。因此他在《尼古拉斯·尼克尔贝》中设计了一个非常庞大的故事情节，能同时容纳他才华中的这两个方面；而且这项工作太适合他了，除了起初的一些迟疑，之后写得十分得心应手。2月初的最后一周他开始认真创作起来，3月9号他就完成了第一期；许多主要角色悉数登场，其中包括拉尔夫·尼克尔贝夫妇和这个不幸家庭的其他成员，纽曼·诺格斯和难以用语言形容的斯奎尔斯。毫无疑问，他心里很清楚自己应前进的方向——狄更斯在讨论自己小说发展进程的时候总爱用这个比喻——但他并不急着赶到终点，而且在这期间他也非常乐意如法炮制过去所有行之有效的艺术手法。他对整个故事有一个粗略的总体概念，但他真正写作的时候是随机应变、即兴而为的。所以在第一期的最后一章里，他让小尼克尔贝来到了斯诺希尔，不仅他和布朗之前北上去过那个地方，《奥利佛·退斯特》里的费金仅仅几周之前也在那儿待过：所以从地理角度上讲，狄更斯天马行空的想象世界，幅员确实并不辽阔。第一期一完成，他就松了口气，兴高采烈地叫上福斯特去骑马（他们两个这段时间常常骑着马出去游玩，但后来由于健康原因，便改成了散步）。写完一期《尼古拉斯·尼克尔贝》后，他几乎马上开始创作下一期的《奥利佛·退斯特》，但最后他找到了一个称心的写作惯例，即每个月先写《奥利佛·退斯特》再写《尼古拉斯·尼克尔贝》，而且后者通常都是临出版前两三天才完成。

　　在《尼古拉斯·尼克尔贝》完工的时候，他告诉朋友们，这本书"对他来说就是一部近两年生活的日记：这一页又一页的纸为他保存了创作中那些经历和情感的记忆"。这也许就是狄更斯自己对于其小说让自己想起了创作环境的理解——例如撰写某些章节时的心境和遇到的困难，写作的地点等。但这也提出了一个难题，而相对于他的其他小说而言，《尼古拉斯·尼克尔贝》最受此问题的困扰。那就是，狄更斯究竟在何种程度上为了何种原因将小说中的角色以"真"人为原型？斯奎尔斯和杜折剥伊子学堂①就是一个明显的例子，因为对这两者的描写引来许多约克郡学校的校长威胁要告他诽谤，尤其是威廉·肖本人的威胁，不过他

---

① Dotheboys Hall，意为：坑人子弟学堂。

最终似乎还是意识到了起诉这位大名鼎鼎的"博兹"是多么愚蠢的事情。许多学术文章也探究了狄更斯对那所约克郡学校的描述有多少是真实的，又有多少是虚构的，最后的结论也许大家都能猜到：他时而夸大其词，时而轻描淡写，时而如实记述。毋庸置疑，他在小说中有夸张的部分，因为斯奎尔斯和他夫人的外貌很明显带有霍加斯式的怪诞风格；此外，他还有可能夸大了这位校长道德上腐化堕落的程度，因为《尼古拉斯·尼克尔贝》出版之后，许多人站出来替威廉·肖辩护——大意就是鉴于他所处的时代以及所从事的职业，他绝不可能是个十恶不赦的人。但故事中也有一部分是完全依据那一时期的真实情形而写的，特别是约克郡的校长们（事实上肖本人是伦敦人）在公共刊物上刊登的荒谬广告。肖的广告上就写着"悉心教授年轻人英语、拉丁语、希腊语……普通算术及十进制算术；记账、测量法、调查法、天文、地理和航海术……无须额外费用，医药费除外。除非家长要求，均无假期"。仔细翻看尚存的鲍威斯学校练习簿就能明显发现，事实上他的学生真正精通的也就是书写和机械地抄写各种教科书；无疑，特别科目里包括"航海术"的荒谬之举促使狄更斯编出了自己那一版广告，其中包括"筑城防御术，及古典文学中所有其余分支"。而且，一定是肖版广告中充满不祥预兆的最后一句引发了狄更斯笔下的"无额外费用，无假期，无与伦比的伙食"。因此，就像他在小说中使用了去英国北部旅行途中发生的事情一样，狄更斯的观察和随后的写作之间存在着一种明显的联系。

但也有大量证据表明，其实狄更斯在描写约克郡学校里学生生活的惨状时，进行了弱化处理；出于妥帖得体或可信度的原因，他故意忽略了威廉·肖那种人所能干出的极端暴行。比方说，当他查阅肖在1832年受起诉的文件时，肯定会看到一个在学校失明的学生对鲍威斯学校真实情形的描述："他们的晚饭是温牛奶、水和面包，这叫作茶点……通常五个男孩挤在一张床上……星期天锅里的浮渣是他们的茶点，里面还有寄生虫……除了他以外学校里还有十八个男孩，其中两个完全瞎了。11月，他失明得严重，于是就被送进一间隐蔽的房间，里面还有九个像他一样失明的男孩……男孩子快失明的时候，本宁医生就会来学校。他只是看一眼孩子们的眼睛，然后就把它们合上；他既不给他们吃药也不给他们滴眼药水，什么都没有。而且生病期间伙食没有任何变化，更不用说没病的时候了。"

但公众对事实和虚构的混淆，不仅仅是因为狄更斯自己无与伦比的想象力使得角色的真实性在读者心中烙下了深刻印记，最能体现这一现象的是一位年轻女子，在书店橱窗里看到一幅插画后，就冲回家大叫："你知道吗？尼古拉斯把斯奎尔斯给揍扁了！"也许，我们会笑话这种容易受骗的读者，但这其实无异于大多数观众对电视肥皂剧的反应，对他们来说虚构人物的活动都和真实世界里的一样真实。不过，最显著的影响略有不同，因为在阅读狄更斯小说时让读者完全混淆不清的是真实和虚构之间的区别。当然，这可能也会带来好的结果，据说当时狄更斯对穷人和其他社会底层人民的描写促使更多人去了解和关心现实中那些生活在萨弗朗希尔街和费尔德巷附近的人。但回过头去看，这种说法未必真实；社会改革和社会分析的运动是维多利亚早期社会思潮的一大组成部分，狄更斯的小说体现但未必创立了这种时代精神。我们应当将狄更斯的写作和当时的社会运动看成相辅相成的关系，虽然都是同一种精神和信仰的体现，但二者明显截然不同。不过，当时有另一种更为贴切的普遍观念，即狄更斯对中产阶级和中下层阶级富于深情的描写，将这些阶层更加形象生动地展现在他们自己面前，因而也让他们的存在变得更自信、更自觉、更完整。正如当时一个略显繁复的描述所说，狄更斯就是有这种能力来"描写对人们及其周围事物特质的感想，而且要是没有如此现成的提醒，这些特性也许永远都不会引起人们的注意"。狄更斯为那些已经生活在其中的人们打开了那个世界。所以，一个警察局局长说年轻的小偷常常玩投硬币之类的游戏和读《奥利佛·退斯特》之类的书，也就不足为奇了。对读者而言，像米考伯先生、甘泼太太和斯迈克这样的角色非常真实；人们会模仿他们说的话，并用"佩克斯尼夫式的"或"甘泼"这样的词汇来形容某些特定类型的人。从这种意义上说，这样的形容十分贴切。当时还有匹克威克俱乐部，每个成员都有一个《匹克威克外传》中角色的名字。罗彻斯特大教堂的司事似乎很喜欢别人叫他"托普先生"，也就是《艾德温·德鲁德之谜》里教堂总司事的名字；一位男孩在狄更斯的间接帮助下，上了贫民儿童免费学校，于是他的同学都管他叫作"斯迈克"。

有的时候，就连狄更斯本人也故意以狄更斯式的风格行事。比方说，有一次他带美国朋友参观罗彻斯特和查塔姆时，竟然定了一辆匹克威克风格的旧式马车。但更重要的是，他小说中的人物在他眼中和在读者心中一样逼真。在给他办公室经理的一封短信中他曾写道："斯克鲁奇发现鲍勃·克拉奇蒂假期过得很愉快，自己也很高兴……"他在做业余剧场经理的时候，他的演员们总是叫他"克朗穆斯先生"。换言之，狄更斯很享受他笔下角色的特质和癖好；一经创造出来，他们就会像想象中的伙伴一样继续生活在他体内，而他也乐于在合适的场合把他们介绍给别人。也许更重要的是，他对自己的角色和幼年读到的角色"一视同仁"。他曾说过，写《圣诞颂歌》期间，小蒂姆和鲍勃·克拉奇蒂"总是在扯着他的大衣袖子，像在迫不及待地叫他回到书桌前继续创作他们生活的故事"。也许更有意思的是，正如他一个朋友所回忆的那样"他还说过，他头脑里的孩子们一旦脱离他来到现实生活中，有时候就会出其不意地出现，直直地看着他们父亲的脸。我们一起走路的时候，他会突然扯我的胳膊然后小声说，'我们躲着彭波契克先生一点儿，他正要穿过街来跟我们打招呼呢'或是，'米考伯先生过来了；我们拐到这条巷子里去别让他瞧见我们'。他似乎总是很享受他的喜剧角色给他带来的欢声笑语，而且总是能从匹克威克先生的不幸遭遇中获得无限乐趣"。

这里，需要强调的是"喜剧的"这个形容词；他随时随地都能发现有趣的事情，他写的《尼古拉斯·尼克尔贝》常常成为剖析对象，因而说它首先且主要是一部喜剧小说应该并不为过，说狄更斯本人——千种情绪的小说家——首先且主要是英语世界中最伟大的喜剧作家应该也不为过。这就是为什么《匹克威克外传》刚刚完成，他就一边忙着写更为严肃阴沉的奥利佛·退斯特的历险故事，一边要在《尼古拉斯·尼克尔贝》中如法炮制《匹》中的所有幽默的原因，而《尼古拉斯·尼克尔贝》可以称得上是狄更斯笔下最滑稽的小说；也许可以说是英语世界里最滑稽的小说。

当然不得不提斯奎尔斯家那种荒谬的幽默感——"……这就是富足！"斯奎尔斯一边给遭遗弃的孩子倒稀牛奶和水，一边高声叫嚷，而在之后对爱妻的赞美中他又声称："有个男孩——狼吞虎咽，然后就吐了；他们就是那副德行——上周还长了个脓肿。看着她用小刀给他挑脓包的样子！我的老天！……这是多么伟大的一个女人啊！"当然还有从狄更斯想象世界里出来的曼塔里尼一家，形象饱满、独一无二，这位曼塔里尼先生永远都在试着用最讨人欢喜的情话来抵抗他有钱老婆的暴脾气。

但这部小说里最让人喜爱的喜剧角色当属尼克尔贝太太，这个总是记不得自己说过什么的唠叨老太太。"'出租马车，阁下，真是太招人厌了，坐这种车还不如一直走路呢，尽管我觉得只要车上有一个破窗户，马车车夫就可以流放终身了，但他们还是那么草率马虎，几乎每辆车上都有破窗户。我曾经乘了一次出租马车，我的老天，结果脸肿了六个礼拜——我觉得那是辆出租马车，'尼克尔贝太太回想道，'不过我也不是很确定，那算不算一辆普通四轮马车；不管怎么样我知道那是一辆深绿色的，有一串长长的数字，第一个数是0最后一个是9——不对，开头是9，最后是0，没错。当然，如果去印花税局大厅问一下，那里的人马上就能知道那是一辆出租马车还是普通马车——不管怎么样，反正那辆车上有扇窗破了，而且我的脸肿了六个礼拜……'"她就这样叽叽喳喳讲个不停，而这是查尔斯·狄更斯小说中第一个絮叨女人的例子，也可能是最好的一个例子。

狄更斯高昂的情绪和夸张的喜剧性不仅存在于他的小说中，同样也存在于他自己的生活里。如果说他的朋友及同代人对他有什么印象，那一定就是这种幽默的品质；有人评价说，"他有一种无可比拟的幽默感"，而且还有人记得他和一个朋友在一次晚宴上"放声大笑"，记得有几次他真的笑出了眼泪，记得他的机智敏捷和无限活力，记得他在讲滑稽故事时的那种热情，记得他编写喜剧情节时"不可思议的滑稽眼神"，也记得他在使劲憋笑时嘴角抽动的样子。

他的儿子说，在自己认识的所有人当中，查尔斯·狄更斯能最快发现任何事情荒唐可笑的一面。不合时宜的严肃庄重尤其让他感到搞笑，有一次，一艘蒸汽轮船在波涛汹涌的大海上航行，上面还举行着礼拜仪式，但他不得不半途离开。他就是忍不住要大笑出来。也许这会让人想起汉普斯泰德那个在琼斯先生学校里上学的男孩，想起他那毫不克制且时而有些歇斯底里的笑声；那个孩子在教堂做礼拜时突然大笑起来，并抱怨自己的土豆要坏掉了。某次，他和克鲁克香克一起参加葬礼时，也有类似抑制住狂笑的迹象。葬礼总是会引得狄更斯大笑，而且他自己也讲，他听到克鲁克香克在葬礼上讲了一些充满哲理的题外话便笑着"哭了起来"；而当一个殡仪员给克鲁克香克穿上黑色外套，戴上长长的黑色帽带，"我当时就想本该早点离开此地的"。在不少类似的情形下，狄更斯都差点控制不住自己，他的笑声常常能缓解压力或恐慌，但也作为一种颇具毁灭性或扫荡性的感染力，以压倒性优势挑战着社会习俗。

除了讲故事——时而离奇古怪时而毛骨悚然——的本领外，他最伟大的才能便是其高超的模仿能力。有时候是肢体上的模仿。一次，他告诉几位朋友，他在一艘船上看到一个人为了治晕船，就把一张牛皮纸切成一条一条的，好把它们贴在自己胸口上，而他讲这个故事的时候还惟妙惟肖地模仿了那个男人用剪刀剪纸时"下巴不由自主的动作"。他也喜欢模仿动物的动作，例如关在笼里的狮子（他有时候觉得自己也处于同样的境地之中）。有一次他"精彩地模仿了一只红胸知更鸟在准备向一条蠕动的受害者飞冲过去之前朝一边歪斜着脑袋的样子"。但他最喜欢模仿的还是他的密友。"他总是乐于再现，"狄更斯去世后，他的一位密友回忆道，"已故和在世朋友的特点、怪癖等。"他模仿过福斯特、霍德和西迪尼·史密斯；他也模仿过萨缪尔·罗杰斯的口水缓缓流下来的样子，以及麦克雷迪表演中有时荒谬乏味的部分。这一天赋也延伸到他的写作中，一次威尔基·柯林斯①病得太重，无法完成一个系列小说，于是狄更斯就主动提议帮他写，而且"写得很像你的文笔，没有人能看出区别来"。从某种意义上讲，这是一个挺伤人的提议。

当然，他也会模仿自己。他喜欢讲针对自己的故事，并不止一次地模仿讽刺自己风格的无节制。他曾提到过《大卫·科波菲尔》里一个异常感人的片段，即大卫母亲去世的时候："准备好一块干净的手帕来读《大卫·科波菲尔》第三章的结尾；'质朴平静，但非常自然感人'——不宜夜间阅读。"对他来说，这就是脱离上下文引用广告的一大有趣之处——"任何家庭都少不了它"他会这么评价。我们仿佛看到了一个正经严肃一会儿就受不了的人；就连在伦敦最破败的贫民窟里发生的悲惨情节中，通常也会有一些东西让他觉得"滑稽到让人忍俊不禁的程度"。不论变成他的荒唐笑料还是讽刺对象，什么都逃不出他的幽默感，而且，尽管我们应当清楚地看到狄更斯作为一名社会改革家甚至宣传家所做的工作（如果这些活动为人们所忽视，他会吓坏的，因为他在其中投入了太多的精力），我们不能忘记这一事实——他那放浪形骸、无拘无束且有时候有些严厉刺耳的笑声，是他对周遭世界直接甚至本能的反应。我们也能看到，他在逗乐了每个人之后会变得沉默寡言，再次陷入沉思中，在那个小世界里他的愁思一直发出低沉的调子，而这与他源源不断的幽默感密不可分。在结束这章前，让我们看看他以这种心情离开朋友的画面："正当我们因为他的俏皮话哄堂大笑时，他突然跳了起来，一把抓住我的手，然后说了声再见。"

---

① William Collins（1824—1889），英国小说家，以侦探小说《白衣女人》和《月亮宝石》著称。

十一

　　和刚出名的那几年一样，查尔斯·狄更斯一边忙着创作《奥利佛·退斯特》和《尼古拉斯·尼克尔贝》，一边照旧过着日常生活：上午写作，下午骑马，有时一个人，有时同福斯特一起，五点吃晚饭，然后再写一阵子，或是去剧院看戏，或是一晚上都待在家里。他一直保持着相对固定的生活习惯，就算是年轻的时候也是如此，因为只有这样一套规律的作息才能支撑他进行如此连续不断且耗费精力的创作。除了规律作息，还有他成功的消息，当《尼古拉斯·尼克尔贝》第一期卖出五万份（整部连载小说发行期间，销量都没有明显低于这个数字）时，这一点也就更加凸显了。但他也遇到了问题。1838年3月6日，凯瑟琳生下第二个孩子玛丽（大家一般都叫她玛米）后又一次陷入身体衰弱和产后抑郁的状态中，她生完第一胎的时候就已经受过这样的罪。狄更斯带她去里士满待了几天，想帮她恢复健康，6月又搬到了位于特威克南①的艾尔莎帕克别墅4号待了一个夏天。那是一个宁静的乡间休养之地，不仅非常适合他喜爱的长途骑马活动，也适合进行各种夏日运动——弹珠游戏、板羽球、投铁环、跳障碍物。同往常一样，他仍旧经常邀请朋友来聚会同住（狄更斯总是喜欢在自己身边创造出一个比自己直系亲属更庞大的家庭）；他们会一起在泰晤士河上泛舟，或是远足去汉普顿宫游览。当然，他还是在忙着创作那两部小说，并且在本特利的帮助下——有时也让狄更斯感到厌烦——完成了所有《本特利杂文集》的日常工作。不过，他还定期赶去道

---

① Twickenham，又译特威肯汉或推肯汉姆。

提街，而且不仅仅是工作原因：当时正值新任女王的加冕典礼（因而也是严格意义上维多利亚时期的开端，就在狄更斯声名大振的几年之后），他参加了在海德公园里举行的庆祝活动，之后还在《观察者报》上撰写了一篇有关此事的文章。

这段成名的日子里他还去了其他几处地方；有一段时间，本应在赶写小说分册书稿的他病倒了，事后他告诉一位朋友，事实上他乘坐一艘汽船来到法国布伦，在一家旅馆里租了间屋子，在那种"无人打扰的环境里"安心还他欠下的文稿，然后"在当月分册付梓时带着写完的书稿及时赶了回来"。他当时也在考虑一趟美国之行，而且此时他身边有两个年幼的孩子和一个生活不太能自理的妻子，所以他有可能依旧在为家庭问题的牵制而感到不耐烦。在他的生活里，就算他在努力维系着这些家庭关系的时候，也总有一种想要从中解脱出来的冲动。但他最要紧的任务是完成《奥利佛·退斯特》。3月的时候，他还"耐心地坐在家中等着尚未到来的奥利佛·退斯特"，没过几天就"拼命地动笔写起来"。

为了潜心写作，他于9月前往怀特岛——先是住在阿伦海湾而后又住到了文特诺——如此一来他就保持了文思流畅，在从7月到9月底的十二周里写完了八章。他一回到伦敦，就又投入到《尼古拉斯·尼克尔贝》的创作中，但又一次把注意力转向了《奥利佛·退斯特》的最后几章。他对许多人谎称自己"不在城里"，几乎没有见任何人，也没有写任何信。这段时间，他常常在晚饭后写作，一直写到深夜，不过晚年的他对此深恶痛绝。但是，当他告诉本特利说，"我写它时更为谨慎了，而且我认为我的思考能力从未像现在这样强大"，他指的就是这几章。这的确是最深刻有力的几个情节。他先是结束了南希的生命——"昨天晚上我把写好的稿子拿给凯特看，她整个人都处于一种不可言状的'状态'中"——然后继续苦心设计赛克斯的出逃，犯罪团伙对他的追杀，他的死亡，费金的审判和刑罚等情节。与此同时，他当然也让奥利佛这位堂区男孩最后过上了富足幸福的生活。他在三周的时间里写完了最后六章，和以往一样，他讨厌在创造出这些栩栩如生的角色后和他们说再见；他成了他们世界中的一分子，他们也成了他生命中的一部分，而且在小说的最后他写道："和书中某几个人物相处了那么久，我真是依依不舍，想和他们再多待一会儿……"但他不能。书已经完成，还会在《本特利杂文集》上连载几个月，但三卷本印刷版即将发表。用他自己的话来说，他最终还是完成了"这个非凡的故事"。

　　小说出版当天不能待在伦敦，已经成了他的一个迷信观念，所以他一写完《奥利佛·退斯特》就离开了伦敦。但这一次不仅仅是迷信行为，因为这同时也是为尚未完工的小说《尼古拉斯·尼克尔贝》再多"设计"几个情节的机会：他和哈勃雷特·布朗一起出发去英格兰中部地区和北威尔士旅行。他们的首要目的地是曼彻斯特，因为狄更斯似乎早就安排好了要去参观几家纺织厂，而且目的明确——就是想把它们融到小说的情节中并再一次强调自己无愧为英国针砭时弊领域最具影响力的小说家。艾什力勋爵在减轻英国童工苦难方面所做的努力深深打动了他，而且在这一阶段他显然十分支持所谓的"十小时运动"，即要求限制童工工作时间的一项运动。所以现在他决定亲眼看看那些工厂中工人的生存状况，并"尽自己所能给予这些不幸的人最大的支持"。于是，在完成《奥利佛·退斯特》一周之后，他把终稿校订的任务交付给福斯特，然后就出发了。

　　他及时赶了回来检查书版《奥利佛·退斯特》的终校样张，结果一下子就对克鲁克香克的几幅插画终稿提出了异议；他貌似对整个系列很失望，但还是很明智地克制住了自己的脾气，没有朝"德高望重的克鲁克香克"发火。他只是让克鲁克香克去掉其中一张图，那是一幅萝丝·梅莱和奥利佛·退斯特坐在炉边的插画，画风极其多愁善感。克鲁克香克一开始有些敷衍，只是在已有的插画上做了一些微小的修改，但最终他还是同意在下一次印刷时换掉这张图。在文字上，狄更斯自己已经为三卷本做了修改，不仅更改了滑头道奇的身高（从原本的一米零六改成更为可信的一米三七）等细节，还从原版中删去了那些强调连载小说元素和故事来源的段落。狄更斯想以这种方式将此书变成一部更合乎逻辑且更连贯的作品。他还突然决定使用自己的真名；第一次印刷时作者署名还是"博兹"，但之后都改成了"查尔斯·狄更斯"。

　　狄更斯对待第二部小说比第一部更为严肃，其中一个原因是他还在创作《奥利佛·退斯特》的时候就已经决定要亲自将其改编成剧本，也许是想借此杜绝剧院里的低劣模仿。这一想法的结果只有一个：3月27日圣詹姆斯剧场里上演了一个改编于此书的话剧；鉴于狄更斯一直都和这家剧院保持着密切联系，而且当时这家剧院仍在哈利和布拉罕的掌管之下，所以很有可能是狄更斯本人创作的第一版改编本。毫无疑问，他或多或少参与其中——就算没别的，至少参加了排练——但剧本更有可能是出自吉尔伯特·阿·贝克特之手，他和狄更斯年岁相当，是个还算成功的19世纪典型的"雇佣写手",写过一大堆不值钱的剧本,编过五花八门不成功的廉价杂志。不过,该剧并不叫好,观众反响很冷淡,所以演了两三晚就停了。

1838年舞台上总共上演了六个版本的《奥利佛·退斯特》话剧,这至少在表面上体现了所谓的"博兹热"或"博兹潮"中最戏剧性的一面(至少从字面意义上讲),尽管狄更斯在看其中一版时从第一幕中间到谢幕一直躺在自己的包厢里,觉得这种对自己小说的拙劣解读让自己很难堪,此类改编的角度和观点至少也在一定程度上表明了观众的品位,一种狄更斯自己认为有必要去满足的品位。狄更斯并不是在原则上反对对自己小说的戏剧改编,只不过不喜欢改编得不好的部分。比方说,在《奥利佛·退斯特》话剧上演的同时,还有戏剧版的《尼古拉斯·尼克尔贝》,事实上他就很欣赏或至少喜欢其中某些方面:他尤其欣赏基利①太太对斯迈克这一角色的塑造,不过他很反感她在念"不会伤人的小知更鸟"那句台词时的多愁善感味儿。

1839年年初,狄更斯把注意力转向了他原本答应5月紧接着《奥利佛·退斯特》最后几章在《本特利杂文集》中出版的那部连载小说。在这个阶段,他对这个即将动笔的故事似乎只有一个很粗略的概念;书名会叫作《巴纳比·拉奇》,而且会在一定程度上涉及1780年的"戈登动乱";但当时他正在继续《尼古拉斯·尼克尔贝》的创作,一想到要在5月写出第一节,他就越发觉得理查德·本特利在剥削利用自己。他完全没理由这么想,但这并不是问题的关键;他知道自己的作品受到了赞扬和改编,但他也觉得理查德·本特利从《奥利佛·退斯特》的长篇连载中牟取了本应属于自己的大笔收益。所以他停下了《巴纳比·拉奇》的创作。不仅如此,他好像还准备毁约,彻底放弃这部小说,但在福斯特的规劝下,他还是决定仅将该书的出版日期推迟六个月。本特利也许有些仓促轻率,竟同意了这一提议,条件是狄更斯将《本特利杂文集》编辑的任期延长六个月,另一个条件是他在完成《尼古拉斯·尼克尔贝》和《巴纳比·拉奇》之前不许接其他活儿。看到这一条,狄更斯连他仅有的那点自制力也丢了:"……如果你再用这种无礼的语气

---

① 即玛丽·安妮·基利(Mary Anne Keeley,1805—1899),英国女演员。她的丈夫罗伯特·基利(1793—1869),是一名深受观众喜爱的喜剧演员。

和我说话，那将会是你我之间最后一次对话，我会从那一刻开始马上并永远终止我们之间的任何条件和合约……"在这些怒气冲冲的话中，明显可以看出他的自尊和自我价值感。于是，两天之后，他辞去了《本特利杂文集》编辑一职。

这一时期，他手上也没有别的书稿，因此《尼古拉斯·尼克尔贝》就成了头等要事；这是他从早年写《匹克威克外传》以来，第一次手上只有一部小说。但家里总是有一些急事让他从文学创作中分神。他不得不解雇他的男仆亨利，虽然具体原因不明，但显然跟他"对女主人凯瑟琳的无礼"有关；之后他又雇用了一个个子矮小、满头亮色红发、名叫威廉·托品的男人接替亨利的位子（和往常一样，他更喜欢和个子小的人打交道）。更为严重的是他和父母之间的问题，特别是他父亲——他一直死缠烂打地要钱，还不断欠债，没完没了，让他儿子很是受不了。比方说，约翰·狄更斯似乎养成了一个向狄更斯的出版商查普曼与豪尔乞求施舍——用这个词一点都不过分——的习惯。狄更斯本人焚毁了父子之间的许多信件，他去世后，他的遗嘱执行人也焚毁了不少。这些信的内容显然没人知道，不过负责销毁其中许多信件的乔治娜·贺加斯曾说："……有许多他父亲、母亲、兄弟和其他亲戚写给查尔斯·狄更斯的信，几乎所有的信都是同一个语气，无非是手头有点紧、想要借钱之类的……特别是他父亲的信……不仅仅是债务和手头拮据的问题，还有他父亲对他做出的极其可耻且不诚实的事情……"之后会有更多关于此类"可耻"行为的证据，但就是在这期间，事情再次恶化到了成为危机的地步。约翰·狄更斯欠下了太多债，破产手续又一次迫在眉睫，于是狄更斯马上做了一个决定。1839年2月的那一期《尼古拉斯·尼克尔贝》中，他将凯特和尼克尔贝太太遣送到了一个乡间小屋里，而在3月他决定给自己的父母也找一个差不多的地方，就像他在小说里总是喜欢处理掉对故事情节不再有用的角色一样，此时他想把父母从自己的生活现场中弄走，也是同样的道理。而且，还能有什么方法比他在自己小说里用过的更好呢？

他立即动身南下来到德文郡，和往常一样，焦躁性急的他当天就给他们物色了一幢新房子；那房子叫迈尔恩德小屋，位于艾凡顿村，离埃克塞特①只有一英里；兴奋至极的狄更斯给妻子和福斯特写了信，从信中的描述看，你会觉得这真

---

① 德文郡首府。

是一幢在他小说里建造起来的村舍。这是一个"极好的地方……在一个我见过的最漂亮、最欢乐、最宜人的农村社区里……绝好的起居室……一间棒极了的储物间……一间漂亮的小客厅……壮观的花园"。他发现这幢房子纯属偶然,就是沿着路走着走着,然后突然决定就是这一幢。他不仅给父母租下这幢房子,审阅和签署了必要的文件,还装修了房子并买了陶器、镜子和楼梯地毯之类的物件。对他来说,再细的细节都不算细——就像他小说中的细节一样——毫无疑问,他完工的时候,"那房子干净整洁得无法形容"。

狄更斯想让母亲来艾凡顿村帮忙收拾房子这一点,就和他准备让她在凯瑟琳下一次怀孕时来帮忙照顾一样,说明她要比许多人想象中的更听话、更能干;她并不像那些人推测的那样,是现实生活中的尼克尔贝太太。而且,很明显,一直以来都是约翰·狄更斯闹出那么多事儿来。他们之前一直住在霍尔本的国王街,而狄更斯想在不惊动其父亲债主的情况下把他们弄到德文郡;此外,他还给了他父亲七英镑十又四分之一先令的零用钱,但无疑是有条件的,那就是他不能再回伦敦。他父母勉强同意了这次搬家,不过实际上他们在这件事上也别无选择,而且在其他任何情况下都不可能违抗他们这位名人儿子的意愿。自从狄更斯开始在报纸上发表文章,他们之间的关系就有些颠倒。一个朋友曾在这一时期见过狄更斯及其家人并评价说:"他们和查尔斯在一起时要比同其他任何人在一起都更不自在,而且好像很怕冒犯到他。在他面前,他们举止都十分克制,有一种拘谨抑郁的感觉……因为他非常喜怒无常。"换言之,查尔斯·狄更斯已经成了这个家的主人,并已经扮演起"父亲"这一角色,既是养家糊口的那个人,又是定规矩的那个人;而他的父母则变回了孩子,就跟尼克尔贝太太一样,成了需要儿子照管的小孩儿。

这段时间,他一直"在构思尼克尔贝的故事",努力创作,或用他最喜欢的一个词儿——"进一步琢磨①"。这故事本身很常见:一个青年人大喊一声"毕竟,世界就在我眼前啊"后踏上了人生旅程,并在旅途上遇到了恶棍、吝啬鬼和纯洁的姑娘;但狄更斯又在里面加上了受虐待的孩子,让人无法忍受或疯疯癫癫的女人,滑稽或不中用的可怜人儿,外加一个典型的充满痛苦折磨的家庭。他试图将

---

① 此处原文为"powdering away",疑为pondering away之误。

一切元素都融入这篇叙述文之中——浪漫故事、情节剧、悲剧、喜剧——但如果要说这部小说和上一部有什么明显区别的话，那便是狄更斯在《奥利佛·退斯特》中使用了富于传奇情调的语言，而在《尼古拉斯·尼克尔贝》中却使用了一种戏剧性的语言。也许是出于对他在这部小说里引入了如此之多的不同风格的默认，它们——这些风格——都严格地维持着原状，而且里面的角色似乎总是在扮演一个分配给自己的角色。最终，狄更斯将这部书本身献给了麦克雷迪，而且书中的点点滴滴都有一种戏剧的感觉，就好像狄更斯把人类生活看作是舞台上聚光灯下的演出，显得比现实更为宏大、更为明亮。如果他在写作时脑海里有一幅世界的画面，那一定就是那个狭窄而高度夸张的世界，那个他从剧院堂座或正厅后排看到的世界。也可以这么说，《尼古拉斯·尼克尔贝》的作者对外表、姿势、语言和角色的理解深受其表演经历的影响；而哈勃雷特·布朗的插画又起到了锦上添花的作用，他的画以其特有的风格抓住了一切的精髓，看上去就好像真是在舞台上发生的一样。但即使这部小说非常接近于当时戏剧化的惯例（大部分通俗文学都采取了这种做法），这也并不意味着它因此缺乏影响力或感染力。恰恰相反。本书中最具戏剧性的两个情节——从可怕的吝啬鬼亚瑟·格莱德魔爪中营救出玛德琳·布雷那一幕，以及发现斯迈克事实上是拉尔夫·尼克尔贝的亲生儿子那一幕——极具感染力，时至今日仍能吸引并打动读者。阅读狄更斯的作品，我们便会发现，人们对这种剧情模式的反应几乎从未改变，而我们和那些坐在伦敦小剧院里流泪欢笑的前人也没什么两样。但与此同时，拥有非凡双重意识的狄更斯在表现出对戏剧的热爱和欣赏的同时，也对其进行讽刺。比如，小说中大部分的内容都和模仿嘲弄差劲的表演有关，这是他一直很感兴趣的一个主题。另一方面，书中一些严肃的情节和事件也遭到他以同样热忱发起的模仿讽刺。许多学术文章都致力于研究其情节中滑稽和严肃这两个并行元素，但这两个元素无疑可以看作狄更斯旺盛创造力中的另一面，对他来说，对一些想法和事件"大做文章"就像编造一个喜剧情节或描写一个人物一样轻松欢乐，而这恰恰集中体现了"我们每个人都会有的那种奇怪的矛盾情感"。

但狄更斯小说中大部分的戏剧张力都依赖于他自己的性格。首先是他对模仿不变的热衷，他那强烈的幽默感，他自我嘲弄的能力，他对表演的嗜好。但他也在自己的小说中扮演曾在业余戏剧演出中的角色；在小说中，他也是既当舞台监督又扮演主角。在《尼古拉斯·尼克尔贝》和其他小说中，都会有同一群演员围着他，他给每个演员指导音调或节奏，而且这些人都像演员一样在指定的时间上台或下场。小说结尾是挖掘一位作家真实意图极其重要的线索，因为真谛总是在结束时（可以说是当小说家结束了强加于自己的任务和不可避免的困难时）才会以最自在无束的方式呈现出来。这就是为什么狄更斯大部分的小说都以同样的静态舞台造型和结局收场——这标志着那个时期的戏剧艺术特色——也是具有如此重大意义的原因。所有演员都返场了，他们的过去和将来都详细地列了出来；他们拉起手鞠躬；然后突然间帷幕降了下来，他们就都不见了。

4月底的时候，狄更斯想要远离喧嚣的城市，于是就和凯瑟琳在彼得舍姆①租了一个地方，叫榆木农舍，并在那儿住到了8月底。当然，狄更斯还是那么热情好客，爱和朋友聚在一起；他经常邀请朋友去那儿一块过周末。有一次，他去参观了附近的汉普顿赛马会，并在下一期的《尼古拉斯·尼克尔贝》中使用了收集到的素材。毫无疑问，就算他在萨里郡的乡间休养时，这部小说也是他的头等要务；好几次他为了专心写作都把自己"监禁"在这个乡间小别墅里，而且他常常会把手稿直接寄到伦敦的印刷商布拉德伯里和埃文斯手上。其实，他一般周六到周一会待在彼得舍姆，然后常常在接下来的几个工作日里赶回伦敦。

不久他又想到了一个新主意，即写一本杂文集，这个念头一直萦绕在他心头，甚至让他放下了手头的《尼古拉斯·尼克尔贝》，并导致他"万分焦虑且坐立不安"；在这里，我们再一次看到，就算再不确定的计划到了狄更斯手上都会变成十万火急的要紧事儿，必须立即付诸实践才行。他一刻都按捺不住。要是能出一个周刊，有固定的收入，也用不着再次把大把精力花在一个长篇小说上，此等美事儿对狄更斯来说当然很有诱惑力。不仅如此，这样一份在他单独指导和管理下的期刊还能成为加强和读者沟通的纽带，这是他一直梦寐以求的；但他如果只是再写一部每月连载小说，这一纽带就有可能遭到破坏。他很了解自己的读者，他知道，要留住这些读者，惊奇和新颖是十分有效的手段。这个新想法无疑还有另一个好处，那就是让查普曼与豪尔同自己的关系更加密切，而且还是一种双赢的合作关系——他提议出版《汉普雷老爷的钟》，即那部新周刊的名字，同时还建议

---

① 位于伦敦里士满自治市，临泰晤士河。

他们在《尼古拉斯·尼克尔贝》这件事情上"对他慷慨大方一些"。事实上，他们又给了他一千五百英镑，而且他们出手那么大方的一部分原因好像是他描述了一个未来合作的新协议；这些方法在狄更斯之后的职业生涯中成了常态，即一边靠许诺新作品当诱饵牵着出版商的鼻子走，一边用自己出了名的坏脾气来控制他们。他同查普曼与豪尔最终就《汉普雷老爷的钟》签订的合约从狄更斯的角度看来，简直是称心如意：查普曼与豪尔不仅将每月支付他薪水，还负责所有开支，而且全部收益他都和他们五五分成。他过去一直吃固定薪水的亏，但从此以后，他都坚持要求自己也参与到利润分红中来，并要求自己的收入和书的销量挂钩。也许，他是第一个真正意义上的职业作家，也是第一个将维多利亚时期商人所有的重要技能予以充分利用的作家。而且，由于他对那本新期刊和自己未来的热情越来越高涨，他对《尼古拉斯·尼克尔贝》就稍微有些心不在焉了；在彼得舍姆写的那几期虽然没有显示出创造力减弱的迹象，但我们的确能从中看出，他已经对这个故事的创作有些失去兴趣了。

但狄更斯还是不想回伦敦，主要原因是他对道提街那间房子已不再满意。房租合约快到期了，他已经通知房东不打算续约；现在家中有两个孩子，妻子又怀孕了，这些无疑使这间本来就有些狭窄的屋子愈发显得逼仄。所以他们一离开彼得舍姆，就南下来到拉姆斯盖特寻找住所。他们在那儿一无所获，于是就回到附近的布罗德斯泰斯镇；他们没有继续住在商业大街的小房子里，而是在滨海地段租了一幢宽敞的房子。就是在这儿，阿尔比恩街40号，他开始动笔写《尼古拉斯·尼克尔贝》的最后一期。也是在这儿，他经历了和仆人有关的许多小插曲中的一起，这些插曲也许听上去有些可悲，但总是会让狄更斯笑得合不拢嘴：他的厨子"周二晚上喝醉了——喝得烂醉——然后让警察赶了出来，于是躺在客栈门口朝围观的人群说了好几个小时……"他不是不想念伦敦；那些表面上看起来绝对生气勃勃、热情洋溢的信其实以一种奇异的方式表露了他的内心，狄更斯在其中一封信中委婉地暗示伦敦发生的悲剧可能都是因为他不在那儿的缘故。"我差点因为那个跳下纪念碑的可怜姑娘而感到自责……否则，那两个男人也不会在阴沟里发现那具尸骨"，他还描述了克鲁克香克所绘的一幅虚构的肖像，画中一个人把一个小孩的尸体塞进厕所的小洞里。这是他想象世界中的另一面，有时候真是有些怪诞奇异。

　　弗雷德也和狄更斯一家住在布罗德斯泰斯，毋庸置疑，在所有弟弟当中，狄更斯最喜欢弗雷德，而且狄更斯也一直很关心他的幸福。他俩曾在一个晚上一起顶着凶猛的暴风雨爬到海滩，悄悄爬进停靠在一个小码头边的一艘小船里，观察暴风雨之中惊涛骇浪的海面。住在这儿的大部分时间里，他的日记里只提到一个词——"工作"：坐在书房里，看着窗外波涛汹涌的大海，创作着《尼古拉斯·尼克尔贝》的最后几章——斯奎尔斯垮台了，拉尔夫·尼克尔贝的欺诈行为让人拆穿了，他儿子斯迈克的骇人经历也呈现在了读者面前，杜折剥伊子学堂最终解散了，对主人公和他的新娘以及主人公的妹妹和她的未婚夫来说，所有事情的结局都很美满。尼古拉斯·尼克尔贝和他的创造者一样，也变得"富有而成功"，但小说还是以斯迈克墓碑的画面结尾，这一可怜的角色像极了作者的幻影，如果他还是那个"小苦力"，这也许就是他的下场。但现在一切都彻底结束了，入土了。于是，1839年9月20日，星期五，狄更斯在日记中写道："今天两点写完了尼克尔贝，然后就同弗雷德和凯特一起去拉姆斯盖特，把最后一章的文稿打包寄给布拉德伯里和埃文斯。谢天谢地，我总算在有生之年把这本书愉快地写完了。"他已经给这部刚完成的小说写好了前言，在前言中他生平第一次用一种温柔可亲的语气和读者对话，而他想在策划中的期刊《汉普雷老爷的钟》里也继续使用这种口吻——他说，他的目的是"希望他们能快乐，并能给他们提供一些乐趣"。狄更斯此时就成了一个性情中人，用爱和手足之情将他所有的读者都团结在了一起。

　　《尼古拉斯·尼克尔贝》完稿后举行了一个麦克雷迪称之为"过分奢华"的庆功宴。宴会在阿尔德门街的阿尔比恩酒馆举行，而丹尼尔·麦克利斯所绘的狄更斯画像在这一场合中占了最醒目的位置——顺便提一句，这幅画的复制品太受欢迎，结果印刷用的那块印版都坏得无法修复了。很明显，这不是一个特别振奋人心的场合。麦克雷迪在向狄更斯表示祝贺的演讲中，把他和华兹华斯相比；听到这里，狄更斯便跟一位客人说他自己很喜欢华兹华斯一首漂亮但有些病态的诗，《我们七个》——狄更斯难得像这样表示对第一代浪漫主义诗人的欣赏。聚会"很晚"才散。他回到了道提街，凯瑟琳此时正处于生第四胎的最后阶段；事实上，尽管现在看来凯瑟琳明显患有严重的产后抑郁症和焦虑症，自从结婚以来，她大部分时间都处于怀孕的状态。她的身体慢慢变得越来越虚弱。

　　而狄更斯自己呢？兴致高昂、精力充沛，虽然工作时间很辛苦，休闲时间也很辛苦，但显然丝毫没受影响；而且经他孩子之后证实，他对待自己的家人远没有对朋友那么友爱、自在。他不苟言笑，在家庭事务方面总是纪律严明，尤其对妻子的"迟钝"显得非常急躁和不耐烦。但他是怎么看自己的呢？很重要的一点是，在早期春风得意之时创作的这些书里，他经常把自己想象得很贫困或处于监禁之中。克鲁克香克、麦克利斯和其他一些人都叫他"狄克"，而这也是他给《尼古拉斯·尼克尔贝》中一只失明的乌鸦和《奥利佛·退斯特》里一个身子虚弱、难逃一死的小孤儿取的名字。他好像觉得自己也遭受了同样严重的虐待，而且《尼古拉斯·尼克尔贝》中有一个孩子的形象或许也是来自狄更斯自己的童年——"一个身体畸形的小男孩和其他那些活泼快乐的孩子坐得远远的，看着自己无权参与的游戏，这样的场景真是令人痛心。"除了身体畸形以外，这简直就是狄更斯心目中童年的写照，而如此提及童年表明他有一种势不可当甚至有些无可救药的自怜情节。狄更斯总是想象自己遭人忽视也是有道理的，而且毫无疑问他有时会把这种对社会永不淡去的隐隐不满发泄到自己最亲的家人身上。10月29日，凯特·麦克雷迪·狄更斯——这个孩子长大后将在许多方面和她的父亲一模一样——出生了，而她的出生只能让这种束缚感更加强烈，这也是他家庭生活的一大缺陷。同时这也是他想要搬家的原因之一——他从布罗德斯泰斯一回到伦敦，就开始迫切地物色新房子。狄更斯提议，如果房东把他装在房子里的所有固定家具都买下，他就在1839年圣诞之前搬出道提街——又一个表现明他钱财方面头脑精明实际的例子。于是12月初，狄更斯一家和仆人就搬进了一幢宽敞许多的房子里。德文郡排屋1号位于马里波恩路，差不多正对着摄政公园的约克大门；在某些方面，这比道提街的地理位置要显赫得多，而且毫无疑问房子本身也要气派得多：这是三间排屋中的最后一间，位于马里波恩路和马里波恩商业大街的拐角处，方形的花园外面围着高墙。房子共两层，约有十三间屋子，而且很快就配备齐全了家具，大烛台、罩着丝绸的红木椅、丝绸锦缎窗帘、大镜子、沙发、沙发桌以及——唯一朴实的一件——狄更斯原本给福尼瓦尔客栈的出租房购置的一台竖立型小钢琴。他还叫人把前门和屋外的栅栏刷成了亮绿色，那是他最喜欢的颜色之一，尽管如此，仍有一些评论家认为这是一幢相当传统甚至有些阴郁的公寓。

搬到德文郡排屋花了他许多时间，为了弥补这些时间他不得不取消其他大部分的约定才有时间写《巴纳比·拉奇》，这本书他10月时再次动笔写过，但还是半途搁笔了。他患了严重的支气管炎，此外，他还同意写另一部散文集《年轻夫妇素描》。在许多方面，这是一本尤其乖戾的选集，主要描写婚姻生活，但其中的确道出了一条著名的信条，而狄更斯在之后的人生里也一直坚持这一信条："……所有男女，不论是否成双成对，只要患上了自我放纵的孤高习惯，忘记自己对身边一切人和物都有一种与生俱来的同情和密切联系，那他们不仅忽略了生命的第一要务，而且——真是恶有恶报——也剥夺了自己最真实最美好的快乐。"此话说得很在理——极好地表述了一种理念——但我们必须记得，正如这些短篇札记所展现的那样，狄更斯的想象力总是非常自然地紧紧围绕人类实际行为而展开。但这些"年轻夫妇素描"算是轻松的活儿，他还有更重要的工作摆在面前。其中就有《巴纳比·拉奇》……但就在创作这部拖了很久的小说时，他在《先驱晨报》上读到了本特利刊登的一则通告，宣布《巴纳比·拉奇》"即将发行"。他立马写信给他的诉状律师史密森和米顿，委托他们告诉本特利这本书无法按时完成，而且事实上他彻底拒绝创作此书。他给出的主要理由是前些时候本特利把狄更斯的作品和其他一些作家（例如哈里森·安斯沃思）的作品混在一起，并"加以兜售，对我造成了严重侵害"。如此看来，狄更斯对于将自己的作品和其他作家的小说联系起来一事，显然已经从厌恶发展到了极端憎恶的地步，但事实上他只是急于解除和本特利的合约，不愿再为他创作《巴纳比·拉奇》。这本书离完成之日还遥遥无期，他又准备开始同查普曼与豪尔合作那本由他提议的新期刊，而且他一点儿也不敬重本特利本人，所以他便抓住这则通告作为借口来取消合约。当然，本特利对狄更斯突如其来、盛气凌人的声明相当吃惊——"这是狄更斯先生最不寻常的一次爆发，"他的律师如此评论道，而本特利的儿子之后也补充说："这是狄更斯性格中的一部分。他想要毁约，于是就编造出这样的原因。狄更斯很聪明，但是，他不诚实。"

这不是狄更斯唯一一次背上不诚实的骂名，他的敌人有时指控他是一个谎话连篇的人。毫无疑问，他非常喜欢夸张的表达方式，而且天生就喜爱过度过量：他从来没这么乐意做过一件事情；他从来没有这么多观众；他从来没有卖出过这么多份等（不过，在他的信件里看到这些笔迹干净整齐的夸张之词，总是有种奇怪的感觉）。只要有需要，他就会编造一些事件或者至少对其进行渲染，这也是无可争辩的事实。不过这种对夸张天生的癖好也有其有益的一面，正如当时有人评价的那样，他总是"和善地放大人们的优点"。但问题要比这复杂得多，而且狄更斯在人生不同时期发表的某些评论主旨大意都是一个："不用说，大家对我的印象都比事实好得多……我保证会说实话，而这就是我的大实话，我自认为……我在头脑中创造了一个传奇，结果自己就对其深信不疑了……"诸如此类。这大致就是事情的真相：狄更斯相信自己眼下所看见或着迷的。如果他感觉到什么，那种感觉马上就会变得很真实；他也是这样看待他书中的人物，只要一抓住某个念头或信念，那个念头就会在他脑海里成为绝对真理和绝对现实。因此，他会依照自己的原则或执念去看待世界上的万事万物，这和撒谎没有关系，除非说创作本身就是一个谎言。虽然这样的说法，对于那些吃过狄更斯不实陈述之亏的人（其中最终吃了大亏的就有他的妻子）而言，可能起不了多大的安慰作用，但毫无疑问的是，狄更斯会觉得自己可以拍着胸脯发誓，自己从没说过谎。

这也就是为什么尽管错的明明是狄更斯自己，但他对理查德·本特利的敌意中却带着真正的愤慨之情。正如他自己所说的，从那以后，"和这个伯灵顿街的强盗……就是你死我活，势不两立了"。毫无疑问，他指望着本特利不愿和他闹上法庭——出版商起诉作者是很罕见的事情——而且结果证明他并没有判断失误。与此同时，放下《巴纳比·拉奇》的活儿之后，他又迫不及待地把注意力都转向了那本计划中的期刊《汉普雷老爷的钟》。他的进度和计划中的一样，他想到了一个关于俱乐部的构思，然后就开始写了一系列和俱乐部中成员有关的故事。"大框架中的故事"这一想法满足了他想象力中的某一方面；在《匹克威克外传》和《尼古拉斯·尼克尔贝》的叙事框架中也有这样的故事，而且他打算写这种相互关联但又独立的故事很有可能和他记忆中的童年读物密切相关；他不仅读过《蜜蜂》和《旁观者》之类的杂志，最重要的是，他还读过《一千零一夜》，而这本书里的幻想世界深深打动并激励了他。不过，他此时所写的第一期《汉普雷老爷的钟》中有一个不同寻常的地方，那就是故事的叙述者，因为在书中狄更斯扮演了一个老人的角色，且对童年最深的记忆就是自己是个"瘸腿的可怜孩子"。萨默塞特·毛姆在《人性的枷锁》里让他的主人公患有畸形足，作为他心目中自己某些缺陷的一种外在体征，同样的道理，我们在汉普雷老爷这一人物中也能再次觉察到那种对伤痛和脆弱的形象化表达；狄更斯在早先一些角色中也尝试过这一手法，他在创作小蒂姆等形象时也是如此。

　　还有伦敦。那个他在《尼古拉斯·尼克尔贝》里予以赞美的伦敦。而在这本新杂志里，他又将它定义为一个"海纳百川的地方，包括与其相反的极端和对立面"，并将"一千种世界"结合在一起；一个叙述者对"从身边经过的最卑鄙的坏蛋都有所关心"的城市。狄更斯在这里构建起了一个叙事框架，但他也再一次明确划出了自己想象世界的界限。他写的第一个故事明显带着伦敦风格：故事的开头是一个和戈格、玛格①这两个城市双生神有关的情节；他原本准备和哈里森·安斯沃思合作写一本关于旧伦敦的书，因此这个故事在一定程度上无疑是受其启发，但它明显也和他当时想象世界的兴趣所在有关。他当时已经写完了《巴纳比·拉奇》的前几章，那几章都和18世纪的伦敦有关，而且很有意思的是，《汉普雷老爷的钟》里接下来所有的短篇故事都发生在16或17世纪。因此，他的整个构思都是围绕过去进行的，而且，动笔写《汉普雷老爷的钟》那个月，他还拜访了一位珍本书籍书商，此人名叫厄普科特先生，管自己叫作"藏书家兼出版商"。狄更斯还在来宾登记簿中写道——"这真是一幢收藏着非凡古文物珍品书的宅邸啊，我准备一有机会就再次拜访，从这永不枯竭的源泉中饮几瓢布满灰尘的泉水来提提神。"老伦敦、叙事者瘸腿的童年、古书。在《汉普雷老爷的钟》里，"过去"这一概念、具体的伦敦历史事件以及他自己那逝去的童年再一次纠缠在了一起。就好像他在探索这座城市历史的同时，也是在某种意义上探索自己的过去，并赋予其生命。将"过去的情感和已逝的岁月"结合起来。这也许让G.K·切斯特顿的评论更为可信——在这些期刊故事里有"他做梦的原料"。

　　大约也是在这个时候，狄更斯结交了一位新朋友，而这段友谊将对他产生十分重大的影响。爱德华·斯坦利是一位辉格党政客，和上流社会许多人所做或至少企图想做的一样，他很"关照提携"这位著名的小说家。就是在他家里，狄更斯认识了托马斯·卡莱尔。狄更斯之后告诉他的一个儿子，卡莱尔是"对他影响最大"的那个人，而且狄更斯的小姨子也对卡莱尔说"你是他最敬重、最欣赏的人"。一张著名的照片记录了狄更斯在盖茨庄园的草坪上读卡莱尔所著《法国革命史》的画面。当然，并不是只有狄更斯一个人欣赏卡莱尔，有充分证据表明，卡

---

① 巨人戈格（Gog）和玛格（Magog）原是《圣经》中的形象，伦敦市市长大人在就职游行中展示了戈格和玛格两个巨人的形象，这两者也就因此成为伦敦市的守护神。

莱尔是19世纪40年代英国最重要的作家。尽管狄更斯在两人见面之前完全不熟悉他的著作，但在两人共同活动的那些个激进派的圈子里对他的名声也早有耳闻，而且肯定也知道他的一些作品。

狄更斯没有记录下自己的第一印象，不过他无疑认为卡莱尔和自己属于同一个"阵营"；不仅仅是因为他也支持激进派，还因为这一年早些时候他做了一系列讲座，后来出版成《论英雄、英雄崇拜和历史上的英雄业绩》一书。对于卡莱尔对权力以及有权之人的崇拜，狄更斯一直都持有保留意见，但他读到卡莱尔对"文人英雄"的颂词时还是不禁感到激动振奋，因为在这一讲中他宣称"既然精神永远决定物质，我们必须把这位文人英雄看作最重要的现代人物。他也许是一切的化身。他所教授的，全世界都会照做……文人是一位终身牧师，世世代代教导人们上帝依旧在他们生命中……我要说，在世上所有现存的'神职人员'、'贵族阶级'和'统治阶级'中，没有一个阶级的重要性能和'作家牧师'相比……"毫无疑问，若去掉其中理想主义的元素，这恰好和狄更斯的观点不谋而合；也恰好是他想要扮演的那个角色。

但这并不意味着卡莱尔对作家狄更斯的功绩有任何较高的评价——这主要是因为狄更斯是一名小说家，因此归于"表象"的世界而非"真实"的世界。当然，他很喜欢读狄更斯的作品，有时候还会被其打动，但他认为狄更斯是一个"小家伙"，这巧妙地表达了他对其略带贬低的态度，而且这一态度从未改变。多年以后，在《过去与现在》中拐弯抹角地描写狄更斯访美之行时，他就说道："……如果所有美国人都举着火炬跟在一位'著名小说家史努思珀'后面，邀请他参加晚宴，全体高呼嗨嗨万岁，觉得他虽然个子很小，但还算得上是个了不起的人……一个'了不起的人'，就算是个子小，还是有可能受到崇拜的……"在描述天才这一概念时，他又一次贬低了狄更斯创作的那类作品——"什么！天空中的星火会主动消失，然后照亮幻灯机逗乐那些老小孩？这位获得神启的人，会给你们拨弹竖琴的弦，吹奏刺耳的风笛；用更广阔的新黄金国、美女乐土、更富有的安乐乡等幻象来抚慰你们厌腻的灵魂？"但他讨厌这种罪过的同时依然喜欢这位罪人。"我真心喜爱狄更斯，"他曾说过，"而且在他灵魂深处觉察到一种真正的'和谐之音'，竭尽全力地想要发出自己的声音……"

当然，总的来看，狄更斯的观念信仰都是出于本能，充满激情但缺乏认真考虑，而在卡莱尔的作品中他发现了一种积极奋发的理想主义，一种崇高的目标以及一种绝对的严肃感，这些能帮助他将自己的观念结合成一个条理清楚、连贯一致的思想体系。卡莱尔的思辨唯心主义及其对哲学激进主义的怀疑也有助于狄更斯整理自己零散的想法。比方说，两人对英国当时那种极不稳定的状态持一致看法，或可能持一致看法——我们现在看来，当时的英国也许非常趾高气扬且成果丰富，但对他们而言却毫无内涵或信仰可言。他俩初次见面三年之后《过去与现在》出版，在这本书中卡莱尔谈到了对这个国家现状的看法，而狄更斯可能会理解并赞同他的观点："所有英国人都在忍着，苦恼地绞拧着双手，几近绝望地问自己，接下来又是什么？《改革法案》终究失败了；边沁的激进主义、'开明的自利'的福音也不复存在，或者说，是在人们的泪水和不满的叫喊声中退而成为'五点'宪章运动：接下来我们该报怎样的希望或者又该做怎样的尝试呢？"当时，这些四十年代早期的人们"朝自己嘟囔着一些模糊的字眼，'自由主义'、'供需'、'现金付款'——人与人之间唯一的联系：'自由贸易'、'竞争'以及'恶魔抓走落在最后的人'，我们最新的信条如此鼓吹道！"狄更斯本人也对其同代人进行过类似的猛烈抨击，和卡莱尔一样，他在所有社会和政治问题上都建立起了一个巨大、朦胧的象征性结构，因此《荒凉山庄》里的伦敦就可以看作是卡莱尔这些话的回音室：他说"满是烟垢的曼彻斯特——也是建立在无数深渊之上；高高的苍穹横跨头顶；其中有生，也有死；——它在各方面都和撒冷古城①或先知城一样得惊人，一样得可怕，一样得难以想象。无论坐立，不论什么时间、什么地点，我们头顶、周围和体内都是'无垠'和'永恒'……"这是卡莱尔眼中的英国，也是狄更斯眼中的英国。这是19世纪前叶的真实景象。

要说卡莱尔是那个时代最重要的哲学作家，那便是以一个新的角度来认识那个时代——在后人眼中，那只不过代表了古板保守的维多利亚统治时期的开端，但其实根本不是这样。那个时代有自己独特的活力和格调；我们能看到它们在卡莱尔和狄更斯身上打着旋涡传播开来，从最深处的想象世界扩散到广大读者，那些《奥利佛·退斯特》一期不落或卡莱尔小册子每册必买的读者。的确，站在历史长河的这一头，我们可以清晰地看到两人的相似之处。两位作家都将哲学或社

---

① 《创世记》中的撒冷（Salem），巴勒斯坦古城，及耶路撒冷。

会分析与生动的情节或细节结合起来，两人都背离十八世纪写作的一大特点而不对类型进行严格区分，两人都将最不可能联合起来的对立面合为一体——将私密的内心自省和公众的愤慨谴责结合起来，将几近预言性的想象和实话"实"说的坚定决心结合起来，将一种中世纪的观点和求"真实"、求"贴近生活"的需要结合起来。所有这些元素都在卡莱尔和狄更斯的文章中得到同等程度的体现；在两人身上，我们也许能看到19世纪三四十年代的真实轮廓，一个充满激情和责任、信念和怀疑的时代。但卡莱尔年事已高，狄更斯才是真正在一个转折年代走向成熟的人。

十二

　　1840年4月初，查尔斯·狄更斯同凯瑟琳、福斯特一起来到伯明翰；他已经给自己的新期刊写了一个"短篇儿童故事"，介绍了奈尔这一人物形象，而这一故事最终将发展成为《老古玩店》的第一章。他去参观这座工业城市当然是有更重要的目的，而且和他的新书计划有关，但不管怎么样，这也都是他的惯例，即在任何作品出版时都不能待在伦敦；他们出发去英格兰中部地区的第二天，《汉普雷老爷的钟》第一期便如期发行了。每周分册一份定价为三便士（月刊每份一先令），而且外观非常与众不同。它比一般的《尼古拉斯·尼克尔贝》每月分册要大，奶白色的纸张，每册正文十二页；与之前的月刊不同，版画并不是放在每一期的开头，而是"散布"在正文中。所有这些都显示出狄更斯对细节独到的眼光，而他对该书的重视程度，也只有其对成功的巨大期望可与之相较。他说，前景会"不可估量"。这是一个"非常费力的游戏"但是"又有非常高额的奖金摆在面前"，而听到第一期卖了七万多份的消息时，他感到欢欣鼓舞。于是，乐观主义开始膨胀的他告诉麦克雷迪，照这种情形，他一年能挣一万英镑。而且此时他已经在设想改进这份杂志效果的各种方法了；他准备在第三期中插一则奈尔的故事，但又改变主意，决定把它放在第四期中，而这一阶段他最首要的目标就是让这个由不同材料汇集而成的大杂烩结合得更为紧密。他想让自己的杂志"看起来不那么东拉西扯"。他的直觉是正确的：第五期、第六期的样张准备好时，一切都一目了然了，公众对这一"杂"文集的接受程度并没有狄更斯和他的合伙人预期的那么好。销量在两周之内跌了近三十个百分点，只有五万份左右，而就是在这一关键时刻，狄更斯决定趁损失不大赶紧收手。他意识到，老百姓一直都在期待他写另一个故事，曾经当过记者的他一直保持着那种职业意识，于是他便准备投其所好、供其所需；很有可能他早就看到了那个"儿童故事"的潜力，就是汉普雷老爷在伦敦街道上发现的那个迷路小女孩的故事，而且可能早就打算时不时地回到这一有趣的主题。但他现在决定要精心拓展这一主题，把它变成一个周刊形式的小说。不管怎么样，这无疑让他非常着迷；正如他之后告诉一位朋友的那样，在这一关键时期，他走到哪儿小奈尔"就跟到哪儿"。他笔下创造出来的许多人物都是这样，《奥利佛·退斯特》原本也只是一篇关于一个孩子的短篇故事，之后几乎立马就发展成为一部完整的小说。这就好像一个无依无靠的孩子悲惨的境遇促使狄更斯进行一个全面彻底的构思、计划和设计，就好像只有（对小奈尔而言，真的是）把它埋葬了才会让自己安心一样。

于是，《汉普雷老爷的钟》第四期便是以这一个新故事开篇。他当然还有其他想要使用的材料，所以我们会发现小奈尔的故事之前有一个短篇故事，讲的是一起孩子谋杀案，之后有一则讽刺浪漫主义的模仿作品——"'你行吗？'他意味深长地说。我感觉到他的脚轻轻地踩在我脚上；我们的鸡眼一同抽痛着……"——就算没有别的，这至少也显示出这一阶段狄更斯才华中非常重要的一个特点——没定形。他时刻都准备着尝试任何事物。但正是这样，通过偶尔写的只言片语和偏了题的奇思妙想，才诞生了这个关于小奈尔和他祖父的伟大小说。这部小说在《汉普雷老爷的钟》上结束连载的时候，销量已经达到了十万册，而《汉普雷老爷的钟》也已成为它的传播载体。所以，替狄更斯担任起阅读小说终校样张任务的约翰·福斯特说，《老古玩店》中"他本人没有那么多直接的计划意识，比我印象中他职业生涯中的任何一部作品都要少"。但相对于其他作品而言，正是这一部小说使"他自己和读者之间的纽带成为一种个人依恋"。5月初，他正在写第三、四、五章，而书中出场的角色已经非常丰富了；小奈尔本人、讨人厌的侏儒奎尔普、善良且"讨人喜欢的小伙计"吉特·那布尔斯以及狄克·斯威夫勒。

现在很清楚的是，他又一次准备开始一部长篇小说，而且也正是因为想要把所有精力都扑在这篇小说上，他突然地决定南下去布罗德斯泰斯；虽然他想在工作时不受干扰，但这并不影响他写信给比尔德、米顿、麦克利斯、福斯特这一帮朋友，邀请他们来海边和他及他的家人同住。他们又住在了滨海地段的阿尔比恩街，而且他就是在这里正式开始了《老古玩店》的创作。可是，他做的第一件事情却是重新布置和打扫房间；"整理过后的书桌带着你尊敬的朋友所特有的那种整洁，"他写信告诉比尔德，"而且所有屋子里的家具都由同一位卓越的人物全部重新摆放。"这封信中，在这半开玩笑的自指之中，我们至少能察觉到一丝发自内心的自豪感。然后他立即开始自己的日常工作。他七点起床，大约八点半开始工作，一般在两点之前结束工作——这样的作息已经相当累人了，但他觉得在每周分册的期限内写作也让人筋疲力尽，两者不相上下。

刚写这部小说的时候，他要到开印前两周才动笔，这对于一份发行时间如此规律的杂志来说，时间抠得有点紧。他感到极度地焦虑紧张，而且为了履行他对自己"读者群"的承诺，也不得不始终不知疲倦地写作：也许这就是他突然决定从伦敦出逃、去旅游、去"远足"的最佳解释。在布罗德斯泰斯待了大约四周之后，他和福斯特、麦克利斯一起参观了查塔姆和罗彻斯特。他总是能从重回童年故地中找到一种精神食粮，就好像它们能提醒他自己已经走过了多少路，以及将来有可能走得多远似的。但再长的旅程也会抵达同一个不可避免的目的地；据说，就是在这趟旅程中，他提到了罗彻斯特大教堂底下的一块小坟场："就是那里，我的孩子，我终有一日要化作尘埃啊。"然后他回到了伦敦，回到了德文郡排屋的书房里，抱怨"自己从未像现在这样让这个汉普雷牢牢地束缚住"的同时，又继续讲述小奈尔颠沛流离的生活、与乍莱太太①及其蜡像藏品的碰面和奎尔普的阴谋诡计。

但他在创作《老古玩店》时非常焦躁不安，因为他觉得这个故事很难写得"扣人心弦"。他和凯瑟琳一起南下来到艾凡顿村，来到那幢他给自己父母物色的乡间小屋里看望他们。"他们看上去相当满足和快乐，"他告诉福斯特，"这是我在信里唯一能告诉你的消息，其他的见面再聊。"毫无疑问，作传的所有难处便在于最后那句话，因为我们现在怎么可能去猜测那些没有文字记载、突然或不经意间冒出的话呢？这些时刻中，也许蕴含了一个生命的全部含义，而现在我们却不能重新将其唤起——就像生命本身，它消失得无影无踪，身后只留下一些书面文字

① 乍莱太太的原型是杜莎夫人蜡像馆的创办人杜莎夫人（Madame Tussaud, 1761—1850），据说狄更斯曾对杜莎夫人制作的蜡像有过这样的赞语："如果蜡人也能说话或走路，你真看不出它和活人的区别来"。

供我们小心尝试着去重现它。当狄更斯急于开拓自己的天地时，每天都是他存在的一个新的确认和延伸，而传记作家确实知道一些他本人都不太清楚的事情；比方说，我们都知道他的父母不开心，而且约翰·狄更斯马上就会伪造他儿子的签名来付账。在这次艾凡顿的短暂拜访后，狄更斯又回到了布罗德斯泰斯，并租了一个更大的地方，劳恩宅邸，在那里度过了夏天剩下的日子。他又一次住到了海边，并又一次邀请亲朋好友和他们一起同住。这个假期只在一个方面不同寻常，因为一个叫艾琳诺·克里斯蒂安的世交好友留下了和狄更斯一行人同住的详细记述，并对狄更斯本人进行了尤为鲜明生动的描写。他出场时的形象并不怎么高大，主要因为在艾琳诺·克里斯蒂安的描述中，他总是显得玩世不恭，总是会开一些粗鲁的玩笑，而且情绪执拗、变幻莫测。那些细节都是正确的；比如他的衣服总是过于"艳丽花哨"（"虽然我当时还年轻，我也能觉察到许多作家和艺术家都特别喜欢穿奇装异服；但这很不寻常……"）；和他的父亲和兄弟们一样，他说起话来声音也有些沙哑，而且语调总是低沉而急促；他全神贯注想事情的时候，会吮舌头扯头发；所有这些事情其他人都不怎么提及。而且关于他的行为举止，艾琳诺·克里斯蒂安也记得一些大家有目共睹的事实；他幽默的言辞"通常都十分夸张、做作"；他有时会在旁人面前露出的"心事重重、出神的表情"非常具有欺骗性。其实，他什么都"听进去了"而且最终会尽情对听到的一切做"非常搞笑但毫不留情的批评"。但让她印象最为深刻的，是他变幻莫测的情绪。他时而也非常爱闹腾、非常和蔼可亲，尽管他有时候兴致高昂起来会做一些不大讨人欢喜的事情，譬如，把穿着丝质新裙子的艾琳诺·克里斯蒂安拖进海里。旅行的时候，他会坐在马车里唱一些流行歌曲的片段，他会参加当地的舞会（尽管为了不让人认出自己他通常都待在暗处），他会兴高采烈、津津有味地玩字谜游戏和各种聚会游戏——有一回玩字谜游戏的时候，他还戴了一顶带着凌乱羽毛装饰的女士宽檐帽。但他有时候也会郁郁寡欢、沉默不语、不爱交际。有时候他的双眼甚至会像两盏"红灯"，就是在那种时候"我承认我很怕他"。

关于这点，有一句话经常挂在人们嘴边。从布罗德斯泰斯回来没多久，虽然没有收到邀请，艾琳诺·克里斯蒂安还是准备去参加狄更斯家的一场字谜派对。但要带她去的那位朋友有些迟疑："如果是除了查尔斯·狄更斯之外的任何人，我一秒钟都不会犹豫，"她对艾琳诺说，"但他也太古怪了！"他的弟弟弗雷德里克也说他"有时候很古怪",而且其他人也常常重复这一描述。古怪。反复无常。捉摸不透。说话声音低沉而急促。而正是这个人写出了一部既催人泪下又滑稽可笑、既有闹剧成分又有悲剧元素的小说。一部读上去像是《天路历程》和《鬼怪故事》混血儿的小说,其中那位小女主角在一群小矮人和巨人之间周旋,幼稚的人模仿讽刺天真童稚的人,有死去的孩子也有蜡像;文中那种追求中世纪历史真实性的冲动屡屡被黑暗现实中扭曲的人物所替代,性的话题随处可见但从未点破。也是一部不断提及野蛮和荒野的小说。

还有其他一些传闻和狄更斯身上的一种"野蛮"特质有关,消息似乎传得非常快;传闻说他"染上了酒瘾"而且精神错乱了,还被送去一家精神病院接受治疗。据说,这些说他发疯的传言都源自一个笑话,而这个笑话又牵扯到他养在德文郡排屋里的一只渡鸦。这个小家伙名叫格里普,狄更斯对它的姿态和行为特别感兴趣。而且,按传闻所言,兰西尔曾说狄更斯"疯得像只渡鸦"。但这看似不太可能。事情更有可能是这样:他一直以来高度亢奋的节奏以及围绕在像他这种名人周围的各种常见谣传,很容易传着传着就变成"精神错乱"。这一传闻的严重性毋庸置疑,因为连狄更斯本人都在即将给《老古玩店》作的序中对其予以否认,这对他来说可是很不寻常的举动。

在布罗德斯泰斯,他一直保持着《老古玩店》的写作势头。一天晚上,他沿着海边的悬崖散步,眼前突然出现了繁星倒映在海面上和灭世洪水之后"死去的人类在海水深处百万英寻"的景象。他把这一画面写入了小说里,小奈尔看到同样的星光倒映在河面上,然后"发现又有一些星星映入眼帘,远处更多,再远处还要更多,直到整个宽阔的河面……"一直以来,新的意象都在朝他蜂拥而来——"我头脑博物馆里的"意象,他这么称呼它们——大海、熟睡的脸庞、他和凯瑟琳、福斯特在年初驶过的那条连接伯明翰和沃尔夫汉普顿的马路、暴徒、小奈尔和祖父走向她死亡的旅程,以及火灾警戒员坐在一家工厂熔炉前的精彩画面。"那团火是我的记忆,它向我展示了我生命的全部。"

还有庄严宏伟的幻象,尽管他白天的生活还在继续。他身子很不舒服,一直饱受脸部剧痛之苦,他自己认为那是风湿病或三叉神经痛导致的。10月初,他从布罗德斯泰斯一回到伦敦就发现,他曾经还期望靠《汉普雷老爷的钟》赚钱的愿望是实现不了了;事实证明,制作一本非常精美的期刊所需的成本可是不小。而且他还在伦敦染上了重感冒——"我整天都在止不住地流眼泪，"他说。但眼泪当然不会让他停止工作。他当时正在阿德菲剧院帮忙指导弗雷德里克·叶慈对《老古玩店》的改编工作，不过最终演出的时候他还是无法出席。他当时已经计划好，等手上的小说一结束，就立即在《汉普雷老爷的钟》中开始连载《巴纳比·拉奇》的故事。而且他也在"反复斟酌"《老古玩店》想表达的中心思想，准备让小奈尔住在老教堂旁，并为她的死做下铺垫。所有的主题思想都在1840年冬天的这几个月里汇集到一起：对死亡的兴趣、尚未步入青春期的少女以及老教堂的遗址无不诉说着一段纯真的年代，一个与女主人公所经历过的——英格兰中部地区的工业化景象——迥然有别的时代。但永远不会有永恒的纯真。建筑终将会倒塌，成为废墟。而女孩儿必然会香消玉殒。

的确，小奈尔的死让他非常得意，这是他性格中的一面——"我觉得这一定会是一段流芳百世的情节"，他在一封描写自己悲痛之情的信中如此写道。事实上，他无疑是故意让自己进入一种怜悯同情和可怕讨厌的状态中，以便能用恰当的同情之心描写这一生命的终结——这就是为什么他又一次想起玛丽·贺加斯离世的原因，就好像他在尽情享受那种失去挚爱痛彻心扉的感受一样。然后，形势发生了奇怪的逆转，一个对理解狄更斯对自己小说的认识相当重要的一个逆转。很显然，他需要记起那种彻痛才能恰当地描写小奈尔的死——这是常见的生活照进艺术的例子——可是，非常奇怪的是，艺术又开始对现实生活产生了影响。狄更斯为了写作而在自己心中激起的那种状态彻底转移了到生活中，以至于他曾一度像对自己创作出的角色那样对身边的人们敞开自己的心扉。比方说，他曾试图解决福斯特和安斯沃思之间的一次争吵，当时他正在写小奈尔离开人世的那一幕，他还将自己创作《老古玩店》的经历作为他"看到互相如此欣赏的两个人居然浪费生命互相疏远对方时深深感到惋惜"的重要理由。

当然，对于小奈尔的死，广大读者的反应和他自己的悲痛之情不相上下。人们总说，当时美国的老百姓都聚集在纽约的港口前，询问从大西洋对岸来的入境旅客，"小奈尔死了吗？"英国本国的反响也让狄更斯大受鼓舞；人们甚至将小奈尔比作科迪莉亚①，而且还把狄更斯的名字和莎士比亚相提并论，这也许是史上头

① Cordelia，莎士比亚《李尔王》中的三女儿。

一遭，但肯定不是最后一次。杰弗里伯爵读完小奈尔去世的情节后不禁潸然泪下，而丹尼尔·奥康奈尔则大喊着"他不该让她死的！"将书扔出了火车车窗，许多人带着同样的不满之情给狄更斯写信，恳求他避免这一不幸的结局。

但小奈尔的死究竟有何特别之处，居然引起了如此反应——引发了如此之大的反响，以至于后来的一位评论家竟将其描述为"现代感性史上的一次运动"？这当然是一种夸张说法，而且就算在当时也不是每个人都觉得小奈尔的临终之时像作者所设想的那么感人。和19世纪后半叶的人们一样，当时也有许多读者不喜欢这个场景的"多愁善感"。但它的确对其他人产生了显著影响，这一点毫无疑问，就好像这个纯洁美好的孩子之死让许多读者开始哀悼自己逝去的纯真一样。因此，人们心中生发的一些感情可以看作是一种间接体验的自我怜悯，而这不论是在当时还是现在无疑都是最强有力的感情主义形式。但事情远没有那么简单。狄更斯在哀悼一个孩子的夭逝，而在当时人们的日常生活中儿童夭折是很寻常的事；比方说，光1839年一年，伦敦举行的葬礼几乎就有半数是十岁以下的儿童，他们或因疾病或因营养不良而丧命。

然而，尽管其中有一些悲剧元素，《老古玩店》还是从头到尾闪烁着狄更斯荒诞不经的诙谐幽默，不仅对那些深深打动他的事情轻描淡写，还模仿讽刺那些他自己难以抵抗的种种激情。此外，最重要的是虚构和创造带来的纯粹快感。多年之后——事实上，就在他去世两年前——一位朋友发现他在重读那部小说时"放声大笑"，因为这个凄惨旅程的故事让他想起了当时自己写这部书时的情形。他并没有忘记快写到小奈尔去世的场景时，自己有多么悲伤，但那种悲伤之情并入了一阵情感更强烈的大笑声中。也许，这时候，是该考虑考虑狄更斯本人多愁善感的问题了，因为大家普遍认为他小说中的感情主义以某种方式渗入了他自己的生活中。据报道，《老古玩店》中每十页就有角色哭的情节，而且据统计《董贝父子》中也有八十八个落泪的场景。（不过，到了五十年代，他虚构的洒泪场景少了一些，而他后期小说中的角色就更加不爱哭了。）但狄更斯本人却有泪不轻弹，而且值得让人深思的是，他只有在读书或观看舞台上的表演时才有可能落泪。

那是1月的一天，凌晨四点，他写完了《老古玩店》，虽然已经完稿，但在发行卷本之前还需要完成为数不多的几个额外编辑活儿才行；比方说，他不得不删掉一些和汉普雷先生本人有关但和主题无关的材料，他还在纸张的空白处补充了几段。很有意思的一点是，他在此处加了一句话，说小奈尔身边冒出了"几个怪兮兮的同伴"，而且还拐弯抹角地提及了《天路历程》；很明显，只有在写这部小说的时候，他才想到同时使用自己艺术手法中的这两种元素。此外，一位极富洞察力的评论家在几个月前就注意到小说的讽喻趋势，而狄更斯本人此时也采纳了这一提示，说小奈尔"似乎存在于一种寓言之中"。因此小说家们就是这样开始明白自己到底在做什么的。但完成这一艰巨的工作之后，他又一次发现自己无法和亲手创造出来的角色分开；当时，在谈到圣保罗大教堂①时，他对克里斯托弗·雷恩爵士做了如下评述："我觉得，比起骄傲，他感到更多的是忧愁沮丧，带着痛惜之情看着自己完成的作品"——从中我们难道不能看出他对自己这一完工书稿的反应吗？

不过，狄更斯根本没有时间痛惜，因为他又立马把注意力转到拖了很久的《巴纳比·拉奇》上，他早就决定等《老古玩店》在《汉普雷老爷的钟》上的连载一结束就开始连载它；这是维持杂志销量以及读者群的最佳方式。和理查德·本特利谈判无果的那段期间，他已经写了两章，为了给自己的新书计划创造更大的回旋余地，此时他又增加了几个段落，把原来的两章变成了三章——这些足够用作该杂志两期的内容了。但还是有棘手的问题让他分心。凯瑟琳这时候又怀孕了，而且又一次患上了曾经让她衰弱抑郁的病症。狄更斯觉得自己有义务陪在她身边，于是整整四十八个小时都没有合眼。另一个问题是，由于前段日子一直让小奈尔折腾得精疲力竭，现在他也很难把心思放在《巴纳比·拉奇》上；不过几天之后，他告诉福斯特，"我一直专心想着巴纳比·拉奇，结果就有了许多灵感"。就在最终完成《老古玩店》后的第八天，1月29日，他开始动笔，然后完成了这部新小说的第三期。但他无法停下来休息。虽然凯瑟琳的病情还是十分严重，他必须得出趟门。他必须得到处走一走。晚上十点，他跑去见福斯特，用手杖对着他家的窗户敲了一阵；可是他的朋友不在家，于是狄更斯就一个人去了帕台农俱乐部，在那儿认识了别的人，一起坐着喝加了水的杜松子酒，直到凌晨三点钟。几天过后，也就是2月8号，他第二个儿子沃尔特出生了。在那一年的人口普查报告中，按照维多利亚时期普遍的叫法，他把自己称作"绅士"，并且声称自己在德文郡排屋的

① 伦敦的一座教堂，由建筑师克里斯托弗·雷恩设计。

家中现有妻子一位、孩子四个、女仆四名和男仆一个。从马夏尔西监狱到德文郡排屋，他一路走来已经取得了很大的成功。

当月底，全家人南下来到布莱顿码头，主要是为了让狄更斯能潜心创作新小说，不受任何干扰。他们在那儿住了一周。回伦敦的路上他失去了一样小东西——他的宠物渡鸦格里普死了。他一直都对这只鸟很着迷，总是非常仔细地观察它的古怪举动——比方说，他曾用精当的语言把它跑起来笨拙的样子比作一只"无忧无虑的乌鸦"。格里普的死导致狄更斯给朋友们写了一系列滑稽逗乐的信，在信中他非常详细地讲述了这只鸟的一生："钟敲了十二下的时候，它显得略有些焦虑不安，但很快恢复了平静，沿着马车房走了两三次，突然停了下来开始大叫，跟跄了几下，然后叫了一句'哈喽，老姑娘'（他最喜欢的一句话）便死了。从始至终它都表现得相当坚毅、平静且沉着，这真是让人太钦佩了。"诸如此类；不正经一直都是狄更斯的一大恶习。但还有更棘手的家事。他的家人仍是他的一大负担，而且在之后的日子里也一直无法甩开；他刚给想去新西兰当工程师的弟弟阿尔弗雷德写了一封推荐信（事实上他是狄更斯的弟弟之中唯一一个稍有些名气的）。但真正的问题是他的父亲，因为狄更斯到这个时候才意识到约翰·狄更斯不仅继续在德文郡过着挥霍无度的生活，还在一直仿照儿子的签名，或是用儿子的名字为债务担保。我们不难想象狄更斯对这一消息的反应；他把他送到艾凡顿就是为了避免发生此类不负责任的事情，但他父母可怕的阴影——多年前，他们送他去那间黑鞋油作坊的时候第一次显现出来——现在再一次笼罩着他。于是他当机立断，在伦敦所有的主要报纸上刊登了一则公告，声明"有些姓或者自称姓我们上述委托人姓氏的人"一直在骗取贷款，并且说明查尔斯·狄更斯将不对任何以此方式产生的债务负责。这是他能想到的最公开的方式，来和自己父亲保持距离。他拒绝当面和约翰·狄更斯说话，并通过律师要求他彻底离开英国，拿固定的养老费在欧洲大陆定居下来。事实上，不知是什么原因，约翰·狄更斯和妻子仍然在艾凡顿住着，但这整件事只是让父子间的敌意越来越深了。

他此时又开始了《巴纳比·拉奇》的创作，小说开头的一些情节都是围绕着父子之间的矛盾展开，并且子女反抗这一主题对整部小说的情节发展起着至关重要的作用，这也就不足为奇了。当然，从一开始签订写这部小说的合约到现在，他在心里酝酿这部小说已有五年之久，而且毫无疑问小说的公众主题——1780年的公民暴乱——依然强烈地吸引着他。他已经完成了大部分的调查工作；主要的史实记载他早就读过了，为了准确详实起见，他甚至连一些不太沾边的材料也早就读过了。他有一本瓦尔特顿《博物学随笔》①，在关于渡鸦的一章边上，还有他用铅笔做的标记。尽管《巴纳比·拉奇》是一部"历史小说"，但和其他所有优秀的历史小说一样，它关注的实际上还是其所处的时代。比方说，他对在大街小巷里寻衅滋事并放火烧了纽盖特监狱的伦敦暴徒很感兴趣，而当时正在进行宪章运动，且宪章派似乎即将发起一场类似的公民反抗，这一点必定让他的兴趣膨胀了不少。需要牢记的是，1832年的改革法案丝毫没有改变广大雇佣劳动者的境遇，这些人依然拿不到工资，也没有人替他们说话。1837年是经济大萧条的一年，不景气的经济形势到了三十年代末才真正得以缓解，正是在这种形势中，人们对1832年政治改革的失望演变成了一系列"宪章"要求——这些要求包括男性普选权、无记名投票、议会议员应有报酬、废除（为取得议员资格而应具备的）财产资格条件、选区平等和年度选举。而公众对《新济贫法》的憎恨和对工厂改革的强烈呼声又进一步推动了这些要求。就后两项——或许甚至包括那些与议会相关的要求——而言，狄更斯显然很同情支持不满的工人阶级发起的攻势，同样，他显然也在试图将那些人的故事加入到自己的小说中，那些觉得自己在这艰难岁月里频频遭受"制度"忽视的人们。

于是，随着这个故事渐渐占据了他整个思绪，他便开始在伦敦四处闲逛"寻找一些可以作为素材的画面"。他一直都对伦敦的历史本质——那种充满了肮脏和苦难的时代气质——很感兴趣，他能以此将自己的过去和这个城市的过去联系起来。而在最初创作《巴纳比·拉奇》的那几周里，他走访了"最悲惨、最贫困的街道"，去寻找能打动自己的画面。他还去监狱见了一个名叫威廉·琼斯的犯人，此人被指控非法闯入白金汉宫，而且大多数人都认为他"脑子不正常"；毫无疑问，狄更斯来访期间，他便在无意之间摆好了姿势，供狄更斯绘制巴纳比的肖像。

---

① 瓦特顿，即查尔斯·瓦特顿（Charles Waterton, 1782—1865），英国博物学家，现代史上的第一个自然保护主义者。他是一个真正的怪人，戏称自己是"最平凡的人"（the most commonplace of men），跟昆虫说过话，跟蛇打过架，骑过短吻鳄，还像猴子一样生活过。曾做出过许多科学贡献，其中一个较有名的贡献就是将"箭毒"这一宝贵的药材引进到了欧洲。著有3卷《博物学随笔》（Essays on Natural History）及畅销不衰的《南非漫步》（Wanderings in South America）。加拿大的瓦特顿湖就是以他的名字而命名。

事实上，狄更斯在一周内至少去了两次监狱——另一次是去见一名裁缝，据说这个人的智力有些"摇摇晃晃很不稳定"，而且经仔细观察，狄更斯发现他也可以成为巴纳比的原型。狄更斯就这么看着自己想象中的角色在自己眼前活了起来。

他写完前三期之后便停了一周——他说，他觉得有些"犯懒"——但那之后又开始认真地写起来。对他来说，从没有任何真正意义上的休息。只要他试图写作，伦敦的生活就会变得比任何时候都要让他觉得不堪负荷；总是有各种晚宴和聚会，总是有人试图让他担任这样或那样的职位。比方说，正在这时，他获得了"下议院宣读议员候选人资格"，但他拒绝了这一机会，主要理由是自己没有钱竞选议员。与此同时，他还忙于一个在捐赠款基础上建立一家中产阶级疗养院的项目。可是，这样的职务占用了他太多的时间，他自己无疑也非常愁眉不展（他自己承认这一点），并急切地想要从中脱身。于是，他又一次想到了布罗德斯泰斯，并着手进行洽谈，准备当年夏天在那里租下另一幢房子；同时，他还接受了当年春天向他发来的一个邀请，这个邀请建议他去访问爱丁堡，这样就能在那里享受到公开的欢迎和招待。他回信给一位苏格兰的朋友说，"我无论如何也不会拒绝他们或他们中的任何一个人想要对我表示的任何称赞。因此我要说，请放开手筹备"各种晚宴或典礼。他也想到了凯瑟琳，她的老家就在苏格兰，于是为期三到四周的访问计划很快就订好了。和以往一样，一旦计划安排妥当，他就会迫不及待地想尽快加以实施。"我期待的心情就像站在最高的悬崖之上，"他写道——不过这段时间，他一直都在抓紧创作《巴纳比·拉奇》，想在出发之前写得越多越好。而且他的确写得很快；6月初，他在六天内写完了四章，平均每天两万三千字。

6月19日，他和凯瑟琳动身前往苏格兰，一路上既坐了新修的铁路也坐了马车，总共花了约三天的时间。本次旅行的第一个行程便是参加在爱丁堡专门为他举行的一场公开晚宴，正如他多年后所说的，这次晚宴是"自己有生以来受到的首次公开褒奖和鼓励……"事实上，这是一个非常惊人的重大场合，一位观众注意到这位"个子不高、身材瘦小、面色苍白，看上去有些孩子气的人"抵达沃特卢厅时受到了异常隆重的欢迎："我觉得他进门时响起的雷鸣般欢呼声像是要把他淹没了似的。"另一位客人注意到他"脸颊上的胡子修得像一个喜剧演员一样，戴了黑色领结却没有领子盖住，衣服是时下的流行款式，衬衫前胸设计繁复，整一身行头华丽显眼"。他坐在主桌用餐，主桌设在台子上，比其他桌都高出一截，连他自己都觉得这很奇怪——像他这么年轻的一个小伙子，居然有那么多年长的知名人士专门赶来、围绕在他身边、向他表示敬意；"我觉得，看到这么多灰白头发的人围着我这松垂的棕发，真是太不寻常了。"这就是那个创作出了《匹克威克外传》、《奥利佛·退斯特》和《老古玩店》的人，而他还不到而立之年。晚宴过后，凯瑟琳·狄更斯和其他女士抵达宴会厅的楼座来听演讲。笔名为克里斯托弗·诺斯的杰出作家约翰·威尔森教授站起来，提议为狄更斯的健康干杯，并说他们特意来"向这位在这一领域中胜过在座所有的人表示敬意"，这一观点引来了"热烈的欢呼声"，报纸上是这么报道的；威尔森继续往下说，他评价了狄更斯的"非凡创造力"并说他"也许是当今世界上最受欢迎的作家"。

事实上，在某种意义上，狄更斯正在变成一件公共财产。他获得了爱丁堡市荣誉市民权；当他偶然走进当地一家剧场，"所有观众都不约而同地起立向他致敬，而管弦乐队里的乐师们也开始演奏起《查理，我亲爱的》那漫不经心的调子，奉承得巧妙而又恰到好处"。但是，就连他在记录自己所获成功的时候，他也想要回到熟悉的环境中，回到家里和朋友身边。"看在上帝分上，请准备好接待我们回家，"他提起"自己回德文郡排屋"那期待已久的日子时这么对福斯特说，这是表明狄更斯渴望回到自己那个大家庭温暖怀抱中的又一个迹象。在"看在上帝分上"一词里，我们可以觉察到，他即使是在这种享受成功喜悦的时刻也极其渴望温情。这是他在爱丁堡出席各种晚宴和招待会的时候。这是扮演著名作家这一角色的时候。但他没有时间顾及一些事情：很奇怪的是，他居然没有陪凯瑟琳去参观她在爱丁堡出生的那幢房子。

他于7月中旬一回到伦敦就立刻开始创作《巴纳比·拉奇》中那些有关暴乱的重要情节；他写得很快，十二天里写完了六章，然后就和家人出发前往布罗德斯泰斯。他再次邀请朋友们去和他们同住，而且在给麦克利斯的一封奇特的信中，狄更斯暗示这位画家也许想要"拜访"一下马尔盖特的妓女——"我知道她们住在哪儿"。但他自己却把注意力都投向了小说的创作。"我现在创作情绪高涨，"他说道，不过这也许只是他给自己加油鼓气的方式：他此时已经知道，自从《老古玩店》结束连载以后，刊登了新小说的《汉普雷老爷的钟》销量明显下滑，现在每周大约只卖出三万册。此外，杂志本身的制作成本太高昂，到现在也根本没有真正赢利过。这无疑是一直以来对狄更斯十分慷慨的出版商查普曼与豪尔急于想要和他商谈一本新小说的原因，这部计划中的小说将以每月出分册的形式出版，从下一年春天开始发行；他们知道，这种经时间证明的传统方式至少能保证销量。

狄更斯北上来到伦敦和福斯特商量这件事；和以往一样，他来得很早，在福斯特的住处林肯律师学院广场周围顾自踱步，突然间脑中闪现一个念头，一半是灵感一半是恐惧。他突然想到自己又虚弱又穷困的样子：他似乎总是会有一种不理性的恐惧，害怕自己黔驴技穷、江郎才尽。他的作品已经连续五年出现在读者面前。他甚至还想到了《巴纳比·拉奇》销量差和自己的创作疲劳或读者对自己的审美疲劳有一定关系。不管是什么原因，总之他当场决定是时候"停手了——整整一年不再写任何东西，一个字都不写——然后以一部三卷本的完整小说重出江湖……让世人再次为之热血沸腾"。当然，这部三卷本的小说，至少对他来说，是一种非常新颖的形式：想到这一前景，狄更斯几乎一下子精神焕发。他向福斯特解释了自己的提议——就算狄更斯本人在场，福斯特也还是会充当中间人——然后福斯特在晚餐时向查普曼与豪尔解释了这一计划。两位出版商十分惊讶，尤其是因为狄更斯想要他们提前为他"歇工"那一年提供资金，何况他为从理查德·本特利那里买回自己的版权和合同已经欠了他们三千英镑。可狄更斯的意志不是随便就可以违逆的，在一番商谈之后，他们最终还是同意了这一新提议。他们将再支付狄更斯一千八百英镑，好为他那赋闲的一年时光提供资金，而他将在来年春天用一部小说回报他们（事实上，他之后马上意识到，要是回到旧的月刊形式，每月写一期对他来说更安逸，因为如果创作一整部三卷本小说，他就必须得在接下来一年中全部完成）。换言之，他换得了一段暂时的自由，不用承担任何职责，而代价只是欠查普曼与豪尔更多的债。但即将获得的自由让他欢欣鼓舞，尽管当时还在《巴纳比·拉奇》的创作之中，他还是带着一种"节日喜庆的"心情回到了布罗德斯泰斯。"我刚刚举着火把冲进了纽盖特，"他告诉福斯特——他是指小说里暴民们攻占这座伟大监狱的场景——一周之后，"我把纽盖特里的所有囚犯都放了出来……我觉得自己工作的时候烟瘾非常大。"毫无疑问，随着通过写作间接体验到的激愤突然爆发出来，他的烟瘾也越来越大。在这些时候，他自己就成了暴民，而小说中火烧伦敦的场景也是他所有小说中最非凡的一幕。我们可以感觉到那背后狄更斯收集素材的那种热切之情，就好像在对历史的追寻中他也在探寻他自己的秘密——他那神秘的自我；同样道理，我们也能在他满腔怒火的文字中感觉到他在伦敦的大街上——在他的想象中都浸染在一片血色之中——散步时心中的那种轻快活泼。但是，但是……一年空闲时光的前景开始影响到他；他自称自己变得"懒散得吓人"而且每卷《巴纳比·拉奇》都是赶着印刷的时间才写出来的。

他心里也想着别的事情，因为最近以来他一直都在反复思忖着访问美国的念头。起初，他的想法是给《汉普雷老爷的钟》或者一本小册子写一系列关于美国游记的文章；那几年，许多英国知名人士都对美国生活做了大量的描写，但狄更斯无疑认为自己或许能给这一块市场提供一些新颖的东西。他对这个想法一直念念不忘，而来自美国作家华盛顿·欧文一封过分恭维的信似乎起到了决定性作用——欧文告诉他"如果他去，整个美国从西海岸到东海岸都会陷入一片狂喜之中，而这将会是世界上绝无仅有的成功"。但他还是遇到了一些问题，最主要的问题是凯瑟琳不愿意去，她不想丢下孩子们不管。毕竟沃尔特才九个月大。每次狄更斯提到这件事她就"凄凄地哭"。但他不是一个会让家庭因素成为自己绊脚石的人，9月19日，就在他向福斯特提出这一计划的第六天，他最终做出了访问美国的决定。于是，他马上陷入了"充满期待的激动和忙碌"之中，每次制订了什么计划，在实施之前他总是这样；"他和往常一样焦躁不安，"福斯特写道，"直到所有困难都解决了才能消停。"在这个节骨眼儿上，最大的问题还是凯瑟琳。她还是犹豫不决，于是他就叫麦克雷迪写信消除她的疑虑，因为他去过美国，而且他的美国之行和狄更斯正在策划的这一个十分相像。狄更斯还是不确定要不要带上孩子，而所有这些准备阶段的问题"对像他这样性情的人来说，真是让人寝食难安，要是不明确定下来根本无法安心生活和工作"。不知怎么的，凯瑟琳改变了主意，最终还是同意了；毫无疑问，是狄更斯自己那高度兴奋的不耐烦和急躁状态让她踏上了这趟自己并不情愿的旅程。因为在他心目中，这次旅行已经成了"有迫切必要的事情"，就连妻子的泪水都无法改变。夫妻两人商定，孩子们应当留在伦敦，由他弟弟弗雷德照管，而凯瑟琳的女仆安妮·布朗则陪她横穿大西洋。事实上，凯瑟琳最终面对这件事时平静得多了，尽管到这时候狄更斯都没有确切告诉她他们会离开多久。也许是因为好几次她还是有些犹豫不决——"我看见过她（十分凝重地）盯着大海，但什么也没说。"需要指出的一点是，尽管在之后问题更多的岁月里，他会说一些含沙射影的话批评妻子，但此时是他劝她把孩子们留下的。不过就算他还在迫不及待地准备美国之行，他都已经在想象中期待从那里重新回到祖国和朋友怀抱中的喜悦之情了。他在9月底告诉福斯特，在他踏上轮船三个月之前，"我就已经在数着出发和回家之间的日子了。"真是古怪，他的朋友们肯定会这么说。

就在从布罗德斯泰斯回伦敦之前，他和福斯特以及凯瑟琳还动身去了一趟罗彻斯特，时间不长，但就是在那儿他身上突然开始剧痛，是一种瘘的前兆——那是直肠壁上的一个开口，许多疤痕组织淤结在此。他最近才开始直肠痛，并认为是自己一天大部分时间都坐在书桌前的缘故。而且他似乎还在《巴纳比·拉奇》的一个小片段中回忆了这种疼痛，他将梦中人体的疼痛感描写成"一个鬼魂，没有形状、轮廓或有形的相貌；四处弥漫……"这一病痛变得越来越严重；他和凯瑟琳回到伦敦，三四天之后做了一场手术，由费雷德里克·萨尔门主刀，一个在这一人体领域十分出名的医生，十三年之后他出版了《直肠狭窄实践论》。就算主刀医生那么能干且富有经验，也无法减轻手术的痛苦，这是毫无疑问的。

此时，狄更斯正在一丝不苟地为他的美国之行做精心准备。他各种各样的美国旅行参考手册，加起来大约有二十七本。在他出发前几周，一位美国记者前来采访他，这位记者注意到"他的书房里堆满了马里亚特、特罗洛普、费德勒、豪尔的书以及其他有关美国的游记和书籍，而且一张张色彩十分鲜艳的美国地图也显得格外耀眼……"在这些鲜亮的地图环绕中，这位小说家说了一句典型的狄更斯式的话："我能用火红的俄亥俄州点燃我的雪茄。"不过1841年的最后一个月，即狄更斯和妻子出发前的那个月，十分平静。毫无疑问，他写完了手中的小说，给汉普雷老爷的钟上好了发条，然后和亲朋好友们一起在外吃饭聚会。最后一个礼拜，他特别想和自己的孩子们一块儿度过，毕竟他们将六个月见不到自己的父母，但他也拜访了麦克雷迪和其他朋友们，跟他们一一道别。这些见面一定让他非常难受，因为他和任何人说"再见"都有种根深蒂固的反感，就连那些和他最亲近的人也是；这也许在一定程度上是他在感受最深切的场合中所表现出的情感上的拘谨，但这也委婉地表明了他对疏远和分离的恐惧，那是他在小时候就强烈体会到的恐惧。

1842年，新年的第二天，在福斯特、弟弟阿尔弗雷德和姐姐范妮的陪同之下，查尔斯·狄更斯和凯瑟琳·狄更斯从伦敦出发前往利物浦。他们将登上"布列塔尼亚号"，一艘载重量一千一百五十四吨，载客量达一百一十五人的蒸汽轮船，开始这一次航程。《游美札记》是关于他此次旅行的作品，但此时此刻，他就已经在构思了，在这本书中狄更斯想象了一个栩栩如生的出发场景。"大家又欢呼了三声；第一声欢呼还在我们耳边回响的时候，轮船就像一个刚刚活过来的钢铁巨人一般有节奏地震动起来；那两个巨大的舵轮也开始猛烈地转动起来；而这艘雄伟的轮船，迎风破浪，在一片飞溅的浪花水沫中骄傲地往前驶去。"查尔斯·狄更斯正向美国进发。

十三

　　这并不是一趟一帆风顺的旅程。一位同行的游客画了一幅狄更斯站在"布列塔尼亚号"甲板上的素描；他似乎戴着一顶便帽，双手深深地插在外套的口袋里；他看上去有些愁容满面。他也许真的有些忧愁。他的晕船症状总是很严重（直到过了许多年，他用意志力逼迫自己忍受那些症状才不晕船了），头两天一直待在船舱里。海面上一直波涛汹涌，航行了五天之后，这艘小蒸汽船便遇上了巨大的风暴——"想象一下，天空一片黑暗、风狂雨骤，那些可怕的乌云同海浪达成了一致，在空中又造出了另一片海。"这是狄更斯自己在《游美札记》中的描述，他又接着描写了"布列塔尼亚号"，"……她停了下来，在海面上跟跄、颤抖，好像吓呆了一样，然后随着心房中一阵猛烈的跳动，她像一头巨兽让刺棒抽得发了疯似的向前猛冲，快要被愤怒的大海抽得筋疲力尽的她伤痕累累、精神崩溃、往前横冲直撞……"也许这些段落和他幼时读过的旅行奇遇经历有关，但是，尽管其他游客关于这一趟旅程的记忆并没有这么骇人，他们毫无疑问可能——只是可能——经历了一场风暴让他们命悬一线。凯瑟琳"差不多都给吓得魂不守舍了"，她自己写道，"而且要不是我亲爱的查尔斯，要不是他的善良亲切和沉着冷静，我真是不知道该怎么办了"。

　　他们的目的地是波士顿，船一靠码头停下，一大群编辑和记者就冲上船想要一睹狄更斯的风采并采访他。他还穿着自己那件厚呢短大衣，当凯瑟琳温柔地劝他换身衣服时，他回答说既然他们已经到了"大西洋这一头"就不必拘泥于这种俗套礼节了。记者们一下子抓住了他，争相握他的手，记下他说的话，仔细打量他的外貌，多亏画家弗朗西斯·亚历山大——狄更斯之前曾答应坐下来让他给自己作画——把他解救了出来，并带他去了特雷蒙特大酒店。在等着见他并欢迎他的人群中，有一个人注意到他"飞奔着跑上酒店的楼梯，一跃跳进大厅。他看上去十分好奇，也非常激动，那种活力我从没在任何人身上见过"。然后，走进穿堂的时候，他还用旧时童话剧里一句话同好奇的旁观者打招呼："我们到了！"那天晚上，他在酒店里和马尔格雷夫伯爵一同用晚餐，马尔格雷夫伯爵也乘坐了"布列塔尼亚号"；那是一个月明冷峭的夜晚，大约午夜时分，他们两人又出了酒店来到波士顿的大街小巷中。一个名叫詹姆斯·菲尔兹的男孩——后来成了狄更斯好友，两人关系十分密切——和许多人一起看着狄更斯并跟着他首次参观了这个镇子；他记录下了当时的情形：他"裹着一件长而厚的毛皮大衣"并"在晶莹的雪地上跑过……狄更斯一边飞快地往前走一边不停地哄然大笑，他读着路边商店上挂着的招牌，观察着这个新国家的'建筑风格'，而他则像从云端坠落似的来到了这个国家"。

　　狄更斯在美国参加的一个重要公共活动是2月1日晚由"波士顿青年同盟"为他举办的晚宴。这并不是第一个向他表示敬意的公共晚宴（我们已经知道，爱丁堡有幸获此殊荣）而且必然也不是最后一个，但在某些方面是一个典型的19世纪惯例化社交娱乐活动。因为这次活动非常漫长：晚宴从下午五点开始，一直进行到了凌晨一点，而且除了晚餐本身，还有冗长的演讲，其间穿插着搞笑或不搞笑的歌曲，因此整个活动有了一种舞台表演的欢乐气氛。席间，此次庆典的主席站了起来向他们的贵宾致意，并评价说"这位横穿大洋的年轻人，没有世袭的头衔，没有军人的荣誉，没有丰厚的财产；但他的到来却受到了举国上下的热烈欢迎，不论男女老少、富贵贫贱……"这段话强调了狄更斯并非贵族甚至有些低微的出身，但这恰恰点明了狄更斯此行想要和美国人民结下的那种关系，轮到他讲话时，狄更斯突出展现了他天赋中可以称作民主或平等主义的那一面。"我认为，"他说，"不论德行是穿着破布衣服打着补丁还是披着华美精致的王袍，一样都是德行。"换言之，他把自己塑造成了这个国家及其信仰的一位非官方桂冠诗人；毫无疑问，在此阶段，四处受到欢迎宴请的他觉得自己和这个新的国度存在共鸣之处。但这种共鸣并没有持续很久，在这第一篇重要演讲中他就发出了警告信号，他谈及了国际版权的问题，委婉地暗示美国出版商和杂志普遍存在侵犯自己和其他英国作家作品版权的问题，而且从没有做出任何赔偿。他在来访之前并没有提过这一话题，但一来美国就提及，这就说明这个问题一直压在他心头；之后他非常愤慨地否认这是他美国之行的主要目的，但他之前没有向任何人提起过该话题这一点，这只能说明他非常慎重，不愿提及从美国赚取更多钱的可能性，怕显得自己唯利是图。这当然不是美国人想从这位年轻而伟大的小说家嘴里听到的消息。

在《游美札记》对波士顿的描写中，狄更斯没有就自己受到的接待发表评论，反而，他详细描述了劳拉·布里奇曼的故事，这是他在波士顿一所盲人学校里遇见的一个女孩儿，她又聋又哑又瞎；或许这真的很奇怪，在他如此风光得意的时候（他在英国受到的待遇完全无法和美国相提并论），他居然会把目光转向一个年轻姑娘的苦境，关注她从埋葬在黑暗无声世界中的灵魂深处想要获得交流的苦苦挣扎。他在演讲中，还经常提及小奈尔所经历的不幸。这就好像，在这些盛大的巡游中，他觉得有必要通过同情支持一个遭受苦难的孩子来保持一颗安静的心。他会觉得，这是一个和他童年时一样的孩子。

事实上，《游美札记》和他在美国的大部分行程都和一样东西有关，或许可以将其称之为"美国生活中令人悲伤的社会公共机构"：即精神病院、囚犯工厂、监狱、孤儿院、盲人学校。当然，在其他游客对美国的描述中，这些也屡见不鲜；在这个对政府和社会福利的论战永无止境的新时代里，各种公共机构都处于当代辩论的中心。的确，在一个社会转型的时期，这些地方就是检验国家进步的标准。在英国，对各种政府管理控制形式，尤其是对监狱和精神病院的十八世纪观念才刚开始渐渐由有时更加"精简化"有时更加人性化的激进主义和功利主义手段所取代。但美国可以说是从一开始就进行了这一试验，而且从狄更斯的描述，尤其是对波士顿社会福利机构的描述看，很明显他认为自己目睹了一个更加有效且现代化的公共监护形式。他在那儿看到了公共福利的未来，而且它很奏效。

他们在波士顿待了两周，然后于2月5日星期六乘坐了三点的火车前往伍斯特；据几位目击者说，一大片人群沿着铁路线等着，想要瞥一眼"博兹"的尊容；火车进站或出站的时候，人们会把头探进火车车窗问："狄更斯先生在这里吗？"每到一站，人们都会蜂拥着挤向火车，就为了看一看这位著名的小说家。他们在伍斯特度过了周末，所有的时间都排满了那种典型的宴会和招待会。就是在这儿，马萨诸塞州州长在和狄更斯谈到波士顿人时问道，"你会不会觉得他们说话有些杂？"所谓杂，他的意思是，他们的口音是不是听上去不舒服？狄更斯回答说，"不好意思。你说什么？"花了好长时间才有人给他翻译，但在那个问题里——"你说什么？"——我们可以觉察到狄更斯对美国人说话方式的着迷，因为这种语言对他来说是那么熟悉却又那么陌生。他注意到"也许吧？"可以是一句回答别人的习惯用语，而"是吗？"可以用作一句简单的疑问句，"你从哪儿来？"意思是说"你在哪儿出生的？"狄更斯对古怪的说话方式有着敏锐的洞察力——对19世纪三十年代伦敦东区方言的语音分析表明，山姆·维勒说的话对土生土长的伦敦人来说，听上去非常准确、自然——而且他积攒下了所有这些美国英语表达法，供今后使用。但就算在这个时候，他也忍不住想要模仿它，在写给福斯特的一封信中，他用了一些典型"美国佬腔"的词儿和说法——"……真是把人搞得筋疲力尽，那可不是骗你的……"

他们终于抵达了纽约，这个城市可是把狄更斯迷得神魂颠倒；他从自己在百老汇大街的酒店房间向外望去，眼前的景色和伦敦很相似，但却不知怎么的，就是比自己的城市更加活泼生动、多姿多彩。这儿有公共汽车、出租马车、四轮大马车、敞篷轻便马车，但在车流中全是满大街溜达的警察。橱窗里的菠萝和西瓜。保龄球馆。保龄球球道。地下室里的牡蛎餐馆。身着亮色裙子的女士们。嗡嗡声。恶臭。城市纯粹的活力。事实上，他很快将亲身经历这种活力和娱乐活动，因为派克剧院即将举行一场名为"博兹舞会"的大型活动。剧院本身已经改造成了一个舞厅，有华美的大吊灯、窗帘和枝状大烛台；墙上都蒙着白色平纹细布，其间点缀着巨大的大奖章，每一枚都代表狄更斯的一部小说；中间是狄更斯的一幅肖像，头上盘旋着一只雄鹰，鹰嘴里叼着一顶桂冠。舞台加宽了，变成了一种中世纪的布景，而且在约三千人面前，有舞曲表演，之间还穿插着静态舞台造型，展示他小说中的一些场景。事实上，狄更斯似乎非常享受这一异常隆重的赞美之礼，他一直在和妻子跳舞，直到跳累了才和妻子溜了出去，悄悄回到了酒店。现在，他终于亲眼看见自己有多么出名、多么成功了。

但他身子有些不舒服；他躺回床上去的时候喉咙很痛，接下来三天都没出过酒店。这病到底有多严重，以及他有多需要休息，都不得而知。毫无疑问，尽管他热爱交际，总是需要朋友的关爱和陪伴，在许多方面他还是一个完全孤僻且自闭的人。他需要一个人独处的时间；当然少不了写作的时间，但他也需要自省的时间，就像他自己说的那样，通过自省他能"更好地了解自己的感情"。那个与世隔绝的男孩现在成了这个与世隔绝的男人，而他需要那种与世隔绝，不管多短暂；他紧紧抱住那种一个人的感觉，就好像在自我封闭中他能做回最真实的自己。但是，在这里，他几乎一刻都不得休息，也不得清静；"一切都展现在公众面前，毫无个人隐私可言。"他痛苦地叫道。据说，他讨厌"让自己抛头露面，像公开展示一样供人围观"。他极害怕的一件事情就是像我们将在后面描述其种种梦境和臆想的文字中所看到的那样，成为世上的一个物件：奇长的项链上千万颗珠子中的一颗珠子，数条项链中的一条项链，多样东西中的一样东。这正是现在发生在他身上的事儿。不管他抵达哪一个火车站，人们都会透过车窗望着他，"那种冷淡的表情就像我是一尊大理石雕像一样"。他还受到了别的侮辱。"如果我走到大街上，就会有一大群人跟着我。如果我待在屋里，来访的人就会把屋子挤成一个集市……晚上我若是去参加聚会，人们就会里三层外三层地把我团团围住，我站到哪儿人群就跟到哪儿，把我围得筋疲力尽，喘不过气来。我要出去吃饭，就得一直跟别人说话，见了谁都得说，什么都得说……我没法从火车站里出来，也没法好好喝一杯水，只要我一张嘴，就总会有上百人的目光跟长了脚似的往我喉咙里钻。"

当然，就算考虑到这些令人不适的方面，任何人受到如此欢迎都不可能一点儿都不感动。"他们很友好，"他这么评价美国民众，"诚挚、好客、善良、直率、大多数热衷于社交、热心肠且热情洋溢……他们要是非常喜爱一个人（我斗胆认为，就我而言），就会全身心地热爱他……国家是其人民的家长，给所有穷困的孩童、孕妇、病人和囚犯提供一种家长式的关怀和看护。"他也在此次旅行中结识了一些朋友，他们关系极为密切，这种友谊维持了一辈子。查尔斯·萨姆纳，是反奴隶制阵营的领袖之一；大卫·卡德瓦拉德·寇登是一位慈善家；乔纳森·查普曼是波士顿的辉格党市长。他和科尼利厄斯·费尔顿建立起了尤其深厚的友谊，此人是哈佛大学的希腊语教授。他在英国一般不会结交这样的朋友，但费尔顿和英国的那些教授截然不同；他和狄更斯一样，也出身贫寒，通过自己的勤奋努力一步一步取得今天这样的成就。这是他最喜欢的那种美国人——波士顿人（除了寇登，他是纽约人），白手起家的人，自由开明、彬彬有礼、宽宏大量。

3月5号，他们从纽约出发来到费城。狄更斯下定决心不再参加任何公共活动，不过他那些东道主态度热切而坚决，先发制人，阻止了他这一企图。当地一位政客在他们抵达后会见了他们一行，并询问自己可否将这位著名作家介绍给几位朋友。狄更斯同意了，当然心里有些不耐烦，结果第二天的报纸上就登出了一个公告，说他会在某个特定时间"会见民众"。普特南①在自己的记录里描述"那一刻，酒店前面的大街上挤满了人，而酒店里的大堂和走廊里也都挤得水泄不通"的景象。狄更斯非常气愤，但如果这时候通知说自己取消这次见面也许会激起一场暴乱，所以只好答应见大家。他站在酒店的会客厅里，在接下来的两个小时里和排成一条人龙的费城民众一一握手。一位记者注意到，他只是"无力地握一下伸过来的手，然后就松开放下"，不过普特南自己却记得"他一直摆出滑稽的笑容……这事儿也有它搞笑的一面"。

　　从费城出发，他和凯瑟琳又继续前往华盛顿。从这个时候开始，他想以一个普通人身份旅行的决心在一定程度上得以实现；而且，有关他的新闻报道从这天往后就变得越来越少了，不过这有可能仅仅是因为他的"新鲜价值"此时已经差不多消失殆尽了。但无疑还有许多人没有见过这位尊贵的来客，比方说，他受到了泰勒总统的接见，他一见到狄更斯就说："我真没想到您这么年轻，先生。"他还参加了总统为他举行的招待会，在招待会上，他又一次成了万众瞩目的焦点。据一则报道所说，他在宾客间走动，那效果就跟在一群鸡面前丢了一把谷子一样。就在首都出席一场私人晚宴时，他收到消息说从英国来了一封他期待已久的信：他在注意礼节的前提下尽早离开了晚宴，急忙赶回了酒店。凯瑟琳正在等着他回来再把信打开，这说明她真是十分顺从或者说是自我牺牲，他们一起读信，一直读到了深夜两点。

　　他们的美国之行到现在才真正开始。从华盛顿出发，他们来到里士满；狄更斯特别想参观当地的烟叶种植园，想看一看一个"实行奴隶制的州"。接着，他们从里士满回到华盛顿。又从华盛顿来到巴尔的摩。然后，狄更斯一行人又从巴尔的摩乘坐邮车前往哈里斯堡——他原本以为邮车顶上有一个包裹，结果发现那是一个小男孩，一路都坐在车顶上看着瓢泼而下的大雨，他对狄更斯说："喂，外地人，我猜你发现这天呀，差不多跟英国的下午差不多了吧，是不是？"狄更斯一直很喜欢小男孩，尽管他总是假装不喜欢，他还在关于这个小插曲的信中说道，"我

---

① 乔治·普特南，狄更斯在美国的旅行秘书。

渴望得到他的活力。"车子穿过了一座有顶的木桥，在里面跑了好一会儿，尽是车轮的辘辘声和回音，让狄更斯觉得这仿佛是一场梦境中的旅程。他们在哈里斯堡登上了去往匹茨堡的运河船——在那些闷臭肮脏的四人共用卧铺里，所有人都往地上吐痰，也没有人洗漱，当然除了狄更斯和他的同行以外。"我没有抱怨，也没有显出一点反感之情。到了晚上，大家都觉得我非常滑稽逗乐，因为我和身边的每个人讲笑话，直到我们都睡着。"

于是他们到了匹茨堡，在这里他又一次遭到人群的包围，并被预料中或意料之外的来访者打扰，弄得他晕头转向。安妮·布朗和乔治·普特南守在旅馆房间的门口，负责收取名片，然后依次通报每位访客。在其中一次对话中，一位美国人对他见到处于如此不堪情形中的美国而深感抱歉——"商业和制造业一蹶不振，信贷市场瘫痪，而人民的精神也同样抑郁消沉"。狄更斯对这个也很关注，因为两天后，他在写给麦克雷迪的一封信中差不多也表达了同样的观点——"看看这耗尽的国库、瘫痪的政府、与一个自由民族不相称的代表人……"也是在匹茨堡，他遇见了一个许多年前在伦敦结识的英国人；他做生意失败了，现在成了一个肖像画家，狄更斯非常好客，在他们待在城里的那三天，他每天都和他们一起吃饭。

然后，他们又上路了。狄更斯对此次行程的安排，让他们几乎能一直不间断地赶路，而现在他们坐上了蒸汽船，沿着俄亥俄河南下来到辛辛那提市。从辛辛那提他们又乘船继续前往路易斯维尔市，然后继续向他们此次旅行最远的目的地进发，沿着浑浊的密西西比河南下来到圣路易斯。然后又乘坐蒸汽船回到辛辛那提；接着又从这个城市坐驿马车来到哥伦布市，而且狄更斯坐在了他最喜欢的位置——车夫旁边。此时，狄更斯已经看到了所有真正需要看到的（尽管之后在哥伦布市还会有两三次小型远足），也为那本计划中的游记搜集了足够多的材料，他现在整个人都松弛下来，因为想到自己的美国之行即将接近尾声并且马上就能回国了，他的心情也明显变得轻松愉悦起来。他已经安排好乘坐帆船而不是蒸汽船横渡大西洋，并预定了"乔治·华盛顿号"的船票。

但他们首先参观了尼亚加拉大瀑布，狄更斯迫不及待地想听到大瀑布的水声或看见它的壮观景象；鬼斧神工、雄奇险峻的大自然杰作什么时候都会令他神飞九天。抵达车站后，他看见"两团巨大的白色云状物从地壳深处升上来"。突然间，他像发了狂似的想要看见它，于是一溜烟儿地跑到了送游客去大瀑布下的渡船渡口。"我拽着凯特跑下一条幽深滑溜的小道,通向那条渡船;还因为嫌安妮动作不够快而威胁她;我浑身每个毛孔都在流汗……"就好像他自己成了那大瀑布,汗水从体内倾泻而出。一上船,他就看见了大瀑布的尊容:飞溅的水花让人睁不开眼,而轰隆的水声震耳欲聋,他终于离得够近了,眼前的景象比第一眼瞥见的"朦胧中的浩瀚之物"还要壮观。然后他急匆匆地赶回了接下来几天都要在那儿住的客栈,换好衣服后,又赶忙跑出来再去欣赏那奇观;这一次,他去到了下面的盆地,向上望着那从天而降的水帘。"我脚边就有一道绚丽的彩虹,从那道彩虹向上看,我就看见了——宏伟的天堂!好一挂碧水,耀眼炫目……"他在这里再次感受到了内心的安宁,自从他来到美国后,这种奇观和自省给他带来的平静就给夺走了。再也没有人群。再也没有招待会。再也没有好奇的旁观者观察他,打量他,写他的事儿。在这儿,只有"美,不掺杂任何讨厌事物的美",当他凝视着瀑布,并且在接下来的十天里继续凝视它的时候,他开始找回自己那种内在生命的感觉,而在这之前,他在旅途中一直没法感受到。在这儿,他再一次想起了那位香消玉殒的姑娘,玛丽·贺加斯。在他脑海中,她的音容笑貌成了另一种永恒,而且毋庸置疑,他真的相信她的"灵魂"在天上某个永恒之地安息并注视着他。所有这些幻象和联系都让尼亚加拉大瀑布在他心中神圣起来,所以当看到之前来这里游玩的旅客在来宾留言簿里留下的各种不正经或不雅的话时,他简直怒不可遏。"如果我是一个暴君,"他写道,"我会让这些蠢货下半辈子都像猪一样四脚着地生活,让他们在食腐动物为他们专门提供的污秽中打滚……每天早上都得受到鞭挞,他们那些令人厌恶的污言秽语中有几个字母就抽多少下。"不说别的,这至少也恰当地表达出狄更斯有时会爆发出的那种愤怒情绪。

当月底,他们南下回到纽约。不到一个礼拜就要回国了,他们已经满怀期待,为了打发剩下的时间,他们沿着哈德逊河北上做了一次远足,想最后再看一眼这个国家的另一面。他们拜访了一个"震颤派教徒"社区,这是一个宗教派别的一支,而狄更斯明显非常蔑视它;他从来都不是这种极端宗教信仰形式的信徒,而且震颤派给他留下的印象只是不负责任或令人压抑的麻烦。"我真是厌恶,"他后来在《游美札记》中写道,"并且深深憎恶那种恶劣的思想,不论属于什么阶级或教派,这种思想会剥夺生命原有的健康魅力,夺去青年原本天真的快乐,抢走成年人和老年人的荣誉……"他还在他们当中注意到了另一点,那就是他们的虚伪和假仁假义的说教——在那一方面，他对他们的反应同他整体上对美国本身的反感相一致。当然，他的下部小说将围绕这一主题展开也绝非偶然，因为在这几个月的旅行中没有别的人类行为比这更让他印象深刻的了。到处都是伪善的言辞。报纸上的伪善言辞。自封民意领袖的伪善言辞。商人的伪善言辞。一开始还觉得和这个新世界有同感的他，此时此刻会不会在自己心中也觉察到一丝伪善呢？

但美国之行的最后一天最终来临了。1842年6月7日，他和几位更为忠诚的美国朋友一起吃了早餐，然后就和凯瑟琳登上了"乔治·华盛顿号"，准备开启回国的航程。他们带了各种纪念品——其中有两把美国摇椅，狄更斯特别喜欢它们，还有一只白色小西班牙猎狗，狄更斯给它取名叫"汀珀·都兜"，这名字取得就像它是从他某部小说里小跑着走出来的一样。狄更斯选择乘坐帆船而不是蒸汽船回国的原因是，比起淹死，他更害怕烧死。于是，归国的航程中几乎没有发生"布列塔尼亚号"上那些折磨他们的恐怖事件。据狄更斯自己的记录，这趟横渡大西洋的旅程非常愉快而平静；他组织了一个滑稽的小俱乐部，名叫流浪者合众国，然后玩各种游戏自娱自乐——惠斯特牌、象棋、克里比奇牌、西洋双陆棋，还有打圆盘游戏。但他也注意到，那些穷困的乘客一直待在"甲板下面"，待在他们"贫困的小世界"里，而且他还下功夫挖掘出了他们过去的一些故事，就在回英国，回祖国的旅途中。狄更斯离开的这个国家，尽管在那儿结交了朋友也参观了进步的国家福利机构，但他似乎对它只有蔑视，而没有丝毫感情。事实上，他回到英国后，这种厌恶之情反而加剧了；毫无疑问，他一直都在回忆并反思那些无所事事的旁观人群和那些攻击他的报纸对待他的方式。他在那个国家找到了什么？到处都是生意和金钱，金钱和生意，行为举止粗俗无礼，对商业的关心让人感到沉闷压抑。当然，那里有更为开明的刑罚和社会政策，但是却没有幽默。没有笑声。还有报纸权谋；是报纸对他发起公开抨击，也是报纸让他感到最为恼火。从这一意义上说，从美国旅行回来之后，他发生了翻天覆地的变化，尽管他不可能在任何一般意义上反思自己的身份，他回到英国时还是很明显变了一个人，成了一个不一样的作家，和六个月前迫不及待在利物浦登船的那个作家不一样了。之前，他认为一切都是理所当然的——英国、他自己的成功、他的政治激进主义思想——但在美国的经历让他看清了事物的本质，所有那些成就他的特色并赋予他生命的事物。因此，狄更斯的美国之旅真的成了他探索自我的一趟旅程。

十四

1842年6月29日，星期三一大早，"乔治·华盛顿"号在利物浦靠岸了。查尔斯·狄更斯和凯瑟琳·狄更斯终于回国了。他们乘坐火车回到伦敦，然后连夜赶到奥斯纳伯格街，弗雷德和孩子们住在那边。当时才四岁的玛米·狄更斯记得一辆出租马车驶到门口，"还没等停下来，就有一个人影从里面跳了下来，有人把我抱在怀里举了起来，于是我就隔着大门的栅栏亲我的父亲"。他们突然到来的惊喜——家人都以为他们第二天才会到——让小查理突发痉挛；他们立刻请来了艾略特森医生，查理也很快恢复了健康。他说自己"太高兴了"，不久之前，他就告诉过家里的洗衣女工（他的"秘密朋友"，狄更斯这么形容她），说父母回来的时候自己会"激动地颤抖"。但还有狄更斯那个大家庭等着他去拜访。他紧接着去了麦克雷迪家，匆匆忙忙走进去，还没等麦克雷迪看清楚是谁，"亲爱的狄更斯就把我一把抱进怀里，喜不自胜"。然后狄更斯又匆忙赶去福斯特在林肯律师学院广场的家中见他——可是他出门吃饭去了。狄更斯打听到他吃饭的地方，然后让仆人带了条口信，告诉他"一位绅士想要和他说话"。不过福斯特意识到了此人是谁，从饭店里出来，跳上马车，然后开始大哭起来。"维多利亚时代人"的那种坚强和男人的缄默此刻土崩瓦解。

他们抵达伦敦的第二天就搬回了德文郡排屋，家中因为他们回来发生了许多大变动，似乎就是从这个时候开始，凯瑟琳的妹妹乔治娜开始来和她的姐姐、姐夫一起住，帮他们照顾孩子。她成了非正式的家庭女教师，之后还有了"乔治阿姨"的称呼。她热心、一丝不苟且乐于助人；的确，哪个小姑娘不会努力去讨好一个有名的姐夫呢——一个过着她从没听说过的光彩生活的姐夫？或许，更重要的是，她来狄更斯家的时候才十四岁，因此比狄更斯第一次见到的玛丽·贺加斯只小了一点；事实上，他似乎立即就注意到两位姑娘身上的相似之处："……她灵魂中的许多品质都在这位妹妹身上映照出来，"提起玛丽，他如此写道，"以至于过去的时光在某些时刻再次涌现心头，而我几乎无法将它和现实区别开。"这是狄更斯邀请乔治娜来和家人做伴的原因之一吗？若是的话，那眼下还没有理由认为凯瑟琳会对这一决定提出异议。

狄更斯的精力充沛极了，一回来就同时投入了好几个项目的工作之中；他撰写了一则通告，有关美国缺乏版权的问题，并把它寄给了许多作家，同时他又给《考察家报》写了一封信，在信中公开宣称自己永远都不会和美国公司签署出版合同（事实上他并没有遵守这一诺言）。虽然并未担任主要职责，他也参与规划了一个作家联盟或工会，这一项目在当时没有取得任何进展，但后来在他的推动下成功复兴。几周之后，他给《考察家报》写了一封长信，支持艾什力勋爵在《矿山及煤矿议案》中提出的条文规定，该议案旨在禁止矿井雇用妇女儿童。不过，体现他真正主张的是他对那些贵族矿主（尤其是傻头傻脑的伦敦德里勋爵）的抨击，而非对依赖于矿井的工业文明的批判。他在信里只署名"B"，代表"博兹"，但所有熟悉他的人都认出了作者的身份。很明显，一想到孩子们卷入如此危险肮脏的行业他就非常忧虑（他在滔滔不绝地对这些企图阻止该议案的贵族工厂主进行口诛笔伐时，是不是也记起了自己在黑鞋油作坊里的岁月？）但从美国回来后的他明显对自己的名声有了更清楚的认识，对自己作为一个公共人物所拥有的影响力也更加了解了。

没过两周，他开始坐下来记录自己的旅行，并最终将其命名为《普及版游美札记》。他去美国的时候就有写这么一本书的想法，而且也没有理由认为这书销量会不高；要说现在他需要什么东西，那就是钱。需要钱来向查普曼与豪尔还债。需要钱来支撑这个一直在扩大的家庭。需要钱来供养他那个挥霍无度的父亲和似乎无法自食其力的弟弟们。于是，趁着脑海中那个新世界的形象还鲜活，他开工了。开篇第一章是瞄准美国人对他态度不友好——他抵达之前这么认为——的一阵连发炮火；他一写完就把这一章读给麦克雷迪，但这位演员对狄更斯过分挑衅且几乎有些敌意的笔调并不欣赏。"我一点也不喜欢。"麦克雷迪在日记中写道。

事实上，在福斯特的鼓动之下，狄更斯后来还是极不情愿地在出版的书中把这不愉快的一章删去了。英国名人写美国游记在当时自然不是什么稀罕事儿：在《匹克威克外传》中，老维勒先生曾这么说过匹克威克先生："……让他回来，然后写一本关于'美利金[①]'的书，如果他能好好骂他们一顿的话，就能把他所有的花销都赚回来还有余。"就算狄更斯没有真的骂他们，他肯定也让他们感到些许震惊。

其实，《游美札记》在许多方面都是一部关于美国社会本质，尤其是美国社会公共机构本质的严肃论著，而此书最有争议且最关乎时事的部分与美国的监狱管理制度有关。许多人都认为美国是刑罚改革这方面的领军者，而英国的刑罚专家对其"分管制度"尤其感兴趣，狄更斯在费城就亲眼看到过，而且新的本顿维尔"示范监狱"即将引进这一制度。另一种刑罚方法称为"禁谈制度"，在本质上更偏向于纯粹的惩罚；犯人们在磨面机上工作，或是拣麻絮，但不准交谈，十分严格。狄更斯完全支持后一种制度。他认为"示范监狱"对其囚犯太过于宽大仁慈，反而赞扬艰辛无酬的苦力有各种好处。显然，比起依靠道德建设，狄更斯更欣赏依赖惩罚的体制；他在几年后写道："……看见那些死不悔改的小偷、骗子或无赖在机器的踏车上或曲轴旁挥汗如雨，我就觉得称心满意。"

他几乎一回到英国就和凯瑟琳计划着再去一趟布罗德斯泰斯，现在这已经成了他们每年一次的旅程。8月的第一天，他们带着孩子动身前往那处度假胜地，狄更斯在一个假冒的笔录证词里将此地描述成一个"海边冲澡、沐浴或矿泉疗养之地"。他们又住回了阿尔比恩街上的一幢房子，地处海滨、面朝大海，就是在这里狄更斯开始了《游美札记》第五章的创作。整个夏天，他都保持着一周一章的平稳速度；当时报纸上刊登了一封假冒他写的信，信中攻击了他的朋友以及敌人，这件事让狄更斯本身对美国尤其是对美国新闻业怀有的敌意越烧越烈。这封信伪造得很是蹩脚，但有人等着看博兹引起公愤的好戏，这就足以让它登上好几家美国报纸的头版头条。满腔怒火的狄更斯给他美国的朋友们寄了一系列信，谴责这个骗子的丑恶行径，但他除了能在写作中发泄自己的怒火之外似乎也别无他法。值得注意的是，在得知伪造信的消息之后开始创作的这一章里，他再一次对美国人不论什么场合都随地吐痰的习惯表现出了无法容忍的厌恶。不过，他在创

---

① 即"美利坚"，老维勒先生有口音，将Americans念成Merrikins。

作《游美札记》的同时，脑子里也一直反复思考着写一部新小说的可能性。按照他同查普曼与豪尔签订的合约，这部新小说应当从11月开始，但这个时候他似乎对此一点儿头绪都没有。

10月初，全家人回到伦敦的时候，狄更斯差不多已经完成了《游美札记》，就差最后两章没写了。在倒数第二章里，他只是复印了一些剪报，为了让读者能了解美国南部州奴隶制度的可怕现状。最后一章风格很古怪，糅合了语重心长地告诫和滑稽逗乐的评论，这一章也写得很急促，主要是因为一位不速之客占用了狄更斯的大部分时间——他就是亨利·沃兹沃斯·朗费罗。当然还有别的事打断他的工作。激进派作家和杂文集编纂者威廉·侯恩已气息奄奄，只希望能在临终病榻上见一眼狄更斯。狄更斯认识侯恩，他是乔治·克鲁克香克的朋友和合作者，不过近来他似乎一直在一门心思看狄更斯的小说，别的什么都不读，不仅如此，他似乎想在合眼之前和这位作家握握手；对这么感人的临终请求，狄更斯难以拒绝。他的影响力已经大到了连那些要离开人世的人都想见他一面并感谢他的地步。于是他在克鲁克香克的陪同下，专程来看望了一下这位行将就木之人拜访了这位。而就在同一天晚上，朗费罗不期而至，来到了德文郡排屋。狄更斯之前在美国见过他，也很喜欢这个人，而且冲动而又好客的他还和往常一样，向朗费罗发出了邀请，邀请他下次来伦敦时就住在自己家，于是现在他来了。"我现在在狄更斯的书房里写这封信，"他告诉一位同胞，"院子里渡鸦呱呱叫着；而伦敦永无休止的轰鸣声一直在我耳边回响。"朗费罗只比狄更斯大五岁，而且这个时候在英国，他作为一名诗人的名声并不特别响亮。毫无疑问，这是狄更斯称呼他"美国教授"的原因——他从1836起就是哈佛大学的现代语言与文学教授——但他也称他为"最伟大的美国诗人"并非常赞赏他已经出版的那三卷诗集。于是，在接下来的两周里，狄更斯成了他的导游、东道主和社交秘书；他们一起去看戏，和各种朋友一起用早餐、吃晚餐，拜访一些有空的文学巨擘，去乡下远足（罗彻斯特，就不用说了，还有巴斯，去拜访兰多①）。他还带朗费罗去参观了伦敦的"巢居处"，也就是贫民窟，看一看在这个城市更为贫穷的角落里，无业游民和穷人们如何在这些逼仄的小巷、短街和胡同里苟且度日。事实上，有些时候似乎很难

---

① 沃尔特·萨维奇·兰多（Walter Savage Landor），英国诗人、评论家。

区别狄更斯的夜间考察活动和去伦敦动物园或埃斯特利圆形剧场的出行，因为这些时候也有可能进行其他形式的娱乐活动。有一次，他们去伦敦市行政区一个俗称"敏特区"的地方考察，福斯特和麦克利斯也一同去了：那个地方散发出阵阵恶臭，麦克利斯"一走进去就突然一阵恶心犯呕"，于是他只好和警察一起待在外面，这些警察是专门来这个充斥着偷盗等犯罪行为的地方保护他们的。

狄更斯当然更习惯于这种贫穷的气味，因为他对伦敦这个城市的了解有一部分是来自他深入这些地方的所见所闻；在这儿，成千上万的人居住在拥挤不堪的贫民窟或是偷工减料的出租房里，通风不良、卫生条件恶劣。但熟视并不一定就会无睹。跟所有敢于踏入这一块对大多数体面的19世纪公民来说都是未知禁地的人一样，他对自己所看见的一切都感到无比震惊。他也知道，这样的地方无论从哪方面讲都极其危险。威斯敏斯特区、萨瑟克区、柏孟塞区、怀特查佩尔区、罗瑟希德区、圣吉尔斯区，都是一个世界中的另一个世界。狄更斯读过艾德温·查德威克的《工人阶级卫生状况报告》；这份报告可不适合给容易反胃呕吐的人看，查德威克本人是一名彻底的边沁主义社会改革者，他绝不会让所谓的礼仪规矩阻挠自己的良好意图。的确，正是在读过查德威克的报告之后，狄更斯才在匆匆写成的《游美札记》最后一章中强调了卫生改革的重要性。我们之后会看到，一系列重要的主题从这一卫生改革活动中衍生出来，并在狄更斯的小说中找到了自己的位置；不过，这里需要补充一点，从一开始，他就非常关心当时最重要的改革活动——公共医疗卫生的改革。

因为当时伦敦的扩张速度太快了。这个"大熔炉"——狄更斯有时会这么叫它——正在往北向布鲁姆伯里、伊斯灵顿和圣约翰伍德扩展、往西和往南向帕丁顿、贝斯沃尔特、南肯辛顿、朗伯斯、克勒肯维尔和佩克汉扩张。19世纪初，伦敦大约有一百万人口，但到了19世纪末这个数字就达到了四百五十万；据估计，仅19世纪四十年代，大约就有二十五万的净人口移居伦敦。四十年代的一个调查结果发现，在圣吉尔斯区，靠近七面罾并在霍加斯画笔下成为不朽的"金酒小巷"的贫民窟里，两千八百五十个人蜗居在九十五幢狭小破旧的房子里。当时，一个七口之家或八口之家挤在一间屋子里是很寻常的事儿。而且，我们不能认为当时的伦敦是现在我们所熟悉的样子；现在的伦敦很大一部分都是维多利亚时期的人自己后来发展起来的，到那个世纪接近尾声时，这座都市的所有区域就已经旧貌换新颜了。

疾病像晕开的污渍般肆虐。狄更斯有生之年，伦敦共爆发了四场霍乱，而且，除了这些致命的疾病之外，还有周期性、规律性爆发的斑疹伤寒、伤寒、流行性腹泻、痢疾、天花和各种各样仅仅归为"发热"的疾病。1847年11月到12月之间，二百一十万零一百的总人口中共有五十万人感染了斑疹伤寒，对许多人来说，伦敦似乎真的成了《柳叶刀》所描述的一个"万劫城"。首都的人均寿命是二十七岁，而工人阶级的平均寿命仅为二十二岁，1839年伦敦举行的一半葬礼都是年龄不到十岁的孩童。狄更斯总是因为其小说中出现许多孩子夭折的情节而遭到批判，但他只不过是真实地反映现实罢了。每天，他的周围都是已经死去或奄奄一息的人。这是维多利亚时期的伦敦为人们忽略的一面。没有一个伦敦人身上没一点毛病，而19世纪的小说将用"狂热"来形容城市生活，这可不是什么比喻说法，而是在陈述一个医学事实。《老古玩店》的开篇中，狄更斯将伦敦形容成"源源不断的生命之泉，一直在倾泻、倾泻、倾泻……"，在这儿，我们看见了一幅发烧出汗的画面叠加在一个充满其居民湿冷汗水的城市之上。

10月21日，狄更斯和福斯特一起从伦敦出发前往布里斯托，去给即将坐船回美国的朗费罗"送行"。第二天，鉴于已经匆匆办完了所有在伦敦的事儿，他就开始计划起另一趟旅程了——这一次是和福斯特、麦克利斯和斯坦菲尔德一起去康沃尔。他应在一个月内把新小说的第一卷交给查普曼与豪尔，但现在这部小说的发行必然得推迟，至少得推迟一小段时间。他当然一直都对这本新书牵肠挂肚，事实上他决定去康沃尔似乎也是为了这书；他想要参观这条"海岸线上最阴郁沉闷、最荒无人烟的一段"，此外，他还想去见识一下那里的锡矿。就在几周之前，他还撰文声援艾什力勋爵的《矿山及煤矿议案》，而且他显然想要给这些矿井及其矿主重重的一拳，就像曾经在《尼古拉斯·尼克尔贝》中抨击约克郡的学校、在《巴纳比·拉奇》中攻击《新济贫法》一样。历史小说《巴纳比·拉奇》已经完成，而且在美国的经历无疑激发了他的创作力，他想要再写一部有关现实的小说。于是他就动身寻找素材。但引起狄更斯注意的东西并不一定也会引起他想象力的兴趣，除了《马丁·朱述尔维特》最初有一个农村的场景而非城市的设定之外，他正要动笔的这部小说中没有任何和那趟旅行有关的元素。不过，那些锡矿将出现在别的小说里，也就是狄更斯在来年写的《圣诞颂歌》里：他的所见所闻从不会真正消失，但是要转变成文字还需要等恰当的时机。

狄更斯于11月4日回到了伦敦，并立即开始了新小说的构思。他需要先有一个名字才能开始写作。他拿出一张纸，在上面写下了之前所有小说的题目，然后写下了马丁·朱述尔维格，然后是马丁·朱博尔维格，之后是朱述尔透和朱述尔伯格。他又拿出一张纸，在上面写了一长串的姓；"马丁"明显是他想要的那个名，但现在他在它后面放上了朱述尔维格、司维述尔登、朱述尔透、司维述尔巴赫和司维述尔瓦格。然后他决定用朱述尔维格，并写出了一个更长一些的标题，但他又改变了主意，在另一张纸上写下了马丁·朱述尔维特。他终于找到了他想要的名字。名字对狄更斯来说可是非常重要。他开始一份新期刊时对福斯特说，"要是定不下书名，我永远都没法儿真正动笔"，他的角色也是如此。只有给他们一一取好名字之后，他们才算真正存在，然后就像一道咒语一般，这些名字把他们的外貌长相和行为举止也带到了世上。他只要一听到或看到什么奇怪的名字，就会在心里记下然后再找机会写下来。他有许多名单——其中一份其实是从枢密院教育名单里搜集来的——他还有一本《鲍迪奇姓氏大全》。或许，这就是为什么在他熟悉的地区有这么多古怪名字的缘故，这也许并非巧合；范妮·杜丽的名字就刻在罗彻斯特大教堂旁边的一块墓碑上，而乔克村的那座小教堂里，古比、退斯特和飞来特的名字出现在三块相邻的墓碑上。查塔姆一座教堂的花名册上有贾斯珀、索尔比和维勒的名字，而在霍尔本的圣安德鲁教堂里，则可以在其花名册上找到查德班得、退斯特、克鲁克、博芬、古比、杜丽、马力和瓦尔登等名字。他之所以如此关注和在意名字，是因为当他最终想出一个名字，他就能从这个名字中看见这个角色的轮廓；当他对着名单苦苦思索的时候，他也是在挑选和确定他所需的所有人物特征。所以说，人名几乎成了影响这位小说家想象力的客观压力。其实，他也给自己的朋友、家人取各式各样的绰号，譬如"海怪"、"林肯的猛犸"、"公主"，这也说明他乐于把现实生活中的人转变成自己头脑中的角色，所有人都栖息在他为他们建造的那个私人想象世界中。而且，他自己的姓——狄更斯——现在因为和这位伟大的小说家有联系而变得很神圣，但在当时可是一个非常搞笑甚至有些低俗的姓，从这一点中难道我们不能找到他对名字如此着迷的一丁点原因吗？他一定读过《温莎的风流娘儿们》，这部剧中就有这么一句话："我记不住他叫什么鬼名字^①"；他应该也知道当时流行的一些说法，比如"到底怎么"和"我跟你奉陪到底"^②，他名字的变体常用作"魔鬼"的委婉表达法。他甚至在小说中所有出现"狄克"的地方拿自己的名字做文章，遇到诸如"匹克威克"和"威克菲尔"的名字时也是如此。甚至包括朱述尔维特。

现在有了名字，他就可以开始想完整书名了，最终，他在第五稿中想出了《马丁·朱述尔维特及其亲朋好友和敌人的生活奇遇，包含他所有的心愿和处世之道，他的所作所为和未作未为的历史记录。此外还记述谁继承了刻有家徽的金银餐具，谁得到了银匙子，谁又得到了木勺子。凡此种种，构成了打开朱述尔维特家族大门的全套钥匙。"博兹"著，"菲兹"插画》这一完整书名。所以，这将会是一个家族或是一个王朝的故事，和金钱与遗产有关。他以对家谱研究的滑稽模仿开篇，然后翔实记载了一阵秋日晚风如何吹向佩克斯尼夫先生及其两个可爱女儿"慈悲"和"仁爱"（他之后会问"这不会是不圣洁的名字吧？"）的过程。年纪最小的佩克斯尼夫小姐是个非常天真单纯的少女，无忧无虑、温柔可人、热情洋溢。相比之下，年纪稍长的佩克斯尼夫小姐则极其严肃端庄。佩克斯尼夫先生本人则是道德君子的典范，他是一名建筑师，也是这个小社区里的顶梁柱；他在火炉前暖手的时候"那种仁慈的样子就好像那两只手是别人的而不是他自己的……"开头的几章写得很快——他在12月中旬就写完了，那时候离他从康沃尔回来才六个星期——但狄更斯写得极其认真，认真得几乎有些神经过敏。这部小说的两期计划稿幸存了下来，在那两份计划中狄更斯设计了一些章节的情节发展，有时候会为很久之后才发生的事件做铺垫，仅这一点就证明他现在开始对自己小说的结构和发展越来越关注。而以前他一直都是任凭灵感随时冒出然后即兴创作，大多数的情节都是以无赖冒险为题材的，这样他就能一边引入新的角色、安排各种小插曲，一边和这些角色一起探索他们的世界。

其实，狄更斯相当满意开篇这几章——换句话说，就是满意得让他觉得整个小说的宏伟构思都跃然浮现在自己面前，惟妙惟肖——于是奔去了福斯特家，给

---

① 这句台词的英文原文为"I cannot tell what the Dickens his name is（my husband had him of）"，此处只引用了这句台词的前半截。其中的"the Dickens"相当于"the devil"，用于加强语气或表示恼怒、吃惊。

② 此处所举的两种说法英文分别是："how the Dickens"和"I'll play the Dickings with you"。

这位生病卧床的朋友朗诵他对佩克斯尼夫和汤姆·品奇的描写。跟往常一样，一写完他就觉得这是自己有史以来最好的文字。手稿在12月18号之前寄给了印刷商，该月的最后一天，《马丁·朱述尔维特》的第一期便出版了。从那个时候开始，他给自己定下了写下一期的时间表，既1月上旬完成，然后下旬修改校样。于是，他又一次踏上了笔耕墨耘的征程。

但马上就出现了扰乱人心的坏消息：《马丁·朱述尔维特》的月销量只有两万份，远远低于他之前几部小说的销量，而且月刊的广告收入也在很短的时间内缩水。其实狄更斯非常满意这一部新小说，并相信自己现在正处于创作的巅峰时期，所以他没有做好把自己受欢迎程度降低归因于自身问题的心理准备。事实上，后人也许大多会支持他的判断：《马丁·朱述尔维特》是他最伟大的作品之一，主要是因为其浓郁的喜剧风格。何况当时图书市场普遍萧条，任何作家和书商都面临着困难。虽说不上担忧，但狄更斯对自己的财务状况非常失望，因为他现在挣的钱比他的预期少得多。他一看到查普曼与豪尔的3月账单，就放弃了原先在城外买一幢房子或村舍的想法。

他在柯布力农场租了几间房，位于近郊的休养胜地芬奇利，然后在那儿反思《马丁·朱述尔维特》的相对失败。这一阶段，小说的最终面貌依然不稳定，如果他愿意，还是可以改变其发展进程，从而赢得更多读者的喜爱。其中一个可行的办法就是让小说更贴近当下的重要时事；毕竟，他原本就想过把康沃尔矿主虐待工人的行径写进书里。而当时儿童就业委员会的成员索斯伍德·史密斯博士正好给他寄了一份他们的二期报告，这事儿也许就有点赶巧。索斯伍德·史密斯是一位社会改革者，在很大程度上是推动那个时代进步的主动力之一；作为一名曾经的神论教派牧师，他一直是边沁的私人秘书，并一生致力于解决公共卫生和穷人工作条件等问题。这一份报告揭露了孩子们被迫工作的那些恶劣的甚至令人发指的工作环境，其中一些孩子才五六岁。突然之间，狄更斯所有本能的同情都开始发挥作用，还在写着《马丁·朱述尔维特》的他匆匆给索斯伍德回了一封信，并在信中声明自己会针对这一问题写一本小宣传册。但几周之后他改变了主意，决定先把小宣传册的事情放一边，留待晚些时候来一记致命性的打击。狄更斯的确有可能已经决定在《马丁·朱述尔维特》中对童工问题进行揭发。理论上，这也许是一个不错的主意，能让小说的涉及面更广一些，但在实践中，它完全是以另一个形式出现。

但是，小说本身的问题仍待解决，这是一部狄更斯自认为很优秀但未能迎合读者口味的小说。而且似乎就是在这个时候，当他正在芬奇利的静居处想方设法改进这个故事的时候，他想到了让自己的"主人公"马丁·朱述尔维特去美国的主意——这一决定，或许和他激起公众注意的愿望有些关系，但在很大程度上也是因为来自大西洋对岸带有恶意攻击的长篇指责。他一直都说自己坚决不读美国报纸上的此类文章，但这听上去像是敏感的自尊受伤后所做的自我辩护。很有可能，在了解这些攻击的要旨之后，他觉得自己在《游美札记》中还有所保留，便决定把所有的怒气和喜剧天赋都释放出来。

这段时间，狄更斯似乎时时刻刻都很心神不宁、坐立不安。凯瑟琳又怀孕了，尽管这真的也不能全怪她一个人，他在这段时间提起她时语气差极了；他都已经骂过她"蠢驴"了。父亲也让他怒不可遏，而他似乎已经决定要和他断绝父子关系并拒绝和他有任何往来。"他，还有他们所有人，都把我当作一样东西，只要能从我这儿捞到好处，就可以把我撕扯成碎片，"当年晚些时候他曾说道，"……一想到他们，我从灵魂深处就觉得恶心……没有什么东西能像这些家伙一样，让我这么痛苦、委曲求全……"

但在这期间，狄更斯也写出了《马丁·朱述尔维特》中最滑稽的片段——不仅是以美国为背景的那些情节，还有发生在道杰斯的事情，那是偏远的伦敦某地一家寄宿公寓，佩克斯尼夫和他两个可爱的女儿暂住在那里。就像过去常常发生的那样，狄更斯个人生活中的不愉快、心神不定和焦虑不安似乎给他过度放纵的喜剧风格火上浇油。比方说，正是这个时候，他创造出了甘泼①太太这一角色。她是助产婆兼夜班护士，这个小老太婆出场会这么介绍自己，"甘泼就是本老太婆，甘泼就是本老太婆的脾气②"，故弄玄虚但让人印象深刻；这个女人和旁人在一起时的战斗口号是"敞开肚皮喝，管你是干啥的！"，这也许是狄更斯笔下写出的最有名的一句，并肯定是最搞笑的一句。现实生活中真的有个甘泼太太，或者应该说，有这个怪人的原型。狄更斯认识的一位梅瑞迪斯小姐最近病了，但病得并不

---

① 又译甘普，本处采用叶维之先生的译法。

② 原文为nater，是甘泼口中的nature，甘泼有很多词儿都念不对，如她会把duty念成dooty.

那么严重，至少还是注意了到她那位护士的怪习惯；其中一个习惯就是"沿着高高的壁炉挡板蹭自己的鼻子"，另一个怪癖是在吃黄瓜的时候用餐刀刀面帮着喝醋喝。

6月底，《马丁·朱述尔维特》的创作已经让狄更斯"疲惫不堪"。于是7月初他就和凯瑟琳、乔治娜一起出游，住在了约克郡的史密斯森家，伊斯特索普园，一幢十八世纪晚期的宅院。狄更斯将其称之为"英国占地面积最大、也是最美不胜收的地方……"他在这里休息、组织各种野餐和游戏；他会在晚上远足去参观当地的一些遗址，也会骑马去周围的乡间散心，而且一去就是很久。在此期间他也会看报纸，他在《泰晤士报》上就读到了几篇报道，关于美国对丹尼尔·奥康奈尔及其发动的爱尔兰地方自治运动的支持，但这一声援因为奥康奈尔在他更为慷慨激昂的演说中抨击了奴隶制度而匆匆撤回。狄更斯留下了这些材料，并在从约克郡回伦敦之后立即把这一素材用在了正在创作的美国章节中。为了能弥补在约克郡闲度的时光，他早上八点开工，而且他的幽默灵感再一次层出不穷；他在美国旅行时注意到的那种"滑稽精华"现在也弥漫于他自己的文字里。若要一页对一页地比较《游美札记》和《马丁·朱述尔维特》确实有些累人，我们只需要说，那部游记中所描述的偶然事件在这部小说里得到了彻底浓缩，并平添了一种所谓"主旨目的"的感觉。比方说，《游美札记》中深入内陆的沿河旅行包含了一些"纯粹的快乐"，而在《马丁·朱述尔维特》中，这趟旅程只是让人"白天觉得疲惫不堪，晚上觉得郁郁寡欢"，提醒狄更斯时间的流逝，并送他去往那个"绝望的阴郁之境"。狄更斯曾在《游美札记》中讲过一个故事——一名少妇乘坐内河船前往圣路易斯去和丈夫重聚，并发现他正在热切地等着她，"一个英俊、帅气、结实的年轻人！"这个故事经过改编又出现在了《马丁·朱述尔维特》里，讲一个少妇为了和丈夫团聚横渡大西洋；在小说里她也找到了他，可他已成了一个"虚弱、不中用的老家伙"。这些区别带有象征意义，狄更斯用想象力将现实中更为灰暗的部分加以重新塑造，以贴合自己生来就会的明暗对比法。

7月从伊斯特索普园回到伦敦之后，他就开始创作该小说的九月号，但他现在依旧焦躁不安，于是突然带着家人逃到了布罗德斯泰斯，进行一年一度的暂住。在这里，狄更斯开始奋力创作《马丁·朱述尔维特》，尽管这些以美国为背景的章节似乎给他造成了日益严峻的困难，他还是硬着头皮继续往下写。在一定程度上，他开始渐渐厌烦这部小说的形式；故事的确正沿着其内在发展的方向前进，这也是为什么它有一种不可分割的坚实性和连贯性的原因之所在，但在这样一本书里他显然有许多事情想说却不能说。直到狄更斯为了去参观一所贫民儿童免费学校而从布罗德斯泰斯回到伦敦，一种新的创作手法才呈现出来。

他要去参观萨弗朗希尔街上的菲尔德巷贫民儿童免费学校。《泰晤士报》上刊登了一则广告，寻求支援该机构的捐款援助，这一则广告似乎一开始就吸引了他的注意。他当然知道萨弗朗希尔街，他在不远的地方住过好几年，而且《奥利佛·退斯特》中一部分情节也是在这附近发生的。事实上，他参观这所学校时，说它和费金曾经工作过的地方一模一样。这一巧合突出说明这个旧城区的某些地方不仅有幽灵出没，也像幽灵似的萦绕人们心间，充满了真实或虚构历史中那些熏黑了的废墟。这个机构本身足够真实，而且还自称是第一家贫民儿童免费学校，不过慈善学校在当时并不是什么新鲜事物。一直以来，英国都有人关注贫困人口的普遍改造教化问题（任何具体种类的教育或培训确实完全不可能），而一位斯太尔利先生领导下的贫民儿童免费学校运动则旨在利用这一传统并加以正确引导。

狄更斯参观的这所菲尔德巷学校的条件真是恶劣到家了，所谓的学校，就是一幢年久失修的房子二楼的三间屋子，挤在萨弗朗希尔街和周围那一片密密麻麻的短街和巷子之间。这一地区本身就是许多人眼中伦敦最不堪的地方，充斥着污秽、疾病和各种犯罪行为；其中的居民让一条比任何城市大街都要宽的沟壑同其他市民分隔开，他们是一个不同的族群，总是能走上进监狱或上绞刑架的最短捷径，并且是真正意义上陷于狄更斯笔下"极度的无知和彻底的野蛮"之中的那一种。而这所贫民学校的目标群正是他们的孩子。学校由福音会教徒创建，主要目的是为了感化这些误入歧途的年轻人、改造他们的灵魂，同时也试图向他们灌输一些基本的知识。这些男孩和女孩中有许多人之前都是靠偷盗或卖淫维持他们悲惨的"生计"，而且他们所有人都很邋邋遢遢、毫无礼貌，当然也不识字；狄更斯去看他们的时候，发现那是"一种令人作呕的环境，混杂着难闻气味、烂泥灰尘和鼠疫：所有致命的罪孽都放任自由，对着门大声咆哮、尖叫"。他穿了一条白裤子和一双锃亮的靴子，一进房间，那些孩子就哄堂大笑起来；和他同去的克拉克森·斯坦菲尔德觉着味道太难闻了，马上就离开了。但狄更斯留了下来，还凭借坚持不懈的精神让他们回答了几个问题。但眼前衣衫褴褛的形象让他十分震惊。

正是在这个世界的这幅画面中，狄更斯找到了新的话题；这所学校的情形打开了他想象力的大门，没过几周，他就写出了《圣诞颂歌》。这是一个有关救赎的精彩故事，故事中有两个孩子，"无知"和"贫困"①，这俩孩子"境遇凄惨不幸，惹人讨厌、极其丑陋，十分卑劣"。这是他一直以来都想写的那本书；于是，这个流芳百世、极具感染力的圣诞故事，就在当时那种环境之中诞生了。

他下笔很快，因为不论是有意识还是无意识，情节本身就是源自《匹克威克外传》中加布里埃尔·格拉伯那段故事的记忆——那是一段插在《匹克威克外传》中的故事，故事中一个坏脾气的老头见到了各种各样的妖精，而这些妖精让他看到了自己的过去和未来。他得了重感冒，于是尽量避免参加过多的社交活动，随着他专注于创作，这个故事也在笔下渐渐铺展开来。显然，斯克鲁奇及其改过自新的故事在他脑中酝酿有一段时间了，在《马丁·朱述尔维特》中也会时而呈现，但要完全释放出来就需要所有这些相关的偶然事件。这就是为什么这个故事显得这么现成的缘故。福斯特回忆了"他像被一种奇怪力量控制住了"的情形，写着写着就哭起来，又破涕而笑，然后又转笑为哭；写作期间，他会在夜里在伦敦的大街小巷里长时间散步，又会走上十或十五英里，而在夜间独自漫步的时候，他无疑回忆起了小时候在这些街道上所经历的那种生活感受——以及那个时候眼中的世界。在《圣诞颂歌》里他又重回自己的童年，并再次体验了一把。不仅仅是因为这个圣诞故事本身会不可思议地勾起他对幼时读物——那些故事和小歌谣集——的回忆（"没有人比狄更斯更喜欢旧童谣故事，"福斯特写道，"而且他觉得自己仅仅是赋予了它们一个更高级的形式，这让他暗自高兴"），更重要的是，这则简短的故事完全源于他的童年经历，这在狄更斯所发表的作品里是头一遭。

毕竟，在斯克鲁奇的幼年中散布着狄更斯自己童年中熟悉的许多元素。譬如，黑鞋油作坊和盖茨山庄就非常奇妙地交织在一个破败建筑的形象中，这幢建筑由红砖砌成，屋顶上还有一个风标：就是在这里，和狄更斯一样，斯克鲁奇看见了——真的是看见——他童年读物中的那些主人公；而且，也是从这里，这个墙上掉泥灰、窗户开裂的地方，他的姐姐"小范恩"把他救了出来。他本以为这位

---

① Ignorance and Want，已有中译本就是这样处理的，但或可译作"吴雄与邛光旦"。

年轻的姐姐丢下自己不管了，但她还是回来把他带"回了家，永远在一起……"，这简直就是狄更斯对自己幻想的再加工啊！故事中和狄更斯自己童年的相似之处可不止这些。克拉奇蒂一家住在一幢不大的排屋里，这显然会让人联想起狄更斯一家刚搬到伦敦时在贝恩街上租的那幢房子，而且他们那个瘸腿的婴儿受洗时并不是叫小蒂姆，而是叫"小弗雷德"——狄更斯弟弟的名字，他们搬到首都时才两岁的那个弟弟。在这个故事里，他最早期的一些记忆融为了一体，呈现出一个全新的样子，因此去寻找创作《圣诞颂歌》各式各样、散落各处的"线索"，也许就没有意义了。总之，我们有充分的理由相信，这个故事的大部分感染力都来自赋予其生命的那些回忆，埋藏在他心头的回忆。

他于12月初完成了《圣诞颂歌》，这样算来，这本书总共只花了他六周时间。狄更斯已经同查普曼与豪尔达成协议，他们只是受他委托出版该书，而且，鉴于这是他最新的圣诞图书，他下了很大功夫确保它能拥有尽可能最完美的外观。该书用红色的布面装订，封面上有烫金的图案，每页纸张本身也烫有金边；约翰·利奇为此书做了四幅全色蚀刻版画，正文里还插有四幅黑白木刻画。总而言之，这是一本相当精美的书，而且价格也算得上相对低廉，每册只售五先令，因此它便成为当季最成功的圣诞图书。到圣诞夜就已经售出了约六千册，而销量一直在长，直到新年及新年过后还有许多人购买。的确，读者的反响非常热烈，似乎都快遮盖了《马丁·朱述尔维特》相对失败的事实和狄更斯对自己作家声望有所减弱的恐惧。

他本能地明白自己做了什么——他创造了一个现代童话故事，而且在随后的年月里他的圣诞图书和圣诞故事不仅成了他写作中的一个重要部分，也成为他和读者关系的一个重要延伸。虽然一些感情用事的作者在为狄更斯编写年谱时暗示是他创造了圣诞节，但事实并非如此。罗伯特·西摩，那位轻生的《匹克威克外传》首位插画师，在1835年创作了《圣诞节之书》，狄更斯对这一日子的庆祝和纪念留下的许多温暖亲切的元素也出现在他的这本书里。但此时正是一个乔治王时代的肆意放纵和福音会教徒的严厉阴郁均遭到质疑的时期，狄更斯可以说是突出了圣诞节舒适亲切的欢乐气氛。但它还没有成为狄更斯所期望的那种"欢乐季节"；它还没有具备他笔下的那种"圣诞精神，即积极向上、坚持不懈、乐意尽职、亲切善良和宽容自制的精神！"圣诞贺卡直到1846年才出现，而圣诞彩包拉炮直到19世纪五十年代才问世。总的说来，这仍是一个为期一天的节日，孩子们会在当天收到礼物，但尚未出现乐善好施和慷慨大方的全民狂欢。这是一个安静休息的日子。有演出、公共朗诵、音乐和游戏。狄更斯所做的，就是给这个节日注入了他自己特有的复杂心情——融愿望、记忆和担忧于一体——然后让它改头换面。他让这个节日带上了一种幻想的味道以及一种混合宗教神秘感和大众迷信的奇妙感觉，于是狄更斯的圣诞节在某些方面和农村地区及英国北部的一种古老的节日更为相似。除此以外，他还使它变得舒适安逸、轻松安乐，而且他是通过夸大小光圈周围的黑暗来实现这一点的。这本书的中心思想便是残忍的独处，庇护与分离，而正是在《圣诞颂歌》中，狄更斯挖掘了这一主题并将其展现在世人面前。他自己的执念再一次受到了这个时代的影响从而呈现出时代的形状。

这就是《圣诞颂歌》对狄更斯本人的影响不容小觑的原因之所在。最重要的是，这是他第一次一口气完成一整部小说，而无须被迫将其分成一期一期来写。他有机会从各个方面对这本书进行设计，并提前对故事情节作周密计划。可以说，他一次性完成了所有这些工作，而且一写下"全文完"三字，他就在底下加了三道下划线。然后，他说，他"像个女人一样突然大哭起来"。12月26日，他参加了一个由麦克雷迪太太（她丈夫去美国了）举办的聚会。简·威尔士·卡莱尔也参加了这个聚会，她告诉一位朋友，"想象一下那位杰出的狄更斯居然变了整整一个小时的魔术——而这是我见过的最棒的魔术……"接下来是跳舞时间：随着聚会的气氛越来越疯狂，"狄更斯几乎跪下来了，就是为了让我——和他跳华尔兹！"就这么越来越疯狂，查尔斯·狄更斯迈着舞步转着圈，度过了1843年最后几天。

但是所有生活压力依然存在，而且在他看来，除了逃避之外似乎别无他法。就算在创作《马丁·朱述尔维特》和《圣诞颂歌》的时候，他也在计划着离开伦敦。他想要一次彻底的休息。去瑞士、法国和意大利旅行。他想在完成手头这部小说后休息一下，而且现在他一直都意识到过度出版的危险，所以他想至少在读者面前消失一年。他做这个决定时，《马丁·朱述尔维特》的销量依然毫无起色，但他并没有把此事放在眼里。"你心里跟我一样清楚，"他告诉福斯特，"《马丁·朱述尔维特》从各个方面来讲都绝对是我最好的小说！"但是小说销量不济也让狄更斯出现了紧迫的财政问题，因此不得不携家人撤离伦敦、出租德文郡排屋的房子并在欧洲大陆上租更便宜的房子住。所以说，许多事情都促使他做出了这个决定，就算凯瑟琳仍然怀着孕也无法阻挡他的步伐——"我们谈过肚子里的孩子，谈过把它留下来让凯瑟琳的母亲照顾。无论如何，让孩子们去法国对他们是有百利而无一害的。"显然，除了他自己以外没人想出国；凯瑟琳肯定不愿意，她正处在怀孕的最后阶段。但在这种事情上，狄更斯可不容许别人对自己的意旨有异议。如果这件事对他有利，那一定对他们也有利。"问题的关键是，这会对他们的生活支柱有什么影响，而不是对他们的生活有什么影响。"事实上，凯瑟琳一生下弗朗西斯，狄更斯提到她时的语气就不仅仅只是一丝不耐烦或恼怒了。她又一次患上了产后抑郁症，关于这个，狄更斯发表了这样的看法："她的身体好得很，而且我肯定，只要她愿意，就一定会康复。"后来，他开始抱怨她迟钝，而且似乎也不是很喜欢这个新生的宝宝——他的降临让他日益拮据的财力耗费得更快了。"我（原则上）拒绝看刚出生的那个小东西。"他以一种半开玩笑——或者并非玩笑——的语气写道。而这就是不久之前在《圣诞颂歌》中赞美家庭之美好的那个人，当时他的结束语是"愿上帝保佑我们，保佑我们每个人！"事实上，不论是《圣诞颂歌》中的那种情感还是其成功，都没有在实质上影响他离开英国的决心，而且更可能的是，他那位纠缠不休的父亲让他更加坚定了这一决心。尽管查尔斯的财政状况远非良好，但约翰·狄更斯似乎对他索取得越来越多。狄更斯写信给托马斯·米顿，他已经向米顿借过钱，而且在和父亲的事务上米顿也一直充当着他的代理人，他在信中说，"我真的觉得，终有一天，我会屈服投降。除了在噩梦中，唯有我这位父亲，能在我面前投下如此讨厌的阴影。"愿上帝保佑我们，保佑我们每个人！

还有别的问题困扰着他。《圣诞颂歌》发行不到两周，帕利的"绚丽文库"就出版了该书的"删减版"，实际上就是盗版。两天后，狄更斯提出禁制令的申请，要求其停止出版该书；对美国"盗版商"的愤怒也许对他并没有好处，但他至少能在英国的法庭里取得一点胜利。他的确请了塔尔福德来当他的律师，狄更斯以侵犯版权为由起诉了印刷商和出版商，而且法院也批准了禁制令。"那些盗版商败得落花流水。"赢了官司的他高兴地说道。可不幸的是，他为这场胜仗付出了惨痛的代价。被告纷纷宣布自己破产了，于是狄更斯不得不支付自己的诉讼费用，这可不是一笔小数目，足有七百英镑。在英国，似乎再也没有一件事是称心如意的，而此时，本以为自己已经倒霉透顶的他收到了《圣诞颂歌》的账单。他原本预期这本书能带给他大约一千英镑的收入，但该书的制作成本严重削减了其利润。他写信告诉福斯特，"头六千册只赚了二百三十英镑！"——实际收益只有不到一百三十英镑，福斯特把信的内容记录到传记里的时候，似乎看错了狄更斯的笔迹。不管怎样，就是一笔数目很小的款项，远远小于狄更斯的预期，而他也一下子焦虑起来，并发展到了歇斯底里的地步。"我度过了怎样的一个夜晚啊！我真的觉得，在我经历所有焦躁症状之前，绝不可能从这个床上爬起来……我会破产的，任何人也救不了我。"而这确实是他在惊慌之中的恐惧：害怕自己破产，害怕自己再一次跌入贫困的深渊，重蹈他父亲的覆辙而关进负债人监狱，他取得的所有功名都将被剥夺，而他又会像小时候那样一无所有。他有时一定会觉得自己所有的成就都是一场梦，觉得自己会在贝恩街或兰特街的那间小阁楼屋里醒过来。在这位赫赫有名的小说家光鲜亮丽的外表之下，仍然有许多恐惧与不安。

然而，他在财产方面的恐慌似乎和对未来的忧虑以及由往事所诱发的焦虑感有关，因为他越来越不确定自己生活的方向。比方说，从这个时候开始，他对凯瑟琳的感情有所消减，或者说，关系有所疏远；就好像在某种意义上她在束缚着他、制约他的发展前景、把他的人生囿于琐碎无谓的家庭生活中；事实上，他和妻子的感情疏远以一种非常奇特的方式表现了出来。事情发生在利物浦。他当时答应为成人教育改革事业而再次访问利物浦——在当地的工程学院举办的一场晚会上发言。会议期间，利物浦的一位本地人，当时年仅十八岁的克里斯蒂安娜·维勒小姐被请上台来表演钢琴独奏。她的姓和《匹克威克外传》中那个更著名的维勒一样，这一点似乎让狄更斯觉得很有趣，而且据当地一家报纸报道，她演奏时这位著名小说家"目不转睛地盯着她的一举一动"。然后有人介绍他认识了这位姑娘和她父亲，"其间他还发表了一些言论逗得身边的人哈哈大笑"。最后做结束语时，他还说"我心脏最后的一点残余都跑到了那架钢琴里"。（事实上，他的结束语引用了小蒂姆的话，"愿上帝保佑我们，保佑我们每个人！"这说明他很清楚自己现在的声望有赖于什么。）很明显，克里斯蒂安娜·维勒在某些方面很吸引他，因为当天下午他不请自来，到了她姐夫家和她共进晚餐，并在她的纪念册里写下了几段诗行，其中一句是：

> 我喜爱她可爱的姓，让我出了些名的姓，
>
> 可是老天爷啊，我多想改了那个姓！

换句话说，他多想娶了她。如果可以的话。如果他能摆脱凯瑟琳的话。

其实，他这种一见钟情近乎迷恋，而且鉴于维勒小姐和玛丽·贺加斯长得有些相像——至少贺加斯一家的其他成员注意到了这一点，这种迷恋就显得更加意味深长了。当狄更斯最终回到伦敦后，他告诉一位朋友T.J·汤普森——他在利物浦时住在他家——"我不可能拿维勒小姐开玩笑，因为她太美好了；而我对她（像她这么超凡脱俗的生灵，恐怕注定红颜薄命）的兴趣已经变成了一种情愫。要是我向任何人表露对这位姑娘的这种不可思议的感情，上帝啊，那些人一定会以为我疯了！"很明显，狄更斯心中那不曾满足的思念和渴望现在都倾注到了这个年轻姑娘身上，那种对爱情和温情无尽的欲望之火也再一次让这个和玛丽·贺加斯如此相像的女孩儿点燃；而且，在对她动情的同时，他竟然还觉得她会红颜薄命，这可真是奇怪。

不过，有趣的是，她并不是唯一一个和玛丽·贺加斯相像的姑娘。毫无疑问，乔治娜·贺加斯也会让他想起玛丽，而她现在正和他的家人一起住在德文郡的排屋里。如果他不得不控制或否认自己对这位年轻小姨子的某种情感，那这会不会是他在维勒小姐面前感情爆发的另一个原因呢？狄更斯即将写的那几章《马丁·朱述尔维特》里，汤姆·品奇被残忍地夺去了深爱的玛丽·格雷厄姆，那他的悲伤之情有没有可能在某种程度上是建立在狄更斯自己的渴望和痛失挚爱的悲恸之上呢？但这一小插曲最重大的影响，想必一定是他当时对一直怀着自己孩子的妻子感到强烈不满。如果不是因为妻子无法疏导或排解他内心真实的痛苦之情，那我们要怎么解释狄更斯对一个十八岁少女那种近乎歇斯底里或至少不顾一切的迷恋呢？

离开利物浦和维勒小姐，他继续赶往伯明翰，并在当地的理工学院发表了一场演讲。就是在这座城市、在挤满了人的市政厅里，他宣布说，"只要我还能逗得你们笑或惹得你们哭，我就会一直做下去……"第二天，他回到伦敦，整个人都"死气沉沉、精疲力竭、无精打采"。他已然明白名望和掌声本身无法平息他心头隐隐作痛、空虚寂寥的思念之情，也无法满足他永远在骚动的"莫名渴望"，因为看见克里斯蒂安娜·维勒而再次在心中激起的渴望。

这种"莫名渴望"让他焦躁不安。他急于继续前进。他仍然想要离开伦敦，即使驱使他离开的主要原因是他对自己工作——正如福斯特所坚持认为的那样——"假想中的恐惧"。此时，他也已经下定决心要离开查普曼与豪尔，并和自己的印刷商布拉德伯里和埃文斯签订了新的合约，而这仅仅是因为威廉·豪尔在不经意间对他的合同条款发表的评论。仅从这件事就可以看出，狄更斯有多么憎恶别人对他的轻视，而且对此的反应会多么激烈并难以平息。在最终同布拉德伯里和埃文斯签订的合约中，他答应只提供与非常热销的《圣诞颂歌》类似的一部短篇圣诞图书，此外，还愿意和他们一起探讨创办一个新期刊的可能性（这一时期，印刷商经常会越过自己的专业技能范围而变成出版商）。但他心里还有再出一本游记的念头，他也一直急于在写完《马丁·朱述尔维特》之后开始一部以欧洲大陆为背景的小说，这也是他想搬到欧洲去的另一个原因。但他不想以月刊的形式写这部新小说。《圣诞颂歌》的经历让他相信，完整连贯的形式是出版小说的更佳方式。此外，他之所以愿意考虑这些五花八门的方案是因为他急需钱。这也许是为什么他在解除同查普曼与豪尔的合约之后会去找出版商托马斯·朗曼，为什么他会和《纪事晨报》就一系列定期文章进行洽谈的原因。这两个想法最后都落空了，但从中可以看出即将离开英国之前狄更斯那种不安的心态。

春天的时候，他的欧洲之旅计划已经有了很大进展：在一番犹豫并向旅行经验更丰富的人（比如霍兰德夫人）咨询之后，他决定将热那亚作为自己的大本营，因为这是一座物价不高、风景如画的城市，而且他认为，那里也很干净卫生。于是他便让安格斯·弗莱彻帮忙为他们一家物色一幢合适的房子，安格斯是一位雕刻家，他的怪癖曾在布罗德斯泰斯和苏格兰都逗得狄更斯很开心，而他现在正住在那座城市。狄更斯也一直在找合适的交通工具。如果旅途中一直要租四轮大马车或驿车将会很困难，而且一定会很费钱，于是他来到贝尔格雷夫广场附近的家具运送车市场，在那里他找到了一辆看似有些年头的大型公共马车，里面无论如何都能坐下十二个人，而且据狄更斯所说，车上配有"夜灯、日灯、口袋、厚绒布、皮质储物箱以及最为特别的设计"。这是一辆破旧的巨型马车，要价六十英镑，但狄更斯把价钱砍到了四十五英镑。

他们出租了德文郡排屋，由于新房客想马上搬进来，他便列了一张屋内物品的详细清单，清单上说书房里存有两千多册图书。然后全家人撤至了奥斯纳伯格街上的房子，他们访问美国的时候孩子们就一直住在这里；那条狗——汀珀·都兜——将和他们一起去欧洲，但狄更斯在埃德温·兰西尔家留了一只宠物渡鸦和一只宠物鹰。就在紧锣密鼓地为旅行做准备时，狄更斯仍然试图写完《马丁·朱述尔维特》。在他的写作生涯中，从没有一本书的创作受到如此多生活偶发事件的困扰，但他仍然努力往下写。他经历了凯瑟琳问题频频的怀孕最后阶段，经历了为《圣诞颂歌》盗版问题而闹上大法官法庭的官司，也经历了对克里斯蒂安娜·维勒的迷恋之情，但在这期间他都能保持飞快的写作速度，有时甚至边走边即兴创作，因此有时也会犯一些小错误。直到6月，他们搬到奥斯纳伯格街之后，狄更斯才最终完成《马丁·朱述尔维特》。最终完成了也许称得上是他最诙谐幽默的一部作品，他在这本小说中让佩克斯尼夫先生和甘泼太太成了文学史上的不朽形象，而他这本书却是在人生最困难的时期写成的。小说完成后，他没有时间"像个女人一样突然大哭起来"；他在出发之前几乎没有时间和所有朋友道别，不过他肯定已经确保将自己所有的事务都托付给可靠的人。财务事务交给托马斯·米顿，而出版事宜则托给约翰·福斯特。《马丁·朱述尔维特》的最后一期在6月的最后一天出版了。两天之后，他和家人出发前往意大利，而福斯特将这件事形容为"他职业生涯中的转折点"。

十五

　　7月2日，他们在多佛乘船，准备横跨英吉利海峡，这一行人中有查尔斯·狄更斯、凯瑟琳·狄更斯、乔治娜·贺加斯、查理·狄更斯、弗朗西斯·狄更斯、玛米·狄更斯、路易斯·罗什（导游）、安妮·布朗（凯瑟琳的女佣，美国之行中就一直陪在她女主人身边）和两名家丁（在意大利期间没像在国内那么默默无闻）。总共十二人的大队伍，加上狗，一起乘坐那辆古旧的马车穿过了法国和意大利的乡间。狄更斯在布伦走进一家法国银行去兑一些钱，然后花了很长时间用他那并不熟练的法语问能不能换钱。"您想怎么换，先生？"——那位银行柜员用英语回答说。然后他们又从布伦来到巴黎。这是一座他从未见过的城市，把他一下子给迷住了。"我的眼睛生疼，脑袋也发晕，到处都那么新鲜、那么新奇、那么与众不同，到处都是陌生奇异而引人注目的东西，向我蜂拥而来。"对他来说，这一切都是那么陌生，他还告诉福斯特自己像是长了第二个脑袋一样。之后，他曾形容巴黎是个五彩缤纷、明亮夺目、闪闪发光的地方；打动他的不是这个城市的荣耀而是它明亮耀眼的外表，大家都知道狄更斯在家中总是喜欢让镜子围绕着。很明显，这座法国城市满足了他对光亮和光辉的需求。

　　最终他们抵达了意大利。安格斯·弗莱彻已经帮忙物色好了一幢大房子，巴尼勒罗别墅，位于阿尔巴罗，当时这是热那亚近郊的一个区。房子在山坡上，屋前有一条蜿蜒的羊肠小道，连接着海滩和山顶的阿尔巴罗区：这是一座大宅子但算不上宏伟，四周有高墙围着，但能俯瞰到一片葡萄园和热那亚湾；院子对着一个小前厅，前厅里的大理石制楼梯通向宽敞且比例适当的房间。可是，狄更斯和他的家人对此似乎一点儿也不满意。尽管这座房子能将壮丽的海湾尽收眼底，他却管它叫作"粉色监狱"，而且，这里还跳蚤泛滥成灾。狄更斯似乎一开始就对热那亚很失望。这是一座非常闷热、邋遢的城市，根本不是狄更斯原本设想中那个明亮鲜艳的地中海城市。这里拥挤、喧嚣、生活节奏缓慢。但他渐渐喜欢上了它，因为，如果美国之行让他见识到了一个不可实现的未来，那么这一趟旅程则让他深入阴郁残破的过去之中，那个他在小说中重现过的过去。不难明白他为什么会欣赏它，甚至是在它最糟的状态下——这里有古城区的小巷和高耸的建筑物；那些宫殿和气势雄伟的公共建筑，拥挤在相距不到十二英尺的街道两旁；如洞穴般昏暗的教堂，礼拜者的祷告声和叹息声不绝于耳，而大理石和镀金的光辉忽明忽暗。他爱上这个地方还有另外一个原因。公共建筑上的壁画、人们的手势和大街小巷中的生机活力一定给他留下了某种深刻的印象——没错，这就是现实生活中的戏剧。那些神秘怪异的壁画看上去就像是舞台背景，而台上上演着其居民滔滔不绝、兴奋激动的生活。那些散发着恶臭的巷子很有可能让他想起了伦敦，不过是那个戏剧化的伦敦。他觉得十分亲切。

他脑海中也许已经有了新游记的大致轮廓，但在这个古老的地方，他不得不把注意力转向之前答应布拉德伯里和埃文斯的那本圣诞图书，他希望能在10月中旬完成，也就是说还有三个月的时间。可是，当时的环境还不适合工作。他的女儿凯特有一段时间病得很重，但之后康复了，而仆人们一开始也让意大利食物和意大利人的行为举止吓得够呛。通常情况下，他们和当地人的交流方式就是扯着嗓子很慢地说英语，就好像那些意大利人是聋子而不是意大利人似的；后来创作《小杜丽》，狄更斯在描写"伤心园"居民试图和约翰·巴普特斯特·卡瓦莱托交流的情节时也运用了这一说话方式："他——很——高——兴，"普罗尼西太太用自以为很标准的意大利语替他翻译道，"他——拿到——钱——高兴。"狄更斯的厨子是最先掌握这门语言的人，至少足够用来买他需要的食材，而且没过多久其他仆人也开始适应了。他们一直都是狄更斯生活大戏的背景幕，但很遗憾，从未受到过注意或赞扬。比方说，他很少提起自己的贴身男仆托品，我们只知道他有一头鲜艳的红发而且在不完全清醒的状态下总是会变得掏心掏肺。托品也许是这一时期最了解狄更斯的人，但他没有留下关于主人的任何回忆录或只言片语。也许他从没读过他的小说。我们甚至都不清楚他有没有和狄更斯一家去意大利——

因为大部分时间都是由路易斯·罗什充当导游、翻译兼男仆的角色，托品很有可能留在了德文郡排屋处理一些额外事务。

与此同时，随着家人们开始新的欧洲生活，狄更斯则在巴尼勒罗别墅里懒散度日。他继续学着意大利语，而且尽管大多数情况下都让凯瑟琳应付不速之客，他还是参加了一些聚会并去镇上的剧院看戏。他最喜欢的是散步，在城市或在乡间，迷失在那些狭窄的街道里，偶遇"最奇异的鲜明对比；每到一处就有美丽、丑陋、破败、宏伟、令人愉悦和惹人不快的事物突然跃入眼帘"。这段时间，他还完成了一项自认为不值得在信中一提的工作：他将《奥利佛·退斯特》进行了全面修订，准备交付布拉德伯里和埃文斯，首次以单卷本的形式出版。（那段时间他腹侧剧疼的毛病再次发作，重温奥利佛的童年有没有可能又一次在一定程度上唤醒了他自己痛苦不堪的童年？）要不是因为狄更斯在修订过程中使用了一套非常新颖的标点符号系统，或许就只有文本考据学者会对修订本身感兴趣了。他似乎检查得非常仔细，做了许多细小的删减和改动，最重要的是，他修改过后的标点符号让整个文本带上了一种更易上口或更易于诵读的风格；仿佛他是为了能更便于将其朗诵出来而做的修订。一直以来有一种观点认为，这表现了对他之后公共朗诵的一种期盼，但这似乎不大可能；他最近在英国做过许多场演讲，那之前在美国也发表过许多演说，所以更有可能的是，他生平第一次开始意识到了自己声音的魅力和读者聆听他说话的那种感觉。这是一种全新的自我认识，主要是在美国培养起来的，因为在那里他本人亲自到场似乎就是其作者身份的核心；毫无疑问，这就是那年晚些时候他想要专门赶回伦敦去把第二本圣诞图书大声朗读给朋友听的原因。

在一位英国侨胞的帮助之下，他在热那亚本地租到了一座宫殿般的豪宅；那里本来就是一座真正的宫殿，名叫鱼池宫，因为屋前有两个养满了金鱼的巨型观赏性水池而得名。这座宫殿建于十六世纪晚期，规模十分宏伟；一楼的大厅高约五十英尺，墙上均饰有壁画，而狄更斯及其家人使用的大部分房间都通向这一间气派的大厅。房间里的墙壁和天花板上也有壁画，而狄更斯之后回忆起自己曾从一间屋子闲逛到另一间屋子，从一间卧室漫步到另一间卧室，就像做梦一样。按照狄更斯的说法，鱼池宫是一个传说中"经常闹鬼"的地方，但他们一家住在这里的几个月中什么也没看见。狄更斯本人倒是确实经历了什么事儿，但他不会说那是自己见鬼了：他的解释说法不一，有时候说是梦，有时候说是梦中的幻象。他一搬进这个新住处就再次看见了玛丽·贺加斯。自从她消失在约克郡的乡间之后——他把自己的梦告诉凯瑟琳之后——她就再也没出现过，可是在这里，在意大利，他再一次看见了她。事情的经过是这样的：他小时候犯过的那种背痛和腹侧痛最近又发作了，痛得他难以入眠。但当他终于有一天睡着了，他却梦到了一个披着蓝色绸缎的幽灵，很像拉斐尔笔下的圣母玛利亚。他现在记忆中的玛丽·贺加斯只有一个大致的模样——他甚至都不确定她的声音是什么样的——但不知怎么的，他知道那就是"可怜的玛丽显灵了"。他张开双臂，对着她叫"亲爱的"。然后他说："原谅我！我们这些活在世上的可怜人儿只能通过眼睛和嘴巴来表达自己。我已经用了最能体现我俩感情的词儿；你应该明白我的心意。"那个幽灵一言不发，于是狄更斯开始啜泣起来。"给我一点信号，让我知道你真的来见我了！"

幽灵："许个愿吧。"

狄更斯："贺加斯太太正处在巨大的痛苦之中。你能解救她吗？"

幽灵："好的。"

狄更斯："如果我确定她摆脱了痛苦，那就说明这一切真的发生过？"

幽灵："是的。"

狄更斯："但能不能再回答一个问题！什么是真正的信仰？你是不是跟我一样认为只要努力行善，信仰的形式就没那么重要？或者，你觉得天主教是最好的？也许它能让我更常想起上帝，更加坚定对上帝的信仰？"

幽灵："对你来说，是最好的。"

然后狄更斯便从梦中醒来，叫醒了身旁的凯瑟琳，一遍又一遍地重复这次奇异显灵的对话，好让自己能记得更牢。

从任何角度来讲，这都是一个奇妙的小插曲，但在狄更斯自己的深层意识中也不是没有共鸣之处。他之前那本对他产生了巨大影响的圣诞图书就以几乎同样的方式让睡梦中的埃比尼泽·斯克鲁奇见到了幽灵。所以说，也许当时他的想象力已经准备好了再一次夜访幽灵的条件。狄更斯忘不了这个梦：在之后那部小说里这个披着头巾的女子形象又一次出现，而他下部圣诞图书《钟声》也是和鬼怪、幽灵及显灵有关。

关于《钟声》，他不久就会说，"它抓住了这个时代的要害"，这就是那本他答应给布拉德伯里和埃文斯写的圣诞图书。可是他发现自己在热那亚不知从何下笔。这是他第一次尝试在英国以外的地方写书，而"脱离了合适创作的土壤"的他觉得浑身不自在。一幢深幽的意大利宫殿或许并不是他所要的最佳场所，毕竟，他现在需要为圣诞季仔细描绘一副仁爱善意的微型画。他没法儿工作，而且风中一直传送来热那亚叮当的钟声，吵得他心烦意乱。但正是这些噪声最终拯救了他，10月初，他给福斯特寄了封只有一句话的信，或者说，一句引文："我们半夜听到了钟声，夏禄老爷！①"这封简短的信件常常被引用，作为表现狄更斯欢喜高昂情绪的例证，信中更值得注意的是，他一心只想着自己和自己的问题但又浑然不知。

于是他开始伏案工作。热那亚的钟声让他想到了时间，而时间让他想到了大海，想到了物体的运动，想到了不可阻挡的进步。这一切都汇聚到了一个故事当中，故事里这个可怜的老头梦见了死亡和人间的苦难，最后是靠仁爱的善行才得以缓解，而这种仁爱慈悲正是狄更斯一直试图在自己的圣诞故事中所赞颂的。10月的第二周他开始动笔，而从他对这一写作过程的描述中我们就可以发现他有多么狂热、愤怒和兴奋："和以往一样，我对《钟声》这本书激情满怀；早上七点起床，洗一个冷水澡后吃早饭，接着就开始奋笔疾书，像烧得通红的熊熊大火……"当狄更斯对一个构思"着了魔"时，就没有比这更贴切的描述了。他把脑子里的灵感全写下来之前没法儿停下来休息。整个10月，他都一直"燃烧"着，而且还不得不做一些剧烈运动让自己狂乱的思绪平静下来：一天，他在雨中走了十二英里的山路；一天，他在炎炎烈日之下走了六英里；还有一天，他足足走了十五英里。每写完一章，他就会寄给福斯特，然后由他转交给布拉德伯里和埃文斯；同时，狄更斯也依然保持着过去的职业习惯，每一部分都留有一份速记稿。他就这么一章一章往下写，最后在11月初完成了全书，然后——用女人的话说——"痛痛快快大哭了一场！"

他当时已经决定，等那本书出版的时候就回伦敦，但这不仅仅是因为他想亲眼看到那本书，那本他自认为远胜过《圣诞颂歌》的书。更重要的是，他想要把

① 莎士比亚《温莎的风流娘儿们》中的一句话。

它朗读出来。他对这本书十分满意，其新颖性让他激动不已，他想看到一些朋友对此的反应；尤其是像卡莱尔和杰罗尔德那样的朋友，他们会明白他在这本书中取得了怎样的突破和进步。事实上，这本书的确造成了某种程度的轰动效应，而且由于其明显的激进文风，它也招致了比以往作品更猛烈的攻击以及更坚定的捍卫。他通过这本书把自己塑造成一位真正的激进主义者，甚至是革新者：这部圣诞图书对那些坚决拥护现状的人来说是一份难以接受的礼物，因为狄更斯在其中毫不掩饰自己对祖国政治体制的厌恶以及对其社会风俗的憎恨。当然，也有一些人对此书的反感更偏向于私人恩怨。发动反自杀运动的彼得·劳里爵士在这本书中以"库特议员"的化名遭到了狄更斯的讽刺，他就说这本书"可耻至极"。事实上，劳里曾经带凯瑟琳·狄更斯参加过市长大人的一次晚宴，还觉得自己和这位著名作家的交情不错。"跟他打交道很危险。"他说。而《晨报》更是进一步谴责狄更斯将"恶棍和荡妇、纵火犯和重罪犯"传奇化。但所有这些还没发生——已经完成《钟声》的狄更斯首先得穿过欧洲大陆回英国。

回到伦敦，他在柯芬园地区的广场咖啡馆①租了几间屋子（他在德文郡排屋的房子当然还在出租中）后，径直去了林肯律师学院广场见福斯特。多年后，福斯特回忆起"那个周六的冬夜，他那热切的脸庞和身影突然闪现在我的面前，结果我还没意识到是他来了，就感觉到他一手紧紧抓住了我"。但他当然是为了《钟声》才来的，第二天晚上他又把整个圣诞故事念给麦克雷迪听。"要是你昨天晚上看见麦克雷迪那样儿——我一边读，他一边坐在沙发上啜泣，一点儿都不加掩饰——你就会（像我一样）觉得，这东西的影响力真是太大了。"他这么向凯瑟琳描述那次朗诵的情形。"影响力。"对他人的影响力。感动和控制他人的影响力。他文字的影响力。他声音的影响力。

第二晚他挑了几位朋友向他们朗读这篇故事时，展现的也是这种影响力。福斯特把他们召集在自己家中——卡莱尔、丹尼尔·麦克利斯、克拉克森·斯坦菲尔德、W.J·福克斯、拉曼·布兰查德、道格拉斯·杰罗尔德，当然，还有福斯特自己，他们所有人都十分赞成《钟声》中对政治和社会问题的呼声。"这是一

---

① 1720年以前该地区不允许租房，除非首先拿到许可证，把他们的房产改造成公共小旅馆、储粮屋或是用作贩售咖啡、巧克力、茶之类的饮料。到了19世纪，这些咖啡厅、小客栈逐渐演变成了生意兴隆的宾馆。广场咖啡馆事实上是由演员查尔斯·麦克林于1754年创办的。

次茶话会，"福斯特提前告诉其中一人。"狄更斯反对任何更为活泼的形式，而且请在六点半准时集合……"最后那个着重强调的要求像是从狄更斯嘴里说出来的话。这么早开始是必需的，因为大致估算一下，读完《钟声》大约需要三个多小时，这比丁尼生①给他朋友朗诵《莫德》花的时间还要长（不过这位诗人的确时不时会重复一些地方，如果他觉得听众没有真听懂的话）。但不论是狄更斯的目的还是效果都是毋庸置疑的。两天之后，他又朗诵了一次，那次的主要嘉宾是阿尔巴尼·方布兰科。可以说，这几次朗诵的成功第一次让狄更斯看到了一丝可能性，如果朗诵自己的其他作品也许也会一样成功——也许可以向比自己的朋友圈更大的听众群朗读自己的作品。据福斯特的叙述，就是在这样的一个晚上，狄更斯和其他一些人想到了一个主意，即在私下以一种创新的业余表演形式把这些剧搬到舞台上。事实上，狄更斯从未忘记过舞台，就算此时他的伦敦之行短暂而且紧张忙乱，他也允许吉尔伯特·阿·贝克特和马克·雷蒙将《钟声》改编成舞台剧，在阿德菲剧院演出。从此以后，狄更斯所写的每一本圣诞图书都至少有改编成戏剧的潜力；再加上他正在不断完善的便于朗诵的标点法，（他一直在严格地按这套标点法对《奥利佛·退斯特》进行重新订正），我们可以看出，随着狄更斯对自己角色的认知发生了转变，他的艺术手法也不断发生变化。12月20日他回到了热那亚，因为护照的一些问题耽搁了一些时间，然后马上赶回鱼池宫，回到凯瑟琳身边；据福斯特说，凯瑟琳对他先前的离开很是"闷闷不乐"。不过，她马上会因为丈夫回来后的一些行为而更感忧虑。因为不出三天，他就开始对一位名叫奥古斯塔·德拉茹的女士实施催眠"治疗"；奥古斯塔是英国人，她的丈夫是一位居住在热那亚的瑞士银行家。这便开启了他人生中一段奇特的插曲，尤其是因为这是他妻子第一次反对他的意愿。

德拉茹夫人一直患有明显且难治的神经性面部痉挛，但这只是一种衰弱焦虑症的体征表现。据说，她长得很像狄更斯的姐姐范妮，也许这是他对她感兴趣的一部分原因吧。总之，他告诉她丈夫自己有一种特别的动物磁力并且很"乐意"帮助她。于是一个持续了好几个月的疗程便开始了，而狄更斯似乎真的能毫不费力地让德拉茹太太进入催眠状态；在这种催眠状态中，他不仅成功地缓解了她的

---

① 阿尔弗雷德·丁尼生（Alfred Tennyson），英国诗人，1850年起被封为"桂冠诗人"。

神经性痉挛症状，还借助词语自由联想这一方法循循善诱地让她讲出了自己的种种恐惧，从而探明了导致这种神经错乱的恐惧心理因素。他对此产生了浓厚的兴趣。他手头没有书要写——至少暂时没有书要写，于是就把所有精力都投入到了这个处境堪忧且需要帮助的女人身上，她总是会陷于自己的梦境中，有时还会吓得魂飞魄散而失去控制。起初，他只是尝试治疗她身体上的病症，但很快就对她那如洞穴般幽深的意识产生了兴趣。

最终，对于狄更斯和这位"病人"的亲密关系，凯瑟琳肯定还是看不过去，向他发牢骚。于是，他觉得有必要和德拉茹夫妇谈一谈，至少转达一下他妻子的顾虑。凯瑟琳当时又怀孕了，而且也许正是因为这件事导致她神经性抑郁和焦虑的老毛病又犯了，似乎只要一怀孕她就逃脱不了这些病的魔爪。但从她能鼓起勇气跟自己的丈夫把话挑明这一点来看，足见她对狄更斯与奥古斯塔·德拉茹的亲密关系有多么的恼火——形容治疗方法的那个词，"动物磁力"，也许就足以说明两人交流中必然掺杂着的那种情感成分。没有明显的性关系，但肯定有肢体上的亲密关系。但狄更斯对任何诸如此类的猜疑都感到非常愤慨，这是毫无疑问的；他对这整件事都记得非常清楚，直到八年后重回热那亚时他还提起过，而且就算过去了这么久，他还能表达出对自己妻子横加干涉的不快。在这种事情上，狄更斯总是能表现出一种清白无辜的感觉；他自认为有道理并且否认造成了伤害，这些无疑都是发自内心的，但他显然总是只能站在自己的立场上看待自己的行为。怀疑通常都会惹得他怒不可遏，而凯瑟琳的怀疑（也许甚至到了指责的地步）无疑在他心中激起了这种剧烈反应。不过，他的反应也许只是予以蔑视，因为他反而跑去和德拉茹夫妇住——当时家人正在做从意大利出发的准备，把鱼池宫里的生活搅得一团乱，他这种爱整洁的性格完全受不了。但至少凯瑟琳表达了自己的想法，而且也许是第一次暂时制止或改变了他的意愿。

狄更斯正越来越深入意大利。他们一家和其他一些英国人在鱼池宫欢度新年，一起玩猜字游戏、跳传统乡村舞。也就是在热那亚，孩子们上了他们人生中的第一堂舞蹈课。"他对我们在那门优雅艺术上的进步感到十分欣慰，"玛米在多年后回忆道，"当我们向他展示了课上学的所有舞步、练习和舞蹈并表现十分完美时，他对我们成功的赞叹之情溢于言表。"他们当时都还很小。查尔斯·库利福德·博兹·狄更斯七岁，玛丽·狄更斯六岁，凯特·麦克雷迪·狄更斯五岁，沃尔特·兰道·狄更斯三岁而弗朗西斯·杰弗里·狄更斯才只有几个月大。他给每个孩子都取了绰号：玛丽或玛米叫"温柔的格罗斯特"，查尔斯或查理叫"弗拉斯特·弗洛比"，凯特叫"火柴盒"，沃尔特叫"小鬼头"，而襁褓中的弗朗西斯则叫"偷鸡贼"——《钟声》中一个角色的名字，这说明狄更斯总是能轻松地从他的虚构家庭回到现实家庭中来，而且通过给他们每个人取绰号，在某种意义上说，他也是在将他们变成虚构的人物。但正如他们中的一个人所说的那样，他和他们在一起时"总是很体贴，总是很温柔，处理他们遇到的小麻烦和幼稚的恐惧"。甚至可以这么说，狄更斯和孩子们在一起时能够找回自己童年早期的快乐时光。事实上，他们长大后，他和他们的关系越来越疏远，而且他们中不止一个提起过，他在他们进入青春期时曾表现出一种令人费解的拘谨。虽然年纪小，孩子们还是非常清楚父母身上的那种气场，也许小时候比长大了更加清楚；而且这些孩子还比较小的时候就似乎意识到了——亨利·狄更斯之后称之为——"当他沉默烦恼时，那种极度抑郁、极度焦虑、极度易怒的沉重心情"。同样感人的是，孩子们还发现他们的父亲非常讨厌道别——"我们这些孩子知道他不喜欢这件事，所以分别的时候只会和他挥挥手或是默不作声地亲他一下。"

不过，狄更斯骨子里就是个闲不下来的人，1845年1月中旬，全家人离开热那亚开始了他们的意大利之旅。或许更确切地说，是狄更斯开始了自己的意大利之旅，然后拽上了凯瑟琳、乔治娜和五个年纪尚小的孩子。第一站是卡拉拉。那儿，从大理石矿坑里扔出来的巨石让他想起水手辛巴德的故事里商人们"抛下一块块巨大的肉，让它们粘上钻石"的场景。下一站是比萨，那里的斜塔让他记起了好多年前在课本里看到的所有相关图片。于是，比萨和卡拉拉成了他童年读物中的画面。他们乘坐火车继续前往里冈。然后来到罗马，在那里他有机会看了一次杀人犯的斩首。观察力敏锐的狄更斯注意到那个死人的脖子像是消失了一样。在斩首过程中："头砍得特别悬，感觉那刀差点劈碎他下巴，或是刮掉一只耳朵；而且那身子看上去就像耳朵以上什么都没了。"

狄更斯一行人又从罗马经由加普亚和那不勒斯来到赫库兰尼姆和庞贝，在那儿，在那时间的废墟之中，错位的物件和遥远过去的片刻就永远保存在这些石头里。因此，狄更斯站在庞贝壮观的市场里，从那里望着不远处冒着烟的维苏威火山，"看到毁灭者和被毁灭者在阳光下组成这幅安宁的画面，心中升起一股奇怪的忧伤之情"。毁灭者和被毁灭者在同一片平和的光线下——多年后，当《远大前程》中一位法官宣告三十二名男女死刑时，狄更斯脑海中浮现的是不是就是这幅画面？"阳光从法庭巨大的窗户照射进来，透过玻璃上闪闪发亮的水珠，然后在三十二个人和法官之间投下一束宽宽的光线，连接着双方……"毁灭者和被毁灭者在一束光中联合在了一起，这是一幅壮观的画面，很可能就是从明媚的意大利渗进了伦敦阴暗的室内。

然后，他们一行人又行至佛罗伦萨，之后才回到热那亚的鱼池宫；整趟旅行为期约三周，当他们准备在意大利度过最后几周时，已经是春天了。接连好多天春光明媚，全家人一直平静地住到了6月的第一周，更确切地说，除了他们的厨子居然决定留在热那亚并和一个意大利人结婚这条惊人消息之外，都非常平静。狄更斯此时已经迫不及待地想回英国了。他从布拉德伯里和埃文斯那里听说了《钟声》大卖的好消息，这让他赚了约一千五百英镑，而且他也开始安排重新粉刷和装修德文郡排屋的事宜了。他一开始选的颜色是亮绿色；毫无疑问，这是因为当时（直到现在）在热那亚几乎所有的百叶窗都是这个颜色，狄更斯想要在伦敦部分重现那座城市的氛围。他想让自己的家看上去带有意大利的风格——"我希望它能有一种轻松欢快的氛围……"他说；而且更有可能的是，热那亚的生活让狄更斯自己都有些意大利化了。在美国的时候，他就发现自己性格中也有那个国家国民性的一些优缺点；现在在意大利，他认识到自己也有意大利人那种卓越的戏剧天赋、他们的活力和幽默。但凯瑟琳不同意用热那亚绿，狄更斯也勉强妥协了。无论如何，是时候回到他那个混乱热闹的世界里，回到他的真实生活中了；是时候再一次——用他自己的话说——"养家糊口"了。他脑海中已经有了各种各样回国后可以进行的工作计划。比方说，《钟声》的大获成功让他明白自己应该再写一部圣诞图书，而且他应该早就在考虑写一本新小说了。《马丁·朱述尔维特》已经是一年多以前的事了。当然，他可以立刻创作那部意大利游记——这本书最终的名字是《意大利风光》——但他有点不确定该怎么使用已经写下的那些文字。还有办一份新期刊的可能性，这是他去意大利之前就同布拉德伯里和埃文斯商量过的事情。

他们在6月的第二周离开热那亚，取道圣哥达山口回到了英国；这又是一趟荒凉凶险的旅程，那种狄更斯特别喜爱但他家人却没那么热情的旅程。他们的马车一直在悬崖边滑行。当时八岁的查理·狄更斯记得其中一段路途是和父亲穿过"一条满是岩石、覆盖着冰雪的路，通过一条捷径从陡峭蜿蜒的山径一边走到另一边。我现在依然清楚记得当时我们两人的样子，他迈着大步往远处走去，而我在后面想要跟上他却怎么也赶不上，我累得气喘吁吁但是感到能和他一起探险非常自豪……最后，当我们发现脚下那条路幻象般消失在了湍急的山溪里时，几乎都要崩溃了。在找到路和马车之前不得不踩着石头蹚过激流，真是危险极了"。然后他们又去了苏黎世、法兰克福和布鲁塞尔，福斯特和麦克利斯在那里和他们会合并陪他们一起回国。

十六

那么，狄更斯的旅行感受如何呢？什么都没变。他还是他。而周围的一切也未曾改变。在他离开的这段时间里，一切都未曾改变；"伦敦还是和以前一样，"他回来四周后抱怨道。他一回家就得了重感冒。回国第二天，他就去看望了住在布莱克希思的父母，当然也少不了和朋友们一起吃饭见面的惯例；他和霍兰德夫人吃了一顿晚餐，同克里斯蒂安娜·维勒和T.J·汤普森一起去格林威治郊游，甚至还礼节性地拜访了玛利亚·彼得奈尔，他年轻时迷恋的那位姑娘，现在已经嫁为人妇。在回来的马车上，据乔治娜·贺加斯回忆，狄更斯一想到他之前的迷恋对象玛利亚·温特就忍不住大笑了起来，因为她现在"脾气温良但蠢得吓人"，这也是乔治娜的原话。福斯特曾记述过，他还在这期间重访了卡姆登镇贝恩街上小时候住过的那幢房子；这种想要重游童年故地的冲动是再寻常不过的现象——而这些地方和记忆中的样子相比，像是缩了水一般、破败不堪——但这也有可能和他想要写自传的打算有关，虽然还没完全确定。（如果他在计划写什么东西，那可能和托马斯·霍克罗夫特的《回忆录》差不多，他很欣赏这本书，书里描写了贫困童年的苦难经历以及令人激动的事情，虽然压抑得有些让人喘不过气来，但十分形象生动。）但是，重访童年故地总是会和人生中的某些转变、转折点同时发生；而狄更斯也是如此。

感冒中的他"眼泪流个不停"。在经历过热那亚那种衰败的壮丽和戏剧性的不幸之后，伦敦就显得"单调沉闷至极"了。卡姆登镇、格林威治、德文郡排屋，一切都未曾改变也不会改变。玛利亚·彼得奈尔，成了一个可笑的玛利亚·温特。

就连童年的记忆也变得越发无趣了。狄更斯最擅长唤起那种忧怒参半的疲倦厌烦之情——《小杜丽》中，亚瑟·克莱南在一个星期六的早晨抵达伦敦这一场景，准确完美地展现了城里人的那种忧郁伤感——而且很少有人能像他一样体会得那么强烈。但是，如果要说狄更斯身上唯一一个始终如一且令人钦佩的品质，那或许就是他总是会用超强的忍耐力来压制这种情绪，就像他用这种忍耐力同阻碍他的情形做斗争一样。"永不言败"是他的座右铭之一。总之，他有活儿要干；他还有另一本圣诞图书要写，他也已经答应布拉德伯里和埃文斯考虑一下主编一份新期刊的可能性。事实上，他几乎一回来就想到了《蟋蟀》这一刊名，也许是受他热那亚院子里没完没了的蝉鸣的启发，但也让人不禁联想起民间故事里的壁炉。他告诉福斯特，这份期刊将秉承"圣诞颂歌式的哲学观"并且会让他以一种"讨人喜欢且直接的方式"走进千家万户。

不久他的注意力又让另一件事给吸引住了。我们知道，上个冬天他为了给朋友们朗诵《钟声》而回了一趟伦敦，虽然没待多久，但当时他讨论了演一出戏的想法；一个私人演出，由全体演员自己掏钱，每个演员都邀请一些特别好友来观看。换句话说，就是一个戏剧票友之夜。如果说《小杜丽》在某种程度上探讨的是关于人类身份的永久性和坚固性，仅仅改头换面根本无法撼动这种根深蒂固的身份，如果说他回到伦敦后的生活里充满了厌倦和无聊，那么这就是压制这些感觉的一个办法。他对扮演戏剧角色的渴望至少能在一定程度上帮他战胜无趣乏味的熟悉感，换一个新身份，哪怕就一两个小时而已，并通过加强戏中所有的色彩和光辉来驱除伦敦的阴郁昏暗。狄更斯想要穿着"颜色非常欢乐、鲜艳且明亮的"演出服，仿佛是要和自己的意大利经历交相辉映：他将饰演本·琼森《人各有癖》中的吹牛大王。福斯特也会出演。还有克拉克森·斯坦菲尔德，以及T.J·汤普森。但最值得注意的是，其他几位演员——马克·雷蒙、约翰·利奇、亨利·梅修、道格拉斯·杰罗德、吉尔伯特·阿·贝克特——都来自同一个团体，一小群自称"《笨拙画报》兄弟"的报刊撰稿人，而外人都称他们"那些《笨拙画报》的人"。《笨拙画报》是一份创办仅四年的杂志，当时的主编是雷蒙。狄更斯和这本新杂志的关系已经是显而易见的了；他的新出版商布拉德伯里和埃文斯是这份杂志的印刷商，而且它的许多撰稿人都属于狄更斯曾经担任《本特利杂文集》主编时认识的那个激进作家圈。当然，他和其中一些人早就是朋友了。约翰·利奇给他的两本圣诞图书都做了插画；他是一个生性安静的人，总是焦虑不安还有点儿忧郁（那时期许多漫画家似乎都是这样）。虽然他和萨克雷①上的是同一所学校，但他在很大程度上算是自学成才；他父亲也是出了名的一贫如洗又花钱无度，这一点无疑让他赢得了这位小说家的喜爱，因为狄更斯似乎总是喜欢和跟他有相似之处的人做朋友。马克·雷蒙当然也是如此，这个块头很大甚至有些肥胖的人跟所有胖子一样，非常亲切友好也爱闹腾，但这种活泼随和的表面之下隐藏着一个极其敏感的性格；而狄更斯也总会对这样的人产生好感。他的至交中有各种害羞、焦虑不安和忧郁的人。利奇和雷蒙两人也都非常喜欢孩子，这一特点又让狄更斯更加喜欢他们；狄更斯的孩子们都管雷蒙叫"马克叔叔"或"海豚叔叔"（叫他妻子"奈丽阿姨"）。

按照他长子的说法，狄更斯"天生就是一块当演员的料儿"，而且他的一位朋友也记得狄更斯"说他相信自己在戏剧方面的天赋胜于文学天赋，因为相比其他任何工作他更喜欢演戏"。麦克雷迪说他演技"拙劣"，从专业的角度来说，这话说得没错；人们评价狄更斯的演技时通常会说他在表演时太"用力"，意思是说太小心周到、太做作、也太僵硬了。比起整体效果他似乎更擅长细节，这听上去是像他会犯的毛病——一个在表演方面完全自学成才的人，一个在某种意义上对戏剧效果研究过于仔细并在应用方面又过于一丝不苟的人。他真有当演员的天赋。首先，他自己也承认自己非常喜欢"假装成别人"。那些善于推理分析的人此时或许会说，戏剧对他来说就是一种心理疗法，不仅帮他"吹走表面上的凶猛好斗"——他的原话——也让他通过换上一个或一系列新身份来了解并重塑自我。就跟这时期一样，在不写小说的时候，富于想象力的他对塑造角色的所有渴望仿佛都转移到了自己身上，于是，他就如同变成了一系列寻找作者的戏剧角色。

因为他们又一次全家南下，住到了布罗德斯泰斯，所以狄更斯在排练期间一直会去那儿休息。凯瑟琳当时怀孕好几个月了，自然没有陪他一起回伦敦。这个时候秋天已经经过去了一半，他得准备为当年年底写一本圣诞图书了；这对他来说似乎已经成了一个季节性惯例，他和他的"观众"——他喜欢这么叫——在书中再次确认他们之间密切持久的关系。现在他的圣诞图书越来越不像一部小说了，

---

① 威廉·梅克皮斯·萨克雷（William Makepeace Thackeray），英国小说家，以《名利场》闻名。

而更像一个他们共享的童话，童话中所有的恶意都会消除，所有的争执都会解决。无疑，这就是他想到的一个故事主题所蕴含的寓意，这一主题主要围绕一名丈夫因误解而生的嫉妒展开，很可能是受之前凯瑟琳·狄更斯抱怨他和德拉茹夫人的磁性关系启发。但他没有时间开始这本书的创作：他刚想动笔就立刻全身心投入到了另一个项目之中。

事情其实要从去年布拉德伯里和埃文斯同狄更斯商谈合同时提出想要创办一份由狄更斯主编的报纸说起。正如我们已经看到的，狄更斯从热那亚回来之后就在盘算着办一份风格欢快的周刊，还有一个唧唧作响的名字叫《蟋蟀》，但现在又有一个更加重要的计划摆在了他面前。布拉德伯里和埃文斯在约瑟夫·帕克斯顿的资金支持下，决定创办一份激进自由主义派的报纸，与《泰晤士报》和《先驱晨报》等知名报纸相竞争。现在正是有利时机；狄更斯回英国的时候正值"铁路热"，铁路运输业飞速发展，各家铁路公司发行股票的风潮正盛。铁路本身也将进入狄更斯的下一部小说，既扮演拯救者又扮演毁灭者——他把时下最流行的东西放进自己想象力的蒸馏器中，将其变得既深刻又奇异——但更直接的原因是当时资金已准备妥当，这促使布拉德伯里和埃文斯发起一份将促进并宣传铁路系统所服务的利益集团的报纸。特别是推崇自由贸易的实业家和制造商的利益，他们的激进主义思想在这一时期都对准了狄更斯本人所鄙视的那些人。

而有谁能比查尔斯·狄更斯更适合编辑一份面向这么一个读者群的报纸呢？从《钟声》（更别提《尼古拉斯·尼克尔贝》）的反响就能明显看出，狄更斯能够直接干预调节现实的社会问题，而且他年轻时就是一名相当能干的报刊撰稿人。狄更斯本人似乎也觉得这是个好主意，布拉德伯里和埃文斯找过他后，他就南下来到查兹沃斯同另一位主要赞助者约瑟夫·帕克斯顿会面。帕克斯顿本人也极具天赋，他以几乎典范式的维多利亚时代行事方式，依靠坚持不懈的精神、智谋和干劲发家致富；他起初是一个园丁的儿子，而现在才四十多岁的他已经是一名铁路倡导者、建筑师和德文郡公爵的庄园管理人了。"自力更生"在19世纪不是一个空口号，而真的是一种具体的行动；人们常说，维多利亚时期社会专制且等级分明，但对那些雄心勃勃渴望权力或财富的人来说，其实并没有任何阻碍他们往上爬的障碍。于是，帕克斯顿和狄更斯这两个同为靠自己力量成功的人一起坐了下来，讨论创办一份全国性进步报纸的事宜。"铁路大王"乔治·哈德逊也是一位靠自我奋斗成功的人，他也支持赞助了这一项目。狄更斯给他的朋友兼财政顾问米顿写了一封充满兴奋之情的信，信中说帕克斯顿本人"掌握了除大西部线之外英国本国和国外的每一条铁路线和铁路势力……"就是这么奇妙，在技术发展的推动之下，一种交通运输方式成了影响一份报纸创办的最重要因素，而且报纸的主编还是一位小说家。

他的生活再一次活跃忙碌起来。凯瑟琳怀着孕，而他在策划着表演琼森的另一部话剧来给索斯伍德·史密斯的疗养院筹款；他父亲在钱的问题上又给他惹了很多麻烦，而他也在安排儿子查理上学的事宜，那本两个月后就要出版的圣诞图书，他到现在还没动笔。此外，他还要将意大利之旅写成文字。现在他又同意担任一份日报的主编，虽说两千英镑的年薪是其他主编正常薪水的两倍，但狄更斯接下这一职位似乎还是有些轻率，毕竟他现在手上的活儿已经超过了正常人的能力范围。可是，他虽然好几天没有做出正式答复，但私底下好像立即就接受了这一职位。也许有人会说，几乎有些不假思索。事后看来，一个才华洋溢的作家居然会想成为一份报纸的主编并把自己大部分的时间和精力都扑在上面，这确实有点古怪，但我们不能忘了，《马丁·朱述尔维特》并没有取得之前几部小说那样的成功，而那两本圣诞图书在一些人眼里也只不过是故作多情的玩意儿罢了，而且一些评论家早就认定狄更斯过早江郎才尽了。

从这时起，他每天都去位于舰队街上的新办公室，写信给那些他想要雇用的记者，并安排报纸的管理经营；事实上，他在《每日新闻》——这是那份报纸的名称——中的表现和他当舞台经理时一样坚定果决。但很明显，这并不是一出戏，而且他主编的这份报纸已经有了布拉德伯里先生和埃文斯先生当经理，这些现实马上会带来问题。他的朋友中也有人持保留意见；麦克雷迪看了福斯特给他的狄更斯起草的发起书，在日记中写道"贸然参与这项工作太过草率，这可是一项需要卓越远见、秘密娴熟的准备和指挥才能的事业，但狄更斯并不具备这些。福斯特基本同意我的反对理由，但他似乎觉得要劝动狄更斯没有太大希望"。换句话说，麦克雷迪认为狄更斯并不适合这份工作。狄更斯在为这一计划的许多相关人士举行的庆祝晚宴上发表了讲话，对《每日新闻》的前景大吹特吹；之后，有人对当时的《雅典娜俱乐部》主编查尔斯·温特沃斯·迪尔克说："到时候正是要靠您的智慧来补救狄更斯的才华对这份新报纸所造成的损害。"事实上，这话差不多说对了。

很快，狄更斯的全体职员都到位了，其中，他还雇用了几位家庭成员——这最能体现狄更斯想要让这份报纸带上自己个人印记的愿望：他请来岳父乔治·贺加斯担任音乐戏剧评论员，让舅舅约翰·亨利·巴罗担任印度版的记者，而最出人意外的是，他还雇用自己的父亲来当议会报道班子的管理人。布拉德伯里和埃文斯之前一直在舰队街90号办公，就在他们自己的印刷机旁边——这几幢楼都被清空然后重新布置成了这份新报纸的总部，基本上就是两幢破败不堪的房子，有通道互相连通。要到这个地方必须先穿过一个拱道，除了舰队街，然后走过一个窄巷。其中一幢房子里有狄更斯的"圣所"和一间主笔作者的办公室；尽管当时有荒谬的谣言说主编室豪华得连他的信件都是用银质托盘盛装，那屋子其实非常朴素，只有一张办公桌、一把扶手椅、一张斜面书桌、六把包皮椅子、一张沙发和一个小书架，书架上放着诸如《年志》①和《英国议会议事录》之类的必备书籍；狄更斯的楼上是两间给副主编和一般新闻记者使用的房间；走上一段木质楼梯再上一层就是排字间。有一段楼梯通往隔壁的那幢房子，印刷机都在那里。整个建筑"照明不好"而且"通风很差"，一位在那儿工作过的记者曾回忆起"……破败的楼梯、脏兮兮的椰壳纤维地席、看上去很久没有粉刷打磨过的墙壁、让乌烟瘴气熏得满是污垢的窗户，还有强光以及油墨和纸张的味道。手工或蒸汽推动的印刷机发出无休止的噪声，形成一阵阵忙碌的嗡嗡声；雾气朦胧的空气中还能看见像幽灵一样的搬运工，顶着纸帽，衬衫袖子满是灰尘……"这是一段很能引起共鸣的记忆，记录了我们之前的那个印刷时代，而这个时代一直持续到了20世纪80年代。

对狄更斯自己而言，这份新报纸的筹备工作标志着一段高度兴奋的时期：撇开别的不说，准备工作让他回忆起了当年在《纪事晨报》当记者的日子，跟最近的业余戏剧演出也让他重温了年轻时演戏的那段记忆一样。时光再现。至少在一段时间内，没什么能比回到过去更激动人心的了。这就像是在还原青春本身。旧时光重获新生。"我睡不着觉，"他说。但这种兴奋之情也让他控制支配别人的脾

---

① *Annual Register*是一份由许多作家主笔、探讨每年国际政治时事为主题的政治期刊，由埃德蒙·伯克主编于1758年创办，每年出版一册，是重要的参考书籍。

气愈演愈烈；"请整理好你的毛毡手提包，立刻上火车。"他曾这么命令帕克斯顿，当时的情形十分不快。他也参股了这份新报纸，这也说明他希望开头的成功能让自己之后也继续获利。

与此同时，他的圣诞图书情况如何呢？他给书取名为《炉边蟋蟀》，好像他想要重新利用之前准备用到《蟋蟀》（曾经计划创办的那份期刊）中的材料似的。他安排利奇、道尔和麦克利斯负责插画，但他自己在1845年的最后一个月停停写写，只是零星地写出了一些文字，因为当时"我的工作中一下子出现了许多不可逾越的障碍"。有可能，尤其是他在《每日新闻》的工作导致他的社会政治热情都从小说转移到了这份报纸上。毫无疑问，《炉边蟋蟀》缺乏之前两部圣诞图书中那种对社会问题的关注，而《爱丁堡期刊》注意到，狄更斯在这本书中"将他的注意力转向了一个纯道德层面的主题"。这个主题就是一个上了年纪的丈夫怀疑比自己年轻许多的妻子有不忠贞的行为。这是一个相当精彩的故事，而其中最感人的也许是对一个盲女的刻画——这个女孩的父亲多年以来一直给她编造了一个五光十色、舒适华美的世界，让她相信这就是自己所生活的地方；这种艺术效果没有人比狄更斯更在行。和他所有的圣诞图书一样，他再一次使用了自己说话的口吻，就好像他在大声朗读给读者听一样，就好像他想走到他们身边，挽着他们的胳膊，指给他们看精灵曾经展示在埃比尼泽·斯克鲁奇眼前的景象一样。同其他圣诞图书一样，这个故事的主题中也有一个让人揪心揪到最后一刻的期待，一个到了最后一页才让人如释重负的巨大忧惧。所有这些书的艺术效果都和他的小说截然不同，或许可以说是一种振奋人心的情感宣泄。

但《炉边蟋蟀》的创作断断续续，远没有他之前写《圣诞颂歌》和《钟声》时那么顺畅，写这两本书时他仿佛突发一阵奇想就能持续很长时间，灵感纷至沓来。所以，该书与前两部之间存在一定程度的区别，倒不一定是在它的结构上——结构很错综复杂，也不在文字上——文中有十分优美和感人的地方，区别其实在于狄更斯最近写的这本书包含了自己从不刻意强调或隐瞒的一些人生经历。因此从某种意义上讲，相较于前两本书，这本书更加私人化。比方说，他不就是用书里那个上了点儿年纪、"腰和床柱子一样细"、让人觉得她曾经非常有教养的女人来讥讽自己的母亲吗？毫无疑问，他的妻子也以一种直接的方式进入了故事中；她首先是以蒂丽·斯洛博伊的形象出现，那个老是磕伤擦破自己的腿、老是被散落在地上的东西绊倒的女佣。这些特点都是狄更斯用来描写自己妻子笨手笨脚的。但在丈夫怀疑妻子有不忠行为且让这种毫无根据的怀疑破坏了夫妻关系的情节中也出现了凯瑟琳的身影。当他笔下那位年老又起了疑心的丈夫说："我有没有考虑过，我对于她那样活泼欢快的性情是多么不适合，我这个迟钝乏味的人一定会让聪明伶俐的她感到十分厌烦；我有没有考虑过，每一个认识她的人都会对她产生爱慕之情，而我无德无才，有什么资格爱她？"狄更斯其实是在描写自己的妻子。聪明伶俐的是狄更斯，而迟钝乏味的是凯瑟琳；按照同样的角色转换创作手法，那是不是所有认识狄更斯的人都爱慕他呢？他是在用这种方式在自己的头脑里改编那段德拉茹事件吗——这样就不会有人指责他了？如果说这本书中有一个贯穿始终、无处不在的形象，那就是狄更斯本人；他就像那位盲女慈爱的父亲，在我们身边编织出许多美好的幻想，用善意的谎言让我们远离痛苦。慈爱的朋友、慈爱的父亲、慈爱的叙述者——狄更斯将自己置于整个故事的每一个层面上，这就好像，当他几乎下意识地奋笔疾书时他对自己的关注就展露无遗了。甚至到了故事的最后，我们还是回到了叙述者本人："……我一个人留了下来。一只蟋蟀在路边唱着歌；一件坏了的儿童玩具躺在地上；此外，什么都不剩。"

这本书很受大众欢迎，但没有获得评论界的好评。它的销量是《钟声》的两倍，但那些一直在寻找狄更斯影响力衰退证据的人对这本书发起了猛攻，把它批评为——用一位评论家的话说——"故作多情的废话"。《泰晤士报》称之为"一位提前衰老的天才说出的胡话"，不过该报评论家严厉刺耳的批评可能在一定程度上和狄更斯即将创办一份与其竞争的报纸有关。但相比起评论家的认可，他似乎对获得公众的喜欢更加关心；他自己在公众心目中的社会角色对他变得越来越重要，而他接受《每日新闻》主编职位的原因之一也是想要确认自己对公共事务的影响力且与一个更大规模、并不一定读过自己小说的读者群建立起亲密关系。正是带着同样的想法，狄更斯也想确保《炉边蟋蟀》一出版就能搬上舞台；他允许阿尔伯特·史密斯将其改编成剧本，并由基利夫妇在莱森戏院演出（姬丽夫妇是当时备受尊敬的夫妻档演员，专门演此类本土情节剧），他甚至还在该书出版之前就寄出其校样，这样就能保证话剧和书同时面世。他甚至还出席了几场彩排。

同时，他对《每日新闻》的热情一直在增长。现在福斯特、阿尔巴尼·方布兰科、道格拉斯·杰罗德和马克·雷蒙也加盟了该报纸。根据之前就商议好的决定，第一期报纸应当在议会下一个关键会期开始的当天发行，该会期的主要议题将是围绕《谷物法》的争论。《纪事晨报》和《先驱晨报》已经登出一则公告（《泰晤士报》拒绝刊登），宣布一份"崭新的晨报"即将发行，追求"自由主义政治理念和完全独立"；并再一次证明了英国这一历史时期铁路事业发展的重要性："提供和铁路相关的一切科学、商业信息，不论是实际运营、建设还是计划中的铁路线，您都将在这里找到完整消息。"福斯特对他朋友为这份报纸忙活感到忧虑，他告诉麦克雷迪，狄更斯"完全固执己见，沉浸在对自己工作的钦佩之中"；他这么说也许在某种程度上是因为狄更斯忽略了他的建议。该报纸的首席社论作者W.J·福克斯（本人是自由贸易运动的一位重要成员）告诉一位朋友说，"我和狄更斯几乎在任何事情上都反对他〔福斯特〕，常常会引发分歧和争吵"。

1月中旬，一切准备就绪；1846年1月17日还准备了一个"样张"版，而该报真正的第一期最终于四天后发行。不过，并不太成功；印刷报纸的纸张质量很差，而且还有好多"编排"粗劣的地方。换句话说，在狄更斯本人亲自监督下的版面设计和排版都很难看。此外，还有一些印刷错误，其中最令人震惊的错，竟然出在股市行情的报道中，这可是一个对准确性要求最高的版块。当时一名员工回忆起报纸发售的第一天"人们像疯了似的抢购第一期。但一看到第一版的纸张，消沉抑郁的印刷所广场、河滨马路和鞋巷〔各大竞争报社所在地〕就一下子燃起了希望……我怀疑当天晚上那些长时间都笼罩在忧惧中的编辑室是不是举行了庆祝会"。

狄更斯一如既往，仍旧精力充沛、勤勉努力地当着他的主编。就像对待生活中的所有事情一样，他也十分关注能确保报社有效运行的细节，但有时候在更伟大的人看来这都是琐碎的细枝末节或仅仅是技术性问题。他心里很明白，成功的秘诀就在于对细节、效率和纯技术的关注。事实上，有时他似乎更关心传递新闻的速度，而非新闻内容本身，这一关注点或许有关也有利于他自己的小说，因为他的小说里总是会有自由流通的意象和阻碍隔阂的意象相对比，畅通无阻的循环和堵塞停滞相对比。确保《每日新闻》快速顺利发行的阶段过后，他的下一部小说中出现了一些对于运动和释放这一主题的比喻，这或许也就毫不意外了。在接近惨败的第一期之后，这份报纸其实有所改进，而这一改进至少有一部分归功于主编自己所投的稿件；在接下来的几周里，他全神贯注于讨论那些一直困扰他的社会问题，紧接着就产出了一系列关于死刑和贫民儿童免费学校的文章或"信件"。

　　所有这一切都非常值得称赞；但有证据表明，狄更斯虽然是一名充满了活力的主编，但这并不一定会让他成为一名优秀的主编。晚些年，当他管理编辑自己的杂志时，这种专制独裁的自负性格将会成为他的一大优势；但对于一项如此庞大复杂的事业，他太固执己见、太自作主张、偏见太大、支配欲又太强而且在某些方面太古怪，是成不了一名好主编的。这个职位需要的是一个脾性灵活变通、宽宏大量的人，至少得公开表明自己（像马克·雷蒙在《笨拙画报》中所声称的那样）相信麾下的撰稿人有可能比自己更聪明、文笔更好。这显然远远超过了狄更斯所能承受的范围。当时有一个人概括得很好："狄更斯不是一位好主编。他是伦敦最出色的记者，而作为一名报界人士，他也就仅止步于一名出色的记者。"

　　的确如此，狄更斯不久就对自己的角色感到不安且不满。毫无疑问，他此时已经意识到自己做了一个错误的决定，明白自己到底还是一名小说家，任何长期打断他真正工作的事情都会有害于自己。事实上，他脑海中已经有了一部新小说的粗略计划，而且他似乎一拿到公司的股份（报纸发行第一天，他就正式签署了一份同意他无须出资就可以得到股份的协议），就打算离开了。2月9日，他正式辞职，而且一辞职整个人就开心了许多。他一定是史上任期最短的全国性日报主编，只当了十八天，而且他离开的方式的确表露出一丝执拗甚至是无情，在任何关乎本人和自己所关注的事上他都是这样。他总是刚满怀热情地开始著作权立法等事业就中途放弃，而且他一觉得这份报纸妨碍了自己真正的追求就"中途放弃"了，这一点似乎毋庸置疑。现在他满脑子想的都是那本新书，所有和《每日新闻》相关的厚望和雄心壮志跟他自己的决心相比都变得一文不值。但事实证明，他这一决定并没有带来灾难。福斯特接任了主编一职而迪尔克受聘担任了经理；《每日新闻》在这两人手下维持着正常运转，最终甚至蒸蒸日上，成为一份真正意义上的进步报纸。

　　尽管狄更斯喜欢装作对自己的决定十分果断决绝的样子，但他并没有完全切断和这份报纸的联系。他当然还保留着自己的股份，而且在4月底之前好像还一直从布拉德伯里和埃文斯那里拿薪水。他至少摆脱了主编的职责，而且在这些个月里他又回到写作中并计划着再一次在欧洲大陆旅居一段时间；他想要和家人住在一个生活开销没英国那么大的国家，而且在热那亚写作《钟声》的经历也让他相信自己在国外也能像在国内一样自如创作。尽管如此，他也不想完全放弃那个主编职位给他提供的公共改革家身份，于是接下来的几个月里，他在《每日新闻》发表了一系列关于社会事务的文章。

在撰写这些短篇社论的同时，他也在忙着准备《意大利风光》的图书版；他不仅向朋友们索要那段期间写给他们的信件，也查阅了自己的日记，主要是为了加入一些新的章节，而不是完全依靠当下正在《每日新闻》上刊登的《旅行札记》（事实上，这份报纸所刊登的内容只是之后这本游记的一半）。但出现了一个问题。克拉克森·斯坦菲尔德早先同意帮这本书绘制插画，当他读到狄更斯对天主教宗教仪式的繁复奢华进行讽刺的段落时，他便从该书中退出了。毕竟斯坦菲尔德本人是一位著名的英国天主教教徒，狄更斯也知道这一点，他绝不可能跟一部认为自己所信教派的宗教仪式只不过是一群假面哑剧演员列队游行的书籍扯上半点关系；而且，狄更斯竟如此漫不经心或欠缺考虑，选择斯坦菲尔德来为这么一本书作插画，这真是让人难以置信。但只要我们回想起他离开那份报纸时所表明的一个重要事实就能明白了——他所做的一切都是正确的。他所写的一切都是正确的。如果别人意见不同，很简单，那都是他们自己的问题，而他也完全不在乎这些问题。比方说，在写给斯坦菲尔德的信中，他并没有道歉："咱们都是明白人，你所信仰的宗教教义中是否承认且包括我所提到并让你震惊的事情，你应该是最有权发表意见的人。很遗憾的是，我了解到它确实是这样的——而且对它的印象更糟糕了。"换句话说，这是教会的错，而不是狄更斯的错。和往常一样，他立刻开始了寻找替补插画师的行动；幸运的是，而且说来也奇怪，他居然找了一位没什么名气的年轻画家，塞缪尔·帕默，而他精彩的插画最终成了《意大利风光》一书的一大亮点。

但是，他辞职后的那几个月里最重要的事情也许是又一部新小说的策划。他知道，任凭那些有知识的评论家对自己的小说嗤之以鼻，他的读者都在盼望着自己再出一部。于是带着一贯的不安、苦恼和开放的心态，他开始寻找主题和故事灵感。就在准备期间发生的某件小事似乎进入了他的潜意识中。不知怎么的，他在摄政公园撞死了一只小狗"并让它的小女主人——一个十三四岁的女孩儿——十分悲痛，而我从未见过如此微妙细腻的悲痛"。很显然，这件事震撼到了狄更斯，他在酝酿中的《董贝父子》这部小说里让这条小狗起死回生——图茨先生把第欧根尼①送给了它的"小女主人",弗洛伦斯·董贝——她跟摄政公园里的那个小姑娘一般大。这是狄更斯微型艺术世界的奥秘之一:补偿生者、让死者复活、让过去重现,在幻想中赎罪并让小精灵来实现他的愿望。这一时期狄更斯生活中的其他一些方面也进入了《董贝父子》里。他之前通过约瑟夫·帕克斯顿认识了"铁路大王"乔治·哈德逊,而在这下一部小说里,生意或者说至少是生意人的主题占据了中心位置。就在《每日新闻》出版之前,一位有名的股票经纪人破产了;而《董贝父子》中也有一起类似的破产事件。当时整个时期都弥漫着所谓的"铁路热",而铁路在这部小说中无疑扮演了一个必不可少的角色;他在故事中把卡姆登镇上一个马上要让铁路线包围的地区命名为斯塔格斯花园,而"斯塔格②"在当时的俚语里是指铁路股票市场中的投机商。《董贝父子》中也有狄更斯意大利之旅的影子和回音,尤其体现在他对进步必要性的思考之中——尽管那些渐渐腐朽衰败如同一潭死水的人企图扼杀或忽视这种进步力量,进步是必然的。但要说所有这些主题和深意都是狄更斯自觉展开的,也未必正确;只能说,这些都是他周遭的生活,他在其中活动并策划自己的小说。他一直都在还原逝去的时光、恢复消逝的轮廓,将世界联系在一起并让它变得清澈透明,让色彩更鲜明,让意义更明确。

但他还是不能动笔,而且就在这时候他又开始了另一项有风险的慈善事业。他想为"失足妇女"创办一个"收容所"或"避难所"。而且这个计划几乎一经提出,他就描绘出了收容所性质和制度的大致轮廓,包括管教训导制度、实践培训、日常起居以及建筑本身的规划设计。他的计划居然这么详细,就像是现成的,这还真是挺奇特;好像狄更斯已经在脑海里建设这样一个地方有一段时间了似的。他即将第二次出发去欧洲,在这之前,少不了惯常的远足和庆祝活动。他和福斯特、麦克雷迪、麦克利斯和斯坦菲尔德一起去了里士满;麦克雷迪在日记中用其一贯的阴郁语调写道:"我们度过了非常欢乐——我觉得我应该说非常快活的一天——喧闹混乱得超过了我的承受范围……"克拉克森也在这一行人中,说明他尽管拒绝为《意大利风光》插画,但对狄更斯对待自己信仰的态度消了气。毕竟

---

① 第欧根尼(Diogenes)是古希腊犬儒派哲学家,此处,《董贝父子》中的一条狗以其命名。

② 斯塔格为stag的音译,而斯塔格斯花园为Staggs's Gardens。

要跟狄更斯生很长时间的气也很难，因为他本人的情绪总是那么反复无常。他家庭中又添了一个新成员，并举行了洗礼的庆祝仪式——孩子施洗时取名为阿尔弗雷德·多赛·丁尼生·狄更斯，以纪念那位诗人以及那位狄更斯非常欣赏其才智和判断力的法国伯爵①。但这名字足以让那些背地里甚或公开认为狄更斯非常粗俗的人乐上一阵子。

而他还在等着和《每日新闻》相关的某些结果。他等着知道自己的股份会怎么样。等着看自己的辞职有没有对报纸的前景造成致命打击。等到自己再也等不下去了，终于在4月决定下个月底出发去瑞士。他首选热那亚，但凯瑟琳显然对他和德拉茹夫人之间的磁性关系仍然有戒心，好像否定了那个主意。于是就选了瑞士的洛桑。出发前两周，《意大利风光》出版了，在前言中狄更斯承认了"不久之前自己犯下的一个短暂性错误，破坏了读者和自己之间原有的关系……"毫无疑问，他是在说自己担任《每日新闻》主编的事情，不过那份报纸的主办方认为错出在他们身上，起初就不该聘请狄更斯，这也是可以理解的。《泰晤士报》辛辣刻薄地评论了狄更斯关于其与读者原有"关系"的声明："我们恳求他，千万别急着恢复那种关系。他不仅要维持自己之前的名声，还得修复他最新出书所造成的损害（这一点我们向他保证）……"狄更斯也许当时并没有看到这些牢骚，因为这期报纸发行在他去欧洲大陆之后，但如今狄更斯无疑非常了解它所表达的指责和观点。他曾邀请丁尼生一起和他去瑞士，但这位诗人对一位朋友说："如果我去了，我将会恳求他放弃他那多愁善感的文风，于是我们就会发生争执然后分开，这辈子再也不会相见……"所以说，就算在他的仰慕者之中也有人不喜欢他圣诞图书中的那种笔调。的确是时候重新开始他原来的工作，是时候开始创作小说了。他离开英国还有另一个原因；他想要和《每日新闻》保持一定距离，越远越好，他对自己在这件事中所扮演的角色仍然留有一些内疚之情；相对于其他任何人而言，他是那个差点毁了这份报纸的人。但他决不能承认这样的过失。所以他该怎么办呢？远离犯罪现场。逃之夭夭。逃去瑞士。

---

① 即阿尔弗雷德·多赛（Alfred d'Orsay，1801—1852），法国人，一名业余画家、花花公子和上流社会的名人。

十七

　　他打算离开一年，这一年够他完成正在酝酿的这部小说的很大一部分。于是，全家人再一次踏上旅程，陪同他们的还是意大利之旅的导游路易斯·罗什。一行人起程前往洛桑。多年后，狄更斯曾回忆起那儿的群山、小木屋、小木桥、小溪和山坡上的牧场。瑞士当然和意大利全然不同，洛桑也一点儿不像热那亚——唯一的相似之处是这两座城市都依水而建，且有群山环绕；水对狄更斯的想象力有着非常强大的影响力，（在下一部小说中，注定难逃一死的小董贝出神地凝望着大海），而群山也常常以一种寒冷明亮的景象反复出现在狄更斯的小说中，D.H·劳伦斯在下个世纪的《恋爱中的女人》中也仔细探究过这一意象。

　　从英国出发十一天后，他们分别乘坐三辆马车抵达了洛桑，并立即下榻在吉本大酒店。接下来的两天里，狄更斯在镇子上漫步，想要给现在这个九口之家外加仆人们物色一幢合适的房子。镇子不大，但不像热那亚，这儿整洁、干净而且秩序井然——这些都是狄更斯喜欢的，而且在刚写完一部有关玩偶制造商的圣诞故事后，为家人找一幢他描述为"玩偶之家"的房子再合适不过了。这是一幢名叫玫瑰峰的乡间别墅，位于山坡上，能俯瞰远处的湖光山色；穿过一片碧绿的牧场和葡萄园就能到达日内瓦湖畔，只有几分钟的路程。总而言之，和热那亚的环境氛围截然不同；这里的人们安静、勤劳甚至有点儿好学用功；狄更斯每天散步的时候就注意到了书店的数量，而散步将马上成为他在这里的一大特别爱好。

　　狄更斯很快就适应了这里的新环境，也一下子将注意力转向了那两个急需完成的项目：他答应布拉德伯里和埃文斯的那部新小说，以及几乎成了他和读者季节性必需品的圣诞图书。他的书房位于别墅的二楼，有一个长长的阳台和一扇朝向潋滟湖光和巍峨群山的窗户；房子旁边就是洛桑镇，那里陡峭的街道在他看来就像是梦中的景象，远处还有苍翠的高山。他习惯每天晚上都走上九、十英里，一路上都在想着将要动笔的那两本书；那本圣诞图书，他已经有了一个大概的想法，与一个古战场上弥漫着的安宁气氛有关。在硝烟过后的平静里，狄更斯是不是在想象中营造一种氛围，将他最近为《每日新闻》所做的斗争转移到一个更加理智清醒、更加宽大包容的世界中来呢？毫无疑问，这个世界在一定程度上也出现在了同样正在酝酿之中的小说《董贝父子的买卖——批发、零售及出口》里。这部小说的结尾也是艰难斗争过后那种祥和且充满希望的气氛。一边在洛桑漫步一边构思着《董贝父子》的时候，他就在期待这么一个结尾，并提前设计好了大部分情节，这样动笔的时候脑海中整个故事框架就非常清晰了。这是狄更斯的作品中第一部有分期计划保留下来的小说，虽然不能就此认定他之前的小说没有类似的分期计划，我们至少也能暂时认为这是狄更斯第一次给予小说的创作和结构同等程度的重视。这些分期计划本身只是一沓蓝纸，每期一页，每页对折；他在左边写下想在这一期中引入的主题或话题，在右边则会概括每一章的主要内容。这些提纲既起到了为小说的结构定下基调的作用，又起到了备忘录的作用，不失为一种行之有效的方法，既可以将素材整理得井井有条，易于查找，又可以对小说每一期的动态进行仔细检查。仅仅为了改变故事的基调或节奏就新插入一个章节或情节，这样的情况在狄更斯的小说中屡见不鲜，而毫无疑问的是，他只有不断参看自己的那些简略笔记，才得以在创作中达到那种可以称之为交响乐效果的效果。

于是在《董贝父子》的第一份分期计划中，狄更斯在纸的左边草草记下了一些参考资料，而其中就有"水做的①护士——波莉·图德利"和"木头似的海军候补少尉"；那个姓最终改成了"图德尔"，但这之间含蓄且并不一定是故意而为的对比——"水做的"和"木头似的"——在这部小说中屡屡出现，而这部小说一直将各种类型的坚固、坚硬（代表男性）和自由运动、流动性（代表女性）作

---

① "Wet nurse"，wet 在英文中有"潮湿、湿润"以及"软弱、懦弱"的意思，而"Wooden Midshipman"中的wooden有"木制的"和"呆板的"两种含义。

对比。文中最重要的女性角色弗洛伦斯·董贝流泪约八十八次，而眼泪、流水以及保罗·董贝所注视的大海都有潜在含义，这些潜台词给小说增添了许多感染力。这一年发生的许多事情都进入了狄更斯惊人般广阔的潜意识里，然后转变成了虚构的事件；而且我们也可以这么说，狄更斯在《董贝父子》中所描写的那个充斥着贸易、公司的世界和他刚刚离开的那个满是报纸和铁路的世界有关系，至少有间接关系。从某种意义上说，狄更斯似乎想要把自己和那个男人的世界、坚硬的世界隔开，并在《董贝父子》中同水和大海接触，描述并赞颂那些女性特有的美德，那些他所羡慕渴求的美德——正是因为缺乏这些品质，导致他在与拥有《每日新闻》的商人做斗争时失去了勇气和信心。

那段时间，狄更斯一直去洛桑后面的山里散步；他在日内瓦湖边漫步，越过湖面望着对面的群山，脑海中一直都在想着手中的这部小说。但他没法儿动笔，还不行，要等到那个装有他书桌上所有物件的"大箱子"抵达玫瑰峰之后才行；那里面不仅仅有他的写作材料、鹅毛笔和蓝墨水，还有两只蟾蜍对决的铜雕、一群大大小小的狗围着一个爱狗人的铜雕、一把裁纸刀和一片上面有一只兔子的镀金叶子。他把所有这些东西都放在桌子上，围绕着自己；正如狄更斯的女婿在他去世后所解释的那样，"他在实际写作的间歇，需要看着"这些塑像，而且他太在乎习惯和条理了，如果面前没有这些不会出声的小东西，他就没法儿写作。这些东西一摆上玫瑰峰别墅的书桌，他就动笔了。

同时，他也开始创作那本取名为《我们主的一生》的书，这是一部历时三年才完成的手稿，他在书中用儿童故事或童话的朴实语言讲述了《新约》里的故事（大多取材于《路加福音》①），而《新约》的影响或许也说明了狄更斯几乎将自己生活中所有最重要的方面都改编进了这样一个故事。这是一个适合大声朗读的故事，因为后来狄更斯在一封信中说自己的孩子们"有一本我给他们写的缩略版《新约》，我早在他们还不识字的时候就念给他们听，没有一个孩子能比他们更早对那本书有所了解并产生兴趣"。要说《新约》是狄更斯宗教信仰的核心，一点都不为过。"我相信我们的救世主，"他曾写道，"是所有德行的典范，而且在我看来，在一个信奉基督教且人人都能接触到《新约》的国度里，所有的善都必须

---

① 圣经新约第三卷。

追溯到《新约》的影响。"在他小儿子出发去澳大利亚的前一晚,狄更斯告诉他,《新约》"不论是在过去、现在还是将来都是世界上最优秀的书……我现在非常严肃地告诉你基督教的真与美,来自耶稣本尊,希望你能牢记……"

当然,他的生活和观念是一回事儿,而他的艺术却是另一回事儿。很有趣的是,他的小说中并没有一个人物在为人处世时受到基督教信仰的强烈驱使,而且他笔下的教堂也常常只是灰尘弥漫的地方,只有毫无意义的规矩和仪式。他一方面强有力地公开表达自己的基督教信仰,一方面又对基督教的机构或代理人几乎毫无兴趣,这之间的巨大差异其实非常接近事情的本质:他是一个对宗教很敏锐的人,但他的信仰是由自己的世界观而非任何传承下来或特定的宗教信仰所决定的。这就是为什么他的基督教信仰变成了他在圣诞图书中所宣扬观点的加强加亮版的原因;狄更斯似乎从来都没有依赖过任何宗教"权威",他只依靠自己的意志或性格。就算万不得已时,他也只相信自己。在这种意义上,他的宗教信仰是他异常顽固、异常独立的人格中不可分离的一部分。

如果正如许多人所说的那样,这就是遍布于《董贝父子》的那种宗教精神,那么狄更斯并不是故意将其引入故事而是创作行为本身的一部分。这位作家不愿展露自己的许多方面。可这一方面就这么显露出来了。他早就设计好了小说的情节,这当然是毫无疑问的:正如我们所看到的,他在忙着拟定分期计划,而且哈勃雷特·布朗在他指示下完成的封面设计也揭示了小说的主题构思。所以,狄更斯在洛桑的夜晚漫步时,脑子里正在仔细考虑着他所谓的"主旨大意"或"主要思想";他的计划超前了许多,这时候他就已经知道11月搬去巴黎后——他是这么打算的——那里的"活力和人群"会给他很久之后的一期创作带来实质性的帮助。不过,从他自己的笔记看,他明显是在故事和角色方面而非主题方面进行展望;尽管之前有许多人特别关注狄更斯的象征性意图,甚至有些过度,从他自己的信件和工作计划可以明确发现他并不注意——至少并未有意识地去注意——人们习惯称为"象征"或"意象"或"标志"的东西。他关心的是故事本身和他塑造的人物,关心的是随着故事和人物发展而突然产生的复杂关系。他和他们一起前进。在洛桑的夜晚,一路上只看见他们围绕在身旁。

是时候动笔了。作为一个迷信的人，他有自己的一套维吉尔卦占卜法①：他从书架上拿了一本劳伦斯·斯特恩的《项狄传》②，闭着眼睛随意翻开一页，把指头放在该页的某个地方；然后念道，"这很可能是一部很伟大的作品！动笔吧！"于是他望着窗外的日内瓦湖动笔了，写下了一场生与死；生的是保罗·董贝，死的是他的母亲，而且严肃的老董贝和羞怯的小弗洛伦斯·董贝都在场。这是整个家族传奇的缩影，其中血缘和金钱两条线交织在一起，而书的标题《董贝父子的买卖——批发、零售及出口》就揭示了这一致命的结合。他对这个书名很得意，想要尽可能地保密，不到最后一刻不公布；他也很担心书的插画，一直给布朗发号施令，言辞通常都很专横。但这真的只是他惯常性焦虑的冰山一角，毕竟，他正期盼着再一次恢复自己和"观众"的老关系。第一期的创作似乎相对比较轻松。他早就提前做好了充足准备，对故事该如何发展心里很有数，而且他的语言中也有一些深思熟虑、严谨克制的感觉，这可是头一回；尽管他的手稿相对而言很干净整洁，比起以往修改之处要少多了，他好像在有意跟自己的流畅对着干，想将艺术效果延长并从一开始就将整个故事统一起来似的。这部小说部分内容是讲述一个家庭内部亲情的缺失，而且这种缺失让其他任何事情都无法发展；狄更斯将这部小说建构于前一部小说《马丁·朱述尔维特》的成就之上，尝试了类似心理分析的手法。在开篇的那几页中，狄更斯给自己定下了一个任务，即为他的主角们营造一个更为复杂的内心生活；这种内心活动无疑会在一言一行中显露出来，但不像他之前的小说那样富有戏剧性，不过更有分寸和感染力。

但《董贝父子》还没有写多少，他就不得不搁笔了；他轻率地同意参加一趟去大圣伯纳德山口③的探险活动，同行的有他的"女士们"和一小群英国侨胞朋

① 维吉尔卦（Sortes Virgilianae）是一种预言占卜的方法。占卜的方法非常简单，即当一个人感到有决定需要咨询上天的时候，只需要打开维吉尔所著的《埃涅阿斯纪》（又译《埃涅伊特》），他第一眼看到的那行诗便是神意。在这个意义上，《埃涅阿斯纪》在之后的一长段时间里都变成了《易经》式的经书。维吉尔卦作为一种占卜传统一直持续到中世纪晚期。

② 《项狄传》（*Tristram Shandy*），又译《项迪传》，根据该著改编的电影译名为《一个荒诞的故事》，又名《无稽之谈》。

③ 大圣伯纳德山口（the Great St Bernard）：又译大圣伯纳德山口或圣伯纳德大山口，跨越西阿尔卑斯山的山口，在瑞士、意大利边境。海拔2466米。罗马时代交通频繁，中世纪商旅不绝。目前仍然能够看到上溯至青铜时代的人类活动遗迹、罗马时代的羊肠小道和拿破仑军队1800年进入意大利时使用的道路。距离山口1英里远的地方有建造于11世纪的著名的圣伯纳德修道院。

友。这趟旅程又冷又险，但他们还是翻山越岭来到了那家对游客非常热情的著名修道院。"放眼望去没有一丁点儿活物或生机，只有修道院那暗沉的灰墙，"狄更斯写道，"没有任何植被，寸草不生，万象沉寂。"狄更斯之后将这一景象移植到了《小杜丽》里，成了另一种形式的监狱，但那种冰冷、那种了无生机、死气沉沉的感觉也在董贝先生身上体现出来。这一群英国人在修道院住了一晚，然后就冒着严寒、十分艰难地返回洛桑了。回到洛桑后，狄更斯又一次拾起小说的创作，并又一次担心起那本圣诞图书来，他必须得马上动笔，不然就赶不上年底出版的最终期限了。其实，没过几天他就完成了《董贝父子》的第二期，并在两天后开始了圣诞故事的创作；而他早就取好了书名，叫《人生的战斗》。他希望能在9月底写完，但他没法儿写得那么快。他觉得同时写两部书实在太困难了；花在《人生的战斗》上的创造力本该留给《董贝父子》，至少他是这么认为的，而且不管怎么样，他觉得《人生的战斗》这个故事作为季节性献礼非常好，扔掉实在可惜。早些年的时候，他一直对自己同时创作两部小说的能力很自信——《匹克威克外传》和《奥利佛·退斯特》无疑就是在同一时期创作而成的——但现在他想象力中那种独特的灵活性似乎已经弃他而去。再说，他也从来没有同时开始两本书的创作，而且脑袋里也很难一直装着两本书（可以这么说），这一点似乎让他很不安，甚至有些手足无措。近9月底的时候他告诉福斯特，"恐怕我是写不出圣诞图书了！"他之前从来没有放弃过任何一个已经开始的项目，于是他觉得"恶心、头晕而且莫名其妙地情绪低落。晚上睡不好，一直焦虑不安；还会常常想到自己是在浪费精力，本应把这些用在那本更重要的书上，这更让我担忧不已；我真的应该静下心来"。所以说，他为《董贝父子》而烦恼不安，而且他很长时间没写过标准长度的小说，因此这种焦虑的心情又愈发严重了；他也为《人生的战斗》以及有可能要切断和圣诞读者群所建立起来的关系而感到烦恼不安；为自己的烦恼而烦恼；他需要休息并放松下来，但他做不到。他还患上了眉骨部分的神经痛，以为自己可能需要"进行吸杯治疗"——也就是从身上放些血出来。之后他曾说过，这个时候他觉得自己"面临着严重的危险"，他的意思应该是说精神崩溃，但最终还是恢复过来了。毕竟，他找到了街道，那些能让他忘却自我的街道，因为他去日内瓦待了一小阵子，在那座城市狭窄蜿蜒的街道上不知疲倦地行走，去追寻那盏城市的"神灯"。

不出三天，他就觉得自己好多了，可以开始创作《人生的战斗》的第二章了。"如果我不写，"他告诉福斯特，"这将会是我第一次在尝试一件事时半途而废；而且，没有不顾一切地拼搏过，就不能轻易放弃。"所以他强迫自己继续往下写，用强大的意志力驱策自己前进，一直写到两天后从日内瓦回到洛桑，这个时候他知道自己最终能把这本书写完了。他连续写了六天，完成了第二章；他说自己的眼睛现在"非常明亮！"然后，作为辛苦工作后的放松，他一边用那双明亮的眼睛盯着一小群听众，一边念《董贝父子》的第二期给他们听，在他们之中激起一阵又一阵"异常喧闹的捧腹大笑"。这一成功的尝试让他对福斯特道出了在英国举行公共朗诵会的想法。《董贝父子》的开门红也让狄更斯大受鼓舞，第一期卖了近两万五千份，于是他想尽快完成《人生的战斗》，这样就能回来创作这部他已经定下远大计划的小说——这些计划足以维持读者的兴趣和兴奋之情。因此他拼命地写那本圣诞图书，在五天内完成了第三章和最后一章；这几天里，他梦到这本书成了"一串屋子，没法儿收拾好也没法儿从里边出来……"就连在日内瓦爆发的短暂（且组织相当完善的）进步革命似乎也进入他的梦境和这本书结盟，就好像洛桑附近这些零星稀疏的战役在模仿或仿效他这本书的战斗。

9月17日，《人生的战斗》完稿。那么，这本书怎么样呢？写作过程那么艰难且情绪低落，差点半途而废，然后又在仓促中完成，这并不是狄更斯最成功的小说。而且，它主要讲述了姐妹俩爱上同一个男人的故事，因此有人认为它和狄更斯自己的家庭生活太过相似，缺乏他最好作品中的那种客观性。当然，这样的主题，即两个充满深情的姐妹以及她们对同一位男子的挚爱，似乎一直都吸引着狄更斯；但这则故事真正的重要价值在于它的标题。"人生的战斗"这句话对维多利亚时代中期的英国人来说意义重大：在一个将斗争和统治奉为一对双生戒律的世界里——对干劲的崇拜和对权力的追求是两种最重要的活动，而且人们对意志力、冲突和进步的信仰始终如一——这句话甚至算得上一条公认的真理。达尔文和马尔萨斯①都描述过"生活的伟大战役"和"为生活而战"，两句话常常混淆，重要的是，这一混淆在很大程度上有利于那位进化论者的立场；格莱斯顿曾把生活比作"永恒的战斗"；布朗宁则写道，"我从来就是一位战士，所以——再来一

---

① 托马斯·马尔萨斯（Thomas Malthus），英国学者，在政治经济学和人口学方面影响巨大。

战……";而了不起的萨缪尔·斯迈尔斯,那位倡导我们现在称之为"维多利亚时代价值观"的代表人物也发表意见说,"人生就是一场斗争"。

他完成那部圣诞图书两天后,再一次回到了日内瓦;为了维持已经开启的每月发行,他不得不开始创作《董贝父子》,但他需要先休息一下。于是在接下来的一个礼拜内,他克制住自己的本性,过着饮食起居彻底闲散的生活。尽管如此,他对自己想去什么地方且怎么写这部小说,心里都很有数。他一回到洛桑,就开始了第三期的创作,在其中描写了保罗·董贝、皮普钦太太、卡特尔船长和白格斯托克少校。这位白格斯托克少校一见到骄傲冷漠的董贝先生,就红光满面地开始阿谀奉承:"'我向上天发誓,先生,'少校说道,'这是一个伟大的姓。伟大的姓啊,先生,'少校理直气壮地说道,仿佛要激董贝先生来反驳他似的,而且要是董贝先生真的这么做了,他会觉得自己——虽然很伤脑筋——不得不和他争个高下,'在英国的海外领地也是享有声望的姓。先生,这是一个让人引以为豪的姓。约瑟夫·白格斯托克可不是在拍马屁,先生。约克郡公爵殿下不止一次说过,'乔伊不是拍马屁的人。他是个朴素真诚的老兵,这就是乔。他坚强倔强得有些过头,这就是约瑟夫。'但这真的是个伟大的姓,先生。我对着主发誓,这是个伟大的姓!'少校郑重其事地说。"狄更斯令人惊叹的一点就是,他所写出的人物语言能毫不费力地让一个角色变活,这些说话方式独一无二且辨识度高,他从那些住在自己想象世界里的人物口中听到并且可以随意取出使用。他在10月底开始这一期的创作,然后于11月9日完成;这进度赶得非常快,但手稿上涂涂改改的痕迹很重,可见他说自己写最后一章时"苦恼不安"的确是实话。他几乎一完工就按照事先定好的计划带着全家人向巴黎进发。"我确信,"他写信给福斯特,"不断变化也是我必要的工作条件……"虽然之前并不一直是这样,但从这时候起,忙个不停、静不下来成了他生活的一大显著特点。他必须一直前进,必须逃跑,必须让周围环境和内心的充沛精力相一致。

十八

　　全家人坐了三辆马车来到巴黎，路上花了五天时间。要让所有人都住在饭店里太不切实际，太昂贵了，所以他们一抵达巴黎，狄更斯就开始寻找合适的住处。他很快就找到了一处——那是库尔塞勒街上的一幢小房子，外形荒诞不经，内部装饰也古怪奇特，很是吸引狄更斯性格中异想天开的一面。抵达的当晚，他还步行游览了全城，据福斯特说，这座城市的"光辉和鲜艳差点吓到了他"；但实际上他非常习惯光辉和鲜艳。其实，这是和他的人生最常联系在一起的两个特质，而且第二次来巴黎的他毫无疑问非常喜欢这座城市；不久，他对法国人的评价就会超过英国人，认为他们是"世界上第一等的民族"，而且在随后的几年里，他一厌倦英国以及没那么光亮鲜艳的伦敦生活，巴黎就成了他的收容所、避难所。在这一次访问期间，巴黎的天气非常寒冷，还下雪了。但狄更斯似乎一点都不介意。据他儿子查理回忆，他和父亲光顾了"许多戏来'巩固自己的法语'，我祖父曾经这么说过"。据狄更斯自己的描述，他在巴黎"漫步到了医院、监狱、停尸房、歌剧院、戏院、音乐厅、公墓、宫殿和酒店。"这是一幅充满"艳丽而又恐怖的"景象的"全景画"，而这个比喻本身就说明狄更斯眼中的世界有时候会变得多么戏剧化，欣赏这幅色彩鲜亮或者说景色优美的全景画就成了他当时最大的乐趣之一。

　　他尤其喜欢一个人去巴黎的陈尸所，那是一个典型的法国公共机构，每天会在特定时间陈列近期找到的无名尸体，供巴黎市民辨认。晚些年，狄更斯曾用恐怖的语言描写过这一壮观的场面——"令人毛骨悚然的尸床，浸透了水而有些膨胀的衣服，水从衣服上滴下来，滴上一整天，那上面还有别的湿透而膨胀的东西堆在角落里，像一大堆过熟的无花果给压碎了……"但他还是一直去。他一直回到这个地方，因为太平间让他整个人进入了一种"厌恶的吸引"状态——他喜欢这么叫。在谈到后来几次来巴黎的情形时，他坦承，"我让一股无形的力量拽进了太平间"，而且他也详细讲述了一个溺水男子的形象曾经在心头好几天挥之不去的故事（《我们共同的朋友》中这名男子重新浮出了水面），他自己认为这种痴迷和童年时害怕的事物有关系。

这段时期还有其他一些死亡的暗示。他要郑重其事地安排一场虚构的死亡："保罗，我会在第五期的结尾杀了他，"他写信告诉福斯特。此外，他刚刚听说姐姐范妮"得了痨病"，这在当时是一种绝症，会预先表现出所有折磨人的症状。而且，在虚构的死亡和真实的疾病之间存在一种联系；范妮的儿子亨利·伯内特从小就瘸腿，而且身子很弱，狄更斯其实就是以他为原型塑造了体弱多病的保罗·董贝。至少范妮的牧师，曼彻斯特的詹姆斯·格里芬牧师是这么认为的："哈利①是个很特别的孩子——喜欢沉思，性格也很奇特，跟其他孩子很不一样。狄更斯先生告诉他的姐姐，他就是小'保罗·董贝'的原型。哈利去布莱顿海滨疗养过，书里的'小保罗'也去过那儿，拿着书躺在海滩上好几个小时，说出对一个孩子来说很不寻常的想法……"或许，生于1839年的哈利也让这位大名鼎鼎的舅舅联想到了《圣诞颂歌》里的小蒂姆；当然，小蒂姆没有死，但保罗·董贝早早夭折了，而且不可思议的是，狄更斯居然会决定"谋杀"一个以自己体弱多病的侄子为原型的孩子。但这是虚构的文学作品，纯属虚构。于是，就在那一年最寒冷的几天里，狄更斯策划了小保罗的死。

12月中旬他回伦敦待了几天，搁了一阵子笔。就算不是名义上的家长，作为狄更斯家族实际上的家长，此次大老远回伦敦，他就是要以这一身份进一步了解有关范妮所患绝症的情况。然后，他又马不停蹄地赶回了巴黎，继续雕琢即将降临在保罗·董贝身上的死亡命运。不一会儿，他告诉她小船随着河流的摆动正在催他入眠。现在的河岸多么葱翠，河岸上的花儿开得多么鲜艳，灯芯草长得多么高挑啊！元旦那一天寒冷刺骨，在之后对这一天的描写中，狄更斯只强调了自己那一晚冒着严寒去了盖特剧院；但他的思绪其实并不在剧院里。保罗·董贝必须

---

① 哈利（Harry）是亨利（Henry）的昵称。

得死。现在小船已经驶入了大海，但仍继续平稳地向前滑行着。此时，海岸就在他面前。站在岸上的是谁？"所有能结冰的东西，"狄更斯这么描写这幢位于库尔塞勒街上的房子，"都结冰了。"小说的进度非常缓慢。"我在谋杀一个年幼无辜的受害者，"他说道，语气中有抑制不住的得意之情。他双手合十，就像过去祷告时那样。他合拢双手时并没有移开自己的胳膊；但他们都看见他这么把手合拢，放在她的颈后。这个时候，他已经被故事牢牢吸引了，开始没日没夜地往下写。"你跟妈妈长得很像，弗洛伊。光凭脸我就能认出她！但请告诉他们，学校楼梯间的那幅圣像还不够神圣。我走的时候，他头顶周围的光辉照耀着我！"他在周五晚上杀死了保罗·董贝。墙上的金色涟漪再次荡漾起来，除此之外屋子里没有一丝动静。那古老而悠久的方式啊！这种方式在我们人类披上第一件衣服时就流行起来了，并将一成不变地延续下去，直到走完其历程，到那时辽阔的苍穹就会像画卷一样卷拢。那古老而又悠久的方式——就是死亡！然后他便出门在巴黎的大街小巷中不停地走啊走，一直走到天黑。

通过保罗·董贝的死，狄更斯再一次制造了《老古玩店》中小奈尔之死所引起的那种轰动效应。之后他还这么做过，即《大卫·科波菲尔》中的朵拉之死，还有《荒凉山庄》中的街头流浪汉乔的离去。有一些评论家认为狄更斯又将作品中的伤感因素用过了头。其他一些人则认为，狄更斯会仅仅为了故事的吸引力，而干掉任何一个令人感兴趣的孩子。这种观点不无道理，足以让讽刺性杂志《虚构的人物》刊发了一篇模仿保罗·董贝之死的作品，文章对已故的保罗·董贝少爷之死进行了审理，而狄更斯作为证人出庭作证——"曾经想让董贝通过儿子遭报应。后来放弃了这个想法。不是很明白该怎么解决这个问题。觉得自己有权利随心所欲，随遇而安。不知道某个章节或某页纸中会发生什么样的故事。如果他不再需要某个人物或者不知道该拿这个人物怎么办，他就会立即干掉这个人物。这种做法非常可悲，但又很方便……如果叫他说出导致保罗夭折的病因，他会认为那是一种急性'不知道拿他怎么办的恐惧症'发作。要是没犯这病，那他至少会患上一种慢性感染，学名叫'碍事儿病'——很可能还会因此丧命。这些病在文学界非常普遍，而且有致命的危险……"但是，老百姓就是喜欢，喜欢这种动人哀婉的情节，喜欢生命的逝去；一些年过后民间还流传着一首以保罗之死为题材的歌，名叫《汹涌的海浪在诉说什么》。

　　如今保罗死了，狄更斯决定将对《董贝父子》的所有关注都投向他的姐姐弗洛伦斯。这个故事需要这一焦点的转移，因为这个男孩的死只是这个故事的前奏，而这个故事的吸引力必须继续增强，董贝先生的崩溃垮台必须予以更有力的刻画。但写出小董贝夭折情节所带来的兴奋之情全部散去了，他又一次陷入缓慢的创作之中；他身体很不舒服，天还下着雪，他似乎也不知道剧情该如何往下发展。他拒绝了所有社交邀请，专心坐在书桌前——从来没有哪本书的创作令他如此全神贯注，给他带来如此没完没了的麻烦——并在这一期创作快结束时调换了两个章节的顺序，这样一来就能驱散前一期中保罗之死带来的悲痛情绪，让故事的气氛变得欢快起来。可是，他沮丧地发现新一期的第一章太短了，比正常页数少了两页，于是第二天他回到伦敦，准备在印刷厂附近再赶赶工。他的儿子早就回到温布尔登的国王学校上学了，他记得父亲这次回来的时候带他去汉普斯泰德荒野"长途跋涉"，然后又和布莱辛顿夫人在戈尔大宅一起用晚餐；顺便提一句，这次晚宴中坐在查理旁边的是路易斯·拿破仑。狄更斯只在伦敦待了三四天，他出发去巴黎的那一天查理染上了猩红热。他回到法国首都后才得知这一消息，和以往一样精力充沛的他立刻火急火燎地带着凯瑟琳回到了伦敦。他们不能住进德文郡排屋，因为那里还在出租中，于是就搬去了切斯特街。这里离贺加斯家只隔了一条街，而处于病情最严重阶段的查理现在正躺在那儿；医生不许再次怀有身孕的凯瑟琳靠近她儿子，而狄更斯也不得不在传染期过去之前和儿子保持一定距离。

　　他非常关心儿子猩红热的病情，而当务之急是要和凯瑟琳在伦敦住下来，于是他就租下了切斯特街上的临时住处，一直租到了6月底。就是在这儿，这条位于摄政公园外且离多角区和其他狄更斯童年故地不远的小街上，西迪尼·史密斯·哈迪曼·狄更斯出生了。排行老七。就算是按照19世纪的标准，这也算是一个大家庭了，而且有明显迹象表明，狄更斯的财政紧张终于要结束了。《董贝父子》很畅销，仅前四期的销售就让他就从布拉德伯里和埃文斯那里获得了约一千五百英镑的收入；事实上，他从自己前一年的六个月中所有图书的销售中总共赚得了三千多英镑。他还（真的）寄希望于马上发行一套自己小说的廉价新版；这叫作"开发版权"，而且这一计划的内容是以廉价的周刊和月刊的方式出版狄更斯之前所有的小说。为了凸显这一计划的新颖性，这套小说还将使用全新的插画，而狄更斯本人也决定为每一部作品写一篇新序。略微浮夸的是，他居然把这一新系列献给了"英国人民",并在前期刊登的一则广告中谈及了所有对他来说至关重要的事情。他想要自己的作品"成为社会各个阶层的财产",此外他也乐意成为"许多英国家庭永久性的成员,而原先的他只是一个过客而已……"当然,他还认为"在世的作者应当享受自己作品广泛传播所带来的骄傲和荣誉,并相应获得个人收入的增长……"这最后一句话,虽然很容易使人联想起他父亲更健谈的时刻,却代表着对狄更斯而言非常重要的一件事;他希望从这次商业冒险中赚一大笔钱,尽管第一年的收益并不怎么令人满意,没过多久他就从这"普及版"的发行中获得了相当可观的收入。在某种意义上,他只不过是在与时俱进,因为印刷方法越来越便宜而且能读会写的读者群也越来越大,因此像他所写的这种小说能得到更广泛地普及,这在十年前是不可想象的。毫无疑问,他已经跻身当时酬劳最高的作家行列,而且就是在1847年夏天的这几个月中,他购买了价值六百英镑的统一公债——这是他人生中的第一笔投资,而从这时起将会有更多类似的投资。

然后,他遭到了一匹马的袭击。这或许是一起很荒谬的事故,但它似乎让狄更斯大受震惊。他一直在非常努力地创作《董贝父子》第八期,这期间,精神十分疲劳的他想要做一些体育活动,便南下来到彻特西骑马。就是在这儿,马厩里的一匹马袭击了狄更斯的手臂和肩膀;把他的大衣袖子和衬衫袖子都给扯掉了,还差点撕裂他手臂上的肌肉;幸运的是,他的手臂只是受了严重的瘀伤。但不知怎的,这起事故让狄更斯心力交瘁,因为这之后他病得很重;不仅仅是胳膊上的严重瘀伤,还有他所谓的"喉部的神经性痉挛"。那段时间,他身子很不舒服,虽然告诉别人时都说得没那么严重——治疗的方法似乎是闻刺鼻的盐剂和服用苦艾——并只承认自己患了"一种非常痛苦的神经紧张症,有些精神不振、情绪低落"。他这话到底什么意思我们无从知晓。这种神经衰弱可能有其完全出自身体方面的病因,但也有可能是他对遭到袭击存在一种潜在的恐惧。另外,他也告诉之后死于肺痨的姐姐,自己焦灼不安或精疲力竭的时候脑子里有时会蹦出一些"可怕的"念头,或是沉浸在压抑的精神"折磨"中。"喉部的神经性痉挛"也许是他精神受到折磨的又一个迹象;一些年后,当他再度神经衰弱时,有时会在晚上因为窒息而惊醒。一个神经如此敏感、想象力如此灵敏的人很可能受到各种恐惧的折磨,因此他现在经历了这样的痛苦。而且,兰多在事故当月看见他时,说狄更斯看上去"很瘦削而且身子很不舒服"的样子。他当然觉得"身子很不舒服",于是便南下来到布莱顿休养，呼吸一下海边的空气。他在那儿寻到了住处，并开始创作《董贝父子》的下一期。一段时间之后，他在这部小说里富有想象力地使用了这起事故，让董贝先生从马上摔下来，还让马踢得失去了知觉。

在他的一生中，最大的愿望就是不停地工作、不停地忙于各种事务，一直忙个不停。就连在洛桑和巴黎的时候，他也在筹划着建立一所"失足妇女之家"。刚回英国的那一个月，他就和监狱长们商讨来这一慈善机构的候选人，并同时在伦敦郊区物色合适的房子。5月，他在谢泼兹布什找到了一幢房子，并立即出价将其租下。所有这些活动都意味着狄更斯把他的小说拖到了最后一刻，直到当月中旬才开始动笔，推迟了约十天才完成，只给排校工作留了几天时间。显然，他对这个故事有足够的信心，觉得照这样工作也没问题；不论是自己想要写什么还是能以怎样的速度来写，他都十分有把握。尽管如此，这些章节中还是有一些过度仓促的迹象：就创意乃至于严肃性而言，这几章都是整部小说里最弱的部分。

狄更斯一家现在搬到了布罗德斯泰斯，因为这已经成了他们在英国时的一个惯例。这期间，狄更斯北上来到伦敦，住在了维多利亚饭店。现在他已经找到了创办"妇女之家"的合适地点，便拜访了一些监狱，想要找一些可能的候选人住进这家收容所；他同寇得巴斯监狱的监狱长和威斯敏斯特少教所的所长交情都很深，所以，他主要就是去了这两处寻找"合适的素材"——或许可以这么形容。收容所——乌拉尼亚小屋——正式成立（当年11月），他就定期去那儿参加会议并视察其主要的日常事务。就算是在这个地方，他在某种意义上仍然是一位小说家，仍然和穷人们保持着联系，仍然会关注他们的习惯和说话方式，仍然热衷于了解他们的秘密。"我太想知道萨拉的那个秘密原因了，"他提到其中一个姑娘时这么写道，"所以周一下午一点到两点之间就会去拜访她……"若不能挖掘出所有想要的信息，他就会毫不犹豫地运用自己小说家的力量在想象中重建过去的事件和细节。也许他自己对"力量"的定义在此处最贴切不过。事实上，在论证姑娘们应当总是一起移居国外时，狄更斯也用了这个词，他还补充说"她们之间如果能形成强烈的感情和依恋，将会是一件很美好的事情，而且会让我们对她们产生惊人的影响力……"这听起来很像他在自己小说里理想化处理的一个情节：年轻女子相互之间形成强烈依恋感这一概念是他最后一部圣诞图书的核心，在《董贝父子》中也起到了一定作用。说到这一点，我们也许该注意到，狄更斯坚信这些拥有"不幸过去"的姑娘们可以通过一系列"教育和范例"而感化进步并因此通向一个更加幸福的未来;"她们的日常生活应该多姿多彩",但也应对她们的习惯进行"严格管教",这样她们所有人也许才能变成一个"天真快乐的大家庭"。而且,她们也将受到各种规矩潜移默化的引导,但绝不会向她们言明这些规矩。这不正是发生在他小说角色身上的事情吗? 在某些自己并不了解的力量的引导下,历尽千辛万苦,最后走向一个通常来说更加幸福的结局。而且,这不也给他的建议额外加分了吗? ——他提议每个入住乌拉尼亚小屋的人都应该有一本记录自己在那里生活的"书",最后一页上写着"随后的历史"。

忙完乌拉尼亚小屋的事情之后,狄更斯回到了布罗德斯泰斯,回到了家人身边。他最近才认识的汉斯·克里斯蒂安·安徒生前来拜访他,并描写了这座"逼仄的小房子,但很漂亮也很整洁……窗户都面向英吉利海峡,开阔的海面上海浪几乎就在窗子底下翻滚而来;我们吃饭的时候,潮水退了下去,退潮的速度十分惊人,连绵的沙滩露了出来……灯塔亮了"。于是,布罗德斯泰斯小镇又被世界上最伟大的童话作家点亮了。可惜他的英语没他的想象力那么出色,在这一次和随后的几次见面中,似乎闹出了许多误解和社交问题。同时也存在其他分歧;就像大多数作家一样,他们的对话转移到了稿酬问题上,而狄更斯似乎完全无法相信安徒生获得的版税那么低。"噢,噢,"他重复了一遍自己的话,这种说话方式总是让他显得很生动活泼,"但我觉得我们一定是误会了彼此的意思。"安徒生抵达的第二天上午,狄更斯陪他步行了两英里半来到拉姆斯盖特,好让这位客人赶上去哥本哈根的汽船;英国映在安徒生脑海中的最后一幅画面便是狄更斯"身着一件绿色的苏格兰服装和一件鲜艳的衬衫",站在码头上看着汽船在海面上缓缓驶去。

两英里半的路程对狄更斯来说当然一点儿都不算远(顺便提一句,那件"苏格兰服装"更有可能是当时流行的格子裤,而不是苏格兰方格呢短裙),这是他许久以来第一次在英国待了一整年,他充满了活力,一点儿都闲不下来;他把这种状态形容为"精力过剩"。他有许多方法来释放这些精力。他突然冒出了编辑一个英国伟大小说家标准系列丛书的主意,但几乎一拾起就扔下了。虽然上一年的经验让他明白同时进行两本书的创作难度有多大,但他在创作《董贝父子》的同时还是又开始准备起下一部圣诞图书来。不过他又一次改变了主意,决定将下一部圣诞图书推迟一年，虽然他也"不愿意少赚这笔钱"，更重要的是，也不愿"在圣诞节的炉边留下任何空隙"。于是，还有一些"过剩的精力"，他便立即通过自己的一个新计划来进行发泄；这是一个给作家和画家设立互助保险基金的计划。这就是"文学、科学、美术公积金联盟"，而且其基金来源都是每年业余戏剧表演的筹款。狄更斯希望通过这种方式将工作和娱乐结合起来，并将自己渴望已久的戏剧表演体系化；就像他把乌拉尼亚小屋的每日常规体系化一样，就像他将自己给求援信的答复整理成一个体系一样。

就在筹办公积金联盟的时候，他也进入了《董贝父子》创作的高潮。伊迪丝·董贝从董贝家逃了出来和卡克尔私奔了。（在福斯特力劝下，也考虑到公众的鉴赏力，他决定不让伊迪丝通奸；但不管怎样，他的小说很少谈及性，除非是以荒唐淫欲的形式出现。原因很简单，在性这个问题上人人都一样，往往会千篇一律，而狄更斯小说全力打造的却是独特性和唯一性。）火冒三丈的董贝殴打了自己的女儿弗洛伦斯，她也离家出走了。董贝则追踪自己的妻子和卡克尔。狄更斯怀着满腔激情创作了伊迪丝·董贝私奔那一章，但就算写得如此飞快，他也在那一章里触及了自己当下关注的另外一些问题。就在乌拉尼亚小屋成立的那一周，他在文中为社会弃儿——"某个个子矮小、面相邪恶的坏透了的孩子"——进行了辩护。在那一章中他还写到了"污染的空气，充满了毒害健康和生命的杂质，散发着阵阵恶臭"，这正是因为几天前他在《泰晤士报》读到了一则报道，说伦敦一些较贫困地区可能会爆发另一场霍乱。

狄更斯和凯瑟琳来到苏格兰，他曾在这里第一次享受到民众欢迎的巨大胜利，而这次是为了出席一场为格拉斯哥学院举办的晚会。他们先去了爱丁堡，然后又从那儿前往格拉斯哥；但在后一段旅程中凯瑟琳突然病了，还在火车上流产了。将她安顿上床休息后，丈夫经历了"殷勤款待和无限热情[①]"，而妻子却不得不一直躺在床上。他继续说道，"我从没有受到过这么亲切热忱的欢迎，也从没这么尽兴过"，虽然自己的妻子因流产被迫躺在病床上。在这两幅家庭生活场景的鲜明对比中，不正显出了他们未来生活的前兆吗？他们于1848年新年第三天回到了伦敦，那一天开启了福斯特在传记中称之为狄更斯人生中"最快乐的几年"。他有什么理

---

① 原词"enthoozymoozy"是狄更斯自己编出来的一个词。

由不快乐呢？他现在很富有，不用再担心钱的问题了，他也声名显赫，备受爱戴。格拉斯哥人民异常热情，而且就在一个月前，在利兹工人成人学校举办的一个会议上，狄更斯走上讲台时，"在场所有人都起立，并响起了震耳欲聋的掌声……"，过了好几分钟才安静下来。

但是，如果说这一年标志着狄更斯人生中一段快乐兴奋的时光，标志着公众对他的爱戴比以往更加深切，那这一年也开启了一个新时期，在这一时期中他作为一名小说家的实际才能首次遭到质疑。我们不能忘了，1847年诞生了《简·爱》、《呼啸山庄》，当然还有《名利场》，这三部小说都被认为是伟大的作品，或者至少也是十分重要的作品。也是在这一年，狄更斯和威廉·梅克皮斯·萨克雷的关系更加亲密了。他在朋友圈子里"同辈中居首位者"的地位意味着他有时候会被请去劝架或是帮助解决各种家庭事务和财务危机，因此他被叫去调解萨克雷和约翰·福斯特之间的争吵，也就不足为奇了。这件事的细节已经不怎么有意思了。福斯特对他俩都认识的一个熟人说，萨克雷这个人"虚伪至极"，这一评价传到了萨克雷的耳朵里，他便在大庭广众之下"中伤了"福斯特。事实上，通过狄更斯这位中间人，两人的争执很快解决了；而且值得注意的是，萨克雷此时在狄更斯及其密友之间的身份很不明确。

到了1848年，三十六岁的狄更斯进入了一个新时代，这个时代里一些后起之秀进入了文学界。他声名鹊起的辉煌成就已经褪去，他再也不是年轻时那个独一无二、近乎神秘费解的非凡人物了。他现在就是众多小说家中的一位。有许多人赞赏新近萌生的"自然主义"；有许多人钦佩萨克雷作品中古典主义或至少算得上新古典主义的宁静感；还有许多人称颂《简·爱》中的道德热情。文学界中所有这些变化自然会促使狄更斯改变对自己艺术手法的认识，改变对自我的认识。面对任何挑战，他都会迎难而上。如果萨克雷和夏洛特·勃朗特取得了超越他技艺范围的效果，——那么，他也会扩展自己的技艺范围。他会走得更远。还有许多事情需要做。

那么，这种改变的本质是什么呢？一直以来的观点是，从这一时期起，查尔斯·狄更斯想象世界的风格开始变得更加微妙精细。比方说，从《马丁·朱述尔维特》到《荒凉山庄》的转变代表了他社会意识的显著加强。他不再只用老掉牙的戏剧化手法抨击那些富人或妄自尊大的人了，而是钻研探讨整个社会，以求发现其中隐藏着的力量。事情的真相只有一个，因为狄更斯从四年前的《钟声》开始就对他所处社会的本质有了一个相当敏锐的认识。没错，这一时期他的艺术手法的确发生了改变，这毋庸置疑，但要是这么一个内心丰富且自觉的艺术家没有任何改变，也太让人震惊了。还有别的事情发生，和他对文学挑战的认识有关，但在狄更斯自己生活和观念的表面之下暗暗进行，而最能说明这一转变的是他即将大量有意识或无意识地揭示自己的内心世界。我们将在本书中看到，所有的证据都表明他开始转身直面自己的过去并试图理解那些塑造自己的力量；换言之，他开始在时间和历史的背景中观察自己，而且这种新的自我意识向外延展，改变所触及的一切，形成新的视角和观点，也激发查尔斯·狄更斯去发现周围世界里更广博也更不易察觉的部分。

毫无疑问，他一点儿都不缺机会，因为这一年也标志着另一个转变——约翰·福斯特从阿尔巴尼·方布兰科手中接过了《考察家报》主编的位置。很可能是作为对好友新角色的支持，狄更斯答应不定期为这份报纸写一些文章或评论。他曾经是位成功的报纸撰稿人，也是个失败的报纸主编，但现在他所接的这项工作似乎结合了前两个角色中的最佳部分。他将自己对局部具体细节的兴趣和恢宏的道德笔触结合在一起，既是观察员又是专家。这就是为什么这些偶尔所为的文章，虽然现在只有在作为其小说延伸部分时才有人去阅读，却仍饶有趣味的原因之所在。这些文字生动、果断、辛辣，因讽刺或因怜悯而火力十足，而且采用了一种富于表现力的风格——使用斜体、破折号、括号、短句、精炼的表达法来概括一个道理或是讲述一个观点。他的第一篇文章未署名，评论了一本关于鬼怪的书，但之后的二十三个月中他所撰写的短文涉及犯罪、城市环境卫生、贫困、死刑——事实上涉及了所有深深触动他的问题。

就这样，这一年的社会事件就在狄更斯的观察评论之下发展着，而这些报刊文章为他的坦白提供了进一步的证据——"与我命运攸关的想象世界对现实世界产生了奇怪的影响……"因此，一切都成了狄更斯秘密声音，即他想象世界中的那个声音的回音室。他必须不惜一切代价听从这个声音；他于1848年2月底南下来到布莱顿，想在这个度假胜地相对宁静的环境里完成《董贝父子》。然而，他又一次焦躁不安起来，于是在两周后回到了伦敦，以便小说最后几页脱稿时"待在印刷厂附近"。事实上，他在3月的最后一周完成了这本小说，结束了这个刻画一个傲慢之人垮台的精彩故事，而和虚构角色分别时，他又一次感到悲伤孤寂。完成了，终于完成了。直到他突然想起小说结尾那个欢乐的舞台造型里漏掉了的弗洛伦斯的小狗！于是他委托福斯特在那个主题上又补了一句。四天后，他想要再次振奋精神，于是就出发去索尔兹伯里和巨石阵旅行。福斯特、雷蒙和利奇也一同去了，所有这些人都参加了两周后举行的一个《董贝父子》庆功晚宴，在晚宴上亨利·伯内特还一展歌喉。这次活动过去好几天后，狄更斯还说自己处于"孤苦伶仃的"状况中，觉得把小说送到人间后就那么无依无靠。但根据麦克雷迪的说法，他在这次晚宴上"很开心"。他有什么理由不开心呢？《董贝父子》的销量已经涨到了三万五千册左右，比《马丁·朱述尔维特》的销量至少多了一万册，狄更斯还宣称"自己对董贝非常有信心，并且坚信人们多年以后还会记得并阅读这本书"。如此看来，他已经恢复了原来那种欢快饱满的自信心；他觉得没必要立刻开始新小说的创作，这一点也说明他最新获得的经济担保消除了之前对未来的忧虑——困扰他多年的忧虑。

狄更斯姐姐的身体越来越差，离死神越来越近了。狄更斯去曼彻斯特看望过她，也常常写信给她，以他独特的风格给姐姐带去希望和鼓励。但是到了6月底，一切就都很明了了——她已时日不多；她同丈夫一起从曼彻斯特来到霍恩西，既是为了和自己的家人离得近一些，也是为了离最有希望治好她的医生近一些。但是希望渺茫；她已经瘦到了皮包骨头的程度，而且因为痨病老是咳嗽，咳得整个人都衰弱无力。狄更斯常常去看她，几乎是天天去。"她和弟弟说话时常常哭，"玛米·狄更斯在多年后回忆道，"他情绪很激动，也为她的平静和勇气而折服。"狄更斯自己也记录下了其中一次痛苦的会面。"我问她在世上是不是还有什么牵挂或忧虑。她说没有，一点儿都没有。在这个年纪离开人世真是太不甘心了——"因为她当时才三十七岁——"但她面对这一变故没有表现出一丝恐慌；她确信我们会在一个更美好的世界再次相遇……"这就是和他一起长大、一起踏进学堂的那个姐姐，当他被打发到黑鞋油作坊时似乎离他而去的那个姐姐，小时候和他一起唱歌表演的那个姐姐。她看着他成长为一个名人，而现在她却要离去了。"她给我看自己有多消瘦、多疲惫；说起自己听说的一种新发明，她想给她脊柱畸形的孩子尝试一下；让我想起了我们的妹妹莱提西娅耐心沉稳的性格；而且，尽管她有时候会流眼泪，但她明显心意已决，觉得可以安心去了，这一点我印象很深刻。"

他这次见完姐姐后回到家里，上床之前把这件事详细地写了下来，然后寄给了福斯特；在情感强烈的时刻他只有把它们写成文字才能理解自己的情绪。而且就是在这一时期，他开始酝酿下一部圣诞图书，和"周而复始的年月"有关，和"痛苦悲伤的记忆"以及过去岁月的重要性有关。

所以，他怀着毫不乐观的心情南下来到布罗德斯泰斯，过一年一度的夏日假期。乔治娜和孩子们已经在那儿了，还有凯瑟琳，又一次怀有身孕并又一次因此而身体虚弱。狄更斯此时取消了自己大部分的社交活动；他需要时间休息。还需要时间思考。下一本圣诞图书一直压在心头，而下一部小说——主题和逝去的时光有关——的影子可能也撩得他心里直痒痒。这期间，他至少去过一次伦敦，主要是为了失足妇女之家的公事。就是这次从伦敦回来时，迎接他的是人群中凯瑟琳舒服地坐在一辆双驾马车里的景象。但不知什么原因，拉着敞篷马车的矮种马似乎受到了惊吓，突然失控并沿着一个陡坡往下冲去；狄更斯的男仆约翰·汤普森跳出了马车而凯瑟琳则被拖下了斜坡，一路吓得直尖叫。马一头坠下了河岸，马车的辕杆断了，马车终于停了下来，而凯瑟琳也颤抖着从车里出来，幸好并没受伤。以前他对她经常出意外这件事很恼火，而且经常动不动对她不耐烦和生气，这都成了他对她的惯常态度了。但现在不行。不能在她又怀孕的时候动怒。不能在他姐姐时日不多的时候动怒。

全家在8月底离开了布罗德斯泰斯，回到德文郡排屋。范妮气若游丝，她也明白自己在世上的时间不多了。狄更斯一回伦敦就又去探望她，她告诉他"到了晚上，她会突然闻到我们小时候常常散步的那片树林里的落叶味儿，非常真实，而她会虚弱地探出脑袋在床边的地板上四处寻找散落的叶子"。狄更斯一直记得这段话，并在下一本小说《大卫·科波菲尔》中回想起来，"……我记得，我们踩在这些落叶上时，它们散发的气味就跟我们在布兰德斯通的花园一样，我也记得当时那种凄凉的心境，仿佛随着哀号的秋风重回心头。"在这里，他姐姐的离去和大卫·科波菲尔年轻母亲的死联系在了一起，在这种奇异的关联之中我们能看到逝去的时光。9月2日范妮去世了，她的父亲也在场。虽然她的牧师不同意，葬礼还是在海格特墓地举行，而这位牧师也注意到"狄更斯先生看上去非常伤心……"

第二天他回到布罗德斯泰斯，待了三周后回到伦敦，途中经过了罗彻斯特，他和范妮曾经留下足迹的那个镇子。他还没有开始写下一本圣诞图书，他还在酝酿着它，虽然现在脑子里有"好些不同的模糊想法"；这也许是他首次提及自己准备开写的半自传体小说《大卫·科波菲尔》，但也有可能另有打算。正不断受往昔回忆折磨的他已经决定写下自己的人生故事了吗？当然，他现在满脑子想的都是过去的时光。就在几个月前，他参加了威廉·豪尔的葬礼，这是第一位出版了他第一篇故事的出版商，现在加上范妮的去世，他整个童年时期都重新浮现在脑海里了——但只有写成文字，他才能理解所有与之相关的感觉和情绪。于是他动笔了。他创作这些自传片段的确切时间我们不得而知（他把这些片段寄给了福斯特，而福斯特之后将它们出版了）。狄更斯自己说，那"就在写大卫·科波菲尔之前"，应该是指范妮死后的这一时期。他打算把自己的生活记录下来已经有一段时间了。"我走的时候能把记载我一生的手稿放在你那里吗？"两年前他就这么写信给福斯特问道，不过这听上去就好像只是在给一位假定的传记作家留下一些素材而已："别忘了在我的传记里用上！"他曾经告诉福斯特，自己在一个冬夜里从床上爬出来给第二天儿子的生日聚会练习波尔卡舞，然后这么建议了一句。可这一时期发生的事情促使他剖析自己的过去和性格中更私密的部分。《远大前程》的主人公曾这么评价自己的一个人生片段，"……现在那个久远的秘密在我心中藏得那么深，已经成了我的一部分，我都不能将它从自己身上扯下来了。"但狄更斯确实把它扯了下来。他已经到达了这样一个阶段——他再也不能把耻辱的童年当作自己的"秘密"了。因为这个时候，狄更斯从福斯特嘴里听说了一件事儿。福斯特告诉他，约翰·狄更斯的同事兼朋友查尔斯·迪尔克曾经见过狄更斯在河滨马路附近的一家作坊里做工，"一天，迪尔克先生和老狄更斯在那个地方注意到了他，给了他半克朗①作为礼物，而他深深鞠了一躬表示感谢。"福斯特说了这件逸事后，狄更斯沉默了好几分钟。显然，福斯特所触及的这一话题对狄更斯而言太私密了，听了自然很不舒服。他童年的秘密对他之后的成长产生了巨大的影响，他一直都保守着这个秘密。但现在不行了。

最终，他将完成的自传寄给了福斯特，而且毫无疑问让他发誓一定会对其内容保密；这也许就是狄更斯会让《荒凉山庄》中知晓那个巨大秘密的律师图金霍

---

① 英国银币名，值二先令六便士。

恩先生住在福斯特位于林肯律师学院广场家中的缘故。狄更斯的一个儿子说，他的父亲也把自传给凯瑟琳看过，而凯瑟琳劝他不要出版这些童年回忆，理由是会破坏他父母的名誉。这或许是真的，或许不是。但他也许早就决定不出版任何回忆录，这看似可能性更大。

但他记录自己过去生活的冲动还是很强烈，从布罗德斯泰斯一回到伦敦，他就开始创作酝酿已久的那部圣诞图书，一部关于逝去岁月的书。《着魔的人》① 和回忆的影响力有关，讲述了一个成功但孤独的人如何被自己终日惶惶不安的忧虑摧毁并取代了自己的家庭生活；故事中主人公的哀伤和他一位爱姊的死密切相关。这是一本奇怪而极具感染力的书，书中，过往的记忆"在音乐中、在风中、在夜晚的死寂中、在周而复始的年月里重又浮现"。这一主题本身就是围绕狄更斯的信念展开的——回忆是一种温暖人心、净化精神的力量，追忆过去经历的苦痛和犯下的罪过可以触动心灵并激起对他人苦难的怜悯之情。他在自传片段中，写到了父母对自己显而易见的忽视，并补充道，"我在写这些时心中并没有怀着怨念或愤恨之情：因为我知道，是所有这些经历造就了现在的我……"而此时，在正在创作的这本圣诞图书的结尾中，他又换了一种说法："主啊，保佑我记忆长青！"正是他经受的苦难和对这些苦难的记忆给了他成为一名伟大作家的悲悯之心，正如对过去艰苦岁月的回忆让他生发出对穷人和无业游民的同情一样，而这是他社会性文章的特点之一。一直以来的观点都认为，狄更斯在其自传性片段中压抑了自己的痛苦和因妒忌而生的狂怒，但似乎更有可能的是，他在范妮去世后正努力地战胜这些情绪。

作为两年来头一本圣诞书，《着魔的人》计划十分周密；从手稿上就可以看出，狄更斯不仅事先筹划，写完后也有许多新想法，因为上面的勾画、修改和添加多到了无法辨认出其原本模样的地步。整个11月，他的进展十分缓慢，而马克·雷蒙正在同时准备这个故事的戏剧版，到了11月的第三周他完成了前两章。然后他去了布莱顿，准备在这座海滨小镇冬日安宁的环境中完成第三章和最后一章。这个地方一直是他眼中"轻松愉快的小玩物"，一个不大但很鲜艳明亮的度假胜地，而且不知什么原因，他在这里总是能更加轻松地掌控自己的素材。当月底，

---

① 或译为《神缠身的人》。

该书完工。12月1日，他告诉自己的出版商威廉·布拉德伯里（无疑十分期待拿到手稿），"我昨晚把书写完了，为它哭得眼睛都肿了"；的确，那份手稿看上去像是有些被泪水浸花了的样子。他把这个故事念给马克·雷蒙听，好让雷蒙完成它的剧本，然后再把手稿寄给布拉德伯里和埃文斯。十二天后，他"带着典型的活力和气魄"把这本书朗诵给了一群朋友听，其中包括福斯特和克拉克森·斯坦菲尔德。这本书在更大的读者群里赢得了热烈反响，远比不那么平易近人的《人生的战斗》好得多，但在销售方面还算不上特别成功，至少比不上《圣诞颂歌》以及《钟声》。确实，这将成为狄更斯最后一部圣诞图书，就好像在这个和恢复记忆有关的故事里，那一个结合且权衡个人回忆、宗教信仰和社会讽刺的系列终于画上了句号。尤其是在《着魔的人》中，强烈的个人情感以及宣扬希望、救赎的宗教寓意紧密地联系在一起；因此，范妮的去世和放弃的自传片段作用在一起，形成了一个更加真诚、更加宏大的声明。这的确是狄更斯的天才之所在：把自己的担忧转移到一个更加广阔的象征性世界中，这样就真切反映了他自己这个时代。

但是，正当他将宽容恩泽的力量倾注在字里行间时，他对自己家人可没有那么宽宏大量。当年12月，他参加了弟弟奥古斯塔斯的婚礼，却坚决拒绝掺和弗雷德里克与安娜·维勒的婚礼。有好一阵子他都坚决不愿和这个弟弟扯上半点儿关系，认为他遗传了父亲所有最糟糕的缺点。而且，他又开始坐立不安了。他曾打算去意大利旅游，但未做具体计划，最终也泡汤了。因为他有别的事情要做，一件让旅游计划成为备用选项的事情；他坐立不安的原因是，另一部小说——和他已经创作的一切都紧密相连——搅得他心里激动不已。1848年末他就在酝酿新书了，这期间福斯特曾建议他使用第一人称的叙事方式，狄更斯非常认真地考虑了这个建议。通常认为，狄更斯受到了《简·爱》的启发——这部小说通过塑造一个讲述自己故事的叙事者而大获成功——但他也有可能是意识到了自己从小保罗的角度处理他生病的内容所取得的成功，并希望在更大的规模上实现这一艺术效果。他总是有这种在已取得成就之上再创新高的能力。他在《董贝父子》中谈到了血缘亲情的丧失，而在《着魔的人》里强调了记忆的重要性，现在，在这两者的基础上又生出了一个新故事。

这一时期，狄更斯还为《考察家报》写了一系列文章，有关受虐儿童的悲惨遭遇。这些孩子是所谓"幼儿寄养制度"的受害者，在这一制度下，教区和本地政府部门将孤儿或弃儿交给看守人寄养，并每周按孩子人头支付这些人一定数量的钱；"通过故意虐待和忽视这个世上最无辜、最不幸、最无助的一群人来牟利的交易，"狄更斯如此写道。他所说的是多达一百八十条夭折的幼小生命，惨案发生在图庭一家由本杰明·杜鲁埃开办的青少年救济收容所里，主要原因是那年冬天的霍乱流行，营养不良以及缺乏基本护理和卫生条件让情况雪上加霜。当地卫生局提议将未受感染的儿童转移到其他地方，但济贫法委员会拒绝了这一建议；于是越来越多的孩子不幸丧命。杜鲁埃以过失杀人罪遭到起诉，但又无罪释放了，理由是这些孩子刚送进收容所时可能已经虚弱得无法抵抗这一疾病了。这起事件让狄更斯一连写了四篇文章，恰如其分地表达了对这种有计划有组织、让孩子挨饿受虐行径的憎恶——这些孩子瘦弱憔悴、浑身疖子、无法进食，而且如果对自己的处境有所怨言还会有吃马鞭的危险。这一事件帮助狄更斯将自己的观点集中并系统化，呼吁必须改善城市环境卫生和加强对济贫收容所等机构的严格管理；同样值得注意的是，他把对孩子照管不良作为写作主题的时候正是他在心中构思《大卫·科波菲尔》的时候。一切都水到渠成了。

2月，他再次和家人南下布莱顿，同行的还有利奇一家；他想要靠近"辽阔而嘶吼的大海"——他这时这么称呼它——咆哮着的大海似乎在问，"没人愿意听吗？"但狄更斯愿意。他的耳朵什么都没错过。他的眼睛什么都没漏掉。于是有时候就会获得最不可思议的回报：他坚信不同寻常的事情总是会发生在自己身上，果不其然，他租住房子的房东和房东女儿都"疯了"，被套上了束缚疯人用的紧身衣送进了当地的精神病院，一路上还一直胡言乱语；"……这是我应得的，"狄更斯说道，没有施予这对可怜的父女一丝关心或忧虑，"非常符合我一贯的做法。"当他望向嘶吼的大海，他的思绪"像一片外海一样波涛汹涌"，绞尽脑汁地想着新小说的书名。这个时候，他已经知道这个故事将以第一人称讲述，并且是关于一个青年男子一生的长篇故事。无疑，这就是为什么他会想起亨利·菲尔丁的《汤姆·琼斯》以及哈勃雷特·布朗所绘制的封面只展现了人一生中最主要的几个片段。但现在名字是最要紧的事。没有名字，就没有角色也没有真正意义上的故事。没有名字，他就不能动笔。他的工作笔记证明了他在构思过程中的思考有多么审慎。《玛格的娱乐、经历和观察，科波菲尔·布朗德斯通家小托马斯·玛格先生的生活史》这个题目经过了多次修改，总共约十七次，最终，狄更斯想出了一个满意的题目——《科波菲尔周游大千世界：布朗德斯通贫民区小大卫·科波菲尔先生的生活史、冒险、经历和观察》。这些字的笔迹都很坚定明确，每个词下面都有他标志性的双下划线标记；然后他又用一种笔力轻一些、稍微细一些的字体补充道："无论如何，他都从未打算发表。"科波菲尔这个名字是试了一系列名字——例如威尔布里、玛格布里、托普夫拉瓦、科波博艺和科波斯通——后想出来的；同样，摩德斯通这个名字也是从哈尔登、摩多尔（后来在《小杜丽》中以"摩德尔"重新启用）和摩尔登中诞生的。2月底，新小说的预告就发出了，同时，查尔斯·狄更斯也开始了写作。

十九

  那么，他是怎么开始创作的呢？首先是思考他所谓的"中心思想"或"主旨大意"，然后按照出版商的说法，"在脑子里反复斟酌思量，直到自己把问题都彻底想明白"。最后——还是他出版商的原话——他会"拟定一个可以称之为包括人物在内的故事大纲"，然后在这个粗略的基础之上开始他的创作。狄更斯本人说，他在这一早期阶段还需要确定"每个人物的意图"以及每个人将要体现的"思想精神"。当然，他仍然会迷恋或是想象拥有自己独立存在方式的情节和人物（甚至小插曲）。有时候，比方说，他会先选定一条特定的伦敦街道或是一个特定区域，然后再详细设计出最终通向此处的情节。但他一直都在寻找那一条存在之链，那条将其他一切事物串联在一起的清晰主线——重要的是，这条线在他眼中永远都是以故事的形式呈现，那个能揭示主旨或角色并赋予其生命力的故事。

  这个过程并不能一蹴而就，也不轻松，而且在狄更斯的整个写作生涯中，每一本新小说开始时的症状都是相同的。"强烈的焦躁不安、晕乎乎地，也不知道自己去往哪儿……"而且，"就像被赶着走一样。"这里是说构思中的新小说在一个劲儿地赶着他跑，把他猛地推出它自己的力场。狄更斯变得十分易怒、孤僻且心事重重，"一直绕着这个新故事左右盘算……"，无法做出任何决定，因而也无法休息；"白天的时候在郊外到处走——晚上则徘徊在伦敦最奇怪的地方——坐下来狂写上一阵——什么都没写出来又站了起来……"这对他来说就是"分娩的阵痛"，"夜里四处徘徊，漫步到最古怪陌生的地方……想要求得安息，却仍不得安歇"。这最后一句话非常引人注目，让人联想到圣经里那些污鬼的命运，当狄更斯不分白天黑夜地走在伦敦的大街小巷上，他脑中还未成形的故事就像千斤重担，压得他直想把它卸下来。等这个奇异的故事快要诞生的时候，他就会把自己关在书房里，望着窗外冥思苦想，一字不写。

就这样，他"打下了基础"。一个费这么大精力整理并熟记自己演讲稿的人希望在自己的小说上花费更多的心思，这一点儿都不奇怪。从没有任何一个作者像他这么计划严谨、缜密、审慎。他曾对人说，"我总是在心中不断完善小说的情节和主题思想，要很长一段时间才会拿起笔来。"而他告诉另一个人，"他要是不在脑子里敲定作品的细枝末节，是不会动笔的。"但这并不是说，他会事先想好小说的方方面面；远非如此。可以这么说，他只是拟定好小说的建筑平面图，但施工的时候他需要凭直觉自由地修建。他开始于一个故事和这个故事所传达的思想，但接着，当他真正写作的时候，他就会让这个故事自行发展呈现出最合适的面貌。而那些角色就会带着他们自己的磁力线在故事这个磁场里安顿下来，让核心情节变得更为错综复杂。所以说，在创作过程中有两个焦点在起作用；角色似乎会猛地暂时离题，但"主旨大意"会把他们拉回来并重申自己的中心地位，然后角色会再次挣脱其束缚，接着再次被拉回。

既然狄更斯也漫过步了，也深思熟虑过了，连书名和主题都想好了，那么《大卫·科波菲尔》情况如何呢？他准备好动笔了吗？由于他决定让故事的一部分发生在雅茅斯①，于是买了一本《萨福克郡词汇与短语》，好在里面找一些表达方式，来加强当地人物说话方式的真实感。事实上，他在这本新小说上操的心和费的力说明了它在狄更斯心目中的重要性；他在写这本书的第一年里既没有玩话剧也没有去国外旅行，一心扑在了这本他始终认为是自己最好作品的小说上，坚持不懈地笔耕墨耘。就在前期准备阶段，他编出了摩德斯通这个名字，并在工作计划右侧第一行言简意赅地写下，"父亡——墓碑立于屋外"。摩德斯通。墓碑②。于是人名和主题便以一种直接且近乎天生的联系交织在了一起。他于2月最后一周动笔，实际创作进展缓慢而吃力，几乎整个3月都保持着这个速度。小说的第一页满是修改，因为狄更斯在这个标题仅为"我来到这个世上"的章节中，在记忆和想

---

① 英国英格兰东海岸渔业中心。
② 摩德斯通的英文是"Murdstone"，而墓碑/墓石的英文为"Gravestone"；Murdstone可能是根据murder和stone两个编造出来的。

象的灌木丛中前行得十分艰难。在题为"我对早年的回忆"的第二章中，狄更斯写下了"这是我们在教堂的长椅"一句，而福斯特在自己那本《大卫·科波菲尔》中这句话旁边的空白处标记了"事实"一词——毫无疑问是狄更斯告诉他这是真的。同一章中，在大卫念一本关于鳄鱼和短吻鳄的书给皮果提[①]听的情节旁边，福斯特写了"真相"一词。而就在几段前，小大卫让拉撒路复活的故事吓得半死并将其与自己死去的父亲联系起来，福斯特就没有在这一情节旁边这么标注；但对狄更斯而言，这完全是另一种意义上的"事实"和"真相"。他的进度很慢——事实上非常慢——到最后他不得不加快写作速度以赶上这一期发行的时间。但他还是写得太少了，后来只好在高米芝太太和小爱米莉[②]两个角色身上增加了一些段落，然后一下子揭示了这两人的命运。于是故事的情节就这样渐渐成型了：在这前三章中，狄更斯介绍了大卫、摩德斯通、小爱米莉、皮果提和贝西小姐几个人物。他们的故事背景设在19世纪二三十年代，而且狄更斯还特别注意大卫·科波菲尔的年龄，确保他最终被送去工厂做工时和刚到伦敦的自己一个岁数。正是以这种方式，自传和小说完美地融合到了一起。每一章一经完成就立即寄到印刷商手中，然后印刷商又会给狄更斯发回至少两份校样，狄更斯再把其中一份寄给哈勃雷特·布朗，好让他配上插画。比起狄更斯创作《董贝父子》时从洛桑和巴黎发出信件的方式，现在这一安排要明智实际得多。事实上，这对作家和插画师现在已经恢复了原先那种友好而专业的关系。所以，小说的第一期终于完成了，而狄更斯长期旅居虚幻世界的准备也一切就绪。

但是，对狄更斯来说哪个是虚幻世界哪个是现实世界呢？有时候他似乎并不能分清楚，就在创作第一期时，他也还在写着有关图庭[③]青少年救济收容所里儿童丧生的文章。他正相继讨论着两个类型的儿童虐待事件；一个是大卫·科波菲尔遭到摩德斯通虐待的个人事件，另一个是收留机构虐待弃童的公共事件，而这两起事件在狄更斯心中所激发的情绪互相渗透。也就是在这个时候，真实世界呈现出了狄更斯自己小说的样子。就在《大卫·科波菲尔》第一期的辛劳创作接近

---

① Peggotty，也译作佩克提。

② 亦译作艾米丽。

③ 伦敦南部的一个区。

尾声时，他和马克·雷蒙一起沿着埃奇韦尔路散步，突然遇到一个年轻男子扒雷蒙的口袋。根据狄更斯在治安法庭中所做的记录，"我和雷蒙先生在一起，看见他突然转过身去面向被告，被告立即撒腿逃跑，我们也追着他跑，逮到他的时候他拼命挣扎；这家伙真是狗急跳墙，两条腿四处乱踢想要反抗。他试图摸进雷蒙先生口袋时，附近有一群小混混，我们下定决心只要能予以阻止就不能让他成功逃跑。""一群小混混"——这是狄更斯的真正态度。

这段小插曲过后，他和约翰·利奇南下来到怀特岛，想在这里为当年夏天物色一个合适的住处。他们在尚克林的一幢出租房里暂住下来，在当地四处勘察了一遍，不出几天，狄更斯就在邦彻奇找到了一个名叫"温特伯恩"的庄园，是由谷仓改造而成的，海拔约一百五十英尺，整个庄园一直延伸到海岸，庄园里还有一挂瀑布和一条小溪。庄园的主人詹姆斯·怀特牧师，是一位很有抱负的剧作家，狄更斯之前通过麦克雷迪见过（他形容怀特"情绪多变，甚是滑稽"，这意味着狄更斯和他并不怎么意气相投——事实上，就像狄更斯通常的表现一样，他更喜欢和怀特的妻子罗莎相处）。狄更斯决定当年夏天写作的时候就隐居到这个地方。然后，他回到德文郡排屋去接家人和仆人，一周之后便拖着所有人回到了邦彻奇；萨克雷在莱德码头偶遇了这一大家子，用他的话说，他们"个个看上去都特别粗俗、快乐，甚至让人觉得有些讨厌"。

8月底，他写完了第五章并立即马不停蹄地开始下一章的创作。也是在这个时候，他在校稿时突然想到了一个主意：让查理一世的头常常浮现在狄克先生脑际，搅得他心神不宁；现在他自己的脑袋也正一阵发冷一阵发热。他的症状很是令人担忧："……几乎一直觉得恶心犯呕，还伴随着严重的体力衰竭，于是他的腿在下面直哆嗦而他的胳膊则是不管拿什么东西都会颤抖。"他在信中用客观冷淡的第三人称向福斯特做了以上描述，仿佛想要远离生病的自己似的。而且，尽管没有力气也没法儿集中注意力，"我一点都不露痕迹，假装自己不知道发生了什么"，这就是狄更斯典型的做法。他认为都是邦彻奇的气候才导致自己生了病，但他描述的那些症状听起来更像是某种没有显著特征的神经衰弱症："精神极度抑郁，而且一天到晚总是想哭……"也是在这个时候，他开始计划离开这座岛，因此这一期《大卫·科波菲尔》完成得比往常迟。

9月末，狄更斯离开了怀特岛，和家人一起南下，来到了布罗德斯泰斯。他又一次舒舒服服地住在了滨海地段巴拉德酒店旁边的那幢房子里，就是在这儿，他继续创作起《大卫·科波菲尔》。他在那儿住了三周左右，走的时候其实已经完成了一整期。但他也收到了一条坏消息：这部小说的销量明显低于之前几部小说，平均每月只卖出约两万册，与《董贝父子》三万五千册的销量一比真是相形见绌。虽然狄更斯还没有拿到确切数字，但这一趋势已足够明显；他在这本小说上赚不到自己所预期的那么多钱了。但他并没有彻底气馁，至少现在还没有。他还有别的计划。在《马丁·朱述尔维特》的相对失败之后，他便迫切转向《每日新闻》，作为一种补偿、释放和寻求庇护的方式。现在，他再次萌生了创办另一份期刊的主意，不过是更为个人的那种。事实上，他整个夏天都在考虑这件事儿，就连在邦彻奇的时候也是，但《大卫·科波菲尔》的坏消息让这件事变得更加紧迫甚至成了头等大事。他已经在和福斯特商量细节问题了：这是一份周刊，定价一个半便士或两便士，主角是一个名叫"影子"的角色，此人可以算是一个在逃的记者，可能知道一些有关当下时事的秘密消息。这一新闻幽灵也将为狄更斯一直以来比较偏爱的各种片段提供一个框架；这是他"多样性中的统一性"的又一个例证，这是他小说以及报刊文章的特点，而且——并非言过其实、装腔作势——这也许还是他美学意识的一方面。他一回到伦敦就将这一计划告知了布拉德伯里和埃文斯，他们两人大致表示赞成。或许可以这么说——狄更斯又重回本行了。

但这一时期对狄更斯而言是个多事之秋。尤其是12月，他还受到了两面夹击。第一件事当然是最不愉快也是最惹人愤怒的。有一个叫托马斯·鲍威尔的人，是托马斯·查普曼的员工，也是狄更斯弟弟奥古斯塔斯的同事，此人曾于三年前被发现盗用公司的公款；他企图服用鸦片酊自杀，而查普曼出于对他处境的同情从未起诉他。他后来又有一次被查出犯有伪造罪，但他装疯并在霍斯顿一家精神病院里治疗过一段时间。然后他潜逃到美国，在那儿靠当记者和写廉价书籍谋生。鲍威尔和狄更斯挺熟，而且通过奥古斯塔斯的介绍还和他一起吃过饭；这关系他可不会忘记。而就在这一年，他写了一本毫无奉承之意的狄更斯传记，这本书至今还会出现在美国的报端。这本书给狄更斯扣上了势利小人和暴发户的帽子；或许更重要的是，该书还指控他将托马斯·查普曼作为董贝先生这一人物的原型。狄更斯早在10月就听说了这一切，当时立刻采取行动，公开谴责鲍威尔是一个谎话连篇的伪造者（这一点毋庸置疑）。到了12月，他往美国发去了一系列揭露鲍威尔罪行的文件，其中还附加了一份他自己写的小册子，里面也详细列出了同样的指控。正是在这个时候，鲍威尔扬言要告狄更斯诽谤，并要他赔偿一万美元。

当然，他不可能真的起诉，更别说打赢官司了，而对于这件事，狄更斯担心倒在其次，主要是愤怒。但不幸的是，他还遭遇了另一起诉讼威胁，而这一次扬言要起诉他的人更是让人觉得不可思议。一位名叫希尔太太的手足病医生和修甲师是狄更斯的邻居，也是一个侏儒，她觉得自己被狄更斯刻画成了《大卫·科波菲尔》中那个不可靠、个子矮小的莫奇小姐。她的判断没有错；狄更斯显然见过她好多次，而且至少在小说中夸张模仿了她的外表且没有考虑到对希尔太太本人造成的后果。于是她寄给他一封信，指责他利用了她的"个人缺陷"；"如果你的书改编成了话剧而我的权利得不到保护，那么后果将不堪设想。"狄更斯回信安抚她，在信中承认她的指责有一部分确实是事实，但又解释说这一角色塑造的主要素材来源于另一个人（这完全是假话）。但他紧接着给福斯特写了一封更加诚实的信，并在信中总结道，"……毫无疑问，一个人经不住诱惑如此滥用影响力是不对的。"他又用这个词来描述自己的小说——影响力。几天之后，希尔太太的律师来信，含糊其辞地威胁说要告他诽谤。狄更斯试图安抚这位律师，并承诺通过改变莫奇小姐这一角色来修复已造成的损害，恢复希尔太太的名誉。他最终信守了诺言，但毫无疑问，这一切都让他烦躁不安。过了几天，他退出了嘉里克文学俱乐部，但原因不明。同一时期，他还让丹尼尔·麦克利斯惹得很不开心，显然是因为麦克利斯未能来德文郡排屋参加他一年一度的圣诞欢庆会。换句话说，这一时期的狄更斯整个人都充满了愤怒和怨恨，尤其是对托马斯·鲍威尔。当然，他很可能在手头的这一章里使用了自己这些情绪，来描写大卫·科波菲尔对尤赖亚·希普的仇恨。所以，这种文学虚构和现实生活之间的来回穿梭，互相丰富，一直在进行着。如果有可能的话，对狄更斯每日生活的细致观察无疑会揭示出其他的关联和相似之处，但现在去翻那些陈芝麻烂谷子已经大可不必了，事情过去都这么久了。而且，不管怎样，《大卫·科波菲尔》都必须暂时让位于另一件更为迫切的事。因为，1849年12月底，狄更斯在传单上宣布他即将开始主编一份"大众文学的杂集类周刊"。这一职务他将一直担任到人生的最后一刻。

二十

    旧的一年过去了，而崭新的十年在他筹办新期刊的工作中拉开了帷幕，而且，为了能多争取一些时间集中精力筹备，他也在飞快地赶着《大卫·科波菲尔》的下一期。他陆续收到了朋友们的来稿，甚至早在1850年1月就四处征集有用的素材；他在准备"样刊"（这是他从《每日新闻》的主编工作学到的），而且甚至还没想好合适的期刊名就已经对外宣布，这份期刊的宗旨是"鼓舞低落的人心、普遍改善社会状况"。他一直对某些突出的社会问题十分关注，特别是公共卫生、教育和住房问题。这就是当时称之为"英国状况问题"①中最根本的三个问题。而且，就算狄更斯在试图消遣和娱乐的同时，他为这些事业而战的决心也十分真诚而坚定。但在《每日新闻》以及《本特利杂文集》的经历之后，他下定决心这一次自己要独立掌管这份期刊的编辑内容；他太了解自己了，知道自己在追求自己的目标时忍受不了任何干预。但他需要帮助；他不可能一个人编辑一份周刊。于是，在福斯特的建议下，狄更斯决定雇用他之前在《每日新闻》时的秘书W.H·威尔斯担任这份杂志的副主编。他是最合适的人选。威尔斯在出版业的管理方面经验十分丰富，他既做过《钱伯斯杂志》的助理主编又是狄更斯昔日的秘书。

    所以，新周刊的基础已经打好了，2月2日，狄更斯在为刊名一番苦思冥想之

---

① "condition of England question"是卡莱尔于1839年造出来的一个短语，用于形容工业革命期间英国工人阶级的生存状况。

后（备选名字中包括《查尔斯·狄更斯》和《万物》），终于想到了《家常话》这个名字，取自他脑袋里记着的众多莎士比亚警句中的一句。"在人们口中就像家常话一样熟悉"赫然印在周刊的刊头上，不过《亨利五世》中的那句台词原本是"在他的嘴里就像家常话一样熟悉"。现在有了一个名字，他还需要在当地找一个根据地。几天之后，他租下了威灵顿北街16号，威灵顿北街是一条又小又窄的街道，就在河滨马路之外，而新期刊的总部本身"极其漂亮，建筑的正面有如弯弓，拱形最高点能够到二楼，而且每一层的采光都很好"。和伦敦的大部分建筑一样，这幢房子也是建在一个闹鬼的旧址上，传说霍加斯曾在此处原先的房子里看到过《妓女生涯》^①中最后一个场面。在原先那幢房子二楼的前面，这位画家看到那个女人躺在棺材里，干瘪的丑老太婆们摆着不同姿势围在她身边，而且狄更斯说自己坐在二楼的拱形窗边时也常常"幻想出"这场景。没过多久，他就对这个地区熟门熟路了，不亚于伦敦其他许多地方，而且当地的店主也告诉他早期的一位年表编写者，"钟响的时候，他们常常看见他敏捷轻快的身影从面前飞快掠过，手里还有一只小包。"

此时，狄更斯还动笔写了一本小书，最后花了三年左右的时间才最终脱稿。当他闲下来，停下手中的小说或新期刊休息时，他就会习惯于向乔治娜·贺加斯口述一个他取名为《写给孩子们看的英国历史》的故事。这故事主要是给他自己的孩子写的，但其中一部分也在《家常话》中连载过，这样一来，说它有一些普遍或公共的意义也毫不为过。其实这本书的内容本身并非原创，似乎大多取材于凯特利的《英格兰史》以及查尔斯·奈特的《英格兰史画册》。毫无疑问，后一本书他的书房里就有，而且他还在上面做了许多评注。

所有这些活动都意味着，狄更斯在伦敦时间太紧迫而且干扰太多，没法儿好好创作《大卫·科波菲尔》，毕竟这个项目需要他每个月至少两周的时间。于是，为了能潜心工作，3月初他在布莱顿的国王街租了一幢房子。在这里，他开始讲述科波菲尔与朵拉·斯本罗恋爱关系迅速升温章节的创作，这段浪漫关系中有狄更斯对他母亲和姐姐爱恋之情的影子，仿佛小说家本人在眼睁睁地回顾着自己的童

---

① 《妓女生涯》(The Harlot's Progress)，又译《烟花女子哈洛特堕落记》，是有"英国绘画之父"之誉的威廉·霍加斯（ William Hogarth, 1697—1764，又译荷加斯 ）所绘制的一套6幅组画，最初的形式是油画，后以版画的形式出版。

年时光。回顾他梦中的一个女孩儿或少妇，年轻、漂亮、善良。有一次坐火车的时候，这个梦再次侵扰了他，而他把铁路形容成"一个能引起无限联想的奇妙之地，在我一个人的时候……"当时，他正在从伦敦回布莱顿的火车上，正为《家常话》第二期缺乏"一些温情的东西"而担忧——他那个时候就在筹备第二期了。当火车驶向海岸，狄更斯抬起头望向车窗外的满天繁星，那幅无边无垠的画面让他想到了自己童年时的那片夜空——那时，他和现在已经阴阳相隔的姐姐从查塔姆的小房间里望出窗外看见了隔壁的墓地，还一起抬头望着天空。因此，他写朵拉那部分时，思绪便漫游回了当时还小的姐姐身上。在他夜晚的沉思冥想中便诞生了《一个孩子的星星梦》，一篇短小但在许多方面都非常吸引人的文章，并无疑给《家常话》增添了几分温情。"'我的岁数就像一件衣服正从身上渐渐滑落，我变成了一个孩子向着那颗星星走去。'"这可不是他当年唯——次重访童年；他最终写了一个题为《圣诞树》的圣诞季故事，在故事里回忆了自己童年的场景，并生动精确地描写了其细节。这两篇篇幅较短的文章中都有他对往事的怀恋和真实记忆；就好像《大卫·科波菲尔》的创作揭开了他自己童年的秘密一样，于是他能比自传片段中描写的人生阶段还要走得更久远；回到他生命的最开始，回到了伊甸园时期。

《家常话》第一期标着的日期是1850年3月30日；那是一个星期六，而实际发行的日期是当周的周三。封面上的刊名下印着"查尔斯·狄更斯主编"字样，而且这几个字还用作这本二十四页双栏无插图杂志的页眉。来稿均不署名，但当道格拉斯·杰罗德看到上面这句反复重申的话时，他说这本杂志其实"自始至终都是一人署名的"。该刊每周一期，定价两便士——不过也发行月刊，但最终变成了合订本的形式。第一期中有一则狄更斯写给读者的"致辞"，在这篇致辞中，他再一次将自己定位在了英国家庭的火炉旁并保证他的杂志会让读者"对自己的坚持更加热忱，对他人更加宽容忍耐，对人类的进步更加坚信，对有幸生活在一个鼎盛时期更加感激"。

狄更斯对这第一期非常满意，对杂志总的发展前景也充满信心："我希望（而且我也有十足的理由希望）《家常话》能成为一项优良的资产……加上《大卫·科波菲尔》，我付出了相当艰苦的努力；但如果能为这份杂志打下坚实的基础，就相当于为未来（我是说我的未来）赢得了巨大的福利，那我根本不会在乎为之付出的辛劳。"当时有一些人并不这么认为，布朗宁太太就曾说它"不会成功，我预测，特别是因为他们采用了不给作者署名的方式。"但她错了：杂志的发行量达到了三万九千册左右，而且，尽管这一数字远低于同一时期其他期刊的销售量，这也足够带来一笔相当可观的利润了。

狄更斯在《家常话》中的文章形式多种多样。他会为这份杂志严谨细致地修改来稿，可以说是将自己的思想精神散播到了整个国家。但他也多次和威尔斯或其他人"合作"著文，狄更斯通常提供开头和结尾以给文章定下基调，而他的合作者则负责填充剩余部分。有时候这些文章还是在狄更斯和同伴一起去邮局、工厂、市集、学校或赛马大会考察后写成的；他们会一起去参观所调查的地点，然后分别写各自分配到的那一部分，最后狄更斯会把这些片段合起来。

其中一些还是和文章的主人公一起合作写成的，为了《家常话》获取一些材料或奇闻逸事，狄更斯在新期刊刚创办的这几个月里安排面见了伦敦警察厅侦探部的各种人；其中一个就是菲尔德巡官，后来被认为是《荒凉山庄》中巴克特[①]巡官的原型；狄更斯无疑对他留下了十分深刻的印象，于是又在他身上寄托了自己一直以来对伦敦警察办案效率和顽强精神的敬佩之情和兴趣。但是，菲尔德巡官对他所负责案子的记忆也不总是可靠，而且有证据表明这位警探本人也大大助长了狄更斯原本就喜欢夸张事实的脾性；这位著名的警探曾经是凯瑟琳街剧院的一名业余演员，而从这种19世纪很典型的与剧院的联系中，不仅能再次瞥到这个时代伦敦警察过于夸张的特质，也能一窥维多利亚时期的社会气质。就连当时权力与法律的代表都同时拥有调查天赋和戏剧天分。这不就是狄更斯试图在他对议会或大法官法庭的描述中所揭露的——整个社会就是一个剧院？

而这段时间狄更斯也一直在继续《大卫·科波菲尔》的创作。5月初，故事情节到达了一个关键时刻。"对于朵拉还是没拿定主意，"他写信告诉福斯特，"但今天必须决定。"这是关于大卫·科波菲尔的"娃娃太太"朵拉到底该不该死的决定。一到这种决定生死的时刻，他就会习惯性地长时间步行来思考问题，而且有些晚上光是思考，其他什么事儿都不做，坚持专心于自己所思考的问题并试图勾画出其发展的轨迹，同时，也是勾画这些问题在自己人生大道中的轨迹。他当时正在

---

① Bucket，亦译作布克特。

读卡莱尔刚刚发行的《当代短论》，也即将阅读丁尼生新出版的《悼念》；这两部作品都对《大卫·科波菲尔》产生了一定影响。

最终，他把整部小说从头到尾都规划好了，并在工作笔记中概述了最后四期的内容，故事情节的几个主要阶段早已浮出水面。他着手创作新的一期，在这一期中皮果提和海穆终于找到小爱米莉（他为这一章的煽情剧情煞费苦心），但他显然觉得伦敦的夏天很不适合写作，更不用说他的创作时常被办公室的事务和报道出行给打断。于是，他洽谈了夏天租下布罗德斯泰斯堡垒山庄的事宜；这幢相对较宏伟且离镇中心和海边不远的房子一直很吸引他，对他和家人来说，山庄看上去必定是个完美的海滨静养胜地——房子和海港之间隔有一片玉米田，能俯瞰到整个大海和灯塔。

8月15日，离开伦敦之前，他在威尔斯的协助之下拼凑成了新一期的《家常话》；第二天，凯瑟琳卧床分娩，生下了一个女婴，朵拉·安妮·狄更斯；同一天下午，狄更斯和其他家人按原计划南下来到布罗德斯泰斯，住进了刚刚租下的夏日住处。为了照看孩子们，乔治娜同他一起去了，而凯瑟琳和新生的宝宝则留在伦敦；这未必是一个罕见或冷漠无情的安排。真正反常的是，就在朵拉出生五天后，狄更斯写信给妻子——"……我还要杀掉朵拉——我是说《大卫·科波菲尔》里的朵拉……"说得好像还能是别人似的。可他居然用打算"杀掉"的那个角色来给自己家刚出生的孩子取名，这可真是够古怪的。

狄更斯和家人在布罗德斯泰斯从8月中旬一直待到了10月底；用乔治·艾略特的话说，此时这个镇子已经因"大卫·科波菲尔变成了经典"。她是在说附近一处名叫"贝西·特拉伍德小屋"的地方；于是，狄更斯的作品就像一串火舌一样突然袭击了一个地区，留下了永久的焦痕。堡垒山庄对狄更斯本人和他的书房来说是一个理想的地点，一段小楼梯通往书房，房里的巨幅窗户透进白天里明媚的阳光，还能看见辽阔大海的美景。但在某些方面，布罗德斯泰斯的魅力较之以往有所减退。尤其是街头叫卖的商贩和街头艺人的声音以及堡垒山庄附近的噪音，闹得狄更斯心烦意乱。山庄不远处有一个海岸警卫站，警卫站的那名警卫队员的妻子曾经回忆起这位著名的小说家。"狄更斯先生，"她说，"是个友好的绅士，但他受不了一点儿噪声。"每次孩子们乱哄哄的时候，狄更斯都会礼貌地让这位警卫队员"把孩子带走"或是"让他们不要出声"。除此以外，还有别的烦扰。福斯特住在那儿时晚上打呼噜打得特别响，吵得狄更斯没法儿入睡。他在整幢房子里不停地走来走去，还把乔治娜叫起来陪自己。这一场景让狄更斯非常恰当地改编进了即将动笔的那一章《大卫·科波菲尔》里，那一章中，海上惊天动地的风暴让大卫一直睡不着觉。"我躺在那儿好几个小时，听着风声和水声……"如果我们想象狄更斯躺在自己的房间里，听着布罗德斯泰斯的风声和水声并反复思考着各种问题，这算异想天开吗？

在面向大海的书房里，狄更斯于9月中旬完成了下一期的《大卫·科波菲尔》。这一期或许是整部小说中最值得注意的，因为其中包含了小爱米莉和米考伯一家移居国外以及斯蒂弗茨遇难情节的那几章。他凝望着窗外看到了那片大海——那片推进新生活或是将之摧毁的大海；狄更斯在备忘录中记录了"昨晚在布罗德斯泰斯"发生的那场风暴，但事实上那段时期并没有任何风暴的记载。这是这本小说中最令人难忘的几个片段，尽管海上风暴的情节完全可以算作精彩的海洋描写，小爱米莉和皮果提出发的场景有一种和狄更斯本性中的诗意相近的格调和气氛，那种常常在他小说里响起的缓慢而忧伤的音乐，甚至可能是其最持久的气质。"他们站在高高的甲板上，笼罩在玫瑰色的晚霞之中，一起渐渐远去；她依偎着他，而他则扶持着她，两人庄严地消失在我的视线中。我们划船上岸的时候，夜幕降临在了肯特的群山上，一片黑暗将我吞噬。"他写下这些话时，"衷心地相信这些事是真的……"，而且到了后来，他让自己极具感染力的故事扰得心烦意乱，"在表面上我没法儿写得清楚……在心里又没法儿写得明白"。但是，他几乎一完成这一期就开始了下一期以及最后一期的创作，在这两期的合刊中，大卫·科波菲尔就像狄更斯一样出国旅行，而且他所经历的所有痛苦最终都随着他和安妮斯·威克菲尔的喜结连理而烟消云散了。10月23号，他终于完成了这部小说，当时他还在布罗德斯泰斯。

《大卫·科波菲尔》一经出版，就获得了广泛好评，显而易见，这是他"最杰出的作品"，尽管如此，狄更斯本人却和这部小说保留着一种异常私人的关系。"……每次一拿起这本书我就无法保持平静，"他曾经写道，"（我在写这本书时整个情感都受它的支配控制）……"在这部小说的序言当中，他宣称"没有一个读者能比我在创作它时更加相信这个故事"。是的，因为他让自己的一部分进入了一个虚幻世界，在那个世界里这部小说成了其他众多故事中的一个，成了比他个人历史更宏大的历史中的一部分，借着它的创造者和时间的运动而缓缓地旋转着，直到它成为这个国家文库中永恒的一部分。与狄更斯之前的小说相比，《大卫·科波菲尔》中的"动"要少得多，速度要慢得多，表面的光辉也要暗得多；它更为平静，回顾过去、收敛情感、喜剧性也变得更为深沉。这种写作风格在《人生的战斗》中也隐约可以觉察到，在短篇《一个孩子的星星梦》中甚至清晰可见，但在《大卫·科波菲尔》中是第一次在一个足够大的规模上呈现并代表了一种变化方向。这是在朝着一种荡气回肠的抒情风格变化，也是狄更斯第一次在小说里从头到尾使用第一人称单数的叙事方式并第一次时时关注自己的一举一动，这种转变与此不无关系。

我们当然可以用现代的习语来说，这其实是一本"关于"小说本身的小说。这既是一本关于记忆的小说也是一本关于记忆力的小说。记忆变得亮丽多彩："……我从未见过像四月天的午后那样明媚的阳光……"；记忆在脑海中引发了新奇的联想："……从那时起，殉难者和皮果提的房子就在我心中紧密联系在一起，时至今日仍是如此"；记忆让最清晰的印象历历在目："直到今天，天竺葵叶的气味仍能让我对自己在一瞬间发生的变化感到惊讶不已，半忧半喜……"；记忆保留了最深刻的印象："他把脸转向云卷风涌的天空，紧紧握住的双手颤抖着，整个身躯都充满了痛苦，所有这些在我的记忆中直到此刻都和那人迹罕至的荒原联系在一起。在那儿只有黑夜，而整个地方除了他以外空无一物。"而且记忆还让他想起了童年最早也最难以忘怀的印象，比如大卫最后一次见他母亲的那个场景："我上了马车后，听见她叫我的名字。我向外望去，看见她一个人站在院门口，怀里抱着她的宝宝，举得高高地给我看。那天很冷却没有一丝风，她的秀发或裙褶都纹丝不动，她就这么目不转睛地看着我，举着她的孩子。就这样，我失去了她。我之后上学的时候在梦里见过她——她就静静地站在我床边——仍是那样目不转睛地看着我——怀里抱着她的孩子。"但也有其他隐秘的记忆，前意识的记忆："有时候突然有一种我们正在说的话和做的事情在很久很久以前就已经说过和做过的感觉……"于是，记忆就成了一种复活的形式，因而也算得上是一种人类的胜利；大卫·科波菲尔从幼时熟悉的窗户往外望时看见了自己孩提时代那悲伤的身影。"于是我眼前出现了一条漫漫长路越展越宽；我看见路上有一个衣衫褴褛的男孩在艰难地前行，因长途跋涉而劳累消瘦，孤零零地无人照管；而他甚至应该把此时贴着我胸脯跳动的那颗心也唤作他自己的。"正是这样，记忆在逆境中重塑了自我，将过去和现在联结，带来连贯性和一致性，在忙碌喧嚣的世界中心营造出一份平静和安宁。这是狄更斯内心中最纯净最美好的部分，是生命的本源，是他泪水的源泉。过去两年所有的写作和经历把他带到了这里，这一凤凰涅槃的时刻。

不久，狄更斯便回到伦敦监督其他重要工作。特别是他还得给《家常话》的第一份圣诞特刊写一篇应景的故事。他再也没有时间或兴趣写一本圣诞图书了；他的收官之作《着魔的人》还是两年之前出版的。于是现在他写了一个题为《圣诞树》的小短篇，并在其中异常详细而精彩地回忆了自己童年的玩具；几周之后他向一位记者解释自己常常梦到小时候和青年时期——他结婚、成功、成名之前那段令人着迷的日子，或许并非巧合。当他把注意力从那些逝去的岁月转向当下的生活时，他变得悲观抑郁。同一时期，他还给《家常话》写了另外两篇文章；一篇题为《十二月的幻象》，另一篇《旧岁的最后几句话》。他在第一篇中将英国刻画成一个满是废墟、疾病肆虐的地方，在这里孩子无人照管或是因为犯了一些小罪而遭到鞭打——"……遭人追赶、抽打、关押却未受到教育……"——在这里文盲无知和野蛮粗俗占上风，在这里"没有一个悲惨潦倒的人会大声说出自己在最遭人忽视的镇子中最幽深的地窖里那可怕的生活，但他所患传染病的一些病毒让周围的空气带了出去，对公众过失实行严厉的报复"。而在第二篇文章中，他描写了一个道德败坏、玩忽职守的国家，这个国家中大法官法庭审判不公的现象骇人听闻。两篇文章的笔触都十分深刻有力，而且有趣的是，它们都预示了他几个月后即将在《荒凉山庄》中探讨的主题。他正慢慢地对这个世界形成一个更加深刻的认识，但这还需要下一年发生在他身上的某些不幸事件充当避雷针来引导他正在成型的洞察力。

他原本正坐着让肖像画家威廉·博克索给他画像，但当发现画布上的自己第一眼看上去像著名拳击手本·康特而第二眼像谋杀犯格林纳克时，便突然起身离开了。他感到极度不安，而且身子也很不舒服；他说这是"胆病发作"，但所有的症状都是精神衰弱的表现。然后，在那年除夕夜里他在德文郡排屋举办了一场乡村舞会。这场聚会预示着狄更斯将被迫忍受许多苦恼和变故的新一年，《荒凉山庄》中所有的荒凉似乎都降临在了他头上的新一年。

二十一

查尔斯·狄更斯现在快进入中年了。"胆病发作"之后他又患上了重感冒。德文郡排屋的租期快到期了,于是他也在打算着搬家。不论从哪方面讲,这都是一个动荡不安且不愉快的新年伊始,而他弟弟弗雷德里克的行为更是让现状雪上加霜——他在用哥哥的名号到处借钱赊账;"真是让我心痛不已,"狄更斯说。但更重要的是,他父亲的病情也越来越严重了。他的双亲都搬到了罗素广场附近的凯珀尔街,目的是为了能离戴维夫妇住得近一些;戴维先生是一名外科医生,也是约翰·狄更斯的私人保健医生,约翰·狄更斯患有严重的泌尿道疾病(很可能是膀胱结石),病龄已有三十年了。戴维夫人后来还记得,狄更斯会常常来这儿看望他的父母。"他不是很爱说话,"她说,"但他也能非常友善和气,如果他愿意的话。"或许,这里暗含的意思是,狄更斯一和父母在一起就会陷入沉默或是只言片语地简单应付。

这期间,用狄更斯的话说,凯瑟琳的身体也变得"极不舒服",不过她的病实际上只是长期焦虑抑郁积累到了一个顶点。但狄更斯的熟人并非总能觉察到这一点;就在这一年,《家常话》的一名撰稿者亨利·莫利就宣称"狄更斯明显做了一个很安逸的选择。狄更斯夫人很结实,脸圆圆的,很圆很圆,相当漂亮和气,脸蛋两侧各垂着一簇长螺旋形卷发。任何人在五分钟之内就能看出她非常爱自己的丈夫和孩子,而且对任何不爱讥讽的人都十分热心,和她相识的人都会为她温良敦厚的性情所感染。我们一下子就成了极好的朋友,一起聊了很多。她很想了解我,有一次我们稍微聊了几句她就离开去欢迎一位新来的客人,但她后来还是回来找已不在原地的我……"

但凯瑟琳的病情现在已非常严重，狄更斯认为她应当马上去空气和海水都更加令人心旷神怡的马尔文休养；他俩一起去了那里，在纳兹沃斯旅馆住了下来，狄更斯在那儿陪了她两三天，然后就回到了伦敦。接下来的几周里他一直来往于马尔文和伦敦之间，每次都在那个休养胜地陪凯瑟琳两三天；换言之，在他工作繁忙且心情焦虑的时候，仍然扮演着一个体贴细心的好丈夫角色。不过，就算在这种情况下，他在马尔文的时候还是不乏幽默感，而他向福斯特滑稽地描述"喝冷水的人"或许能用来形容任何时代的"健身狂人"；尤其是一个热爱维多利亚时期"慢跑运动"的老人，"直直地撞倒了一个送牛奶的小孩儿而没有停下来！——他按照原则没有戴领巾；嘴张得很大，大口大口地吸着早晨的空气"。

他离开这一充满荒谬行为的地方，北上来到伦敦继续一直很紧迫地工作，另外，他仍积极地为家人物色住处，以接替德文郡排屋。他出价想租下伦敦北部一幢名为巴莫拉尔庄园的房子，但是被拒了，不过幸好被拒了，因为几年之后一艘装满火药的驳船沿着摄政公园运河行驶的时候突然在这幢房子对面爆炸，差点把房子炸毁。

但从另一方面来说，整个世界也冲着他撞了过来。他得知父亲病得很严重，还要做手术，而且未必能从手术中恢复过来。约翰·狄更斯的膀胱结石已经长到了影响排尿的地步，而这个手术——用狄更斯的话说，"这个在外科公认最可怕的手术"——需要在肛门和阴囊之间划一道口子，以便从体内取出结石。而且约翰·狄更斯不得不在没有任何麻醉的情况下经受上述这一切。他的儿子在术后不久就赶到了，一看父亲房间的样子就知道这是一场可怕而几乎难以忍受的手术；"血染的屠宰场，"狄更斯这么对妻子形容道。但这位父亲天生的乐观主义精神帮他从手术中恢复了过来，而这种精神或许在他儿子刻画米考伯先生时起到了一定作用。据狄更斯说，他"精神惊人地振奋，也很勇敢"。狄更斯自己却觉得吃了重重一击，就像他是父亲的一部分一样。"所有这一切都直接打向了我的腹侧，"他又一次经历了童年时那种要命的剧痛（据说，他父亲当时的泌尿疾病导致他自己的肾脏也发炎了），"我觉得自己仿佛让一根铅制大头棒狠狠抡了一棒。"他回到德文郡排屋，在他父亲睡觉的时候等待进一步的消息。第二天早上他去了《家常话》的办公室。那是3月下旬的一个雨天，天气湿得令人难受，他从二楼的书房往下望着威灵顿北街。"这里阴雨连连……屋外，一辆装着某个不幸家庭所有财产的拖车在行进过程中突然出故障停了下来，整个场面真是凄凉。"全家搬家，就像他小时候全家搬家一样，就像他当时正试图搬家一样，凄凉。在等父亲的消息时，过去和现在在雨景中汇聚到了一起。他试图照常进行自己的日常工作，3月28号他再次来到马尔文看望凯瑟琳。但这个时候一切都很一目了然了，他父亲不行了。狄更斯收到召唤便回到了伦敦。他于3月29日晚十一点十五分到达凯珀尔街，和母亲一起守在奄奄一息的父亲床边。"……他认不出我来，也认不出其他任何人。大约半夜的时候他的气息越来越弱……之后再也没恢复过来。我在那儿待到他咽气——噢！那么安静……"

4月5号，约翰·狄更斯在海格特墓地下葬，狄更斯在他的墓碑上写了一段颂词，称赞他"热心、能干和乐观的精神"。葬礼过后，伊丽莎白·狄更斯在女儿莱提西娅位于诺丁山的家中住了一阵子，并计划之后去约克郡和阿尔弗雷德同住。那么，狄更斯在父亲刚去世的打击过后怎么样了呢？从这时候起，每次提及约翰·狄更斯，他都会使用富有特色的一个短语——"我可怜的父亲"；他对父亲所有的憎恨和愤怒似乎都消散了，只剩下对他命运的同情。约翰·狄更斯和他儿子同为这命运的受害者。（正是这种命运的力量笼罩着他下一部小说，这么说很中肯。）狄更斯还是睡不着觉，从一封信中可以明显看出他又开始担忧起自己的经济问题了，仿佛约翰·狄更斯的死在他心中重新点燃了之前对欠债和入狱的忧惧。整整三晚他都在伦敦的大街小巷里漫步，一直走到天亮——就像他在《荒凉山庄》里再现的那个夜晚一样，"在这个皎洁的月夜里，所有噪声都合为一体，成为一种遥远而清脆的嗡嗡声，这个城市仿佛变成了一块巨大的玻璃，不断震动着。"

父亲的葬礼之后，狄更斯重拾起在伦敦和马尔文之间往返的惯例；这期间他正在为新的一年制订计划。他已经决定这年夏天仍去布罗德斯泰斯的堡垒山庄避暑，并希望秋天或冬天的时候能在伦敦动笔写一本新小说；至少等他一找到合适的新房子并安定下来就得开始了。4月14日，他来到伦敦，为了主持大众戏剧基金会的一场会议，这种和戏剧相关的慈善活动既吸引他的正义感又能满足他对专业表演的喜爱。当然，现在凯瑟琳正在乡间休养，狄更斯也想要尽可能多陪陪孩子们。于是那天他一下火车就径直回到德文郡排屋，而且据他一个女儿所说，他花了大部分的时间"和孩子们玩耍，而且在屋子和院子里不管走到哪儿都抱着小朵拉"。小朵拉，照《大卫·科波菲尔》中那个不幸离开人世的女主人公取的名字。"不吉利"的名字。然后到了他换衣服的时间，他得去伦敦酒馆参加一年一度的晚宴。活动照常进行着，但在狄更斯发言前半个小时，福斯特被叫出了房间。当狄更斯起身，宴会厅里响起了"经久不息的欢呼声"，他泛泛说了几句关于该基金的话后，便进一步表达了自己对演员职业的感激之情："不是因为在我们面前尽职表演的演员有时刚刚经历了悲惨痛苦的事件——甚至是死亡本身；所有人都必须如此强暴地对待自己的情感，这样才能在生活的战斗中履行他们的职责。"

福斯特自己马上也要发言了，但他知道现在有一个更艰巨的任务摆在面前；在狄更斯一位仆人的急切召唤下他离开了房间，这个仆人告诉他小朵拉突然夭折。福斯特决定在狄更斯完成这次活动所有本分工作之后告诉他这个消息，而在他的传记里，福斯特记得狄更斯当时说不能因为失去亲人而暂停人生的战斗，也记得自己听到这话时心中有多么痛苦。毫无疑问，狄更斯当时一直在想着父亲的去世，然后硬起心肠逼迫自己再次振奋精神继续拼搏，可他的话在另一个层面上又是多么中肯贴切啊。福斯特站起来讲话；发言中，当他提到狄更斯"注重实效的慈善活动"时，有人在大厅后面大叫"伪君子！"但福斯特未受任何干扰，继续泰然自若地往下讲。一直到会议结束，在马克·雷蒙——福斯特特地叫他来帮忙——的帮助下，他才告诉狄更斯他襁褓中的女儿突然夭折的消息——她突然"抽搐"发作，没几分钟就咽气了——狄更斯当时没有崩溃，只是回了家。"我记得，当我再次看见亲爱的父亲时，他脸上发生了多么巨大的变化，"玛米回忆道，"他看上去那么苍白、那么悲伤。"那天晚上，他和马克·雷蒙一起在小女儿的床头坐了整整一夜，一直守着她的遗体。第二天早上他言辞温柔谨慎地给凯瑟琳写了一封信，而且明显非常担心这最新的消息会加剧她已有的痛苦，甚至导致她精神崩溃。"我觉得她病得非常严重，"他这么告诉她，尽管他知道自己的女儿已经去世了。福斯特拿着信南下来到马尔文，而当他最终将消息透露给凯瑟琳时，她陷入了一种"病态的"悲痛之中。大约过了十二个小时，她似乎恢复了一些自制。狄更斯自己暂时"控制着自己的情绪"，但他女儿记得他再也无法抑制悲伤之情的那一刻："直到她走了一两晚，有人送来一些漂亮的花时，他才情绪崩溃。"他"正要把花拿到楼上放在死去的小宝宝身上，突然情绪彻底决堤了"。还有其他一两次狄更斯"情绪决堤"的记录，那些目睹他崩溃的人永远都忘不了那场景。

所以说，这一年的打击真的很大：凯瑟琳的病、父亲的去世和自己孩子的夭折。但此时狄更斯心中最重要的是自我牺牲和持续热情工作的需要；在这点上，他和同时期的人十分相像，甚至可以算得上一个"维多利亚时代的人"。他不停地工作，并最终开始了夏天的安排。按照计划，他又一次租下了堡垒山庄；凯瑟琳、乔治娜和孩子们先他一步住了进去，而他则留在伦敦完成他的工作。但他没住在德文郡排屋里；一想到会有那么多人来看万国博览会他就很惊慌，其中一些人无疑还会带着介绍信来见这位著名小说家，于是他将房子转租了出去，自己在《家常话》杂志的办公室里避难。为了能给杂志寻找一些素材，他还去埃普索姆①待了两天，但他并没有在博览会上浪费时间。万国博览会于5月初正式开始，对当时的国人而言，这一盛事标志着英国在全球商业和创造发明方面至高无上的地位，而狄更斯明显对其持保留意见。

正是这个时候，当全家人舒服地住在布罗德斯泰斯时，狄更斯终于买到了一幢房子——塔维斯托克宅，一幢朴素的砖房，就在塔维斯托克广场外面，和公共街道隔着铁栅栏，有一个院子，绿化不错。房子里有十八间屋子，比德文郡排屋更宽敞，而且地段也更显要；这房子原本的主人是狄更斯的朋友弗兰克·斯通，但斯通一家马上要搬去隔壁的隔壁那幢房子里。于是塔维斯托克宅就准备迎接新主人了。事实上，这幢房子有些好厄运交替的历史；后来的一位房主乔治娜·韦尔登在里面经历过一次精神崩溃，随后出版了一本题为《住在查尔斯·狄更斯故居里的可怕后果》的小册子，在这本小册子中她声称自己的命运就像"一个关在疯人院里的正常人，关在那儿的目的就是要慢慢地或'意外地'谋杀她"。可以说，她是凭直觉感应到了这儿发出的某种气场。狄更斯本人也一直相信房子具有性格，相信其慢慢不断积累起来的生命力，但在这早期阶段我们似乎没有理由认为塔维斯托克宅对他和他的家人来说不是一个完美幸福的住处。

正是这个时候，新书的影子开始在他周围变得越来越深，他又和往常一样受到了那种预示着新小说诞生的"强烈的坐立不安感"。但在塔维斯托克宅重新装修并彻底整修完之前他没法儿开始任何事情；弗兰克·斯通的儿子形容这幢房子是一座"肮脏、阴郁、残破的宅邸"。狄更斯整个夏天也一直不停给妹夫亨利·奥

① 英国东南部萨里郡的一个城镇，以赛马闻名。

斯丁写信，在家居和卫生整顿等各方面寻求他的意见和帮助。把画室改造成客厅；准备窗帘和地毯；加长入口的通道；处理排水沟；把一个壁凹改造成柜橱，但转念一想，还是改造成一个书柜；布置一个淋浴间，"品质最好的冷水浴，总是装满了水，用之不竭……"；将浴室和厕所隔开，因为"我真是不敢想象自己有可能要被迫盯着那'箱子'的外部而开始每一天。我觉得那会影响我排便"。而且，和往常一样，他想要一切都即刻完成。"我不得不要求施工期间不得有任何拖拉延误"；"迅速敏捷的力量"；"守时且利索"；总是在强调速度。亨利·奥斯丁如何看待大舅子持续的过度活跃并没有任何记载。那些总是被狄更斯先生盯着、盘问和反复催促的工人们对他的印象也无从知晓。

11月中旬，全家人终于住进了塔维斯托克宅。房子焕然一新，现在确实算得上一幢宏伟的宅邸了；经历了全面翻新和重新装修，而狄更斯最关注的一件事是把车道前的铁门牢牢锁上。他希望以此避免街道小商小贩和街头艺人突然闯入，这些人的噪声对他来说是伦敦生活的一大苦恼。他早就向女儿们保证，她们在德文郡排屋的旧阁楼屋会由塔维斯托克宅中一间他形容为"华美的"房间所取代；但"那房间完全装修好之前他根本不许她们去看一眼，直到装修好后才亲自带她们去。这个世界上所有漂亮、精致、安逸的东西都在这间屋子里……"汉斯·克里斯蒂安·安徒生之后拜访过这幢房子，他记得"从街道到院子的过道上挂着油画和版画。这儿矗立着一尊狄更斯的大理石半身雕像……而在一扇卧室门和饭厅门上嵌着仿托尔瓦森《日与夜》的浮雕。二楼有一间藏书丰富的书房，内有一个壁炉、一张写字桌，屋子朝着院子……厨房在地下，卧室在顶楼。"从安徒生所住的房间望出去能看见伦敦的塔楼和教堂尖顶，它们"随着天阴天晴而时隐时现"。但不论是什么天气，不论是雾是雨，都不会影响这幢房子内部的干净和整洁。他邻居的儿子马库斯·斯通记得，在那幢翻新的房子里狄更斯的个人影响随处可见，"他对条理秩序的喜好，对任何疏忽懈怠的反感，甚至在人们通常根本不会去考虑的细节上也是这样。每样东西都有自己的位置，每样东西都在自己的位置上，任何破坏都是绝不允许的……没有垃圾或废弃物的堆积，没有杂物堆放间也没有凌乱的储藏柜"。

他在塔维斯托克宅的书房很大，有几扇滑门通向客厅；狄更斯很喜欢拉开这几扇门，这样，早上的时候他就会放下手中的创作，在整幢房子里踱来踱去。一边踱步一边思考下一句话、下一个用词。就是在这里，在他的新书房里，他开始了《荒凉山庄》的创作。这小说名是在好一番试验之后才得来的，也许还是住在布罗德斯泰斯的堡垒山庄的时候；第一阵灵感和最后的几乎一样简洁，他在奶白色的纸上用黑墨水写下了《托姆独院》，又在它下面写了《荒宅》。查塔姆附近有一个地方叫"托姆独院"，那是一小片荒废的房屋，为了给一座新监狱让路而拆除了，而且很有可能狄更斯这时候想把故事背景设置在一个类似的乡间荒宅里。他第二次尝试的题目是《进了大法官法庭，就再也没出来》这么看来，他已经把这片废墟看作一个无休止法律程序的一部分了，而大法官法庭一直都以效率低下和磨蹭拖拉而臭名昭著。这里还玩了一个一语双关，短语"in chancery"除了有"进了大法官法庭（打官司）"的意思之外，拳击用语中还有"挟在腋下（动弹不得）"的意思。然后他又加上了"建筑／工厂／作坊"，仿佛想要把英国工业化的现状也融入小说中。又做了几次尝试后，他又试了《荒凉山庄学院》，仿佛要把国民教育的一部分包括到自己的计划中。然后他又将《东风》作为标题；对伦敦人来说，东风从伦敦东部吹向西部更加健康卫生的地区，通常是疾病来袭的预兆。直到最后，一个简洁的标题终于浮现了——《荒凉山庄》。但是这整个过程对狄更斯来说非常重要，在他寻找名字的过程中不知有多少未完全成型的想法和画面。

于是他动笔了。塔维斯托克宅的新书房里，他拿出蓝纸，在黑墨水里沾了沾羽毛笔，然后就下笔了。"伦敦。米迦勒节开庭期刚过，大法官坐在林肯律师学院的大厅里。11月的天气很是无情。满街泥泞，像是洪流刚刚冲刷过一般，如果这时遇到一条四十英尺来长的巨齿龙，像一支巨型蜥蜴一样摇摇摆摆地爬上霍尔本山，一点也不会让人惊奇。"霍尔本山上的一条巨齿龙——就在几个月前他也捏造了一个类似的形象，在《家常话》里编造出一只生活在泰晤士河支流里的"蜥蜴时期①浑身鳞片覆盖的巨兽"。这一形象很吸引他，于是就把它保留了下来。这就是他在小说序言里所说的"日常生活中富有传奇色彩的那一面"。事实和奇异的印象相权衡，现实中又充满异想天开的想象，于是两者既一样又不一样——这是狄更斯从童年读物中学会的魔法，而现在又在泥泞的11月天气里重现了。事实

---

① 蜥蜴时期（the Saurian period）：蜥蜴亚目动物在以前的分类中包括鳄鱼和恐龙，所以也可以理解为恐龙时代。

和奇迹之间、现实和怪诞之间以及理性和传奇之间都达到了平衡——不知何故，这种平衡似乎带着典型的19世纪中期风格，当时所有形式的科学历史调查都在熟悉的事物中得到了惊人的发现。这就是狄更斯希望在《荒凉山庄》准备早期加以表达的。他想将荒废的乡间别墅设在格洛斯特郡的一个山谷里，因为那儿让他想起了瑞士的一个山谷；而通过这样一种合并，他就能将陌生感引入熟悉的事物中了。

　　但他现在写的是伦敦。这座有可能有巨齿龙高视阔步的城市，这座在11月里漫天浓雾的城市。"满城的雾……偶然从桥上走过的人们，从护墙上瞥向下面的雾天，四周也是一片迷雾，恍如乘着热气球，漂浮在雾气笼罩的云端。"于是，当人们在珍珠色的昏暗中匆匆穿行时，迷雾也带来了神秘感并四处散播着"日常生活中富有传奇色彩的那一面"。但这样的大雾足够真实。根本不是狄更斯编造出来的。当时有人写道，"广袤的城市包裹在一种阴暗之中，既不像白天也不像黑夜……"伦敦的雾当时就很出名。白色、绿色以及黄色的雾，从煤火、蒸汽船、工厂、酿造厂里冒出来的烟雾；仅仅几年之前的一个下午，"混杂在一起的雾和烟变得越来越厚，直到真的变成了一片漆黑。所有的街道上都出现了火把……"伦敦城就是一个谜。这是《荒凉山庄》的核心。在这座城市里，熟悉的变陌生了，就像法律术语对那些不识字的人来说是"天书"一样。

　　从某种意义上说，狄更斯热爱这样一个陌生的城市；他热爱那种神秘的黑暗，使城市变成一个魔幻之地和黑夜前兆的黑暗。在这个城市里藏匿着各种怪诞的事物和怪兽，那都是他用烂泥和尘土捏造出来的，塞得《荒凉山庄》里到处都是。狄更斯热爱这座薄雾之城、黑夜之城，这座让零星散布的灯光点亮的城市——或许，这可以说是一种城市哥特风格的形式，如同当时在伦敦较为显赫的街道上出现的建筑一样。"伦敦处处都是离奇古怪的事物，"狄更斯曾经这么写道。但其中最离奇古怪的也是"最令人忧伤且最令人震惊的"。这是"伦敦壮丽的未开垦之地"，时至今日我们仍能找到狄更斯笔下那些地点的确切位置。德洛克夫人死在了它外面的那片坟地位于德鲁里巷和罗素街的拐角处，入口穿过英国刑事法庭。现在那个地方是小朋友玩耍的游乐场。克鲁克破布旧瓶收购店则位于斯塔场，在奇切斯特店铺街附近；在他写作的时候，为了造新楼，这整片区域都给拆除了。但是，就算是凭借历史想象力，我们站在同样的人行道上，看着旧时的建筑和大门再次拔地而起，那和狄更斯所见的仍然不是同一个地方。对他而言，它们是一个新秩序的象征，因此充满了未知的神秘感，而整个城市变得和他眼中的泰晤士河一样非同寻常；在《荒凉山庄》里，泰晤士河"看起来恐怖吓人，它在浅平的河滩中湍急而又幽幽地流淌着，显得那么阴沉神秘；河里到处都是模糊而奇怪的形状，有的是实物的轮廓，有的是倒映的影子：充满了死亡的气氛和诡秘的色彩"。另外一件应当记住的事情是，伦敦对其他伦敦人而言和对狄更斯而言一样有趣，他们无疑也渴望看到、读到以及了解这座以空前速度不断成长变化的城市新奇的一面。比方说，正是伦敦人的敏感性在低等剧院中助长了一种更为强烈的煽情性，在其夸张的对比中模仿大都市生活中的变化和不确定性。还有新的喜剧形式出现，尤其是讽刺懒散街头生活的喜剧；此外，一种更为残酷的浪漫主义也逐渐形成，从城市的黑暗中诞生。忙于《荒凉山庄》的狄更斯此时正在创造的那种城市黑暗。

到12月第一周，他已经基本完成第一期的第二章，但他不得不暂时放下《荒凉山庄》转而开始创作《家常话》的圣诞季随笔。他从来无法摆脱自己这份周刊的束缚，而在这篇小短文《当我们渐渐老去，圣诞节意味着什么》中，他通过追忆已逝之人和以前的圣诞节而定下了一种忧愁哀伤的基调。"逝去的朋友、逝去的孩子、逝去的双亲、姐妹、兄弟、丈夫、妻子，我们不会就这么抛下你们！"但这篇唤起许多联想的小品文还呼吁人们要对过往怀一颗忍耐、宽容和理解的心；这一个圣诞节，这个在他失去父亲和女儿后的圣诞节，这个节日对狄更斯而言便成了和解顺从的时机，坐下来歇歇气的时机，停止抱怨反抗的时机，接纳过去的时机。这便是1851年年底，他开始《荒凉山庄》创作的时候。

二十二

　　这也是一个欢庆的时节。"荣耀归于上帝！"是狄更斯对新年来临的总体反应，而他在塔维斯托克宅里举办的第一场聚会是除夕庆祝会。为了惯例的主显节之夜文娱表演（与圣诞节和新年文娱表演相媲美），他还在塔维斯托克宅二楼的里屋搭建了一个舞台，并称之为"世界上最袖珍的剧院"。这一次他和孩子们上演了一个滑稽歌舞剧，是阿尔弗雷德·史密斯的《盖伊·福克斯》，而这样的节日演出成了狄更斯家一年一度的活动。查理曾描写过父亲在这种活动中掌管一切的角色："他对剧本进行修订和改编，选择并安排音乐，挑选并修改服装，创作配合剧情的新曲子，编排所有演员的动作，教所有人如何表演……"难怪狄更斯家的男孩在之后的人生中都觉得信心不足（女儿们继承了更多的狄更斯精神）——有这样的一个父亲，不这样还能怎样呢？

　　对他来说，现在最要紧的事莫过于《荒凉山庄》的创作。1月底的时候，他差不多已经完成了前两期；他插入了一个新章节，"上流社会"，将页数标为A到E后，插到了原来的前两章之间。这样，"上流社会"就可以看成与第一章"大法官法庭"相平行的故事线，而狄更斯所坚持的结构原则就变得非常显而易见了。他关于这新加第二章的笔记——"德洛克夫人。誊写法律文书的人。从这一刻开始发展"——也明显说明他正在建立的复杂叙事平行线伴有一种清晰的情节发展方向感。写作的时候，他能看到即将取得的综合效果，就像面前一个隐隐约约的幻象一样。这个幻象正是他迸发的方向，而现在他想尽快往前赶路。

　　《荒凉山庄》创作早期的惯例这时候已经定了下来。他通常在上午十点到下午两点之间写小说，没有意外的情况下，他希望能于每月20号完成工作。这一阶段末的时候，他一般都处在一种他称之为"流氓般精力充沛的闲散"状态之中，会常常邀请朋友一起在晚上观光、步行探险和进行各种各样的郊外远足。这段创作期间，他很少在信件中提及《荒凉山庄》，这充分说明写作素材都在他的掌控之中而且他也觉得没有必要在私底下为创作而感到苦恼；在某种程度上，可以说他这一辈子都在为这本小说做准备，尽管一开始是那些不幸和疲倦感促使了它的诞生，但毫无疑问真正开始工作时他还是很愉快满足的。尽管这本书的整体基调压抑而沉重，事实上，有充分证据表明狄更斯在写作时很开心——肯定比上一年开心，那时候他没有产出任何真正富有创造性的作品。多大的痛苦都会让一个作家备受折磨，但在实际写作过程中那种痛苦就会消散。甚至可以说，《荒凉山庄》治愈了他的萎靡不振，导致这一作品诞生的萎靡不振。

2月7日，狄更斯完成了《荒凉山庄》的第二期，而他到这时候才发现自己写多了，不得不删掉了七十六行左右的内容。至少这些删减看上去像是篇幅不够的原因，不过有趣的是，大部分删掉的文字都和伦纳德——后来在仓促之中改成了哈罗德·斯金波——的言谈和举止有关。这里的关键在于，狄更斯拿一位多年好友利·亨特①作为原型来塑造这一不负责任且善变的角色。从狄更斯之后的坦白中就可以明显看出，这原本就是对这一原型的细致刻画——"我觉得他是我笔下最精准的人物写照！我很少甚至几乎从未这样做过。但两者之间的相似度实在太惊人了……这绝对是对一个真实人物的复制再现。"他甚至还从利·亨特八年前写的一本书《来自海布拉山的一罐蜂蜜》中抄袭了一些内容作为斯金波的话。事实上，相似之处太惊人了，结果在早期试印阶段他让福斯特和另一位朋友帮忙检查这些片段时，他俩都认为两者之间太相像，必须做一些改变或删减。于是狄更斯把名字从伦纳德改成了哈罗德，删掉了一些更为严重的相似之处，然后便期待能有好的结果。但其实不论怎样都无法改变这个人物和亨特的明显相似性，而且不久大家都认为狄更斯在最新一期《荒凉山庄》中公开嘲弄羞辱了自己的朋友。很快，这至少成了全伦敦人的共识，而且据当时有人记载，"……大众舆论都强烈支

---

① 利·亨特（Leigh Hunt，1784—1859），英国评论家、诗人、随笔作家。他在谈及狄更斯的容颜时曾说过这么一句话："它具有五十个人的生命和灵魂（it has the life and soul of fifty human beings）"。

持亨特"。另一个同时代的人回忆说,对斯金波的描写出版时,利·亨特的朋友们反应都"十分痛苦",而且还"还致使一人与狄更斯的那帮最奉承、最支持他的朋友形同陌路了"。

但是书中人物的由来要比这更加深刻也更加令人烦扰。当然,《荒凉山庄》中有一些与现实人物的相似是显而易见的,不论是大人物(劳伦斯·博伊索恩[①]原本就是照着沃尔特·萨维奇·兰道所刻画的)还是小人物(巴克特巡官在一定程度上是菲尔德巡官的理想化写照,而牧师助理穆尼明显是参照索尔兹伯里广场一名真实牧师助理鲁尼而塑造的)。但关键是——我们将有机会在别处发现——在创作过程中以及从创作技艺本身来看,所有这些角色都成了作者本人的一部分。

整个2月,狄更斯都在不停地写,而那个月底《荒凉山庄》的第一期终于出版了——这一次的书是蓝绿色包装(直到最后一部完整作品《我们共同的朋友》开始出版,他才重新恢复使用原先亮绿色的小说封皮)。时间十分紧迫,于是一些故事情节定得很匆忙,事实上在接下来几个月里有四十多个排字工人一起排字,但每一期中的广告位置费用也空前昂贵。第一期的内封面是一则"埃德米斯顿牌便携雨衣或曰防水大衣"的广告,紧接着是一个名叫"《荒凉山庄》广告商"的部分;这些打广告的商品包括罗兰牌马卡发油、保健药片、克里斯托牌眼镜、止咳糖、清肺药片、润发剂、围巾、自动烟斗和太阳伞。总共有二十四页左右的广告,而且内侧封底还有一则大衣和裤子的"反荒凉山庄"广告。封底全部给了希尔父子牌床架。于是,19世纪英国人的生活便这样包围了狄更斯笔下的伦敦生活,甚至和它争相吸引人们的注意。

狄更斯每写完一章或一期《荒凉山庄》,哈勃雷特·布朗就会收到校样,其中还附着狄更斯对于哪些主题需要插画的详细建议。然后,狄更斯通常会查看布朗的插图并做最后的核准。反正,他这个时候的写作速度很快;他想提前完成这本小说,这样就能为"业余演员"——这是他创立的一个业余戏剧表演团体——2月去曼彻斯特和利物浦的巡演腾出时间了,这是他以作家协会的名义安排的。他们将在曼彻斯特的自由贸易礼堂表演,然后再去利物浦的音乐厅做两场表演。就狄更斯而言,不论到哪儿都有同样的"成功",同样"狂热的观众",同样惊人的场

---

① Lawrence Boythorn,亦译作劳伦斯·波伊桑

面，而他和他的演员们也都"让骚动兴奋的人群、空中挥舞的帽子及手帕给迷乱了眼"。从没有一个人能像他这样夸张地抒发自己的热情，在他的一生中，任何事情只有最好或最坏，没有折中的评价。从这次短期巡演回来之后，他没精打采的老毛病又犯了；他同往常一样，筋疲力尽、拘谨冷淡而且说话声也很虚弱。就像他曾经在信里说的那样，他每天晚上要换十四套服装。但不论如何，欢庆的气氛不能就这么突然结束了，于是几天后他在塔维斯托克宅为全体演员举办了一场晚宴。

而且也是在塔维斯托克宅，凯瑟琳·狄更斯于3月中旬产下了第十胎，取名为爱德华·布尔沃·李顿·狄更斯，以纪念那位准男爵（布尔沃·李顿本人就是教父）。这将是她的最后一胎，她终于结束了漫长而痛苦的怀孕经历。不知是巡演还是新生婴儿的缘故，狄更斯似乎心绪很不安宁；尽管为了5月更多的外省演出，他不得不尽可能加快《荒凉山庄》的进度，但他的写作还是断断续续，心里甚是"焦虑"，经常会走上十八到二十英里，好让自己不安的情绪平静下来，或者说是精疲力竭。只要能有计划地坚持小说的创作，他就能保持相对满足；但是断断续续、不连贯且匆匆忙忙的写作方式是他所厌恶的。他还很担心利·亨特对哈罗德·斯金波这一角色刻画的反应（他发现自己还是会不由自主地写下"伦纳德"这个名字，然后再把它划掉）。他又想要出国了，去巴黎或是日内瓦，哪儿都行。事实上，到最后他只去了多佛而已；但他确实在一天晚上参观了洛金汉城堡，无疑有一部分原因是为了唤起对自己那个切斯尼山庄①原型的记忆。但这是在他有自加或外在压力时的正常反应；逃避、逃跑、逃离现场。尽管事实上所有和《荒凉山庄》有关的消息都理应让他高兴起来，他还是要逃得远远的。布拉德伯里和埃文斯汇报说销量非常高，甚至在整部小说连载期间都保持着超过三万份的销量。

撇开他的情绪不说，不难看出他为什么需要加快《荒凉山庄》的进度；他不仅掌管着第二场省外演出的所有管理性事务，而且瞟一眼他5月第一周的安排——甚在和业余演员们出发之前——就能知道他到底有多忙了。5月1日，星期六，他打算在参加皇家艺术院的晚宴之前完成小说的下一期（第十一章到十三章）。星期天他必须准备好《写给孩子看的英国历史》的另一大部分，并向威灵顿北街的

---

① 即荒凉山庄。

一个听写员口述。星期一、星期二和星期三上午他都得去办公室，"拼凑出"《家常话》的下两期。星期三他还主持了一场会议，会议的主题是废除文学作品的交易管制；乔治·艾略特也参加了那次活动，并评价狄更斯的"眉毛一直保持着一种谦恭的中立状态，谈吐真诚而果断"，但她也补充说他"相貌平平"。两天之后，塔维斯托克宅里举办了一场晚宴，庆祝他儿子的受洗仪式，第二天下午又有一群预料之中及意料之外的客人占用了他的时间。两天之后，他和工会的演员们出发去什鲁斯伯里和伯明翰演出去了。

因此，他只有没几天的时间可以用于《荒凉山庄》的创作，于是他短期巡演一回来就再一次"努力创作"第十四章，尽量避开任何打扰并确保自己能完全专心于这个故事的创作。大概这就是他一修改完那一章的校样就南下圣奥尔本的原因；深谋远虑的他正构思着可怜的乔流浪的路线；患不治之症的乔在病中提到自己沿着"斯托邦斯路"流浪。狄更斯现在无疑满脑子都是他，因为刚刚完成的那一期就是专门讲述这位十字路口扫地工的悲惨遭遇的；事实上他太过专注于乔，结果叙事者便成了拖着脚步在伦敦大街小巷穿行的乔。"在街上让人推搡着、挤撞着、不断往前移动着；而且确实觉得自己不论到哪儿都无足轻重……"正是本着这种精神，并通过揭露乔的意识，狄更斯对一个由贾迪思口中"这个邪恶可怕的制度"所控制的社会进行了反思。如同那个可怜的大法官法庭诉讼当事人格里德利所说的那样，"就是这个制度！大家都跟我说是这个制度的原因。我不该责备任何个人。都是这个制度给害的"。

10月初，孩子们留在了伦敦（玛米和凯蒂由一位法国女家庭教师看管），而狄更斯、凯瑟琳和乔治娜则穿越海峡来到了布伦。他想在法国完成《荒凉山庄》的下一期，并一写完就回伦敦，回到他的日常工作中。附带提一句，像他这样有固定习惯的人，居然轻松地能在任何地方提笔写作，真是不寻常；伦敦、福克斯通、多佛，现在到了布伦的他似乎也能保持每天大量的持续写作而没有任何事情分心也没有任何困难。只有一个完全沉浸在自己想象世界而不受现实世界打扰的人才能像狄更斯这样如此平静地应付这样频繁的环境改变。他们在布伦待了两周，住在邦恩大酒店，而且明显非常喜欢这片区域；事实上这里取代了布罗德斯泰斯，成为狄更斯一家的避暑胜地，不过第一次来这里狄更斯只带回了一件纪念品——一个土耳其人坐着抽烟的小塑像，是一家烟草制品零售店的标志，而他认为这个塑像"怪诞荒谬"到了无可比拟的地步。一回到伦敦,他就径直去了办公室,想和威尔斯商讨即将出版的圣诞特刊。他还带回来了《荒凉山庄》的下两章,鉴于他事实上直到10月18号才回来,离出版日期不到两周,所以他紧赶慢赶,赶上了最终期限。

然后他又马不停蹄地进入下一期的创作,离他所谓的"重大的转折性消息"越来越近;所谓"重大的转折性消息"显然是指艾斯特·萨莫森的生母其实是德洛克夫人的惊人内幕。居斯塔夫·福楼拜曾说他在创作角色的同时就在和这些角色一起受苦受难,还说自己会和角色一起遭受神经性焦虑的侵扰,甚至还能感受到艾玛·包法利砒中毒而引发的剧痛。狄更斯的症状倒没有那么严重,但他让艾斯特·萨莫森天花发作的时候自己的确患了重感冒;而且非常离奇的是,W.H.威尔斯也和艾斯特一样在那一期出版时暂时失明了一段时间。还有雨,伦敦接连下了三个月的雨,而狄更斯执意要在这大雨中步行;幻觉中的雨,因为感冒很严重,"我整个屋子看上去都涨满了水而且天旋地转,雨就好像在我和那些书之间下个不停";还有《荒凉山庄》里虚构的雨,这雨让乔的身子越来越虚弱,缩短了他原本就很短的死亡之路。

12月中旬的时候,狄更斯终于快接近那个"重大的转折性消息"了,紧要关头,他在另一张纸上补充了一段话,在其中用各种权威的凭据来证实克鲁克死于自燃的情节是可行的。他已经能看到这个故事的结尾了。他打算在来年8月收工,然后再去一次瑞士旅行。在此期间,在这寒冷凄凉的12月里,他每完成一期就会再次冲到现实世界里,让自己恢复活力。一次,他同威尔基·柯林斯绕着怀特查佩尔闲逛;就在完成一篇小短文《当我们停止长大》后他还和弗兰克·斯通回了一趟查塔姆,重访童年记忆的旧地。他还在口述《写给孩子看的英国历史》中有关亨利八世统治时期的那部分,而在刚刚完成的那一期《荒凉山庄》里他写下"点燃街灯的灯夫正在巡逻,就像一个给暴君行刑的刽子手,把一个个在黑暗中忽明忽暗却又尚未熄灭的小火头砍掉。于是,不管怎样,天都算是亮了"。

狄更斯此时正努力赶着《荒凉山庄》,但《家常话》也占用了他许多时间:威尔斯病了,所以这几个礼拜以来,狄更斯不得不担起这份期刊所有日常事务的重担。他还南下在布莱顿待了两周,就是为了能安心写作;凯瑟琳和乔治娜先他一步到那儿以确保在临近广场租下的寓所能井然有序,完全符合他的要求。然后一回伦敦，为了能继续小说的创作，他便开始了早上五点起床的作息，连周日早上也是。他写完就把一些片段念给家人和朋友听；连续辛苦的创作占据了他所有心思，也为故事的高潮做好了铺垫。而且他很有可能在此期间租下了能让自己安心创作的房子。当然，一段时间之后他为了这一目的在海彻姆公园路和新十字路的拐角处租了一间公寓，并且有证据表明他是在创作《荒凉山庄》期间住进去的。狄更斯其他的临时住处是（或曾是）北芬奇利的科布利农场；不过，重要的并不是这出租房的地点，而是狄更斯从此开始了为自己寻找静心工作和隐姓埋名的"避难处"的习惯，并坚持了一生。新十字路或是芬奇利，不仅离他平日的活动中心距离很远，离塔维斯托克宅也很远。因为就连在那里也有干扰。他曾想租一把小口径的枪，除掉那些老在塔维斯托克广场上吠叫的狗，没过多久他又让当地面包师傅在塔维斯托克宅门外解手的行为给震惊到了。狄更斯在这种情形下一直都很注意自己的人格尊严，便严厉指责了那人；那人的回答却"非常无礼"，于是狄更斯就威胁要依据《警察法》把他拘留起来。这是他唯一一次用法律来威胁这个社区里比他社会地位低的人——此外他还很痛恨在公共场合说脏话的行为——但尽管如此，他甚至还能看到自己行为中滑稽的那一面。他说，那个面包师傅"很想知道如果'我是他'的话，我会怎么做——这需要好一番异想天开的想象，但我没这么做"。

那段时间他生活的主旋律仍然是过度工作："路一直通向前方，我们必须继续前行，否则配不上待在这里。"他的相貌也开始显现出压力和疲劳的迹象。这时候都有人说他们"认不出他来了"，和之前认识的那个年轻人完全不一样了；昔日的女演员叶慈夫人有十五年没见过他了，她告诉她的儿子，"除了眼睛，他身上已没有原先那个狄更斯的一丝影子"。那个秀发松垂的年轻人已经不见了；只剩下那双眼睛还同过去一样明亮。他曾说过那些关于自己生病的流言蜚语都是"疑病症"，但他真的生病了；还是他童年时的那种肾炎，导致他身体极不舒适，在床上躺了整整六天；病痛让他的脸凹陷了进去，眼睛瞪得老大，正如他在几年后告诉威尔基·柯林斯的那样，"我在写《荒凉山庄》时备受病痛折磨，我绝不会轻易忘记自己因为害怕来不及完成小说而遭受的内心煎熬"。在医生的建议下，他从这时候起总是在腰间戴一个法兰绒宽腰带，保护他脆弱的肾脏。他去了福克斯通，然后又去了布伦，在那儿一个夏日住处早已安排好了。

他一到布伦就休息了一周，并渐渐恢复了体力。然后又开始了《荒凉山庄》的创作，这时候巴克特巡官和艾斯特·萨莫森追查到了德洛克夫人的行踪，离故事的高潮越来越近了。6月第三周周末——来布伦还不到两个礼拜——他就写完了这一期；当月底，他也已经完全草拟出了通向故事结尾的所有重要阶段。他一做完这件事，就再次邀请朋友们来庄园里同住；他打算在8月份完成这部小说，显然这意味着在他准备庆祝该书完成之前都可以有朋友相陪。他甚至还策划在庄园里举办一场宴会，正式庆祝这件喜事。在开始《荒凉山庄》的最后一段旅程之前，又休息了几天——如果那也能称作休息的话——每天都精力充沛地去游乐会、集市、剧院和市场游玩。他还去亚眠①旅行了两天。8月1日，他开始了最后一份合刊的创作，而他的目标是在18或19日完成它，然后亲自将这最后几章带回伦敦。狄更斯给自己定下了严格的时间表，坚决照其执行，仿佛在这种严厉且自我强加的约束中能发挥出最佳水平似的；和其他时候一样，这一次他也一丝不苟地完成了自己定下的要求。就这样，他在8月的头十七天里完成了《荒凉山庄》。

他准时完成了任务，并立刻动身回伦敦待了几天，为了能亲自完成所有必要的准备。在这期间写的序言当中，他宣称，"我在《荒凉山庄》中有意详细描述了日常生活中富有传奇色彩的那一面。愿我们下次再见！"他只在首都待了两三天，然后就回到了布伦，在穆里诺庄园里把最后一章念给家人听。"愿我们下次再见！"这就是他眼中自己和读者的亲密关系，仿佛他说完这话就要和他们握握手，用明亮的眼睛注视着他们，然后悠然地和他们交谈一般。在一定程度上，他这种关注得到了回报；正如《伦敦新闻画报》此时所报道的那样，"……'你觉得《荒凉山庄》怎么样？'这个问题在最近几周里几乎人人都能听到。"很明显，这本书有一些与众不同的地方，有一些古怪而意想不到的地方，才会导致人们问这个问题。在随后几年中，19世纪的评论家将其看作是狄更斯向无趣沉闷文风"走下坡路"的开端，尽管这部小说实际销量很高，理应引来赞美，但就连当时的评论也没有过多颂扬之词；他塑造人物的功力再次得到认可，对此大家偏爱的形容词是"银版照相法②"，当时这个词和成像锐利清晰有关。但不止《观察者报》一家

① Amiens，法国北部一城市。
② 由路易斯·雅克·曼德·达盖尔发明的银版摄影术，能洗出照片的正面来。

"认为它枯燥乏味";甚至连福斯特也觉得它缺乏狄更斯之前小说中的"自由感"和"生动性",并开启了一种截然不同且更为笨重的作品风格。很明显,当时鲜有读者能察觉到狄更斯在故事中建立起的那种模式。大法官法庭?荒废的贫民窟?教堂墓地?这些并未视为某种更宏大计划的象征,而是狄更斯对待具体恶行的具体反应。

在某种意义上,这部小说现在是一部超越时间范畴的作品,那么它现在的口碑又如何呢?一直以来的观点认为,《荒凉山庄》的确标志着狄更斯写作风格的转变,不过是一种受人欢迎的转变;在许多近期的评论家眼中,这部小说开启了这位小说家的"黑暗时期"。以此来划分狄更斯的发展阶段是可行的,但很难找到任何实际的证据来支持这样的划分。认识一个小说家成长的最佳方式,其实并不是透过他作品的"基调"乃至"主题",而是他进行实验和自我教育并以此改变自己写作技巧的缓慢过程。从这个意义上来看,狄更斯小说中"更为黑暗"的那些方面仅仅是一个更加紧密相连的统一结构中的一部分而已。《匹克威克外传》和《奥利佛·退斯特》中有些黑暗情节也不输于《荒凉山庄》;改变的是,他在这一部小说中将自己想象的方方面面都紧紧凑在一起,因此便排除了自由发挥和即兴创作的可能性——这是我们认为和其结构控制的"黑暗面"相对的"光明面"。还有另外一种变化,狄更斯每写一部小说,就会对自己的世界观有更深刻的认识,而这种对自己天分的进一步了解必然会杜绝那种在二流小说家身上显得"引人入胜"或"富有创造力"的即兴创作或发挥。福斯特也注意到了这一"自由感"的消失;但这是狄更斯控制和深化自己想象力的过程中必不可少的一部分。万事万物在他眼中正变得越来越清晰,成为一个整体。

《荒凉山庄》写完后,狄更斯经历了一种莫名的坐立不安感,正是这时他在威尔基·柯林斯和奥古斯塔斯·艾格的陪同下动身去瑞士和意大利旅行,旅行时间不短。他们是一个和谐的三人组,尽管偶然的不快遭遇似乎快赶上杰罗姆·K·杰罗姆后来塑造的游客三人组[①],但他们的旅途还算是顺利。不过狄更斯在12月第二周就回到了伦敦,而且尽管他再一次陷入了《家常话》的工作和塔维斯托克宅主显节之夜戏剧表演的安排之中,他最关心的事情还是之前答应在伯明翰工业文学

---

① 此处是指杰罗姆·K·杰罗姆著名的幽默小说《三人同舟》(*Three Men in Boat*)。

学院举行的朗诵会。总共会有三场——12月27日的《圣诞颂歌》、28日的《炉边蟋蟀》以及30日的《圣诞颂歌》。最后一场表演是他最感兴趣的，因为所有观众都是"劳动人民"，门票均以六便士的低价出售。凯瑟琳、乔治娜和年纪大一点儿的孩子们陪他一起来到伯明翰，而威尔斯似乎在此期间代理了杂志的经理。

第一场朗诵会在市政厅里举行，他在一千七百人面前站了起来，略微有些紧张——这些人为了听他朗诵可是冒着暴风雪前来啊。但他很快进入了状态，正如他几天后对一位朋友所说的那样，"第一页的时候，我们显然进展得非常顺利，仿佛大家都围坐在炉火边一样"。这是他参加的第一次大型公共朗诵会，在这样的场合中就算使出所有的演技也不够用；但他很快就适应了，适应得非常自然，原因很简单，就是因为和一千七百人熟悉亲密起来对他而言轻松自如——就像"围坐在火炉边"一样。他天赋中的一大神秘之处就在于他能以这种方式表现自己，所以，尽管他自己的家庭生活或许并不总是和谐婚姻的典范，但他能将家庭生活和温暖安逸的思想灌输到那些前来看他和听他说话的人脑中。《伯明翰期刊》的一位记者注意到了"狄更斯先生捻弄自己的胡须，或是玩弄自己的裁纸刀，或是放下手中的书，神秘兮兮地往前靠的样子……"他只判断错了一点：狄更斯花三个小时才读完《圣诞颂歌》，但他估计只需两小时，不过后来明智的删减大大缩短了这一给人们带来无限慰藉和欢乐的故事。这一直都是他最喜爱的朗诵材料，至少在晚年之前都是，因为这个故事在本质上传达了他当时想在伯明翰传播的那种家庭气氛和民族和睦气氛。尽管第二晚《炉边蟋蟀》的朗诵会似乎也一样成功，狄更斯却并不怎么尽情。

所以说，他在伯明翰访问的巨大成就是第三晚面向"劳动人民"的《圣诞颂歌》朗诵会。两千人挤满了整个市政厅里——在狄更斯自己的鼓动下，票价才定得那么低——据《伯明翰期刊》记录，他一出现在讲台上，人们就都"起立热情地欢呼，然后静了下来，接着又重新欢呼起来"。开始朗读之前，他走向前对观众致辞。"我的好朋友们……"他开始说道，而且一下子又响起了"雷鸣般的掌声"。他们的确是他的好朋友，他在发表这段预热演讲时观众总是用欢呼声、笑声和掌声打断他，就好像他是第一个了解并代表他们的人。他在那一系列圣诞图书中捍卫的不正是这些贫苦大众的权利吗？而他现在站在这儿，告诉他们，他一直都希望"有幸在这圣诞节期间面对面地见见你们"——响起更多的掌声和欢呼声——

并进一步将自己政治哲学的核心思想灌输给他们。"如果历史上曾有那么一个时期，任何一个阶级能凭自己的力量造福自己和整个社会——我非常怀疑这样一个时代的存在——那这一时代无疑已经过去了。一所工程研究所应坚守的道义是不同阶级的联合，而非混乱无秩序；是将雇主和雇员联系在一起；是在那些拥有相同利益、相互依赖、在残酷敌对状态下只会招致可悲恶果的人们之间达成更好的共识。"他以这种风格继续往下说着，引来了更多掌声和喝彩，直到最后他以"接下来我要做一件愉快的事，我向你们保证，我已经期待了很长时间了"结束了讲话。

他开始了，"马莱去世了……"然后继续诉说着对贫苦大众的沉痛哀歌和对同情怜悯的殷切盼望。"他们什么都没错过，"狄更斯之后说，"什么都没理解错，紧紧跟着故事的发展，以最讨人欢喜的诚挚哄堂大笑或是泣不成声。"这充分证明了他口中自己的"感染力"，证明了他影响广大男男女女以及向他们"灌输"他自己观念的能力。在结尾的时候，为了激起新一轮掌声和欢呼声，他主动说"我真心实意地关心你们……打心底里愿意为你们尽一点绵薄之力……"这是一次巨大的成功，毫无疑问，他从工人阶级那里获得的欢迎大大影响了他在即将动笔的小说《艰难时世》中对这些男男女女的描写。但他现在也更加了解自己的天赋和才能了，威尔斯写信给妻子，"要是狄更斯变成大学高级讲师，他一定会获得另一番成功。当然，他永远都不会主动提出这一要求。但如果他们愿意要他，他会接受，他今天这么告诉我。"他已经做好准备，准备进入自己最不同寻常的人生阶段中。

二十三

查尔斯·狄更斯："莫森太太，我觉得这就是那个想走的姑娘。"

莫森太太："是的。"

查尔斯·狄更斯："那就相信她说的话。不过现在天快黑了，等明天早上一吃完早饭，就立刻把她送出去，永远别让她再进这扇大门。"

在乌拉尼亚小屋，这就是狄更斯在新年里最先说的几句话。而且和往常一样，他非常热心地听这些年轻姑娘的回答，一字不差地记录下来，仿佛她们是从他某部小说里走出来的一样："……狄更尔斯先生[①]，她该不会觉得自己能和她姑母住吧……"还有人说："……这座房子里正义得到伸张的那天，那才是谢天谢地呢。"被赶出去的那个姑娘当天晚上一直处于痛苦的惊恐之中，但一切自始至终都在狄更斯的计划之中，这一命令因为"崇尚宽容慈悲精神的圣诞节"而撤销了。因此他的独裁主义中还混杂着怜悯同情，而狄更斯对待穷人和失业游民总体态度于此可见一斑。

也是本着这种圣诞节精神，他又一次举办了主显节之夜戏剧表演；事实上，孩子们早就定了一个剧，但狄更斯看完彩排后觉得不够好，即刻开始给他们编排《大拇指汤姆》；他还观察到"通过在家长面前演练，大大提高了他们的守时观念和注意力"。不提高才怪呢。狄更斯（他的艺名是"现代加里克"）本人扮演了拇指老头的鬼魂，事实上他这个角色的服装极其"丑陋吓人"，他的小儿子记得自己

---

① 乌拉尼亚小屋的姑娘们都没受过什么教育，而且有口音。

在演出前被带到更衣室里先见见父亲，这样他就不会在"塔维斯托克宅皇家剧院"的台上给吓傻了。

那天也是狄更斯大儿子查理的生日，但对查理来说，那并不是个特别高兴的日子。他父亲对他很失望，他或许在大儿子身上看到了和自己那类人截然相反且不讨人欢喜的另一面——他们都是为生活所迫而在一个困难重重的社会里打拼出自己一番天地来的人。然而，他在自己人生中如此迅速又迫切完成的事情以及他所感觉并相信的事情，马上向他想象世界中较为隐秘又陌生的区域发送了回声波。家长应给儿子怎样的教育呢？一个白手起家者的雄心壮志又有多少真正的价值呢？

他于1854年的第三周开始工作。他拿出一张最爱的淡蓝色信纸，开始计算起每周填满《家常话》五页纸所需的内容。他再也没法习惯以每周一期的形式写作了，于是，为了加快进展，他实际上决定按月安排这本新小说的内容，然后再将其细分成必要的周刊。同一天，他还拿出了另一张纸，开始寻思起名字来。他在纸的左面只写下了，"葛擂硬先生/葛擂硬太太"。在另一面上他开始构思起标题，"顽固的东西"。然后又写下"事实"。接着是"汤玛士·葛擂硬的事实"。他想象力所驰骋的方向很是清晰。就在几个月前，他在布伦写了一篇题为《童话骗局》的文章，文中他对老朋友克鲁克香克及其试图将禁酒宣传引入童话故事的行为提出了反对。小时候他就很厌恶那些偏爱箴言说教而在故事精彩怪诞程度上大打折扣的书，现在他将幼时对故事的信念浓缩到这一篇小短文中，宣称"在这样一个功利主义的时代，童话故事必须得到尊重，这至关重要"。这话显然有深远的影响。葛擂硬先生——这名字他一下子就想了出来——是一名教师，而且显然一直都打算要当一名教师；于是就有了这么一些副标题，例如"二加二等于四"和"证明之！"这一主题贯穿于小说开头，回响在一间教室里，"听着，我想要的是——事实！"

不过，小说的开头写得很艰难。在《艰难时世》的手稿中，第一页上满是删改的痕迹；两天之后，狄更斯让W.H.威尔斯帮他搜集到"教育委员会教师资格考试那一系列考题"。换言之，他需要实实在在的物证作为攻击错误教育的依据。富有想象力的虚实结合是让他在同辈中出类拔萃的原因之一，但在头几天中，当狄更斯进行结合时，他在更宏大的层面上看透了学校的问题。在一个功利主义的时代，"事实"也意味着追崇数据和数字的风尚，这些"事实"甚至被用于概括和剖析城市贫困人口的不幸和苦难。所以，所有的灵感再一次汇聚到了一起；童话也无法缓解的童年忧惧可以同城市贫困人口和大型工业城市中工人阶级所经历的惨状结合起来。这样一来，小说的真正主题就找到了。事实上，他在可选标题的单子上写了三遍《艰难时世》，它反复出现说明了自始至终他的想象力都在朝着这个方向发展。这就是那个一直在等着他的主题，在教育问题的催化下他终于找到了它。

艰难时世。毕竟他去过伯明翰，在这种大型工业城市（狄更斯曾经将其形容为"机器"）的工人中间，他对新教育学院的支持得到了欢迎和称赞。在为《家常话》写的一篇直接由伯明翰铁路之旅启发的文章中，他编造了一幅景象，之后也会在《艰难时事》中再次出现：""空中的强光不时在巨型熔炉上方闪烁……火舌从熔炉中射出来，而火柱在上空翻转旋绕。"他受到了热烈欢迎，这一点无疑激励他更加坚信工人阶级需要《圣诞颂歌》中所体现的那种想象力的养料；于是，他再次将童年、童话和劳苦大众联系了起来。同样重要的是，他受到的热烈欢迎坚定了他的信念，他相信这些劳苦大众普遍都是善良正直的人。

但为什么有时候他们表现出来的行为却和狄更斯的看法如此不一致呢？他一直都在读着关于普雷斯顿一场织工罢工运动的报道，这场罢工很快演变成了对资本家和劳工相对力量的关键性考验；工厂主关闭了工厂以防止工人们将它们逐个摧毁，而关于这究竟是工人单纯在罢工还是资方不准工人进厂以威胁他们接受条件的争论仅仅是众多争论点之一，在这场持久的对抗中双方都在等着对方先投降。狄更斯参观普雷斯顿时，这场罢工已经进行到了第四个月，他还参加了一场工人会议。正如他在两周后为《家常话》所写的一篇文章中解释的那样，工人们本身以及他们"惊人的刚毅和不屈不挠的精神，他们对自身的高度荣誉感"给他留下了深刻的印象，但是，如果要归咎于谁的话，那应该是"某些诡计多端且好骚动的人物"。这是他之前就采取的看法，"我离开那里时，心中深深觉得他们犯的错本意良好……"这场罢工是一个本意良好的错误——这对那些正热情激昂地处于罢工中的人来说真是泼了一盆凉水，但他的观点强调了他一直在文章、演讲和通信中重复的核心思想——雇主和雇员之间必须要有一定的相互信任和尊重，因为他们谁也缺不了谁，而且双方的和谐是整个国家繁荣兴旺的全部希望。在同一篇文章中，他还宣称"雇主和雇员之间的关系就和人世间所有关系一样必须注入一些体谅的情感；一些互相交谈、互相宽容和互相关心……"这些也是想象力所能助长的德行，狄更斯也常常强调这一点，所以在公开反对普雷斯顿劳资之间的互相攻击的同时，他也在含蓄地责备他们丢失了生活中的想象力。这就是他为何如此关心且支持大型工业城市中的教育机构；以想象为乐且以文学为乐能促进那些和谐同情的美德，而这是维持良好工业生产关系的必要条件。

他从普雷斯顿回来之后就着手创作《艰难时世》。故事是为《家常话》所构思的，而且各方面都反映了这一点，故事甚至还出现在了那份期刊的头版，好像这是一篇新闻报道和社论的杂交似的。他开始写作时故意采用了一种简朴的风格，而且写作期间还有"新故事的尘埃"飘浮在他眼前，这说明了一个问题，读一读这本小书就再清楚不过了：狄更斯从来没有把它当作一本持有他惯常风格的小说。事实上，这书读上去像是一个神话传说，那种风格很接近维多利亚时期对同时期神话故事的翻译。狄更斯故意将其写得非常简单朴素，非常像他圣诞故事的写作风格。好久不写圣诞图书的狄更斯可能想要写一点有类似规模和意图的文字——让他的听众聚在他想象的火炉边，就像他之前在伯明翰会见中做到的那样；给他们灌输同志友情和同情支持的美德。而且这书显然是"有关时事的"，就和《钟声》是有关时事的是一个道理。这甚至还和狄更斯即将在《家常话》中发表的一系列讲工厂事故的文章有关：事实上他还在书中加了一段跟工厂事故相关的段落和一个将读者注意力引到期刊中这一系列文章的脚注，但这两处在最后校稿阶段都删掉了。他对葛擂硬先生课堂中各种事实的讽刺也是针对了一些具体的攻击目标；正如我们所看到的，主要是针对实用工艺知识，但也瞄准了查尔斯·奈特所著《知识宝库》中的内容（实际上是这本书介绍了对马写实到荒唐可笑的定义）；瞄准了由曼彻斯特自由图书馆编制的图书馆读物"表格式报告"，他在一个月前的《家常话》里就讨论过这件事儿；瞄准了实习老师的强化训练课程，当时从刚刚建成的师范学院中涌出一大批这样的人；当然也瞄准了那些基本上"眼中只有数字和平均数"的人。在之后的一封信中，他抨击了通常被称为"曼彻斯特学派"的政治经济学，因为"它简化为供求关系教条主义，真是粗俗至极的谬论"而且还认为利己主义是影响人类决定的主要因素。"仿佛从创世以来，人类的恶习和激情从未和他们的利益背道而驰过！"人类的恶习与激情；这是狄更斯希望通过故事的不断发展去净化和揭示的。

1854年年初狄更斯一直都在写作。之后谈起《艰难时世》时他曾说"……故事构思牢牢抓住了我的注意力，让我心无旁骛"，但当时他所能看见的只是创作一个故事的辛劳和艰难，而这个故事几乎边写边以每周一册的形式连载着。"简练和缩写"的要求给他带来了"没完没了的麻烦"，在给福斯特的一封信中他抱怨说："篇幅是压倒性的难题。没人能理解那是怎样的困难，除非他们有过怀着耐心写小说的经历，并且总是有自由活动空间和恰当的可利用篇幅。在这种形式下，无论就哪方面而言，现在这一期绝没有这种空间和篇幅。"事实上，他所选择的形式要比常见的月刊形式更为宽松，至少他是在给自己的杂志写作并且可以随意增加每一期给这个故事的篇幅，从这个意义上说的确更为自由宽松。而且，他在最后一期中就这么做了。但一周接着一周持续一丝不苟的工作本身就会让人精疲力竭；他的医生敦促他进行为期一周的"新鲜空气疗程"，而且很有可能在3月初完成了约一万一千字的一期后，他急需暂时休息。

4月初，第一期出版了，封面上印着"《艰难时世》，查尔斯·狄更斯著"，这是该杂志唯一一次刊登出文章的作者名，没有插画，只有一页接着一页的两栏印刷字体，看上去给人一种既可以是社论文章也可以是小说的感觉——这种混淆的效果对一个既渴望表现当下时代气氛又热衷于创造一个机器时代神话的小说家而言无疑是卓有成效的。从某种意义上说，这是一个不祥的时期，因为这个月英国对俄国宣战，表面上是为了保卫土耳其，实际上是为了制约这一在沙皇尼古拉斯领导下国力不断增强的国家。这场战争，用一位史学家的话说，是英国自由主义和侵略主义两相结合的产物，未必会遭到狄更斯的批评；但他早期关于这一事件的评论只和其对书籍销售的影响有关。（不过，之后有一段时间这场战争促使狄更斯对支配英国的那一"体制"发起了强烈谴责。）但《艰难时世》出版的时间也很不吉利，不过是在更小的方面：盖斯凯尔夫人当时已经开始了一本小说的创作，并最终取名为《北与南》，抢先于狄更斯的定位和大主题。1月份，福斯特写信告诉她"……要继续坚持这个故事的创作，不管对狄更斯有利还是不利"。事实上这本小说对狄更斯有利，并在《艰难时世》结束连载后几乎立刻登上了《家常话》。到了4月，两个故事之间明显不仅仅只有一点微小的相似之处，但福斯特还是写信鼓励她："说到狄更斯小说可能的发展趋向，我很遗憾地发现其中制造业工人不满的情节很有可能跟您的部分计划发生冲突……我知道您书中的那场罢工有不同的目的，而且也是作为一个次要情节以展现完全不同的品质和激情，而且如果有必要的话我可以为您作证，证明您在这个问题上的观点要先于也是独立于他形成的。"一直以来有观点认为狄更斯涉嫌抄袭盖斯凯尔夫人的小说，但并没有证据或正当的理由。狄更斯确实直到自己的故事有了很大进展后才开始编辑她的手稿的，而且如果是这样的话，他还花了不少工夫避免和《北与南》相冲突。这就是为什么在《艰难时世》中工会和管理这一主题像昙花一现般提起又被扔掉。无论如何，这两本小说在任何方面都没什么相似之处，狄更斯的想象力神秘且又接近于寓言性质，而盖斯凯尔夫人则更为自然主义，更偏重于对家庭的关注，两者完全不同。

然而，狄更斯觉得难以继续这本小说的创作。直到6月底他才开始满腔热情地再次动笔，并一直到7月都保持稳定的进度；他的目标是在7月19日之前完成。他现在称自己的状态是"工作得晕头转向"。他马上要写到人们在废弃的矿井里发现史蒂芬·布莱克浦①的情节，这意味着这位纺织厂工人的死是不可避免的。狄更斯觉得自己的脑袋"阵阵发热"；不知什么原因，他很是紧张；而且正是在这个时候他让史蒂芬倒霉的朋友雷切尔②宣告说："我处于一种疯狂而急躁的匆忙状态中，不管我有多累，都想要快步疾走，走上好几英里不停下来。"疯狂而急躁的匆忙状态，就是狄更斯当时写到结尾几个章节时的状态。史蒂芬死了。在狄更斯的笔记中写着："风起了——我们手中火把的灰烬变得又灰又冷。"他在这期间还写了一封信给卡莱尔问能不能把这本书献给他；不出所料，他的确这么做了，尽管卡莱尔的回复并不像预期中的那么热情。难道要用自己的声望支持一本小说吗？

在那种疯狂而急躁的匆忙状态中，狄更斯比自己预想的提前了两天完成。但这时他觉得非常疲倦，有种"心力交瘁"的感觉。事实上，他比自己所意识到的更加疲惫不堪，并声称自己因为"异常炎热、潮湿、气闷、难以忍受"的天气而苦不堪言。和往常一样，这天气似乎反映了他的心境。他正在准备一个合集版，给所有章节取了标题，还把小说分成了三"卷"。这或许在一定程度上是模仿萨克雷对《亨利·埃斯蒙德》的处理，但也不一定；无论什么原因，狄更斯很喜欢

---

① 亦译作斯梯芬·布拉克普儿（全增嘏、胡文淑译，1978年版）。

② 亦译作瑞茄（同上）。

这种处理方式，并对随后所有完成连载的小说都这么做了。在这种炎热的天气中，他常常在塔维斯托克宅和《家常话》的办公室之间往返。他又在给一位画家做肖像模特。而凯瑟琳的母亲因为某个莫名其妙的理由想要为自己晚年办理人寿保险，这很让他气恼。然后又发生了一件或许可以归因于狄更斯神经疲劳的怪事儿。一天早上他正在街上走着，这时"突然（当时的气温非常高）发现身上窜上一阵冰凉的寒意，而且感觉全身血液都凝固了，骨端一阵麻木，脑子晕乎乎的，隐约有种惊异的感觉。我当时还在走着路，四下一观望便发现自己正走在伯灵顿饭店冰冷的荫凉里。然后我回想起自己之前就在这个地方有过同样的感觉。这真是件离奇的事儿，你不觉得吗？"这座饭店位于科克街19号（这幢建筑现今有一个画廊），在伯灵顿园林的拐角处，细致的研究并未发现任何导致他这种感觉的原因。这的确是件挺"离奇"的事儿，特别是狄更斯刚刚谴责过当时人们对"招魂术"的狂热，而且总是喜欢拿那些对超自然现象感兴趣的人开开小玩笑。不管心中有怎样的疑虑，他的确参加了降神会，而且也确实有一种超自然的感觉。神经衰弱竟然让他如此敏感，受到所有那些在这座狂热大城市大街小巷里尚未消亡的势力影响，还能有比这更自然的吗？毫无疑问，他能感觉到自己的疲倦；但向这种事情屈服可不是他的作风，而且急躁的他试图抑制这种精疲力竭、神经紧张、空虚寂寥、"心力交瘁"的感觉。他在剧院里遇见了一位朋友——剧作家巴克斯通，便转而和他去喝甜味杜松子调混酒，一直喝到了第二天黎明。这不是狄更斯平常会做的事情，但他一个人，而且最重要的是，他一心想要"扔掉对自己作品的记忆"。

狄更斯来到了布伦，终于开始了他急需的"郊外度假"。他会躺在草坪上读书，或是靠着干草堆睡觉；用他的话说，就是"看着看着便睡着了"，这是回到童年阅读和休息经历的奢侈享受。但在享受的同时也显现出了成年人的疲惫感——书从手中掉下，或是过了好久一页未翻。和去年一样，他也会去游乐园和集市游玩，也会去散步，而且每次都会走上十五六英里；但因为他有一阵子在雨中散步，所以耳朵发炎了好些天，还在脑袋上敷了罂粟敷布以缓解肿胀和疼痛。萨克雷当时也在布伦；他的女儿们和狄更斯的女儿们关系很好，而且很有可能就是这些孩子让这两位小说家聚到了一起。他们至少一起吃过一次饭，之后还和男孩子们玩了"罚物游戏"。当然还有来家里暂住的客人和威尔基·柯林斯，当时风湿性痛风发作而痛苦不堪的威尔基和狄更斯一起住了几周。

布伦这座城市本身也异乎寻常地活跃热闹。因为克里米亚战争的爆发，布伦附近驻扎了一个大型军营，而且由于拿破仑三世和亲王的缘故，这整个地方都活跃了起来（至少在狄更斯的描述中是这样的），到处有飘扬的旗帜、号角声和枪炮声。还有大火。如果说在艺术和现实生活中有一样东西都让狄更斯喜欢，那必定是大火；所以，听说布伦一家剧院被大火夷为平地时，他必然充满了兴趣。他尽快赶到了火灾现场并发现"……整个建筑内部烧得像一个火红的洞穴，那壮观的场面真是太棒了，就算在白天也是"。

此时，狄更斯已经人到中年，而且也已经取得了前所未有的成功，但他还是不满足，还是不开心。这对他而言也许是最奇怪的事情了吧，取得了这么大的成就却还在寻求满足。除了更深的忧虑不安，他向未来望去还能看到什么？如果中年的他都没有找到自己一直在寻找的那样东西，那怎么可能期望在之后找到呢？那种从童年开始生发出的对爱和赞美的需求到现在仍未满足；早年划开的那道伤口也尚未愈合。也许这就是最可怕的事情；让他困惑不安，并激起了他心中强烈的不安和对逃跑的渴望——正是童年时在黑鞋油作坊中经历的混乱和贫困才激励他奋发图强。但现在他取得了这样的成功，成功的新奇感就减弱了，而童年时期所有的痛苦和不幸都以双倍的强度重回心头。他作为小说家这些年的名利有效地抑制了早先恐慌症和身心失调的所有症状，但现在随着他步入中年，这些症状又一次显现出来。他从来无法逃避自己的过去——这一点他和其他人一样清楚——他只能防止过去将自己吞噬而已。福斯特的传记中有一个奇特的片段，讲到了他这一时期的问题，能让我们了解狄更斯这一恐惧的本质："生命中有些时刻（真的只是时刻而已）……"却是一个可以持续一生的时刻！——"当他想象自己的人生被推翻，要重新来过，也许就会过上流浪漂泊（是哥尔德斯密斯①笔下该词的意思）的日子。这对他来说会是一个不可言状的悲惨境遇，不过这一天有可能来临。"如果他的生活完全推倒重来……而且他回到了童年时那种不安定的生活，这是狄更斯所害怕的；小的时候他就害怕这点，那时他就觉得自己很容易像身边别

---

① Oliver Goldsmith（1728—1774）：生于爱尔兰的英国剧作家、小说家。作品包括《威克菲尔德的牧师》、《屈身求爱》等。

的孩子一样过上街头流浪的生活；而现在，甚至在他事业成功的顶峰，小时候对流浪生活的恐惧又重新燃起。他无法摆脱自己的过去，或是对过去的忧虑。《艰难时世》的结尾就有一幅画面——葛擂硬坐在马戏团圆形表演场中间的小丑椅上，他的儿子脸上和手上都涂了黑油，围着他蹦蹦跳跳。这一场景有一种幻象或是狄更斯所谓"化身"的特质；涂满了黑油的儿子会不会就是小狄更斯的"化身"呢？在一个落魄的噩梦里，年幼的狄更斯围着自己的父亲蹦蹦跳跳？或者，这会不会是小狄更斯在中年狄更斯面前蹦来跳去，急促不清地说着话呢？狄更斯终于让自己的过去给吞噬了。

二十四

　　回到英国时，他已经晒得非常黑了（这说明狄更斯的肤色有点儿黑，或是用老话说，有点儿"泥土色"）。但他说他觉得自己"太老了"；显然，在法国的休养没有从实质上改善他忧虑的状态。他一下子投入到工作中，仿佛这是某种精神淋浴一样。他立即开始创作起《家常话》的圣诞特刊，将几个作家所写的感人或有趣的故事都设置在了罗彻斯特的瓦特慈善招待所里。当然，其中有几个故事是出自狄更斯自己的手笔，而他对瓦特慈善招待所的描写激起了罗彻斯特当地知名人士的愤怒；《梅德斯通和肯特郡杂志》痛斥他言不属实、品位低劣，因为"他将慈善机构的女总管庸俗化，并误解了机构创始人的规定"。这提醒我们，狄更斯并不总是在乎那些他选为写作对象的真人会如何反应；在某种意义上，他在写作的时候眼前并不会浮现这些真人，他看见的只是自己对这些人的印象和看法。此外，他还在准备新一轮的公共朗诵会；虽然这只是他同意举行公共朗诵的第二年，但他已经开始把它当作一个满意的固定活动，可以把自己全部的充沛精力都倾注进去。事实上他太满意了，尽管福斯特反对而且自己偶尔也会有疑虑，他还是很乐意一有机会就增加朗读会的数量。

　　狄更斯准备给不同的慈善或民间机构朗诵。事实上，上一年在伯明翰取得的成功实在是太"惊人"了——用他最喜欢的一个词来说——这时他不得不拒绝向他投来的大多数橄榄枝。正是对他朗诵者这一新角色的热情，促使他在之后做了更多商业化的安排，但目前他还是一个慈善演讲家；12月19日，他来到雷丁^①的文学、科学和机械学协会，两天之后又在舍博恩^②的文学协会朗读；一过圣诞节他又来到布拉福德以禁酒教育协会的名义朗诵。这几次活动中，他都选择朗读《圣诞颂歌》，这个故事显然非常适合这一节日，但他又在演讲风格中加入了一个新元素。在开始朗诵之前，他首先宣布自己会营造出一种和观众围坐在圣诞节炉火边的气氛，然后接着说，"如果在故事发展的过程中，你想要抒发任何情绪，不论是严肃还是欢乐的，你想做就做，不要有任何克制，也不要担心打扰我。"

观众最多的是在布拉福德，三千七百来人挤在圣乔治礼堂里；他和威尔斯在前一晚提前去检查朗诵会的布置情况，这已经成了他的习惯，而这一次狄更斯惊愕地发现演讲台后面还放了两排座位。"我立刻撤走了这些椅子（委员会还非常引以为豪）：把旁边的人吓了一大跳，也惊奇不已……"，狄更斯从来都不允许任何人坐在他身后；部分原因无疑来自他那半迷信半执念的害怕，怕自己遭到袭击，另一部分原因是他朗诵的感染力主要在于他的眼神和动作。有人问他市长应该坐在哪儿，他以其一贯的风格回答道"……市长可以去——任何地方——但绝不能靠近我"。朗读会又非常成功，观众的笑声、眼泪和欢呼声都是他所希望得到并且需要得到的。而且当时还发生了一件私人的戏剧性小事件；他似乎被下榻宾馆的女店主迷得神魂颠倒。再一次心神不宁起来。这种心神不宁显露在了他半开玩笑的题外话中，就好像这位迷恋对象一直占据着他的思绪一样。

布拉福德的朗读会结束两天后，他在伦敦酒馆为旅行推销员学校做了一次演说。狄更斯要作演讲意味着"晚餐时间快到的时候，酒馆售票处真的是让报名者围得水泄不通"，从这就可以预料到狄更斯之后那些朗诵会异常火爆的场景。他演讲时，台下响起"响亮而经久不息的喝彩声"；不论评论家会说什么，赢家还是这位受欢迎的小说家狄更斯。

本着同样的同乐精神，狄更斯也在严格地指导自己的孩子们为塔维斯托克宅下一场主显节之夜表演做准备——这一次表演的是《佛邱尼欧和七个机灵仆

---

① 英格兰南部城市，位于肯尼特河畔。
② 英国多赛特郡（Dorset）西北部的一个镇子。

人》①——狄更斯在其中扮演性格暴躁的"登诺夫男爵（一个陷入困境的贵族）"。乔治娜·贺加斯在钢琴旁做主持，而"威尔基尼·柯林尼"先生则扮演格蒙德。演出中唱了一首讽刺沙皇的滑稽歌曲，之后还有舞蹈表演。又一年过去了，对查尔斯·狄更斯来说，这一年就是辛劳工作之后精神低迷，疲惫不堪之后紧接着难以忍受的心神不宁。

那么这时他的口碑怎么样呢？纳撒尼尔·霍桑在新的一年，1855年，访问英国后，在自己的笔记本中记下了对他的评价："文学界同行们——至少是他们当中最有名的人物，那些可能影响到他名声的人——显然不喜欢狄更斯，对他的评价也不高。萨克雷更合他们的口味。"这评价很是准确，因为这些知识分子圈和文学界里有话语权的领头羊们对狄更斯的评价无疑远没有中产阶级或工人阶级那么高。当然他还有自己忠实的同盟——福斯特、柯林斯和《家常话》的固定撰稿人。但就连他们也有些不可靠，鲁斯金在同一年写道，"他现在的发展方向不对……但我认为他是一个好人（照一般说法来讲）而且出发点是好的"。在鲁斯金发表上述言论的同一个月，《布莱克伍德杂志》发表评论说，狄更斯是"一个阶级作家，是我们整个社会那么多阶级中一个圈子的历史学家和代表……狄更斯先生的书中满是中产阶级地位的神情和语气"。这话说得也有一定道理，正是这种对中产阶级的吸引力才导致趣味高雅之士对他轻蔑鄙视，而特罗洛普②还给他取了个绰号，叫"大众情感先生"。但事情远不是那么简单。《艰难时世》和之后在杂志专页上对工人阶级的致辞也让他有了麦考利所谓的"愠怒的社会主义"之嫌。马克思心里也想到了这一点，于是对恩格斯说，狄更斯"告诉了这个世界许多政治社会真理，所有职业政客、政论家和道德家加在一起都比不过他"。

狄更斯的烦躁不安愈发严重了，新年才过了一两周，他就计划着和威尔基·柯林斯去巴黎待几天；狄更斯找柯林斯越来越频繁，在自己日常的工作职责中寻求一些安慰和消遣。毫无疑问，这些工作职责没有得到任何减轻，而且从此时起，狄更斯的通信中出现了一系列为孩子前途命运痛苦焦急的沉思；除了女儿，孩子们没有一个"出落"得和他曾经希望和期待的那样。查理正试图在伦敦找一家公

---

① 两幕幻想剧，作者为J.R. Planche。

② 安东尼·特罗洛普（Anthony Trollope），英国小说家，以《养老院院长》《巴切斯特塔楼》等小说而闻名。

司工作；沃尔特马上就要去温布尔登的一所学校上学了，在那里他将为之后去印度担任的职务接受专门训练。而与此同时，他们的父亲在大白天步行，踏着雪走上很久很久。想着他们的未来，想着自己的未来，想着他计划好的一系列朗读会；他已经从《圣诞颂歌》的成功中走了出来，想从自己某本小说中选取一些片段来朗读。想着新小说，这本新小说的"尘埃"已经在他身边悬浮了好几个月了。其实，小说的某些元素已经进入了他的潜意识，在一篇为《家常话》所著、题为《煤气灯小仙子》的文章中，就能找到杜丽一家——还未诞生——的许多特点。在有史以来最冷的一个冬天，当他在雪中吃力地跋涉着，从塔维斯托克广场走到海格特以及更远的地方，他的脑子里想的就是这些事情。

正是在这个时候，狄更斯听说了盖茨山庄出售的消息，这座位于罗彻斯特外的房子，因为其和福斯塔夫①的联系而显得神圣，也因和他父亲的联系而显得神圣。这就是约翰·狄更斯指给他年幼的儿子看的那幢房子，这就是他坚持作为自己有朝一日成功犒劳的那幢房子。他立即询问起购买事宜；"这个地方和这幢房子真是我童年的一个梦，"他告诉威尔斯。不可思议的是，在成名的这些年里他竟然一直坚持这个梦。特别是因为盖茨山庄这座房子本身并不非常吸引人——显然没有塔维斯托克宅那么宏伟——但童年对狄更斯的影响太大了，于是它便成了一个让他魂牵梦绕的地方。也许他也是想通过买下这幢房子来安抚父亲的阴魂，了结父亲当年的心愿。他决定三天之后再去参观一下，但又突然改变了主意。一件更重要的事情发生了。非常偶然，他另一段过去也回来找他了。就在他准备出发去罗彻斯特的前一晚，他收到了一封信。

当时他正在炉火边读书，突然接过了一沓信；他随意挑拣着地看了看（总是能收到和寄出许多信的他常常把自己比作内政部），然后发现自己的思绪"离奇地不宁"并"恍惚着走了神，回顾了生命中许多非常早的时期"；他不知道自己为何出现这种情绪变化，但他再次拿起了那一沓信件然后仔细翻阅起来。这时候，他看到了一个二十多年没见过的字迹，而且一下子认了出来：这是玛利亚·彼得奈尔，他还在下议院当速记记者的那段日子里被迷得神魂颠倒的那个姑娘，是在他创作小说之前的那段日子，是他成名之前的那段日子。于是，她的信也让天旋地

---

① 莎士比亚戏剧中的一个喜剧人物。

转的他回忆起了那段时光。至少他是这么对玛利亚·彼得奈尔描述自己的反应的，因为他需要一个有些戏剧性的序曲，重新开启一段曾经对自己十分重要的友谊。

第二天他回了信，毫无疑问这就是他取消和威尔斯去参观盖茨山庄行程的原因；他给威尔斯的解释是雪太大的缘故，但其实他几天前就从格雷夫森德①走到了罗彻斯特，走过了积雪几英尺深的河岸。他确实需要时间和安静的环境来回复这封来自自己昔日象征的信。玛利亚·彼得奈尔（现在其实是玛利亚·温特夫人）的来信内容并没有记录，不过从狄更斯的回信中看，这只是写给一位出名朋友的信，详细讲述了自己的婚姻、女儿们和家庭。后来有消息说，她喜欢在下午的时候饮一点小酒，也许她就是在这样一个特别多愁善感且怀旧的时候决定给狄更斯写信的。狄更斯的回信也充满了同样的感情。"我从未忘记过那段时光，"他告诉她。事实差不多就是这样；他仍然可以回忆起那些对话和衣服的细节，仿佛年少时的事情刚刚在昨天发生过一样。当我们说到狄更斯的"恋旧情怀"时，最好要记得他这种情怀非常特别；所有的画面和声音仍是那么清晰。"它们就像定格了一样，那么清晰明白，仿佛我从未在人堆里待过，也从没在自己家以外看过或听过我的名字。如果不是这样，那我还有多大的价值，或者说辛劳和成功还有多大的意义！"他以夸夸其谈的演讲风格做了结束语，这（不是第一次）表明在内心最深处的情感起作用时，他在文体方面非常注意。"这个广阔的世界上有冲突和斗争，在其中我们大多数人都以不可思议的方式失去了彼此，因此在谈到过去岁月时心中不可能不泛起一丝柔情。"

狄更斯又收到了玛利亚·彼得奈尔的一封来信，并立刻又给她洋洋洒洒地回了一封信，这一次的称呼是"我亲爱的玛利亚"。显然，这是寄到一个秘密地址或是以别的方式私下送到她手里，因为仅仅两天之后，他又写了一封非常得体的信，寄给"我亲爱的温特夫人"；换言之，他这是写了一封可以光明正大地拿给她丈夫看的信。这听上去很像重演年轻恋人之间的花招。第一封信，也是更私密的那封信，是对玛利亚那封明显充满热情的来信做出了回应，她在那封信中试图为自己多年前的轻佻行为做出辩解。狄更斯有时候喜欢玩"本可以"的游戏，在回信中他用颤抖的语气倾诉自己受挫的爱意："永远也不会有人知道我当时放弃你

---

① Gravesend，英国东南部的自治市，位于伦敦东部泰晤士河畔。

时心中有多么悲伤……我对你全部的挚爱和忠诚，以及那些艰难岁月里付诸东流的柔情啊……一个人在世上能获得的名誉都是补偿他——就像我一样——在年轻时错失的红颜……"这就是他所惋惜的，年轻时的红颜。这些给玛利亚的信中不仅表露出他想去爱与被爱的意愿，近乎歇斯底里，也透露出他对回到年轻状态的热切渴望以及同等程度的悲伤之情——因为他意识到自己不可能回到过去。但是，要不是狄更斯对当下生活感到深深不满，他绝不会写这些信，也不会有这些苦恼挫败的情绪。此时的他觉得伦敦沉闷阴郁，令人沮丧；大雪消融了。"万物都在哭泣，"他说。整个城市都湿漉漉、脏兮兮、潮嗒嗒的，教堂排钟的咣当声也吵得他心烦意乱。

他们决定见面，但他一见到她，心中所有的渴望和热情就都跑得无影无踪了。据乔治娜之后的描述，她"已经变得非常胖！而且非常平庸……"那个年轻的、在狄更斯的幻想中那么优美纤弱的玛利亚，已经不存在了。正如他几个月之后在《小杜丽》中所写的那样——玛利亚一定读到了这一段——"克莱南一看到他当年迷恋的对象，满腔热情就颤抖着破碎了。"狄更斯继续往下写道，"……弗罗拉过去的言语和想法都很迷人，现在却漫无边际且愚蠢……弗罗拉很多年前是娇滴滴的而且很单纯，现在仍决心保持那种娇滴滴且很单纯的样子。"但还有更残酷的。在给狄更斯的一封信中，玛利亚曾指出自己现在已是"牙齿掉光、肥胖、老态而且很丑陋"，但狄更斯没把这当一回事儿，以为是戏谑胡说罢了。但现在他记起来了，全都记起来了："'我很肯定，'弗罗拉咯咯笑着，还像个小姑娘似的晃着脑袋，就像一个哑剧演员会在自己的葬礼上表演的那样（如果她死于古典时代），'来见克莱南先生会很丢脸，我只是个吓人的丑八怪，我知道他会觉得我变了，变得很可怕，现在我真是个老女人了，让人看见我这副模样太吓人了，真是太吓人了！'"

和玛利亚·彼得奈尔的这段短暂插曲恰恰凸显了他觉得将自己重重围住的痛苦与不幸。他为《家常话》写了一篇有关个人和公共不幸的文章——《每况愈下》，他在其中再一次哀悼了自己纯洁初恋的幻灭并翔实论述了人们肮脏的俗气是如何发展起来的；这些主题他之前也用过，但在这篇文章里却明确和金融欺诈、不光彩行为以及整个国家的毁灭有关。《小杜丽》中也探讨了后两个主题，而他此时正在构思这部小说。所以，在这则短文中，纯真初恋的幻灭、金融不法行为的盛行以及克里米亚战争的进行都联结到了一起，所表达的愤怒和怨恨之情不久也将在其他地方以更大的规模爆发。他心中充满了愤怒，这一点是毋庸置疑的。在一封信中他曾无意中透露自己"彻底厌倦了苏格兰口音的说话方式，不论是什么语气或时态"，这只能是指他妻子和她的娘家人。

不过就是这个时候他满怀热情地转向了新小说的创作。从《巴纳比·拉奇》以来，再也没有一部小说的酝酿期能有这么长，尽管他在5月中旬完成了第一期的一半，但他暂时搁笔带着他的业余演员去演出了。（事实上第一期直到12月才出版。）但这一间隔只是表象，根源是更大规模的迷茫和困难。他的儿子查理后来谈起《小杜丽》时说，"父亲在慌乱之中开始了创作，唯恐自己的想象力不管用了"，这一来自家人的评价也让福斯特的描述和观点多了几分重量，他说自己这位朋友在创作初期"想象力缺乏活力"而且"原本畅通无阻、无法抑制、如泉涌般的想象力暂时受到了阻拦"。所有这些因素都可以用来解释福斯特所谓的"创造力萎靡不振"。但后人并不这么认为，写作早期拖延和迷茫的迹象跟创作技能的减弱没太大关系，对狄更斯而言，这跟一个罕见的难题有关；他找不到"指导思想"或是主旨大意来推动整个故事的发展，而且准备期间的所有备忘录都说明他找了好一段时间，为了能让自己所有的"概念"和一心想着的事情形成逻辑关系清楚的整体。

他重新拾起不久前刚开了头的小说，直接从第一期写到了第二期。他比以往更迟疑不决，一直在笔记里寻找着合适的可扩展话题，最后终于有了一个清楚的主意，即给名叫"杜丽"的小女孩一个更丰富的背景和一个家；这个家就是马夏尔西监狱，狄更斯自己的父亲曾经蹲过的地方，就在这里，"小杜丽"——他决定这么叫她——现在要回到父亲和忘恩负义的哥哥姐姐身边。小说一直在发展变化着。威尔基·柯林斯南下来到福克斯通和狄更斯一家住了一段时间，也来了一些亲戚，但他当时对故事主旨十分自信，向自己的德国出版商陶赫尼茨告知了新小说出版的安排。随着他写到第三期，所有那些静静躺在他想象世界底层未加工的元素现在都能派上用场了。他写了一个章节讽刺"兜圈子部门"，这是"阿谀奉承"的冗余政府机构的典范；"我在宣泄一些愤愤不平的怒气，"他告诉麦克雷迪，"不然的话我就要气炸了……"但这不再是一开始计划的讽刺性小说了；他正不断拓展主题，于是整个世界都充斥着兜圈子喋喋不休的噪音——旅行者的世界、虚伪的世界、监禁的世界。他此时也决定让杜丽一家摆脱贫困而富裕起来，并通过这一转变说明财富是毫无意义的。现在，这个故事"到处都是——在大海上随着海浪起伏，在空中和云朵一起漂浮，在风中四处飘动……"

10月上旬，他刚刚完成第三期就做了一场《圣诞颂歌》的朗诵会，以此声援福克斯通的机械学协会；朗诵会在一个木工车间里举行，而且据马克·雷蒙的女儿回忆，他当时"非常紧张"。不管怎样，据他自己说，他第二天就去爬山、游泳，基本上过着"战士"受训的生活。五天之后他来到伦敦，为即将横跨大西洋去美国掘金的萨克雷主持一场晚宴，然后又回到了福克斯通。但他还准备旅行。这一回是去法国，他在那儿待的时间越来越多了——至少，一部分原因是为了在写作时远离伦敦。他和乔治娜一起去了巴黎，刚开始找不到一处称心的住处，后来几周在香榭丽舍大街上租了几间奇怪的房子住了下来。

很显然，他喜欢巴黎的原因是自己目前在这儿的名气很大；走进每家店里，只要一出示名片，人们就会惊呼"啊！这就是那个著名的作家啊！"他受邀参加了许多盛大晚宴，其中一些他描述的语气堪比《一千零一夜》。而且，他还结识或经人介绍认识了大部分文学巨擘，其中就有乔治·桑、拉马丁[1]和斯克利伯[2]。他还和演员海涅尔发展起了一段特殊的友谊，为了保持友好关系他向海涅尔的《蒙娜丽莎》演出道喜，私底下却在给福斯特的一封信中谴责了这出戏。画家阿里·谢佛尔正在给他绘制肖像；《通报》正在连载《马丁·朱述尔维特》；著名的法国评论家希波吕忒·泰纳即将在《两个世界》杂志上发表关于他的长篇大论；法国阿谢特出版公司也正在和他商讨出版他小说全集的条件。换言之，现在的巴黎就像之前的伦敦一样爱上了他，住在法国首都的乐趣之一便和这有关——他早期在英国的名声在这里得到了重生。但要是就此认为在巴黎的狄更斯成了一个全新或是完全不同的人，那就错了。就算在这里，他还是明显感到心神不宁和挫败，而且，如果说他批评英国的狭隘和唯利是图，那么法国戏剧荒谬僵化的古典性也让他不满，同时他也注意到了巴黎人对股票交易尤其着迷。外表做作虚伪、崇拜金钱、戏剧风格陈旧乏味、眼界狭隘。他似乎走到哪儿都能遇上这些病症。

---

[1] Alphonse de Lamartine，法国浪漫派抒情诗人。
[2] Eugène Scribe，法国剧作家。

11月初，他回伦敦待了一周；他最后还是决定买下盖茨山庄。这一阶段他还是把它当成一项投资，并没有住进去的确切打算，不过他回伦敦是为了监督购买的谈判工作。于是，他回到了这座并不友好的首都，就好像它蒙上了《小杜丽》开篇描写中那种阴暗的色彩。"雨下个没完，"狄更斯在《家常话》的办公室里给妻子写信说道。"暴风骤雨。"屋外的街上有几个孤儿院的孩子迎着暴风急雨，要去河滨马路对面的欢乐剧院里看"魔法师安德森"的日场演出。他感冒很严重，而且眼睛也感染了。他抵达这里几天后就和阿尔伯特·史密斯去伦敦东区的街巷里散步，并非常偶然地遇见了一群绝望无助的人，在一个"非常黑、非常泥泞"的夜晚遭到拒绝，不得进入怀特查佩尔济贫院；"……五捆破布，"他这么形容这群人。狄更斯立即给济贫院院长打电话，但这并不是院长的过失，而是这家慈善机构的临时收容所已经住满了，实在是帮不了这五个可怜人。狄更斯便上前询问这几人，才发现她们都是女人，而且当其中一个告诉他自己已经一天一夜没吃过东西时，狄更斯似乎并不相信她。"哎呀，不相信你自己看！"她说。然后："她露出了脖子，而我又将它遮起来。"他给了她一先令去吃晚饭并找个寄宿的地方（在伦敦那个地区这样一个住处会是最破旧的那种）。"她没有说谢谢也没有看我一眼，就以我见过最奇怪的方式消失在这凄凉的夜色中。"她无声无息逃跑的样子很像之前一个晚上他在伦敦遇见的一个小伙子，那人对着他喋喋不休，还扭动着从自己的破布里钻了出来；仿佛就在这些衣衫褴褛、默默无闻的人身上，狄更斯开始看到了伦敦这个城市的灵魂。

12月初，《小杜丽》的第一期发行了。布拉德伯里和埃文斯事先做了一个大型的宣传活动，发了约四千多张海报和不少于三十万张传单。用狄更斯的话说，第一期取得了"辉煌的胜利"，而且第二期的印刷订单增长到了三万五千份。12月中旬，他回到伦敦来享受自己胜利的喜悦，然后去彼得伯勒的工人成人学校办了一场《圣诞颂歌》的朗诵会；其中一位观众记得，"红色台面呢的演讲台上有一个高高的大脑门，以及一大片米考伯式的衬衫领子和前胸……"然后他回到伦敦，那里"我在路上碰到去上班的人们真的都因感冒而抽泣、掉眼泪"。然后又出发前往谢菲尔德[①]，在那儿又朗读了《圣诞颂歌》；当他读到"……小蒂姆并没有死"这

---

① Sheffield，英格兰北部工业城市。

句话时，观众席中突然响起一声响亮的叫声，他们仿佛在这复活的一幕中看到了自己的影子。当时有一篇报道说，"全场似乎都弥漫着一种喜悦之情，观众不由自主地起立，用异常热烈的欢呼声向这位著名作家致意"。那么这位作家——这位让全场观众充满喜悦之情，不知为什么像是拥有一身感天动地之魄力的作家——本人感觉如何呢？当晚他无法入眠。他觉得自己像个"转得停不下来的巨型陀螺"。他在牛津街一家店里买了他每年必备的年鉴，然后就回到了巴黎。

现在他终于能创作《小杜丽》了，在新年来临前的最后这几天里，狄更斯描写了女主人公穿过伦敦大片荒地的情节。随着创作的深入，故事似乎也在不断扩展；一开始，这只是一个章节中的一部分，但现在他给章节重新编号，于是一整期就以这悲伤的夜行结尾了。脚步声和街灯，湍急的潮水和倒影，钟声，无家可归的人，醉汉。怀特查佩尔济贫院的形象在此处扩大加深了，带着一种在狄更斯笔下和这座城市联系起来的疲倦感和忧伤感："摇曳的灯火……黑夜苍白的逝去。"还有那个女人俯身问小杜丽的奇怪情节："我绝不会碰你的，但我刚才以为你是个孩子。"还有她转身时"奇怪而大声地叫喊"。狄更斯自己在这年关将近的时候又怎么样呢？他说自己过度工作而疲劳不堪。他说自己精神消沉。从中我们也许能看出评论家发现贯穿整部小说的束缚感来源何处了。甚至在巴黎，狄更斯也觉得疲倦不堪，而又没有别的地方可以去。

二十五

　　1856年。过了这一年，他的生活将发生不可逆转的改变。他逝世前十四年，不安分的一年，从一处到另一处不停辗转的一年。狄更斯的计划是在巴黎待到5月，然后搬去布伦过夏天。他的日常生活并没有发生改变，而是找到了另一个也许是更为绚丽的环境。他还是喜欢散步，没完没了地散步。他会沿着巴黎的旧城墙散步，到了晚上还常常漫步进入"最奇异的地方"。他邀请了诸如比尔德之类的老朋友和撒拉（他很欣赏这个小伙子为《家常话》所写的关于伦敦的文章）这样的新朋友来巴黎和他与家人一起同住。但有什么东西不太对劲，有什么东西困扰着他……在新年头一个月的一封信中，他扮演了布茨——那个刚刚让他在圣诞故事中取得非凡成功的仆人角色。狄更斯一直很擅长模仿仆人，也许这和他的爷爷奶奶都是"当仆人"的有关系，这样一来，他就以这种口吻更好地揭露自己的真实情感。"想一想，从你在摇篮开始你就一直为一个怎样的目标忙碌，想想你这家伙有多么可怜，对你来说，这目标不是已经过去了，就是还未达到，永远不可能在当下，而它就在那儿。"三个月后，他在给福斯特的一封更加私密严肃的信中进一步阐述了这种心境："你说多奇怪，居然从来无法安心也无法得到满足，总是在追逐一个永远无法企及的目标，而且总是满脑子都是密谋、计划、忧虑和担心；很明显事情就是这样，就像有一种无法抗拒的力量驱使着你一直走到路的尽头！一直向前进带来的苦恼总是好过于驻足不前带来的苦恼。至于休息——对有些人来说，他们的人生中根本没有这种东西。"

　　他在2月初回到了英国，为了带回刚刚完成的那期《小杜丽》，也是为了拖延已久的盖茨山庄购买事宜。不过，伦敦再也不是他心中最好的城市了，他告诉凯瑟琳，"街道丑陋到让人不忍直视，伦敦真是惊人地丑恶"。他一到伦敦就拔了一颗牙，然后无疑又像往常一样一头扎进了忙碌的漩涡中，全是他自愿接下的活动："早上我在伦敦，忙活戏剧基金的事儿；然后去了谢泼德布什①；回来给贝尔林先生和贝茨先生留了请帖；跑过皮卡迪利街来到斯特拉顿街，在那儿待了一小时，然后又急忙离开赶到了这儿。今天我坐了四趟出租马车，花了十三先令。四点半要去同马克和韦伯斯特一起吃饭，晚上会在阿德尔菲剧院度过。"他跑过街道；"急忙离开"；匆匆忙忙地拦下出租马车。

待在伦敦的那段时间，那儿发生了一起惨重的破产事件，而他回来没几天，一位著名的金融家萨德里尔就在汉普斯泰德公园里服毒自杀了。这是他憎恨伦敦的另一个方面，迅速发展但又腐败堕落的金融帝国。而且他马上会在《小杜丽》中引入摩德尔这一角色，一个靠欺诈得权得势的金融家。当然，商业投机行为不是只发生在英国；同一时期的巴黎就有一股投机热和狄更斯称为"金钱危机"的强烈气息，但他写的是英国的故事。所以，在回到法国的第一周里，他便开始创作起小说的新一期，并开始塑造摩德尔这一人物以及那个和马夏尔西监狱一样都是牢房或温床的上流社会。

他一直写到了下一期，伦敦的印刷商一给他寄回校样他就在巴黎修改起来。然后，他带着那一期的最后几章再一次回到伦敦。他于3月10日早上八点到达，匆匆回了一趟塔维斯托克宅，然后就去了位于威灵顿街的办公室。接着又马不停蹄地赶去看看柯芬园剧院的废墟，这座剧院四天前被烧毁了；他爱大火，这一点我们早就已经知道了，仅次于火的是大火之后黑漆漆的灰烬。"非常奇妙的是，"他说，"那个剧院看起来比原来还要宏伟，我从未见过这样奇异的景象。"什么都逃不过他的法眼；铁门、吊灯，甚至是男士戏服库里的衣料碎片——"我能认出《游吟诗人》里的服装"。

他回伦敦来有一个特殊原因。在各种耽搁和拖拉得像业余大法官法庭法律程序般旷日持久的谈判之后，他终于买下了盖茨山庄。这幢多年前他和父亲一起看到的房子，最终成了他的。有些人似乎注定会买某些房子。这幢房子在盼望着

---

① Shepherd's Bush，伦敦西部的一个区域，当时主要还是未开发的农村地区。

他。它在等着他。盖茨山庄对狄更斯就是有这种命中注定的吸引力。他父亲曾经向他指出，这幢房子就是他可获得的最高成就，而且他也将在这幢房子里告别人世。他花了一千七百九十英镑买下它。"写完支票后我转身把它递给威尔斯……然后说：'这可真是太神奇了——看看这日期——星期五！律师还没准备好的时候我都已经写了好几张支票了，现在，正好轮上了一个星期五。'"这里的重点是，星期五已经成了他的一种迷信，他认为自己人生中最重要的事情总是在这一天发生。这是他的"幸运"日。不幸的是，他还不能这么快就搬进自己买下的房子。还有房客住在里面，一个教区牧师和他的女儿，而狄更斯的计划是在当月出租出去之前把房子重新翻修好。如果没有人租，那就可以把它当作一家人的隐居地。签下合同后几天，他就带着儿子查理和马克·雷蒙、威尔基·柯林斯一起去那儿看了看。"我们在屋外尽量仔细地查看这幢房子——"他儿子之后回忆道，"我父亲对自己作为在肯特郡保有不动产者的新身份十分自豪，还拿自己开各种玩笑，而且不让我们进屋去，生怕打扰到住在里面的牧师和他的女儿——我们在对面的福斯塔夫客栈吃了中饭，还走到格雷夫森德去吃晚饭，对即将到来的郊外生活充满了期待，满心欢喜。"

既然事情都办好了，狄更斯觉得又可以回巴黎了。威尔基·柯林斯在巴黎和他做伴，上一次他住在离狄更斯一家不远的单身公寓里，这一次他们住到了一起，也天天一起吃饭。柯林斯总是犯痛风或是风湿热，这一点并没有对他们的关系产生任何负面影响，因为狄更斯对生病习以为常，"我过去的病人，"他有次这么叫柯林斯，就好像自己既是他的朋友又是医生。事实上，他还扮演了另一个角色，或许也是最重要的一个角色，因为很明显，这一阶段狄更斯在某种意义上正在训练柯林斯成为一名作家。毫无疑问，他们还会像往常一样散步，不论是晚上还是白天，而且其中一次柯林斯还意外地为自己最好的小说找到了一些素材。"当时我正和查尔斯·狄更斯在巴黎的街巷里漫无目的地闲逛，"他说，"参观街两旁的商店自娱自乐。我们来到一家旧书摊——既像书店又像书库的那种——我发现了几本有关法国犯罪案件的书和审判记录，破旧不堪——有点像法国版的纽盖特监狱纪实录。我对狄更斯说，'这儿有好东西！'结果还真是。我在里面找到了最棒的情节，可以用在我自己的小说里。"当然，狄更斯在柯林斯成长为作家的过程中扮演的不仅仅是这样被动的角色，他还在出版事宜上给柯林斯提供意见，多次讨论"小说创作"（狄更斯很少在和自己如此相关、和自己最隐秘的念头如此相关的话题上和别人推心置腹，这是其中一个有记录的事例），听柯林斯的故事并费心给这位比自己年轻的后辈指出错误或提供建议。"别把这些告诉别人，"柯林斯在这一年写信给自己的母亲，"……因为如果我那些敦厚的朋友知道我把自己的创意读给狄更斯听，书出版的时候他们肯定会说我书里的好东西都是从狄更斯那里得来的……正如我所期望的，他找出了故事中所有的缺点，并给我提供该如何改进的宝贵建议……"换句话说，柯林斯有点像狄更斯的学徒，而那些认为是狄更斯从柯林斯那里学得东西（比方说，《艾德温·德鲁德之谜》总是被当作仿照《月亮宝石》而写的）的评论家真应该再好好看看这些可考证据。狄更斯或许也从柯林斯身上学到了一些东西，但都不是文学方面的。

4月第一周，他写完了《小杜丽》下一期的前两章；这时候，麦克雷迪来巴黎待了一阵子，他走之后狄更斯又投入创作并立即完成了这一期。为了酝酿下一期，他在巴黎散起步来，走了很久很久，但之后并没有动笔。还有晚宴。有别的访客。而他内心的焦躁不安总是会浮到面上，把他带到那些"最奇异的地方"。一天晚上，他来到一家廉价体育比赛场所，里面正在进行摔跤和其他更常见的夜间活动，在那里他被一个年轻姑娘的脸吸引住了，"清秀、漫不经心、兀自沉思……"他没有上前搭讪，但第二天晚上回到了同一个地方想去找她——"我迷上了一个人，"他告诉威尔基·柯林斯，柯林斯原本是那个陪他进行这种"朝圣之旅"的人，但他现在回伦敦去了，"我想了解更多有关她的事情。但我猜，可能永远都不会吧。"这是一个名人的渴望，渴望回到一家巴黎"夜总会"去寻找一个不知姓名的姑娘。

他在5月初又一次回到英国，他本该待在伦敦的塔维斯托克宅里，但妻子的娘家人，贺加斯一家正住在那里，而他太讨厌这群人了，情愿住在多佛的轮船旅馆，一直待到他们走人。他在巴黎的时候就告诉威尔斯，"贺加斯一家人直到下个礼拜才离开塔维斯托克宅，在此期间，我连想一想他们的愚蠢行为就觉得难以忍受。（我觉得只要看一眼贺加斯家的早餐，我的身体就已经虚弱不少了。）"同一天，他又写信给马克·雷蒙，"我再也无法忍受想象那家人吃早餐的画面了……"而这个家庭他曾经那么欣赏，他曾经也那么喜欢乔治·贺加斯。哪里出了问题？一部分原因是贺加斯夫人的反常行为，这是一个性情极为非常反复无常的女人，但他对"那家人"的盛怒同他和凯瑟琳本人越来越疏远有更大的关系。要从头到尾搞清楚两人的关系是如何一步步疏远的，或许不大可能。不过，在已经引用过的那封给福斯特的信中，即狄更斯以生动语言描述了自己如何心神不宁的那封信中，他还像为自己开脱似的写道，"我觉得我家里那不可告人的丑事正变得越来越大……"所以说，这就是他对贺加斯一家厌恶之情的根源——用典型的狄更斯风格来说，他妻子似乎遗传了她父母身上所有不那么讨人喜欢的特点，而他因此越来越讨厌她。

这么多年以来，他一直都在抱怨她笨手笨脚、反应迟钝以及偶尔的心不在焉，这些对狄更斯这样一个反应快、爱整洁和果断的人来说尤为气人。正如我们之前所看到的，有些时候他对妻子容易怀孕这一点非常麻木不仁，何况她还患有产后忧郁症，并几乎恶化到了精神障碍的地步；狄更斯的表现就好像他自己对于孩子的降临不负有任何责任一样。关于他对妻子实际态度的说法不一，还是传闻和想象多于真凭实据，在这种事情上一般都是这样。《家常话》的一位年轻撰稿者就注意到，"去塔维斯托克宅做客的人都有目共睹，有一段时间，男主人和女主人的关系有点紧张；但大家一般都认为，这情形是因为狄更斯搞文学，性情易怒，而在狄更斯太太那一方面，主要是由于她有一点懒散和好安逸；但不管这些毛病有多让丈夫们恼火，这在结了婚、儿女成群的中年妇女中是很常见的。"

于是，狄更斯就住在了多佛的轮船旅馆里。他本希望能写写《小杜丽》，但事与愿违。他没有写作，而是去散步，一走就走上二十英里，这也已经成了他的惯例。他越是心神不宁，就越是觉得有束缚感，走的路程就越是长。多佛这座城市本身正"处于淡季"，在给《家常话》写的一篇文章里，他就描写了那些关门的商店、空无一人的剧院和废弃的游泳更衣车。他朝一家出售文学书籍的书店橱窗里望了望，看到了《浮士德，金色空想家》和《诺伍德的算命人》仍以六便士的价钱出售。他在唐斯锚地①上散步，在那儿遇到了"身着黑衣、流浪的一家人"，他给了他们"十八便士，这钱产生了很大影响，但他的道德训诫却没有产生任何影响"。这里我们又可以看到那个最本质的狄更斯，一个闷闷不乐、站在唐斯锚地上给一家流浪汉进行"道德训诫"的人。贺加斯一家一离开塔维斯托克宅，他就搬

---

① The Downs，英国多佛海峡中位于英格兰东南部和谷德文沙滩之间的近岸锚地。

回了伦敦；他妻子娘家人最惹他生气的一点就是他们都很不整洁，他这次回来后就在房子里扫地、清洗书房和客厅、"开窗通风、晾地毯，还把每个房间从地板到天花板都打扫了个遍"。地毯立在角落里，"像一个巨大的卷形布丁，而那些椅面朝下放着的椅子像是一只只死鸟，头冲下爪子朝上……"，最后这幅景象可以拿用滥了的"狄更斯式"一词来形容啊。然后，他回到了自己的伦敦生活中——在《家常话》的办公室里办了一场聚会，去德鲁里巷剧院看了一场戏，和麦克雷迪度过了一个晚上，参观了皮卡迪利街上的埃及展览厅①。他还获许登上了圣保罗大教堂的穹顶，去观看庆祝克里米亚战争结束而燃放的烟花和张挂的灯彩，在那里他看到了一个"灿烂辉煌的伦敦"，很像自己在《巴纳比·拉奇》里描绘的那个伦敦。

整个5月他都一直在写《小杜丽》，现在他对整个故事的发展已经心中有数了，所以给自己做的笔记和备忘录也都非常简短。因此，这个春天，他一边像以往一样亢奋地快步走在伦敦城里，一边还在描写着悲伤、荒凉的夏日伦敦，描写"一个阴沉、炎热、灰尘弥漫的晚上"，一个饱含"荒凉……"的城市。在这些章节里，他再一次给故事里注入了旅行者、他们驱车经过的陌生道路以及未知前途的形象。还有作为变化、遗忘和命运象征的泰晤士河的奇妙形象；"于是那些曾经在我们胸中、牵动着心的情感，就这样离开我们，漂向那永恒的大海。"这会不会也是他为自己对凯瑟琳爱意的消失而感到悲伤遗憾呢？

整整一个月他都待在伦敦，然后到了6月的第二周，他来到了布伦，而他的家人早就已经在穆里诺庄园里安顿了下来，准备在那里过夏天。原本就有八字胡的狄更斯又留了一个络腮胡，还穿着蓝色衬衫、扎皮带、戴军帽，约翰·福斯特管这身行头叫作"法国农民装束"。

他还有活儿要干。"现在又得工作了——工作！我希望，故事就摆在我面前，清晰而有力。要写出来不容易；但据我所知这种事情从来就不容易……"他正在写之前在伦敦起了头的那一期的最后一章以及整个下一期；就像他所承认的那样，写作过程中的确遇到了困难，但这主要是因为他现在必须准备第一卷的结尾，准备杜丽一家离开马夏尔西监狱的那一刻，以及小杜丽一想到即将获得自由而晕倒的那一刻。

---

① 一座埃及风格的展览厅，建于1812年，作为威廉·布洛克收藏品的博物馆。于1905年拆除。

正当狄更斯解决《小杜丽》的难题时，他还邀请了客人来布伦同他和家人一起住——其中有玛丽·博伊尔、马克·雷蒙、托马斯·比尔德和克拉克森·斯坦菲尔德——但他意识到，这些人都和自己太熟了，不会做出打断自己工作的事情。其他大多数的社交邀请他都拒绝了，甚至连约翰·罗素伯爵的晚宴邀请也不例外，因为他知道这种活动会搅扰并耽误自己的工作。他可以说是"在家"款待客人，在这种自我强加的安静生活中，唯一的变化就是他常常带着一些新的手稿或是校样穿越英吉利海峡回伦敦去。渐渐地，他快写到第一卷的结尾了，这时候才从校样中发现最后一章写得太少了。于是，他就加了一个马夏尔西监狱中其他债务人看着杜丽一家离开的场景："看得出来，这些笼中鸟见了这只即将获得自由而且如此庄严气派的鸟儿，有些胆怯，他们都会不由自主地想缩回到牢笼里去，在他经过的时候也都有些忐忑不安。"待在布伦的这段时间，狄更斯自己也养了一只笼中鸟，是一只他取名为"狄克"的金丝雀，这名字或许还挺贴切的。而且，最后离开布伦时，他还说整个庭院像一个"可怕的鸟笼，有各种草和繁缕缠绕着栅栏"。他在写这部小说时，周围到处都会浮现牢笼的形象，这一期间他还给威尔基·柯林斯写了一封简短的生平概略，补充说"我觉得自己像一只关在篷车里的野兽，趁看守者不在的时候描述一下自己"。也许，他觉得自己受到了监禁，但他心中就没有过一丁点儿的想法，觉得自己理应被监禁起来吗？

他把最后一章剩下的那几页带回了伦敦，三天之后，又乘坐福克斯通号回到了布伦；在那艘船上他发现了自己的老朋友昌西·黑尔·汤森德[①]。车辆轮渡在1856年尚未出现，但无疑已经有了它的19世纪中期版，而汤森德就坐在他那辆拖在甲板上的私人马车里。"我没办法，只好爬上他的皇家马车，"狄更斯写道，"然后我发现马车上四面都挂满了橱柜，里面装着各种药方、陈年白兰地、东印度雪利酒、三明治、橘子、甜饮、报纸、手绢、披肩、法兰绒、望远镜、罗盘、打簧表（用于在黑暗中确认时间）以及贵重的戒指。"这儿还有一则表现狄更斯天生讽刺能力的例子："他的目的地是洛桑，而且他还问了我一个非常奇怪的问题——'那个美国女演员威廉姆斯夫人是怎么让她的假发一直不掉下来的？'这时我意识到，那些以为他没戴假发的人都让他给蒙在鼓里了。"

---

① Chauncy Hare Townshend（1798—1868），英国19世纪诗人、牧师、催眠术师、收藏家。

　　狄更斯原本期望在穆里诺庄园至少再待上两个月，但布伦突然爆发了霍乱，于是全家人不得不在8月底匆忙赶回英国。孩子们同他们的母亲先回国，然后是狄更斯，最后才是乔治娜。这样错开着离开是有必要的，都是因为郁郁寡欢的布库先生①，所有相关的安排都缩短了。横渡海峡的航程并不顺利，至少对狄更斯来说是这样，而且同船的一位旅行者观察到他随身带着"一瓶顺势疗法的小药丸"；事实上狄更斯在这种情况下总是习惯喝一剂鸦片酒来缓解胃的不适，当然还有自己紧张的情绪，而且到了后来鸦片酒（或是鸦片酊）成了他的一种必备缓解药剂。

　　一回到塔维斯托克宅，他就再一次投入到《小杜丽》的创作中，尽管他已经开始了第二卷并且"写得很是努力"，他现在的进度还是落后了，而且开始无法保证在出版前完成两个月的内容。他甚至还在最后阶段加了一个章节，这说明尽管他心里对故事如何发展至结束十分有数，但他还是在局部上遇到了一些困难。与此同时，他还发出了为下一轮《家常话》圣诞特刊征集故事的指示。其中一则由狄更斯本人撰写的故事题为《船难》，记述了轮船失事的旅行者所遭受的恐怖事件，论及了一个探险者身陷困境的主题。这是他又一次详细描述绝境中的痛苦，而且他告诉威尔斯，"我从没像写这篇文章一样写得这么轻松自如，或者说，这么感兴趣且有信心"。在11月创作的那几章《小杜丽》里，也出现了船只的意象，但"船难"这一概念远远超过了他平常对大海及其相关事物的兴趣；在这个故事中，一个金发女孩露西的死成了最重要的主题；不论是在思想上还是内容上它都和一个男孩之死有关——船失事了，船上的旅客带着这个孩子穿过了好望角——他好多年前读到过这个故事，最近还赋诗纪念过。还有人猜测，圣诞故事里的"金发露西"和露西·斯特洛格希尔有关，这是他小时候住在欧德南斯街排屋时的一位邻居小姑娘。所以说，童年的记忆在一则关于痛苦和绝望的故事里再次浮现。这一年最后一个月，他还在《小杜丽》里写了有关婚姻的片段："……（马车）在一条平整的硬路面上平稳地行驶了一会儿，然后便开始颠簸起来，穿过一片绝望之渊②，通过了一条满目残骸和废墟的漫长道路。据说，还有其他新人的马车从这条路上驶过，不论是从古至今还是从今往后……"《金玛利的遗骸》，《小杜丽》，这

① 穆里诺庄园的房东。

② Slough of Despond，约翰·班扬《天路历程》中毁灭之城与主人公克里斯琴开始旅程的大门之间那一块深沼泽地，后用于形容绝望状态。

两本书中都有旅行者。旅程突然停止，残骸，破裂的婚姻，消失的爱情，唯有死亡才能带来的解脱。狄更斯觉得出奇的不舒服；"消化问题，或是脑袋或是神经的问题，或是那一类的奇怪障碍……"他正生活在"和往常一样的喧闹"之中，这是他小说的最后几个词，但就像他在结尾之前写的一封信中所说的那样，"在残骸之中非常平静；您上了年纪的朋友随着杜丽之流滑走了，接连好几小时都忘记了身边的喧闹。"又出现了船只残骸的意象。他在"残骸"之中继续工作着，一直工作到了下一年，象征他婚姻尽头和开始全然不同生活的一年。

二十六

　　1857年1月，狄更斯和柯林斯南下到布莱顿待了几天。在那里的时候，剧场经理兼演员本杰明·韦伯斯特给他读了一个剧本——《枯萎之心》。讲述法国大革命时期自我牺牲、顶替他人上断头台的故事。狄更斯对这个故事印象深刻，两年之后将它用在《双城记》中。狄更斯一生都在使用此类外界的影响或巧合来加强自己的想象力，丰富自己突如其来的创意。比方说，在去布莱顿之前，他参观了伦敦动物园，在那儿看见了吃活豚鼠和活兔的蛇——"……从那之后，所有桌子脚和椅子脚在我眼中都成了蛇的样子，吃着所有可能及不可能的小生物……"这就是为什么他在布莱顿创作《小杜丽》期间这么描写里高先生的手："一根根手指柔软地扭曲着，像蛇一样一条缠着另一条。克莱南心里不禁直哆嗦，好像他正在看着一窝蛇似的。"狄更斯在动物园就是这个感受。

　　他开始了第二卷第二十八章的创作，而现在又不得不准备最后一个合刊和整本小说的结尾。他非常细心地整理了笔记，而且为了方便自己回顾已经写过的内容，他用一系列备忘录总结了故事情节。几天之后他回到了伦敦，但又南下来到格雷夫森德，一部分原因是为了在安静的环境中完成这本书，另一部分原因是为了监督盖茨山庄的修缮工程。但他在5月初就回到了伦敦，而且就在塔维斯托克宅的书房里完成了《小杜丽》。这段时间里，他一直在给一位名叫艾米丽·乔丽的小说家写信，并在信中恳请她在作品中"为高尚和真理而奋斗"；他自己处理《小杜丽》的最后几页时也是本着这种精神。毫无疑问，这本小说中存在着一种宗教意味。"将黑暗和复仇与《圣经新约》相比，"他在工作笔记中如此写道，而且在描写伦敦的一次日落时，他也引入了这种新的人生意义。"一道道巨大的光线从一个光芒四射的中心散开，照着整个辽阔静谧的苍穹，倾泻在早早露面的星星之间，像神迹一般，预示着给人和平与希望的圣约，那将荆棘王冠变成光环的圣约"。

《小杜丽》的销量很好，并一直保持到了连载结束，而且最后一个合刊完成时，其发行量已经达到了约两万九千份。狄更斯在前言中对自己读者的数量发表了评论，并重复了他在《荒凉山庄》结尾使用过的那句话——"愿我们下次再见！"如果他费心去了解一下的话，就会发现评论界的反应可没那么振奋人心。事实上，大多数评论家认为这本书非常失败，是一本差劲的小说，标志着狄更斯文学才华的衰退；这种反响在一定程度上有利益斗争的成分，一定程度上是"知识分子圈"对一个通俗作家的反应，一定程度上也是摧毁一个偶像的需要。《布莱克伍德杂志》说该书就是在"胡说八道"（狄更斯无意间看到了这则评论，让他至少苦恼了那么一小会儿）。早期的一名狄更斯传记作家写了一本六便士的小册子，在第二年出版了，此人在小册子中说《小杜丽》和《荒凉山庄》"在普通读者间的口碑并不怎么样，和评论家的评价差不多"。就是在这个时期，一套精美的狄更斯小说图书馆保藏版本首次开始出版（这是他"开发"自己版权的又一种方式），一位评论家在看过这一版本后认为，"我们不敢肯定，他的书是否会成为不朽的经典……"但狄更斯是怎么看待这些批评的呢？几周之后，他和汉斯·克里斯蒂安·安徒生一起散步，安徒生当时正因为自己新书受到的评论而伤心（事实上，有人看见他趴在盖茨山庄的草坪上哭泣）。"千万别让自己为这些报纸而心烦，"他告诉安徒生，"人们不出一周就把它们给忘了，但你的书能经得起时间的考验并留在人们记忆中。"他们在路上走着，狄更斯用脚在泥地上写了一些字。"这就是评论文章，"他说，然后他又用脚抹去了那些字，"就像这样，它就不见了。"

完成《小杜丽》便意味着他可以彻底将注意力转向盖茨山庄。为了监督自己安排的修复工程，他经常去肯特郡，但直到现在他才真正开始搬进这个新家；和往常一样，他忙着催促还留在山庄里的各种工人，这些人都不料自己竟会"活生生让他挤出时间来"。他要求工人加快速度的原因是想让凯瑟琳在5月19日来这里，那天是她的生日，而且到时候还会有威尔斯、柯林斯和比尔德——胜似家人的朋友——加入他的家庭聚会。但这只是个预备性的"乔迁庆祝喜宴"，6月1号全家人都南下来这里度夏；与此同时，塔维斯托克宅交给了凯瑟琳的老女仆安妮·布朗照看，这样常常回伦敦处理工作事务的狄更斯就可以随时住在那里。

这段时间，狄更斯也在忙着准备《圣诞颂歌》的朗读会。6月底，他在莱斯特广场附近的圣马丁礼堂里朗读了自己的故事。在他上台几小时前，整个礼堂就挤满了人，据《泰晤士报》报道，"因为空间不够而被挡在门外的人太多了，早在朗诵会开始很久之前整幢楼里就贴满了布告……宣布本月24号同一地点将再次举行'朗诵会'"。《街谈巷议》认为，许多人来只是"为了看一眼这个多年来非常熟悉却从未谋面的朋友……"——这很好地提醒我们，当时摄影技术尚处于发展早期，（M·达盖尔[①]的新摄影法直到1839年才得以完善）那些熟悉狄更斯作品的人并不一定也熟悉他的长相（不过同一年，也就是1857年2月，他声称自己如果去了印度剧院，就会有遭"围攻"的危险）。《街谈巷议》给那些没见过他的人提供了一个简单的肖像描写：一个四十六岁的男人，棕色长发，留有八字胡和锥形的络腮胡。这位记者和其他人一样，也注意到他在发"s"音时，会稍微有些咬舌或发出嘶嘶声。狄更斯一出现，全场响起了经久不息的掌声，"差点导致朗诵会延期"。这次活动很成功；特别引人注意的是狄更斯富有表现力的眼神、手部动作、控制良好的声音和他戏剧化地呈现各个人物说话方式的能力。朗诵结束的时候，"观众席中突然爆发出一阵欢呼声，久久停不下来，其中混杂着挥舞的帽子和手帕"。

在准备这些朗读会的同时，狄更斯还在和他的业余演员们排练《冰渊》；这是一出以北极为背景的话剧，表面上是柯林斯写的，但狄更斯对其做了大量修改。他还得处理所有灯光和布景的细节（他是《冰渊》灯光方面的专家，这一点也给认识他小说中的相似效果提供了一个有趣的角度）。一位参与了这些活动的人士记得，他会在楼座上"一只胳膊放在手上，一边看着背景幕一边认真思考着它们在第二天晚上演出时的效果，或是像个换景师一样在道具间踱来踱去。"但他在其中担任的职责不仅限于此，至少有一次他还当起了售票员。有一位希普金斯先生记得，狄更斯"跟我说一个约克郡人订了一张票，并告诉他（自然不知道他是谁）这次千里迢迢来就是为了看他"。狄更斯没有告诉这位仰慕者自己的真实身份，而希普金斯委婉地表示，这位约克郡人事实上可能是失望而归，因为狄更斯不像平

---

① 达盖尔（Louis Daguerre 1789—1851），"银版摄影技术"发明者。公元1839年1月9日他在法国科学学会上宣布自己的这一发明。之后被命名为「达盖尔照相术」。

常那样摆出一副"轻松活泼的样子"而是"看上去眉头紧缩、忧虑憔悴"。

他一直处在忙着朗诵会和话剧演出的循环之中，这期间只有在南下去南安普顿送别儿子沃尔特时才有过一次短暂的中断。沃尔特要去印度了。他之前以实习生的身份加入了东印度公司，在英国接受了适当的培训后，十六岁的他现在准备扬帆出海了。事实上，他这是起航驶向生命终结的地方。六年后他离开了人世，而狄更斯再也没见过他，这是发生在他孩子们身上众多悲剧和失望事件中的一件；就好像，他自己的巨大成功在他的后代身上留下了某种瑕疵。就好像，这是某种血缘上的抵消形式，他们必须失败。狄更斯总是觉得沃尔特"有一点儿迟钝"，虽然有不错的"责任"感，却没有任何"过人的能力"；毫无疑问，狄更斯能从儿子身上看到他母亲的一些影子，而我们在这个孩子现存的照片中就能看出一丝"倦意"，和凯瑟琳的神情一样。但此时此刻，在这分别之时，狄更斯写道，"我到今天都不明白他怎么会是我的儿子，而我又怎么会是他父亲……"不过，看着查理和沃尔特在自己面前登上通向轮船的跳板，狄更斯又在他们的身影中看到了年轻时的自己。他一直觉得道别是件很困难的事情，但现在，忧虑不安的他开始相信，"不管怎么样，'人'的最佳定义可能并不是'（对他的罪孽来说）一种会道别和辞行的动物……'"不过，并没有证据表明，狄更斯是对沃尔特的离去感到特别难过是因为沃尔特的缘故；他的哀伤是一种总的状态，没有具体原因，而看到儿子离开时的反应也是因为想到了那个年龄的自己。对他来说，这种怜悯之情似乎是一种自怜，就像他在和儿子道别时也在和自己的某一部分说再见似的。

紧接着，伊拉斯特来逊剧院①里又上演了两场《冰渊》，在其中一场表演结束后，大曼彻斯特画展的经理约翰·迪恩问狄更斯是否愿意去曼彻斯特的新自由贸易礼堂演出。狄更斯北上来到曼彻斯特举行《圣诞颂歌》的朗诵会，就顺便视察了这座礼堂。这地方对戏本身来说肯定很适合，但对乔治娜和她的女儿们来说显然是太大了；她们没有受过舞台表演的专门训练，在这样一个能容纳超过两千人的建筑中肯定是既听不到她们的声音也看不见她们的人影。在其他公演中她们表现得都非常出色，但现在是时候找职业演员了，于是他从曼彻斯特回来后的第二天就开始物色演员。

---

① Gallery of Illustration，位于伦敦摄政街14号的一个表演场地。

奥林匹克剧院的经理阿尔弗雷德·维根一起帮他找演员；他已经在自己的剧院里雇了两位女演员，范妮·特楠和玛利亚·特楠，在狄更斯的建议下问她们是否愿意出演《冰渊》。维根又向狄更斯推荐了她们的妹妹爱伦·劳乐思·特楠和她们的母亲弗朗西丝·艾琳诺·特楠。于是特楠一家就进入了这段历史。一个原本默默无闻的家庭、一大家子勉强糊口的女演员，现在进入了查尔斯·狄更斯耀眼的光环中。不过那家人中至少有一个人情愿待在光线柔和的阴影里。

在《冰渊》上演的那一年有不少关于特楠家姑娘的消息。大女儿范妮在谈到自己的家庭时说，"我们都是容易紧张的演员，但我们有自己的弥补方式……"大多数人都认为范妮是三个姐妹中最聪明的，事实上她后来还写过小说和其他类型的文章；玛利亚性格最活泼且最有趣；在这家人的一个至交口中，年纪最小的爱伦"外柔内刚"。她也是家中最没有天赋的演员，尽管很早就接触戏剧，她扮演的角色似乎从来都没有给人留下很深的印象。换句话说，她是继承家族事业而不是因为有这方面的才华而当的演员。但由于她身上有一些东西深深地打动了查尔斯·狄更斯，或许我们能从对她性格的全面分析中进一步了解小说家本人。她演《冰渊》时只有十八岁，和狄更斯的女儿凯特一般大。事实上，她出生在罗彻斯特，叔叔是位驳船主，当时仍住在那里。也许有人会说，出生在一个处于狄更斯想象世界中心地位的城市是一个巧合，但事实上——这位小说家本人也知道——其实世上并没有巧合这回事儿。"就像这样，日日夜夜……不可思议地来来往往，互相见面、互相影响，我们所有这些永远停不下来的旅行者就这样走在人生的朝圣之路上。"很显然，狄更斯在曼彻斯特演出前就知道特楠一家；这家的父亲曾在罗彻斯特的皇家剧院演出过，当时狄更斯还是个孩子，而且他也有可能在20年代晚期柯芬园的舞台上见过特楠夫人。不管怎样，他肯定也从麦克雷迪那里听说过特楠一家，麦克雷迪和他们很熟而且还和特楠夫妇一起演出过。当狄更斯和她们见面时，他其实是在见一群熟人，他非常熟悉并一直非常欣赏的人。他或许甚至已经在台上见过爱伦·特楠，因为四个月前她在秼市剧院里演出弗兰克·塔尔福德剧作《阿塔兰特》，扮演希波墨涅斯。据说，他曾在"幕后"安慰她，因为她担心自己女扮男装穿的戏服太露了；但这显然属于那种围绕伟大作家的生活不断冒出的杜撰故事。他确实在《冰渊》上演期间安抚过玛利亚·特楠，但就像人们说的那样，这是另外一个故事了。

那这段时间爱伦本人是什么样的呢？狄更斯的女儿凯特说她"个子娇小、头发金黄、非常漂亮……"她还说她算不上一个特别好的演员，但"她很有头脑"。《纪元》周报说《阿塔兰特》中的她是"一个面容俊丽、身材匀称的舞台新秀"，但也注意到了她在台上明显缺乏信心，而她本人也说台上的自己"身子像棵橡树，脸像个铜锅"。虽然别人都觉得她漂亮，但她自己并不这么认为，这可能和她有两个更活泼的姐姐有关系。她似乎偶尔还会犯偏头痛和"荨麻疹"——现在一般认为这是一种由情绪紧张导致的皮肤病；所以我们完全可以把她想成一个有些紧张焦虑的年轻姑娘。在之后的人生中，她显得更加能干聪明；她一位密友的女儿，海伦·威科姆评价说，她后来是一个机智、热心、可爱、迷人、有教养且心地仁慈的人。或许这一长串赞美之词听上去有些太过恭维，那么这同一位评论者还补充说，她有时候也会"欺负"家人，她会把丈夫"当作一块人肉门垫来踩"，她在女儿们二十五岁之前一直都读她们的信，而且当"她不能随心所欲时"就会大吵大闹，场面格外失控。她有时还会"非常恶毒地取笑别人"，并且"性格刚烈脾气暴躁"。

就是这个年轻姑娘将狄更斯心中最危险、最强烈的情感召唤了出来。他第一次遇见她和她的母亲及姐姐是在《冰渊》的彩排中，彩排紧锣密鼓地进行了三天，然后所有人乘坐火车北上来到曼彻斯特。从狄更斯的记述看，一开始他似乎对爱伦的二姐玛利亚印象最为深刻——至少是对她在评价他的演出时那种难以抑制的感情印象深刻。她已经看过这部戏，据狄更斯说，她抵达彩排现场时说，"狄更斯先生，恐怕我永远也受不了这部戏；我之前看戏的时候太动情了，希望你能原谅我今天上午一直在发抖，因为我害怕自己失控。"她也许说了类似的话，但这实际记录下来的话明显带着狄更斯自己半编半造的特点；我们都知道，"我害怕自己失控"是他最喜欢的一种说法。而在狄更斯这同一段对话的另一次记述中，她说的是"我看这出戏的时候一个劲儿掉眼泪，我都有些怕这戏了，我都不知道该怎么办。"这听上去更像是她当时说的话。

该戏于8月21日在新自由贸易礼堂开演，而这一晚的风头都是狄更斯的。威尔基·柯林斯回忆，"他把观众都震慑住了"。用狄更斯自己的话说，"能让好几千人都惊呆了一动不动地僵在那里，并牢牢控制住他们的情绪……看见那些不易动情的木工一晚接着一晚颤抖着哭泣，这种感觉可真是棒啊。"哭的不只是那些木工。

戏快到尾声的时候，玛利亚·特楠得把奄奄一息的狄更斯放在自己大腿上，轻轻抱着他，而且"那天晚上演到那一幕时，她的眼泪滴在我的脸上，顺着我的胡子流淌下去……顺着我破破烂烂的戏服流下去——就像下雨一样淋了我一身，我只能这样形容她的眼泪。"

演出最后一晚自然举行了庆祝派对，但狄更斯很早就上床了，原因就是爱伦·特楠。"自从《冰渊》演出最后一晚，"一段时间之后他写信给威尔基·柯林斯，"我就再也没有得过一秒钟的宁静和满足。我真的觉得，从没有人像我这样被一种情绪控制得那么牢，折磨得那么痛苦。"他已经回到了伦敦，但陷入了一种极度心神不定、阴郁沮丧且痛苦烦恼的混乱状态中。最后，一直以来用辛苦工作、长途散步、生动的戏剧演出和满满当当的安排来压制住的情绪，终于爆发了。他没法逃避这种情绪，它一直都潜伏在他心中——这种疲倦、痛苦、空虚和他童年时的感觉那么相像。那种"遭到忽视、了无希望"的感觉；自己生活中"痛苦的空虚感"；"我觉得自己的心像是撕裂了一样"——所有这些话都来自他对自己童年的记忆，但也完全可以用来形容他这段人生时期。所有这些从前的感觉都因为见到一个年轻、迷人而无法企及的姑娘而触发，现在又因为觉得自己岁数越来越大、生命快要走到尽头而更加恶化。福斯特在谈到他朋友这段人生时期时说："他没有一座'理智之城'来抵挡外部的问题或是寻求内心的慰藉和庇护。"但这么说狄更斯就有点不公平了，他在自己的小说里确实有一个"理智之城"。但他不得不承受自己天赋所带来的不利影响；恰恰是那种表现为想象力的敏捷、兴奋和缺乏自制力的特点现在让他如此焦躁不安、伤心和绝望。见过太多风景，经历过太多事情，也太容易幻想出失败和痛苦的形象。也许在这样的时刻，他太易产生悲怆和煽情的感情。所有这些让他成为一名伟大小说家的特点现在都对准了他自己。不过，在狄更斯的人生中总是能找到别人怪罪，随着自己的苦恼不断加剧，他对妻子的不满也越来越强烈；"……对我们两个人来说，这么多年以来情况并没有好转，都有些受不了了，"他告诉福斯特，"而且，为了她也是为了我自己好，我自然希望能有一些改变。但我心里很明白这是不可能的。这就是事实，我能说的就只有这些了。"几个月前他曾在《家常话》中写道，"在现行的《离婚法》规定之下，我们永远无法逃脱婚姻的束缚或是从中得到任何宽恕……"

但他不是一个愿意听天由命的人。他密切关注着爱伦·特楠，而《我们共同的朋友》——一部在一定程度上和无法控制的强烈感情有关的小说——中的一些话放在这个语境中也许显得意味深长："是您将我吸引到您身边。就算我关在戒备森严的监狱里，也会在您的吸引下逃出来。我会冲破高墙来到您身边。就算我躺在病床上，也会在您的吸引下爬起来——跟跄着走到您面前然后倒在您脚下。"这些情感足够叫人心生畏惧，而狄更斯在书中紧接着评述道，"这个人疯狂的精力现在彻底释放了出来，真是太可怕了。"

10月初，爱伦·特楠加入了秣市街的皇家剧院，而且之后两年中大部分时间都待在那儿；这一工作地点的变换看似很寻常自然，但事实上狄更斯为谈成这份工作所起的作用非常大。因为那个月中旬，在爱伦进入该公司后，他感谢了经理巴克斯通，感谢他帮忙把事情安排得那么顺利；"不用说你也明白，我对那位年轻姑娘的兴趣并不会因为这一安排而停止……"与此同时也发生了一些事，进一步导致狄更斯和妻子的疏远。到底发生了什么事，这无从而知；两个人之间存在许多误解，而从狄更斯本人对埃米尔·德拉茹的诉说看，凯瑟琳经常因为他和其他女人的关系吃醋，而且总是会怀疑最坏的情况。最终，事情到了无法挽回的地步，狄更斯对凯瑟琳感到彻底厌恶。10月11日，他让她的女仆安妮·布朗彻底改造了他和妻子的卧室；本来是一间合用的屋子现在分成了两半，从此以后狄更斯就一个人睡了，和妻子隔着一个隔板。他开始远离她，而且真正将自己封闭起来，和她隔开。三天后，他和凯瑟琳吵了一架，然后离开了塔维斯托克宅；他睡不着觉，凌晨两点下床，一路走到了盖茨山庄。这条路大约有三十英里。"这条路在晚上显得那么荒凉孤寂，"他之后写道，"我快听着自己单调的脚步声睡着了。我保持着一小时四英里的速度，就这么走了一英里又一英里，没有一丁点累的感觉，只是止不住地打着盹还一直做梦。"他走了七个多小时。在边走边做、断断续续的梦中，他写诗、说外语，还觉得自己会在一家"阿尔卑斯山上的修女院"里吃早饭。走了整整七个小时，完全没停过。在这离奇的夜间远行中他还梦到了什么呢？没过几周，他和沃森太太提到了这位神话故事里的公主，"你不知道，我爱她爱得多么疯狂！"事实上他不止一次拐弯抹角地将爱伦形容成一个从故事书里走出来的"公主"。但你说这多奇怪，对他来说，她更像一个他想象世界中的角色、他内心欲望中的虚构人物，而不是一个活生生的人。就算在狄更斯炽热的激情之中，我们或许也能找到"捏造者狄更斯"的影子。

　　但狄更斯也一直都是那个展现在公众面前的狄更斯，就算在这些日子里他也继续工作；他忙着《家常话》，忙着演讲和各种约定的事情，忙着杂志的下一个圣诞特刊。至少，对于后者来说，他很快找到了一个相当充分的主题：当年早些时候印度爆发了叛乱，印度本地人对当地的英国人进行了大屠杀，这似乎激起了狄更斯的盛怒，中间多半还混杂着他自己的不满。他举办了两场《圣诞颂歌》朗读会，一场是为考文垂的工人成人学校办的，另一场是为罗彻斯特的一个类似机构而办的。他在11月底发出了许多请柬，邀请朋友们来"家中"吃饭，所以说在狄更斯家里至少还是在表面上装出了，或者说，存在类似于正常家庭生活的感觉。但这一年塔维斯托克宅里没有举办圣诞聚会。

　　不确定性在新的一年里依旧纠缠着他。他不确定是否该开始一部新小说；他曾在笔记中记下了在《冰渊》期间想到的主意，但他还没法静下心来写这么长一部作品。他想要有些什么东西来转移自己"焦虑的心思"，让自己心无杂念，可他发现这是生平第一次完全无法克制自己。他仍然打算在夏天创作新小说，这样一来也许就能在秋末出版了；他甚至还想好了一个标题，很有不祥预感的那一种，叫《总有一天》；可是啊可是……

　　可是，3月的时候他开始认真计划一个朗诵会季，时间长、范围广，始于伦敦然后扩展到外省，不过他还是很敏锐地意识到了将自己变成（本质上是）一个公众艺人所带来的潜在危险。当然，自从40年代早期以来他就一直在强调小说家这一职业的尊严和价值，而现在他开始了和朋友以及出版商的一系列对话，想要考察一下这一职业是否会因自己的新角色而受到任何贬低。他就可能对自己小说产生的影响询问了布拉德伯里和埃文斯；当然也和福斯特谈了谈，他似乎是朋友圈中唯一一个反对这个主意的人，他认为这会让狄更斯失去影响力和可信赖性。但狄更斯似乎在向朋友们征求意见之前就已经下定了决心，所以他马上忽略了福斯特的反对，认为其"不合理"。其实，当月底他就制定好了计划；他将在伦敦以及其他省份朗读《圣诞颂歌》，并希望在巡演结束的时候能净赚"一大笔钱"。

　　一大批观众聚集在伦敦的圣马丁礼堂，来听他的第一场朗诵会。狄更斯走上台，纽扣孔里插着一枝花，手上戴着手套。他没有表现出任何紧张的迹象，但据埃德蒙·叶慈说，他"走起路来相当僵硬，右边的肩膀还向前倾了许多"；但他一下子就收到了"震耳欲聋的欢呼声，在查令十字街或许都能听到"。狄更斯一直表现得很镇定。在开始朗读之前他发表了一个声明。他说，他决定开始将"朗诵作为我的一个正式职业，并自担风险"，他接着又说，"首先，我确信，这不会对文学作品的声誉和独立性产生任何损害。第二，我一直以来都持有并奉行这样一个观点，那就是，在当今的时代任何能让公众人物和公众在互相信任、互相尊重的情况下面对面的事情，都是好事情"。然后，他又谈及了自己和读者之间近乎"私交"的关系。"很自然，这就是为什么我此时此刻来到这里，来到你们中间；这就是为什么我接下来要读这本薄薄的书，就像我在写它或是以另外形式出版它时那样从容。"其中一位听众记得狄更斯"口齿清楚，好像特别希望他的听众能仔细斟酌他说的每一个字……"其实，狄更斯是在试图说明，这是他职业自然的发展阶段，几乎不可避免，而且在公众面前朗读没有什么不寻常，这只会让他和读者之间已有的联系更加牢固。他有这种观点是毋庸置疑的；但他当然也漏说了让他做出办朗诵会决定的两个最迫切的原因。他没有提自己狂热的不安情绪——毁了自己家庭幸福并几乎驱赶着他从事这一新活动的不安情绪，他也没有提自己想在相对较短的时间内挣一大笔钱的愿望（但向朋友们坦白了）。

当然，他还是承认自己遇到了问题，而且对朗读《钟声》显得特别紧张。"跟你说实话，"他告诉托马斯·比尔德，"读到那些更为动人的部分时，我还不能（而我已经练了整整一个上午）保持足够的镇定，还不能以必要的力量和矜持来呈现它们。我得像麦克白夫人那样让自己狠下心来。"他这是在无意间发现了此类工作的真正秘密：要想打动听众，自己绝不能动情。他决心练成这项工作所需的任何技能；他这一辈子都在接受各种挑战，就是为了能夺取胜利。而现在他知道自己不得不这么做。"我必须做点什么，"他告诉福斯特，"要不然我的心力会消耗殆尽的。"在这话里，办这些朗读会最重要的一个原因再次浮现了；家庭生活痛苦不堪并且对爱伦·特楠的渴望无法得到满足，这样的现实推着他不断向前，而且"就算是朗读会所付出的体力和带来的变化也不错，可以作为忍受这种生活的另一种方法"。他甚至可能在特楠夫人（或许还有爱伦）面前排练过朗读，因为她对朗诵发声的技巧懂得很多。于是，他就这样开始了，对一个年轻姑娘的爱意无法得到满足改变了他的人生。

二十七

　　狄更斯曾对一个女演员"以他那急促、热切的方式，还略带一点口齿不清地说，'啊！人年轻的时候总想快点变老，可年纪越来越大的时候又想变年轻……'"。正是在这种态度下，狄更斯即将准备妥当一系列永远改变他人生的事情。"有谁能想到或预言到，"珀西·菲兹杰拉德之后写道，"公元1858年，他人生的整个结构竟开始摇摇欲坠，一个不可思议的变化竟会突然发生。毫不夸张地说，这确实——我记得很清楚——让我们都惊讶得喘不过气来……"如果狄更斯能够准确预见将来发生的事情，他会改变自己的做法吗？不会。没有任何意愿能和他自己的意愿对着干，而且在这样一个看似重新经历了童年痛苦和遗弃感的时候，他再一次表现出了曾激励自己早年的坚定意志、反对社会障碍的热情以及自我改造的信念。这是他的第二场战斗，即使在本质上是一场对自己的战斗，而且他绝不会临阵脱逃。在这种时候，他大部分的人生和奋斗对他来说都像是一场梦，而现在他的梦又怎么样了呢？"就在昨天晚上，"他在3月中旬告诉麦克雷迪，"我在梦里正一心一意要越过一片障碍，但双手双脚都给捆着。我觉得，我们醒着的时候差不多也都是这样的吧？"

　　1858年初的几个月里，他对凯瑟琳依旧很不满，但他在提到这件事时的语气却带着一些严肃的厌倦和忍耐感。"必须忍受这令人压抑的失败婚姻，"他对福斯特说，"总会有个尽头。"不过。5月初发生了一些事情，让他对自己不幸的婚姻现状产生了远远超过厌倦的情绪。有一两个具体的插曲对接下来几个月的事情产生了影响，尽管插曲本身掩藏在一片流言和猜测之中，并不为人所知。其中一件事和一小件首饰有关。在演出季结束的时候奖励业余剧组一些"纪念品",这对狄更斯来说很寻常;比方说,负责狄更斯话剧表演中音乐部分的弗朗西斯科·伯杰就收到了一对衬衫袖链扣。他也给了爱伦·特楠一件首饰。有些说法认为狄更斯给了她一个装有他肖像照或刻有他名字首字母的胸针,又有一些说法认为他给了她一个手镯。不管具体是什么东西,总之,1857年秋这位年轻的女演员收到了一件礼物。关于凯瑟琳是如何发现这件礼物的,也是众说纷纭;有人说这枚胸针需要送去修理,而负责修理的珠宝商看见查尔斯·狄更斯的照片或首字母后便将它寄回了塔维斯托克宅。乔治娜把这事告诉了凯瑟琳,凯瑟琳便"拿着梳子和毛刷砸她的丈夫"。但又有人说,是那个珠宝商通知狄更斯太太"她的"手镯已经修好可取,这时候她才发现了丈夫给那位年轻女演员的礼物。这两种说法又让另一件事给搅得愈发让人糊涂——据说,在这起胸针事件中,乔治娜·贺加斯向凯瑟琳告密的原因是她嫉妒特楠太太。爱伦·特楠在人们口中也成了狄更斯的"教女"。换言之,你能想到道听途说和谣言风闻有多混乱,那么这些流传的说法就有多混乱。但不管真实情况如何,狄更斯就是在这个时候决定必须和妻子分居。

他希望这个分居的实际过程能够尽可能在私下解决且尽可能谨慎低调处理;像他这样拥有重要公共身份的人不能不这样行事,于是他向妻子提议,两人应分开生活但在表面上依旧维持夫妇的样子。一开始他建议她在塔维斯托克宅独住一间自己的屋子,但仍以女主人的身份出席各种聚会。这对他自己来说是一个干净利落、可以接受的解决方案,但不大可能受到凯瑟琳的欢迎,因为这就意味着她不得不过一种伪装的生活。然后,狄更斯又建议两人轮流住在镇上和郊外——她住在塔维斯托克宅的时候他就住在盖茨山庄,反之亦然;他似乎还有过让凯瑟琳一个人住在国外而自己和孩子们留在英国的念头。当然,凯瑟琳拒绝了所有类似的建议;或者说,她和他的娘家人都不同意。面对丈夫突如其来想要切断所有婚姻和家庭关系的愿望,她无疑非常困惑,于是便向她的父母寻求建议和安慰。她妹妹乔治娜似乎用沉默支持了狄更斯这一新安排,如果他的愿望成真,那她必然将扮演一个更加重要的角色,不过,不论狄更斯家中人员如何变化,她这有些反常的身份处境都会变得(本来也是)非常不自在。

提出非正式分居的建议遭到拒绝后几天,狄更斯就再次提议,让凯瑟琳在别处安家,而他会给她一年四百英镑的补贴外加一辆布鲁厄姆车——后一件物品,这辆马车，说明狄更斯确信自己能用这种方式将所有事情都"了结"。毫无疑问，他似乎决心要做成一件像他小说一样安排周密的事情。后来他还声称离开家这主意是凯瑟琳自己先提出来的，但这明显不是事实：不管她作为一个母亲有怎样的缺点（只有乔治娜和狄更斯委婉表示她有缺点），但她从没有过抛弃自己孩子的想法。是他想让她走，但贺加斯一家开始积极参与到协商中，狄更斯想要干净利落地解决这件事的愿望就破灭了。慢慢地但也是不可避免地，他被拖入了一场旷日持久的争论之中，而他随后做了一些不同寻常且在某些方面无法解释的行为，其中一部分原因或许就在于他对整件事失去了控制——这种情形在他人生中算得上非常罕见，而且他的确不知道该如何应对。贺加斯夫人赶来塔维斯托克宅和凯瑟琳同住，而第二天狄更斯就离开家搬进了威灵顿北街的办公室里。福斯特被委派全权代表狄更斯（他将负责直接和狄更斯嫌恶的贺加斯太太谈判），而双方也同意让共同的朋友马克·雷蒙作为凯瑟琳的代理人。

于是，5月的前两周半，福斯特和雷蒙同凯瑟琳和贺加斯太太一直在试图制定一个恰当的分居协议，让双方都满意且不用闹上法庭。但狄更斯原本想让这件事保密的希望无可避免地落空了；关于这即将到来的分居传出了许多谣言，而且谣言又招致更多的谣言，事情往往就是这样。说他和一个女演员私通，这个人是秣市剧院的一个女演员。爱伦·特楠？玛利亚·特楠？特楠夫人？似乎没有人能确定到底是谁。还说狄更斯夫人给秣市剧院写信，证明那个女演员是清白的。说他和这位女演员私奔到了布伦。然后还传出了更加破坏名誉的谣言来，说他和自己的小姨子有一腿。乔治娜·贺加斯，说她给他生了孩子。更惊人的是，事实上是贺加斯家的人散布——或者说——贺加斯一家至少在一开始没有否认这些关于乔治娜的谣传。这里的关键是，乔治娜选择了和狄更斯及其孩子待在一起，而凯瑟琳却被迫离开他们，除此以外，她很有可能老早就知道了狄更斯想和妻子分居的计划；在这些事发生前几个月里他给她写的信中就可以发现，他完全把秘密都透露给了她。结果，她的母亲和妹妹海伦便对她产生了不满；她还是这位伟大作家的心腹，而她们却遭到了遗弃和鄙视。那么多伤人的恶言恶语会不会就是源自于这种妒忌？就算再好的家庭也会发生这种事情。"问题的关键不在我，而是别人，"狄更斯后来写信给麦克雷迪。"其中最主要的——在世上所有人当中——是乔治娜！狄更斯太太的软弱以及她母亲和妹妹的恶毒都转移到了她身上，而且还没意识到自己打击的到底是谁——尽管我已经尽我所能严厉地警告过她们。"

事情已经越来越糟，越来越不受狄更斯控制了，而且在关键性阶段中贺加斯太太似乎还威胁狄更斯，扬言要把他告上离婚法庭——这确实是非常严重的一步，因为上一年颁布的《离婚法》规定妻子只能以乱伦、重婚或虐待为由与丈夫离婚。因此这里暗含的意思很明显，那就是狄更斯和乔治娜"乱伦"了。在狄更斯的强烈要求下，福斯特写了一份言辞紧迫的信给狄更斯的律师，希望他能对这一新法令进行阐明；与此同时，一位医生也来给乔治娜做检查，并发现她还守身如玉。这时候，贺加斯一家便默默放弃了采取法律行为的威胁。但仅仅从这些事实中还不能让人完全看清这个家庭正陷入的大漩涡——充满狂怒和怨恨的漩涡。从一开始，他就试图让这整件事像自己生活中其他一切事情那样干净、有条理，但现在情况急剧恶化，完全失去控制。一个私下分居不仅蜕变成了一系列正式的谈判，而且还让他陷入曝光自己家庭生活的危险。作为家庭和谐倡导者的他现在甚至遭到和自己小姨子乱伦的指控。他应对压力的方式一直很糟糕，而在这段人生中最焦虑的日子里，他放弃了以完全理性的方式来行事。

不过，这之后不久，凯瑟琳给马克·雷蒙寄了一封信，让他转交给她的丈夫；信的内容不得而知，但雷蒙此时表明自己想从这个变得越来越不愉快且困难的任务中脱身。第二天，也许是无视了她母亲的意愿，凯瑟琳同意接受分居协议，换言之，就是接受了丈夫的条件。双方还指定了两名受托人照顾她的利益——雷蒙成了其中一个受托人，另一个是狄更斯的出版商弗雷德里克·埃文斯。事实上，凯瑟琳还雇用了埃文斯的律师，并最终在离埃文斯家仅半英里的地方安了家。他显然觉得自己有必要保护她，就算是以惹得手下最赚钱的作家记恨自己为代价也得保护她。但这个时候狄更斯只盼望整件事能早点解决。星期天，也就是凯瑟琳接受条款的后一天，她的律师和她父亲进行了商讨，三天后，他们和狄更斯的律师乌弗里会面并开始了分居协议契据的正式筹备。对狄更斯而言，这时事情已经结束了，而且他还让威尔基·柯林斯来拜访他，好把整个故事的前前后后都讲给他听。

狄更斯此时从各处听到了辱骂和诋毁，并且还在一系列信件中提到了这些沸沸扬扬、有关自己的"谎话"。他听说，就在协议谈判快要接近尾声时，贺加斯太太和海伦·贺加斯还在散布关于乔治娜的谣言。如果凯瑟琳是在没有听取母亲建议的情况下同意了和解——很有可能是这样——那么贺加斯太太的怨恨就让她对站在狄更斯那一边的女儿发起了新一轮的攻击；不过应当注意的是，凯瑟琳本人似乎对妹妹没有任何怨恨之情，事实上，她对孩子们留给她照看这一安排似乎很放心。但狄更斯一听闻这新一轮的谣言，就写信给自己的律师们，要求他们从贺加斯一家那里获得一份保证书，让她们承诺停止此类流言；否则，他将不再继续谈判。凯瑟琳的律师们回了信，宣称他们"认为散布谣言的不可能是贺加斯一家"。但狄更斯始终不满意；他还是听到了各种各样针对他和乔治娜的谎话和诽谤，于是他想让乌弗里在对待贺加斯太太时"毫不留情"。结果，当天晚上，性情温和谦恭的乔治·贺加斯——一定是让所有这些家庭纠纷和仇恨闹得极度痛苦——写了一封信给他的律师，向他保证"我、我的妻子或女儿从未说过或暗示过我女儿乔治娜和她姐夫查尔斯·狄更斯先生之间有任何不当行为发生，这种谣传完全毫无依据"。狄更斯当然没有指责贺加斯本人做过任何事情，而且不管怎样，针对狄更斯的诽谤已经远远超过了对他和乔治娜乱伦的指控。于是，狄更斯的律师回信说，"如果这些关于狄更斯先生的指控仍然四处传播，他绝不会签署任何契约，而这一点理应得到其妻子家某些成员的认可"。他还在信里附了一份声明，只想让贺加斯太太和海伦·贺加斯签署。与此同时，狄更斯正在圣马丁礼堂朗读《圣诞颂歌》；第二晚朗读了《钟声》，这是一部有关家庭纷争后重获和谐的故事。但没有任何有关他在这些场合中外表和行为举止的记录。

贺加斯太太该做什么选择是显而易见；要不然她就签署这份由狄更斯的律师为她准备好的声明，要不然狄更斯就会拒绝签署协议契据；而这份协议会让凯瑟琳的年收入增长到六百英镑，而不是一开始提出的四百英镑。任何耽搁都只会让凯瑟琳的痛苦拖长，而且贺加斯太太这时候一定已经很清楚，他这位女婿不会向任何哀求让步。但她还是坚持不签这份相当于承认自己散布了亲生女儿乔治娜谣言的文件——直到马克·雷蒙和狄更斯的大儿子都求她这么做，好结束他们此时充满不确定性的生活，她才签了声明。很显然，不论是为了凯瑟琳还是其他任何人，这件事都该彻底解决了。于是，5月29日，贺加斯太太和海伦·贺加斯很不情愿地在这份文件上签上了自己的名字，而文件中说道"……近来有些说法流传甚广，这些说法认为，该（家庭）纠纷是由对狄更斯先生人格品行造成严重影响并损害其他人名誉的事情所引起。我们知道狄更斯太太并不相信这些说法，而且我们也保证在任何情形下都对这些谣传加以否认驳斥，因为它们毫无根据。"然后，凯瑟琳的律师提议用这份文件来交换分居协议契据，但狄更斯认为这种处理方式相当于他们在试图无耻地"讨价还价"，只是一种表面上的公平合理。凯瑟琳的律师立即妥协了，然后就把声明交给了狄更斯。同一天，凯瑟琳离开了塔维斯托克宅，和母亲一起去了布莱顿，从此再也没有回过这里。

两天后，狄更斯回到了塔维斯托克宅。乔治娜和孩子们和他住在一起，而且他在给朋友的一封信中详细说明了这一分居的本质；查理和他母亲住，而他的大女儿凯特将成为"这个家的女主人"。换句话说，她将在名义上负责管理仆人和家务事，而事实上乔治娜本人才是真正掌管这些事的人。这时候，乔治娜也给玛利亚·比德奈尔写了一封解释整件事情的信，不过信的主旨和用词都充分表明这其实是狄更斯的口述。又是这样，信中的情感明显"更多的是悲伤而非愤恨"，而一切事情的责任也再一次堆到了凯瑟琳头上；就算是狄更斯口述的，她妹妹写这样一封信也是件非常奇怪的事情，不过这也说明在狄更斯焦虑和忐忑不安的影响下，这个家庭中正常的姐妹忠诚瓦解得多么彻底。但仅是写这种私人信件对他来说还不够，于是第二天他咨询了律师，想了解是否能发表公开声明为自己所受的所有不实指控开释。乌弗里在私下所提的建议并没有记录在案，但不管怎样，不太可能会有任何事让狄更斯停止采取这一惊人的举动——在报纸上发表有关自己"家庭问题"的声明。但他开始起草这一声明时，显然觉得非常局促不安，于是就在准备为"游乐场和公共娱乐协会"所做演讲（说来也奇怪，他此时的私人生活和公共生活反差真是强烈）的那一天出去散了个步。"当我走出家门，最先映入眼帘的是一个藏在丁香树丛中的警察，他躺在那里明显是在埋伏等着某个盗贼或是杀人犯。满怀深深的恐惧和不安，我盯着他观察了一两分钟……"，才意识到这个警察是在执行一项不会造成伤害的任务。但他为什么只是看见一个警察就会充满"深深的恐惧和不安"呢？难道已经有内疚之情困扰着他，让他无法安心了吗？还是对坐牢的莫名恐惧？

到了6月初，双方律师终于就分居条款达成了一致。根据该协议，凯瑟琳将获得六百英镑的年收益；在狄更斯的主动要求下，她还获得了随意探视孩子的权利；并且双方都同意不去"打扰"或是起诉对方。换句话说，狄更斯给了妻子在两人法定分居情形下可能得到的一切，反过来，凯瑟琳（当然也暗含了她母亲）将不再暗示或威胁以新《离婚法》提起任何诉讼。凯瑟琳的律师将该文件的一份副本寄给了身处布莱顿的她。与此同时，威尔斯带着狄更斯个人声明的副本南下去看望她；他在码头上找到了她，她正在读一本小说（书名不详）。狄更斯决心在报纸和《家常话》中刊登自己的声明；他已经给包括约翰·福斯特和埃德蒙·叶慈在内的几个朋友看过，但他俩都建议他不要发表这种关于家庭纷争的私人说明。但狄更斯请教了《泰晤士报》的主编约翰·德莱恩，他认为应该发表这一声明。狄更斯决定听取他的意见，不过他显然也不可能有过别的打算。他给凯瑟琳寄了一封附有这份声明的信，请她读一下这篇"文章"，因为其中有一处提到了她（但从未请求她同意自己透露两人婚姻生活的细节），并补充道，"或许这个世上有些人，我这辈子都不会原谅他们，但我真诚希望你我之间所有的不愉快都过去了。"凯瑟琳（或许有些懦弱）说她不反对他在声明中提及自己，但又将此信的副本寄给了她的律师们。他们立即要求推迟该声明的发表，但这早已是板上钉钉的事了。第二天，它刊登在《泰晤士报》上，然后又出现在了下一期的《家常话》中。其中一部分是这么写的："由于某些原因，不知是出于恶毒或是愚蠢或是不可思议的巧合，这一纠纷已经成了进行误传歪曲的好时机，那些流言都错得极其离谱、极其残忍无情——不仅涉及我本人，还殃及了我所关心的无辜人士……而且谣言扩散得那么广，我都怀疑一千个读者里是否会有一个能仔细阅读这段文字，是否会把这些流言当成耳旁风不去理睬，就像不去呼吸有毒空气一样。"

但就算在别的方面没有，在这一方面他却错误判断了自己的知名度。当年晚些时候出版了一本有关狄更斯生平的小册子，该书就认为伦敦文学界之外很少有人知道这件事情。尽管如此，"既然这位小说家要求公开含糊其辞地否认一件大家都不知道的事——史上头一遭——大多数报纸还是刊登了这则宣言"。最早给他立传的一位作家在这则声明发表时还是个孩子，他说，"我记得很清楚，这篇文章在我们这些普通百姓中引起了怎样的惊讶和惋惜之情……就当时我们所能了解的，这位作家和他本人之间并不存在太大的差异之处……"但这则标题为"私人信息"的声明打破了这种平衡状态；作为小说家的狄更斯和作为丈夫及父亲的狄更斯之间出现了一道缝隙。珀西·菲茨杰拉德也回忆道，"读者们几乎都给弄糊涂了，而且也很震惊……基本上大家都完全不知道这则声明到底指的是什么事情……狄更斯误以为所有的读者都听说过一些源于他家庭纠纷的谣言，但事实上，几乎很多人都全然不知。"

当然，狄更斯本人确实以为大家都在谈论他。《董贝父子》中有一个可以算是预示性的段落，剖析了董贝得知妻子离家私奔后的心理。"世人，世人会怎么看待他，怎么评判他，在他身上看到些什么，又会议论些什么——这是纠缠着他不放的心魔。他所到之处，它都在那里；而更糟糕的是，就算他不在的所有地方，它也在那里"。毫不夸张地说，狄更斯真的没法儿忍受这一点；他是家庭和谐生活的推崇者，现在却遭人在背后窃窃私语，因为虚伪而受人指责、因为抛弃妻子而遭谴责、甚至还因"偏爱"小姨子而受到非难。他就是没办法抑制住自己的愤怒和委屈；他认为自己是一个受冤枉的好人，而他必须把真相告诉读者。

那么，那些相对于读者而言和他关系更亲近的人又是什么反应呢？应当指出，这种以夫妻生活不和为由的分居在当时比较罕见。而且私通这件事本身（关于他的谣言的一部分）在当时被视为一个非常严重的罪行；比方说，在那个时期主要的小说作品中，婚姻制度都是很神圣，破坏这种制度会让丈夫在余生都背上无耻之徒或异教徒的骂名。当然也有站在狄更斯这一边的人——其中就有威尔斯、福斯特和麦克雷迪太太——但很难不去怀疑，就算在他的心腹之交中也普遍存在对他行为的忧虑担心。福斯特向兰西尔承认，"两个人都理亏……但我希望你能了解事情的全部——因为从整件事看来，狄更斯经受住了这一考验，至少比你所想的要好……"但其他人就没那么宽容仁慈了，或者说，没那么虔诚地支持他。哈里特·马蒂诺①认识凯瑟琳的受托人埃文斯，她声称狄更斯在"矛盾的感情"方面十分"放荡"。盖斯凯尔夫人认为此事让他变得"非常不受欢迎"，而詹姆斯·佩恩②则将其形容为"一起引起公愤的事件，是对一切正常行为规则的公然挑衅"。伊丽莎白·巴雷特·布朗宁谈及凯瑟琳时这么说："可怜的女人啊！她一定经受了许多痛苦的折磨——这一点毋庸置疑。"

那这出戏中的其他主要演员情况又如何呢？爱伦·特楠或特楠夫人的反应都不得而知；完全可以假定她们在当时保持沉默。凯瑟琳搬到了格洛斯特新月街70

① Harriet Martineau（1802—1876），撰写通俗政治和历史文章的女作家。

② James Payn（1830—1898），英国小说家。

号；她几乎没有对外发表任何有关自己不幸遭遇的评论，不过在一封给她姑母①
的信中她宣称："如果我告诉你，我还是深深爱着并念着孩子们的父亲，内心无法
平静下来，你就会理解并同情我的……我希望能在上帝的帮助下将自己交付与主
的旨意并过上满足甚至快乐的生活，但我的处境太不幸了，时间也许只会减轻我
心头一阵又一阵的剧痛，但我一定会努力和这痛苦的生活做斗争。"分居约两个
月后，如她所愿，大儿子前来跟着她一起生活，其他孩子有时也来看望她。但她
的处境的确很不幸，一个在公众面前有名无实的妻子，在情感上遭到自己出名丈
夫的疏远，而且在之后的人生岁月中也变得越来越孤独。丈夫在这之后很少给她
写信，而且信也都非常简短；开头很正式，都是"亲爱的凯瑟琳"，而结尾也是他
标志性的签名和花体字；这些收信人都是"查尔斯·狄更斯夫人"。但她长期艰难
的生活中最令人同情的部分要数她一直密切关注着丈夫的事业；她酷爱阅读他之
后写的小说，而且经常去剧院看由他的小说改编的话剧。从某种意义上说，狄更
斯及其作品和她的关系十分密切，其实他从未真正和她分开过。"她一直很亲切，"
后来有人这么说，"她很喜欢在自己房子里给孩子们办聚会，不过在那些时候她自
己的宝贝孩子们却从未出现过。"

　　那孩子们怎么样呢？沃尔特在印度，弗朗西斯在德国，阿尔弗雷德、哈里和
西迪尼在布伦市吉布森先生开办的寄宿学校上学，而查理在霸菱银行上班（一年
后去了香港）。当时才六岁的爱德华则待在家里，由乔治娜照顾。狄更斯提起年
纪大一点的那几个孩子时说，"在我和他们之间，有一种绝对、完全的信任，就好
像我们一般大似的"。这个评价很是稀奇，而他在一封提到自己孩子的信中也说，
"我们之间非常坦诚，仿佛兄弟姐妹一样"；这或许挺有趣的，不论是从他含蓄地
把自己的年龄往小里说了这一点来看，还是从他本能地将兄弟姐妹之间的关系理
想化来看。不过我们完全不清楚，孩子们是否会同意他的观点，也认为他们之间
有这种和睦的关系；毕竟，他们大多都不在英国，而且压根儿没有参与到分居事
件中。而且爱德华（或普洛恩②）年纪还太小，根本不明白发生了什么事情。

　　狄更斯此时开始因之前的所作所为而吃苦头了。而且，当英国媒体报道了他

① 或为姨母等亲戚，具体关系不明。

② Plorn，爱德华的绰号。

抨击凯瑟琳的一封信后（他应该知道这是迟早的事），他受到了愈发猛烈且有理有据的批评。有些时候，他会变得十分抑郁沮丧，到了彻底崩溃的地步。"有时候我真的受不了了，"他告诉玛丽·博伊尔。凄凉，一种迷失的感觉，困惑，愤怒，痛苦。这会不会就是他倾注到《我们共同的朋友》中无赖赖德胡德身上的那种感觉——"和我们大家每天醒着的时候一样——他本能地不愿自己恢复知觉，宁愿永远这样休眠下去，如果可以的话"。常年过度工作和急迫的焦虑最终把他击垮了；毫无疑问，他当时正受神经衰弱的折磨，而且时而反常的行为——觉得到处都有人密谋反对他——明显说明他此时已接近于精神失常。早些年就有关于狄更斯"发疯"的说法——那通常都是他这种异于常人的精力和小说产量给人的感觉——就连他去世后还有评论家描述他的"偏狂"和"幻觉"。但狄更斯根本没有"发疯"。在这段神经衰弱的时期，他平常那些特点似乎夸张放大到了不真实的地步。用发疯这类字眼来形容当然很方便，而且有些时候这种描述成了一种拒绝真正了解谈论对象的方式。但有一件事是肯定的：在分居期间狄更斯的行为中，我们很容易发现所有他童年的恐惧和焦虑都死灰复燃了，那些隐藏在心中却又不可避免的困惑——对自我的困惑——又一次浮出水面。

二十八

　　1858年的夏天非常炎热。泰晤士河散发着阵阵恶臭，三百万人的生活污水都在太阳底下煮着，整条河就跟一个露天下水道差不多。河岸两旁的公共建筑里，人们用氯水刷洗百叶窗，还将一吨吨的石灰倾倒在水里。煮过的骨头、马肉、猫肠子、骨灰。所有这些东西都在炎热的天气中腐烂发酵。而就是在这种天气中，查尔斯·狄更斯于6月的第二周开始了他的伦敦朗诵会，这之后又在8月进行了省外巡演。他调整了节目单，放弃了原来的圣诞图书系列，在圣马丁礼堂里以保罗·董贝的故事开始了伦敦的演出季。一周之后，他又添加了两则圣诞故事，《可怜的旅行者》和《冬青树客栈的杂役》，并包括了一段题为《甘泼太太》的独白。狄更斯说，保罗·董贝的故事"异常成功"，惹得观众个个泣不成声，他的经纪人亚瑟·史密斯甚至都不确定该是否继续上这节目。但狄更斯更有头脑；在接下来那个月里他又将这个故事朗读了两次。

　　狄更斯也知道，自己现在比以往任何时候都需要听众。因为在秣市街的整个公司都要去曼彻斯特的皇家剧院开演，所以爱伦·特楠要去那里待两个月。不时有传言说狄更斯这个时候和她有"不正当的男女关系"，但所有证据都表明事实并非如此。他似乎还处于第一次见她时那种眩晕的迷恋状态；毫无疑问，他在公开声明里说自己是清白无辜的，而那些话在这一时期听上去给人一种非常真诚真实的感觉。事实上，那是一种近乎幼稚的天真无辜。他给玛丽·博伊尔写了许多信，并在其中一封充满深情的信中说自己内心到现在还"像个小孩子"，就算跟很熟的人在一起也会紧张且不自信。但他和整个特楠家的关系显然是越来越近了。这个夏天，就在他继续办着朗诵会巡演的同时，他还在试图帮爱伦的姐姐范妮找一位合适的歌唱老师；她想去意大利学习，所以他花了不少力气帮她。事实上，他甚至被迫为范妮·特楠的清白辩护，驳斥那些将她和他的名字联系起来的谣言，而且有一次还不得不感谢她的堂兄理查德·斯波福德，感谢他相信自己没有撒谎并相信她的清白。他甚至还拿她和自己的女儿相比，这说明狄更斯与特楠一家胜似亲人，完全没有与自己家人之间不和谐的感觉。

毫无疑问，关于特楠一家尤其是针对爱伦的谣言满天飞。我们需要记住一点，当时和有妇之夫发生关系的女人在人们心目中和妓女毫无差别，而且"女演员"这个词在道德层面上仍然带有一定程度的侮辱性。爱伦或许——而且很有可能——仍守身如玉，就像狄更斯一直坚称的那样；但这并不能制止那些敌意的态度和流言蜚语。无疑正是因为这个原因，狄更斯被所谓的"伯纳斯街绯闻"激怒了。狄更斯成功地给范妮·特楠在意大利找到了音乐老师，而且他似乎很有可能资助了她和她母亲（作为年长女伴）去意大利的旅费；另外两个姑娘玛利亚和爱伦还在伦敦工作，但在狄更斯的建议下从卡农贝里搬到了伯纳斯街31号（就在牛津街外，离剧院区更近）。就是在她们住在这个地方期间，那个"巡区"的警察盘问了这两位姑娘。爱伦把这事告诉了狄更斯，他一下子暴跳如雷，把现实感丢得一干二净；他告诉威尔斯，如果《泰晤士报》报道了这件事，这将引起一片"众怒"。他还在这封言辞激烈的信中叫威尔斯去看望这两位姑娘，并去伦敦警察厅总部投诉那名警官。狄更斯似乎认为那名警察是受了某些"头面人物"贿赂来发掘更多有关特楠家姑娘的消息的；这似乎很有可能，但他对此的反应也说明他觉得自己受到了四面八方的威胁。而且让事情变得更复杂的是，他的家人此时也做出了一些极不"体面"的行为。他的弟弟弗雷德里克抛弃了妻子，而安娜·维勒此时不得不向成立不久的离婚法庭以丈夫通奸为由申请法定离婚。另一个弟弟奥古斯塔斯也丢下妻子和另一个女人去了美国。知道这些婚姻纠葛以及查尔斯·狄更斯本人婚姻纠纷的人都会觉得这一家子都——用当时的一个词来说——"血统不好"，这个时候有谁还会怀疑约翰·狄更斯的轻率不负责任在某种意义上在他孩子们身上留下了印记？纵然狄更斯自己坚决否认这一点。

撇开这一切家庭和感情方面的苦闷事，可以说狄更斯遭遇了最坏的情况并战胜了它。当然，他除掉了一个给自己带来不安的源头。他和凯瑟琳分居了，摆脱了曾经以为是自己想要的生活。而现在，他过上了一直以来自己真正想要的生活。所有的证据（尽管没有得到证明）都表明他和那位自己小说中理想化的圣女开始了一段奇异、神秘的关系，而且他对爱伦·特楠的感情完全超出了维多利亚时期普通地下情妇的模式。他也很乐意用气势震慑住世人，而他想到的一个圣诞故事的主意也恰好说明了他这一时期的态度。这个故事会"告诉你一个真理，那便是不能与世隔绝；你就身处其中，是它的一部分，一旦你试图切断和它的关系，就进入了一个虚幻的处境；你必须参与其中，并充分加以利用，并尽可能充分发挥你自己的能力"。正是这种生命力让他一直关注着这个世界；有一次在火车上，他告诉乔治娜，"这真是一个美好的早上，尽管很累，但我睡不着觉，我要看着窗外的世界。"

实际上，他写的那个圣诞故事是截然不同的样子，而且这将是在《家常话》上发表的最后一个圣诞故事。自从和妻子分居以来，狄更斯对弗雷德里克·埃文斯的不满没有任何减轻的迹象，而且他还准备和这家如此效忠于他且合作了这么多年的出版公司一刀两断。他尤其想把《家常话》从他们手中拿回来；于是11月他委托福斯特作自己的代理人，通过他让出版商同意终止这份期刊。与此同时，狄更斯还来到盖茨山庄，与威尔基·柯林斯一起筹备《家常话》的下一期，也是最后一期的圣诞特刊。有一阵子，他还考虑过用自己在圣诞特刊中的文章作为新小说的开头——他从年初开始就一直在笔记上记着新小说的灵感——但事实上这篇文章最终和柯林斯及其他人的几个故事合在了一起，组成了《出租房》。狄更斯自己那篇题为《进入上流社会》的文章是一则讲述"上流社会"危险的道德寓言；你或许会说，这个主题他早已牢记在心。所以，在讲述这个故事的"艺人"身上或许还能发现一些狄更斯的影子——这个人"过着漂泊不定的生活，那些生活稳定的人早已将他遗忘，而那些以生活体面而引以为傲的人都羞于承认自己认识他"。

就在他创作并发表这一警世故事的时候，同布拉德伯里和埃文斯的谈判也正在进行之中。这两位出版商拒绝终止出版《家常话》，而且他们还否认狄更斯这一行为的合法性。于是，狄更斯又请他们把自己在这份期刊中的股份卖给他。他们回复说或许有兴趣出售自己的股份，但前提只可能是狄更斯买下他们在他所有作品中的股份。狄更斯然后又出价一千英镑，但只用于购买《家常话》的股份。他们又一次拒绝了。这是一场复杂而激烈的争论，因为在狄更斯的指示下，威尔斯和福斯特只同意购买或终止这份期刊，（至于让威尔斯起来反对之前欣赏并敬仰的两个人对他来说有多么不容易，并没有任何记载，但这是狄更斯决心达到一己目的时不顾对私人关系造成巨大破坏的又一个例子）。事情又变得更复杂了，因为狄更斯已经想得很长远，在考虑一份由自己全权掌控的新期刊了。他也决定重新选择查普曼与豪尔的公司来出版自己的小说，尽管他多年前也是这样勃然大怒、义愤填膺地离开了这家公司。但那都是很久以前的事了；豪尔已经去世了，而查普曼马上也退休了，把公司的运营交到了他侄子弗雷德里克手中。这是狄更斯又一次和他的"敌人"做斗争——不论是真实的还是假想的——改变阵营，抛弃那些违背自己意愿的人，以霸道的方式达成自己的目的。

因此，那年年关将近时，狄更斯带着一种感同身受的感情在兰开夏郡及柴郡公共教育协会的颁奖礼上发表了演讲。这是给那些克服各种困难完成学业的工人颁奖的仪式，他们象征着战胜贫困和劣势刻苦学得技能的个人伟绩，而他们想要获得成功的决心帮他们跨过了一切障碍。这些人和处于这一人生阶段的狄更斯该多么相似啊！有一对兄弟俩白天在煤矿工作，然后每周三晚走路八英里去上大学。一个在铸铁厂干活的铸模工每天早上四点起床去学习工业制图。一名十八岁的接头工从前一字不识，通过自学学会了读写和算术。狄更斯这样描写自己——"他下定决心，一旦开始学习一门科目就要坚持到底……"

颁奖典礼后一天，他离开曼彻斯特来到了考文垂，在那儿被授予了一枚价值七十五几尼的手表（是狄更斯前一年为考文垂学会朗诵之后该学会用募捐款购买的）。正如大家所预期的，他发表了令人愉快的演说，并在结尾时即兴向妇女同胞们祝酒。"我们知道美惠女神是女人（再次响起笑声）；我们知道缪斯女神也是女人；而且每一天的生活也告诉我们，命运女神也是女人（哄堂大笑）。我认为，既然我们从她们那儿得到了那么多，不论是幸福还是痛苦，我们至少应该为她们的健康干杯吧。（'干杯。'）"。任何了解一些狄更斯家庭问题的人都不会怀疑这些话的重要性，对他来说，这算得上是非常坦率直白的话了；"不论是幸福还是痛苦"。那一年的最后一天，盖茨山庄里又潮湿又阴郁。狄更斯、画家W.P·弗里斯和柯林斯一起玩着弹球游戏，聊着天。

他毫无心思庆祝两个月后自己四十七岁的生日。"我一点也没有准备过生日的心情，"他写信给威尔基·柯林斯，"——你也知道为什么。"但他不想让自己消沉的情绪影响到孩子们，于是就计划带他们去布莱顿待几天。他还患了重感冒，这对狄更斯而言一直都是抑郁或过度劳累的确切信号。他说"——你也知道为什么……"，很有可能原因就是那个"小小的原因"、那个"难解之谜"，爱伦·特楠。范妮·特楠和她母亲马上就要从意大利回来了，而狄更斯非常认真地考虑过将塔维斯托克宅租给这家人；后来福斯特劝他放弃了这个主意。这无疑会激怒那些已经怀疑"最糟情况"的人。虽然如此，特楠一家团聚时，她们还是从伯纳斯街上那不带家具的出租房里搬了出来，而且大姐二姐居然租得起卡姆登镇安普希尔广场霍顿街2号的房子。据说，是狄更斯出钱买下了租约，但支持这一说法的证据依旧无法证实，纯属捕风捉影，主要就是一条：一个月前，狄更斯抛掉了至少一千五百英镑的政府公债，而且几周后还同意以一千英镑的惊人高价为《纽约莱杰报》①写一篇短篇故事。显然，他因为某件事急需钱，但也许只是为了"改善"盖茨山庄。不管真相如何，特楠一家（不包括范妮，她决定继续在意大利求学）在3月搬进了新家。五个月后，爱伦最后一次登台表演，从那之后，似乎就一直以在霍顿街教演讲为生。这幢房子共四层，带露台，位于伦敦一个适宜居住的中产阶级区。弗朗西斯科·伯杰在给《冰渊》负责演出音乐时就认识了特楠一家，他常常来这新家做客；他还记得在那里见过狄更斯打牌并在爱伦的钢琴伴奏下和她唱二重唱。或许，他们合唱了两首当时非常流行的歌，门德尔松的《快乐的玫瑰易凋零，啊，易凋零》以及约翰·巴内特的《吾采玫瑰》。

1859年头几个月里，狄更斯一直端坐在弗里斯的画板前；福斯特委托别人为他的朋友做一幅画像，而弗里斯乐意地接受了这一任务。他之后说，狄更斯"作为被画者很是讨人喜欢，总是准时到，而且每次都能坐满两个小时……"他甚至还费心请人给自己拍了一张照，拍摄者是这门艺术的著名代表人物沃尔特金斯，而且还把自己的桌子、椅子和天鹅绒短上衣运到了这位摄影师的工作室里——这样一来，这位伟大的原型不在时，弗里斯也能照着这张相片作画。照片上是一个严肃且相当疲倦的男人，头发从前额往后梳，坐在自己的椅子里，那姿势有一种无法言说的谨慎或不安感。他右手握着一把裁纸刀，或是羽毛笔。弗里斯根本没

① New York Ledger，纽约发行的一份文学周报，于1855年由罗伯特·E·邦纳创立。

有参照照片，不过他倒是保留了基本姿势。在他的画像里，照片中的疲倦感被一种得意扬扬的神情替代了，而那种庄严感还和一种强烈的警惕感结合在一起。每当狄更斯坐在那里两个小时不用说话的时候，他就有时间想事情了。

想着举办更多的朗诵会，想着在美国举行朗诵巡演，不过他又后悔离开英国很长一段时间，因为一个他所谓的"私人原因"。想着接替《家常话》的杂志——他还是决心终止《家常话》的出版。关于新杂志的名字，他想到的第一个名字是《家庭和睦》，考虑到他现在的处境，这真够令人吃惊的。而且当福斯特暗示这期刊名不大适宜时，他大为恼怒。"恐怕，我们不能对涉及或影射私人生活的可能性太过细究；要不然，我没法儿再写书了。"但他还是同意了福斯特的建议，考虑了《查尔斯·狄更斯之刊》和《时与汐》等名字。最终，他很是得意地想到了：

"'我们生活的故事，一年又一年。'——莎士比亚

《一年到头》

由查尔斯·狄更斯主编的周刊。"

他连新周刊的办公室都找好了，就在威灵顿北街，离他之前《家常话》的总部只隔了几幢楼；但这几间屋子要朴素得多，珀西·菲茨杰拉德说它"更像一间作坊而非办公室"。一位访客也注意到了新办公室的简易朴素，并评价说那里没有"一块地毯，不论什么类型的，地板和楼梯每天都有人擦洗，所以干净得一尘不染。整幢房子里看不到任何家具，除了主编室中有一张长方形桌子和一对带灯芯草坐垫的扶手椅"。尽管如此，狄更斯还是在这幢房子的顶楼给自己安置了住处；他准备出租塔维斯托克宅，而他又常常从盖茨山庄来伦敦，这些时候他就需要有个落脚的地方。

当然，在把自己的注意力完全放到新杂志上之前，他迫切需要结束《家常话》的工作，他在做这件事时还是表现出了惯常的雷厉风行和钢铁般的决心。为了宣传这份新杂志，他命人印刷了三十万份传单和海报，而这时候布拉德伯里和埃文斯申请了一份禁止令，要求他停止发放宣布"自己将离开《家常话》并即将发行《一年到头》"的传单。真是千年难得，这一次大法官法庭竟然受理得十分迅速；案子第二天就开庭了，而且判决在很大程度上对狄更斯有利。案卷主事官还下令将《家常话》交付拍卖，所得收益各方公平分配。狄更斯一直决心买下这份杂志，现在机会来了，而且还有谣传说布拉德伯里和埃文斯希望买下《家常话》并让萨

克雷当新主编，于是狄更斯的决心更加坚定了。所以，在亚瑟·史密斯的叫价和弗雷德里克·查普曼的声东击西战术之下，狄更斯在拍卖会上以三千五百五十英镑买下了自己旧期刊的全部股份，之后又将储存的所有印刷铅板卖给查普曼和豪尔而赚回了所有钱。正如他一直坚信的那样，他赢了，在《家常话》的最后一期中他忍不住宣告真理属于自己。"他心里非常清楚，清楚自己的权利以及如何获得这些权利，因此，如果他决心要停办这份杂志，那么它就不得不停办。于是他在好几周前就已经宣布，杂志将在最后一期发行的那一天不再继续出版。公众读到了许多相反的报道，但他们会发现这根本不会影响到这一结果。"在一封私人信件中，狄更斯还说他原来的出版商，"他们可真是笨啊！"

《家常话》和《一年到头》最终于1859年6月4日星期六那一期中合并到了一起，那之前《一年到头》独立发行了五周。两份期刊在某些方面一模一样——一样的大小、一样素淡的外观、一样的双栏页面、差不多一样的文章搭配以及一样的两便士定价。新期刊的第一期在头版上登了他手中新小说的开头，《双城记》。这也是另一种意义上的开端。他一直在思考这份新期刊的本质以及它前身的缺点，最后得出的结论是《一年到头》将一直连载小说（事实上，有的时候两部小说会同时连载）；他记得，《老古玩店》曾经拯救了《汉普雷老爷的钟》，而《艰难时世》也大大帮助了《家常话》。事实上，小说将成为这份新期刊的主要特色，其中就有《月亮宝石》和《白衣女人》，这仿佛是向一种需要更加悠闲放松的阅读文化致敬。

《一年到头》第一期出版的时候，狄更斯已经至少写完了《双城记》的前三期（每周一期）；事实上，在那么长的一段酝酿期后他写得很快，而且他打算继续保持下去。但可以说，他想象世界中迸发出的构思并没有完全成熟。他一直非常欣赏卡莱尔的《法国革命史》，于是便请他推荐一些合适的书供自己研究那一段历史。卡莱尔回复了他，并给他寄了一"大车"从伦敦图书馆借的书籍。狄更斯显然读了或至少翻阅了所有这些书；在这段创作期间，他的目标就是要读书，而且他对这个故事的兴致极其高涨，简直到了"着魔"的地步。他在5月中旬之前都是这个故事的"奴隶"，并在10月初将其创作完成。卡莱尔二十二年前对法国大革命这段历史的精彩描写加强了狄更斯对它的了解，但他似乎一直都对这个话题非常着迷。事实上，他对这件事的看法从未真正改变过，因为他的基本观点是，法国的旧制度本身创造出了激起革命的条件。"这是人民争取社会认可和存在的斗争，"狄更斯曾在《考察家报》中如此写道，当时正是激动人心的40年代，宪章运动见证了英国一场类似性质的大革命。"这是推翻压迫制度的斗争，这一制度蔑视一切人性、正直和自然权利，并且彻底侮辱损害人民，却正是如此让人民练就了一身惊人的力量，揭竿而起，彻底推翻了它。"他在自己所有的文章中都强调了这一社会哲学，或者，倒不如说是社会执念。

不过，《双城记》对狄更斯来说非同寻常，因为他明确将它当作一部注重情节和插曲的小说，而非一部强调角色或对话的小说。在夏天创作这本书时他一直在读丁尼生《国王的叙事诗》的前四首，而且有可能这就是他也将其形容为"一个风景如画的故事"的原因。他总是很容易受到这种偶然出现的事物影响，不过这又不禁让人们对影响他小说创作的文献资料产生了不安的疑问。所谓"不安"是指他现在受到了剽窃的直接指控——不是剽窃卡莱尔而是《枯萎之心》，瓦茨·菲利普的一部剧作，两者的历史背景一样、故事也差不多、就连高潮也很相像。不过也有人认为狄更斯还抄袭了许多其他作品；其中有布尔沃·李顿的《扎罗尼》、马修·刘易斯的《城堡幽灵》，亚瑟·杨①的《法国之旅》，路易斯·塞巴斯蒂安·梅西埃②的《巴黎一瞥》以及博马舍③对他在法国恐怖统治时期受监禁经历的记述（最后三部无疑是卡莱尔推荐的，他自己也参考了这几本书）。当时最大的影响或许还是卡莱尔。这本小说的语言能让人联想起卡莱尔——"他们的确是在海上，船和船员都有遇到风暴的危险"明显是对法国现状的卡莱尔式比喻——但这些在狄更斯这一面完全是无意识的。就像他总是通过文字来感知自己最强烈的情感，其他人的文字也同样会对他产生巨大的影响。据卡莱尔的传记作家弗鲁德说，1837年《法国革命史》出版时，狄更斯不论走到哪儿都会带着一本；他参考了此书这一点还可以用他晚些年的一张照片来证明，照片上，他站在盖茨山庄的草坪上看书，手里拿着《法国革命史》。狄更斯在这本小说的前言中称其为一本"精妙绝伦的书"。毫无疑问，《双城记》中的某些片段建立在卡莱尔的历史记述上，尤其参

---

① Arthur Young（1741—1820），英国作家，主要写作领域为农业、经济和社会统计。

② Louis-SebastienMercier（1740—1814），法国剧作家。

③ Pierre Augustin Caron de Beaumarchais（1732—1799），法国剧作家，主要作品为《赛维勒的理发师》和《费加罗的婚礼》。

考了他对革命群众以及九月大屠杀的描写。卡莱尔的史实叙述或许还促使狄更斯使用了一些不为人知的记录，在他的情节设计中起到了很大的作用。但很难就此认为，通过这些借鉴，狄更斯从卡莱尔身上得到了一种类似"历史哲学观"的东西；他只是从卡莱尔身上汲取了自己当下所需要的，仅此而已，而且很有可能，不论狄更斯在早年从他那里获得了什么样笼统的灵感，现在差不多也都已经消散了。

这期间一个有趣的轶事很好地表现了两人关系的本质，或许胜过任何专题论文。卡莱尔去听狄更斯朗诵《匹克威克外传》中审判的情节，当狄更斯走上演讲台时，两个人互相点头表示问候。他俩当时交情特别好，而且事实上对幽默的理解也很相似；当时有人仔细观察了这一场合，"我以为卡莱尔会开小差，而狄更斯也好不到哪儿去。卡莱尔坐在第一排，而且毫不克制地哈哈大笑，笑了一次又一次直到笑得筋疲力竭。狄更斯读着，然后还会停下来好让卡莱尔有机会收敛一下自己的笑声……"在幕间休息的时候，卡莱尔去了后台，喝了一杯稀释的白兰地。"卡莱尔拿下眼镜朝狄更斯点点头说道，'查理，你那帽子下面真是藏了一大群演员呐。'"这当然是一句恭维话，但毫无疑问，卡莱尔其实只会把他当作一个艺人，他对小说的偏见导致他忽视了这一职业中更为严肃的方面。狄更斯观察力那么敏锐，当然发现了这一点，但他还是以钦佩和友善的态度对待卡莱尔，中间掺杂着一些拘谨。无论如何，全盘接受卡莱尔或是卡莱尔作品中更宽泛的主题都完全违背狄更斯独立自负的性格；尤其是狄更斯并不赞同他对过去的热爱和对权力的崇拜，而且值得注意的是，卡莱尔历史叙述中的这两个方面都没有出现在狄更斯的小说中。

但如何看待狄更斯广泛的借用呢？人们认为，狄更斯借用了哥尔德斯密斯、斯莫利特[①]、斯特恩、马利雅特[②]、阿狄森[③]、斯科特[④]、菲尔丁、霍加斯等人的艺

---

① Tobias Smollett（1721—1771），苏格兰小说家，著名作品包括《罗德里克·蓝登传》和《佩雷格林·皮克尔传》

② Captain Frederick Marryat（1792—1848），英格兰皇家海军军官、小说家。

③ Joseph Addison（1672—1719），英格兰散文家、诗人、剧作家和辉格党政治家，以其朴实无华的散文风格著称。

④ Sir Walter Scott（1771—1832），苏格兰小说家、诗人，确立了英国历史小说的形式。

术效果、人物和情节。比方说，霍加斯就给狄更斯提供了一个类似神话集的东西让他有需要时就能随时利用；但总的说来，狄更斯抄袭或借用的素材根本比不上他将其转变成自己独特艺术组成部分时所依据的原则来得重要。事实上，他的作品中存在两种借用形式。一种完全是无意识、出自本能的，而且我们完全可以说，如果狄更斯知道传闻中自己从之前的小说家那里借用的片段或人物的数量之多和种类之广，他一定会大吃一惊。斯莫利特、斯特恩、笛福或阿狄森的作品只是他创作世界中的一部分；与其说他有意抄袭了他早年喜欢的作家，还不如说他从真实的纽盖特监狱中偷取了纽盖特这一形象。第二种借用类型要更为有意。就拿卡莱尔的《法国革命史》来说，狄更斯从中拿了一些他觉得意义重大的片段或事件，然后在自己的小说里重新加以利用。对他来说，这些片段是灵感的来源；他缩写、扩充、改编这些片段，但在任何情况下原始素材都只是因为其在狄更斯小说中的全新搭配组合才具有意义。说它们是"偷"或"借"或"抄袭"来的无异于说狄更斯用的词是从英语这门语言中"偷"来或"借"来的。所以，正是这样，狄更斯在《双城记》中向卡莱尔借用了他所需要的素材，然后根据自己那极其独特或当下最关注的话题——对监禁的关注、对重生的关注，尤其是对自我牺牲和放弃爱情的关注——加以改造。

二十九

　　他打算1859年整个夏天都待在盖茨山庄，创作每周一期的《双城记》。他现在的生活和之前真是大不相同。这是他和妻子分居的第一年，或许同样重要的是，也是和诸如马克·雷蒙之类的老朋友保持疏远的第一年。这段时间，朋友们越来越少听到他的消息或是见到他，就好像他决定要谴责那些对凯瑟琳流露出一丁点同情心的人一样。而且，他还得了重感冒，病了许久都没康复，还伴着喉咙痛和胸闷，让他一度好几周疲惫不堪、衰弱无力。

　　1859年春夏这几个月也标志着他第一批公共朗诵会结束后的时期，和往常一样，紧接着巡演生活中的掌声喝彩以及光辉后的便是一个更加阴郁沮丧的阶段。他需要找到一种新鲜的兴奋源，某种新的激励物——这也让他更加有理由对手中的这部新小说"完全着魔"。对他来说，在呈现西迪尼·卡尔顿①以及那个恐怖统治的世界时所倾注的兴奋之情仅次于表演的快感。他计划在郊外待到10月份，这些时间足够他完成《双城记》了，而且到时候他也准备出发进行第二轮外省朗诵巡演。作为一直以来都最为井然有序且有条不紊的人，他很快就建立起了一套固定行程：周一下午去伦敦，周三上午待在威灵顿街上的办公室，然后周四回盖茨山庄写小说，一直写到下周一。其中有一小段时间他开了小差，将注意力转向了答应为给一千英镑报酬的为《纽约莱杰报》撰写的故事上——故事题为《追捕》，而且，要不是它在某种程度上展现了狄更斯对凶手这一概念的着迷、对托马斯·维

---
① 亦译作西德尼·卡顿。

恩莱特——奥斯卡·王尔德后来在《钢笔、铅笔和毒药》中让这位投毒者"名垂千古"，而且写得比狄更斯有趣得多——这一案件的极大兴趣，这本身并不是一篇特别值得注意的小说。我们马上会讲到他在盖茨山庄的日常生活，但这个时候我们只需说，对狄更斯而言，这是一个相当安静隐蔽的地方，能让他静心创作而不受任何打扰。当然家里还会有客人——其中有托马斯·比尔德、W.H·威尔斯和埃德蒙·叶慈——不过现在乔治娜非常称职能干。生活中唯一的小插曲似乎就是19世纪这个时期非同寻常的乡村生活：路对面的福斯塔夫客栈会举行各式各样的农村庆祝活动；在一条叫"淘气鬼"的猎犬和一条叫"琳达"的圣伯纳德犬的陪伴下在乡间散步。这个夏天天气非常炎热，特别到了晚上更是让狄更斯觉得难以忍受；但他还是继续工作，他的连载小说和《一年到头》杂志的成功让他大受鼓舞。

这一时期，他写信叫威尔斯将《双城记》当前一期的校样寄给爱伦·特楠（他想让她看到自己是如何塑造露西·马内特的，这一点我们完全可以理解），但他和他的新伴侣也并不是不能分离。毕竟，他还有想去美国的念头。这是一个能给他带来财富的国度。一家美国期刊为一个短篇故事就付给他一千英镑，如果他再答应在大城市里做一轮长期巡演朗诵的话，有可能赚得更多。詹姆斯·菲尔兹的到来让他对这个讨论已久的计划重新燃起了兴趣。詹姆斯是一位年轻的出版商，也是波士顿提克诺-瑞德-詹姆斯公司的合伙人，他对狄更斯的作品非常热心，专门南下来到盖茨山庄再次劝他去美国。但南北战争竟然在不久后爆发，这对他个人而言也算是一件不幸的事。狄更斯五年之内没有访问过美国，而这期间他自己的身体状况也越来越无法承受艰苦的旅行条件了。

因为身体长期虚弱不适，于是他决定南下去布罗德斯泰斯，看看海边的空气和海水能否帮助自己康复。他和威尔基·柯林斯的弟弟查尔斯住在一起，而且似乎尽可能地让自己多消遣娱乐；比方说，一天晚上他就在礼堂里观赏了一位特别蹩脚的催眠术师表演。但他的身体还是很不舒服，无法下海游泳，而且还觉得自己脑袋很"糊涂"。其实在这几个月里，他整个人一直给人一种衰弱疲惫感；就在出发去布罗德斯泰斯之前他写了一封信给福斯特，并在信的结尾提到了离开人世的可能性。"我真是一个可怜的家伙，挡了自己的道路，但不知怎么的，这是一条不断继续下去的道路。每条道上都立着同样的指路牌，不论是在路的最前端还是每一个转弯处。"他正在创作的《双城记》中也弥漫着这种情感基调，而且书中一个角色身上也出现了这种情绪，此人透露道，"我的人生就像是在绕着一个圈移动，越来越靠近终点的时候，我也在越来越靠近起点"。这和他自己的人生多么相似啊，他现在又像小时候在大家面前表演那样当众朗读，而父亲关在马夏尔西监狱时自己对入狱的担心害怕又一次萦绕于怀。狄更斯是不是觉得他也快走完自己的那一个圈，回到孩提时代的忧虑和困惑中了呢？

离开布罗德斯泰斯不久，他又去伦敦待了几天，然后才回到盖茨山庄。在那里，10月初的时候——刚好来得及准备一周之后的公众朗诵会——他完成了这部小说。11月查普曼与豪尔公司出版了这部小说的单行本，不过它好像更需要一个剧院而不是一本书作为载体。因为，在某种意义上这是他所有小说中最具戏剧性的一部；这一"戏剧性"几乎可按字面上的意思理解，因为他曾声明自己想要演戏般地描绘西迪尼·卡尔顿的一生，因此极富戏剧风格和浮夸的语言。显然，狄更斯从他的公共朗诵会和业余戏剧演出中学到了一些东西；这个风格非常显眼，一直重复出现，而且几乎有些故作姿态。同样非常重要的一点是，他一完成这部小说就开始制定计划，准备将其搬上巴黎和伦敦的大舞台。他最终放弃了法国的计划，因为存在政府审查的可能性，但汤姆·泰勒将其改编成话剧在莱森戏院里上演了（当时的经理是瑟莱斯特夫人）。事实上，狄更斯非常渴望准备一个满意的话剧版本，因此在排练中扮演了非常重要的角色——有证据表明，几乎是他导演了整出戏——甚至为了戏剧效果修改了那个著名的结尾："这件事比我做过的任何事都要好，好得多；我将去安息的地方也比我所知道的要好，好得多"。在舞台版中又加上了一句"再见了，露西，再见了，生命！"莱森剧院离他的办公室只有一百码的距离，这也让他更加方便参与这出戏；我们可以想象他沿着威灵顿街轻快地走着，不顾擦身而过的人都认出他来，穿到街对面然后就到了河滨马路。那座剧院还在那儿，阴森森的满是污垢，紧邻着的地方是一条毫无特色的大街。

那这个故事本身是什么样的呢？在某些方面，这是一个黑暗的故事，充满了恐怖和毁灭、污垢和疾病、监禁和死亡的意象。其中最重要的是死而复生的意象，不过这种复活包括从坟墓中偷尸体以及西迪尼·卡尔顿渴望的那种宗教意味更强的再生。这是一个笼罩在巨大阴影下的世界，一个落日的世界、一个黑暗的世界；唯一的光亮来自于法国大革命那束强光，仿佛除了绝望的黑暗就只有革命的暴怒和毁灭，别无其他选择。而在他的小说中（相对于他的报刊文章），狄更斯从不会单纯采取一种态度而拒绝接受其反面，而且，特别是在这一人生阶段，我们不能认为他能够化解所有那些互相矛盾的念头和模糊不明的态度，而这些正是他天赋中很大的一个组成部分。这部小说的感染力来自其对黑暗和死亡的探究，而它的美则来自狄更斯对超然性的真实领悟。"这两个宇宙母亲的孩子，虽然在其他方面如此不同，此时却眼对眼，手拉手，心连心，你一言我一语，在这条黑暗的大道上相聚，要一起回家，安息在母亲怀里。"福斯特说狄更斯没有一座"理智之城"或是精神上的对策来与外部世界的变化做斗争，这并不合乎事实；他对神有一种既敬畏又向往的感情，他也能敏锐地意识到那超越一切社会分工及日常斗争的人类共同命运。在他开始新生活后的这一年中，这一点在他这部最短小精悍的小说中最为突出。

短期外省巡演从10月10日伊普斯维奇[①]的一场朗诵会开始，于20日在切尔滕纳姆[②]结束。这期间，狄更斯总共进行了十四场演出，而且还不时回到盖茨山庄和塔维斯托克宅。关于这趟巡演，除了观众一如既往的惊人热情和狄更斯本人充沛的精力，其他不值一提。他在巡演结束的时候回到盖茨山庄是为了庆祝凯蒂二十岁的生日（福斯特和威尔·柯林斯也一起为她庆生），然后他在11月初回到了伦敦的塔维斯托克宅；他决定在那里一直待到复活节，并在这期间将盖茨山庄租出去。既然他回来准备长期待在伦敦，便立马投入了工作；不仅是为了处理大量未回复的信件，也是为了专心于期刊的日常事务。尤其是《双城记》在当月底就要结束连载了，他想提前决定之后连载小说的长度和类型；他已经准备等自己的小说完结之后让威尔基·柯林斯的《白衣女人》在《一年到头》上连载。

从另一个角度来说他也很忙，因为在朗诵巡演和小说创作的间隙他还重拾了一个非常抛头露面的工作。比方说，他参观了平纳[③]的一所旅行推销员学校，且第二天又在旅行推销员协会做了一场演讲，但就算在这一场合上他也谈到了这一时期自己生活中的主旋律。"先生们，今晚我们应当记住，我们都是旅行者，而且

---

① Ipswich，英格兰东部城市。

② Cheltenham，英格兰西南部城市。

③ Pinner，伦敦西北部的一个地区。

我们走过的每个圈都汇于一点，都会离我们的发源地越来越近；要记住所有的旅程都会将我们大家带到同一个终点……死亡"。演讲结束之后，主办方安排遇难旅行推销员的孤儿们绕餐厅走了一圈，"引起了最深切的关注"；他们唱了几首歌，然后举杯为狄更斯祝酒，而狄更斯本人"似乎让大家祝他身体健康的方式弄得有些手足无措"。到了他在圣马丁礼堂举行自己一年一度圣诞朗诵会的时间了（这是他在这里的最后几场演出，因为八个月后这座礼堂被烧毁了），圣诞节后四天，他又来到威尔士查看并报道"皇家宪章号"在拉纳尔戈附近海面失事的惨烈事件。当地牧师在找回遇难者尸体的行动中发挥了重大作用，而在当地的一间小教堂里，狄更斯"一次又一次地谈到了这一恐怖的死亡场景，他不得不如此详细了解的死亡场景……"又是死亡。他在威尔士待了四天。

回到伦敦的时候，从那年年初就患的病又发作了，在医生的嘱咐下，他被迫留在了城里。所以，就是在新年的头一个月里，困在伦敦的他利用了三周前对旅行推销员发表演说时想到一个想法——这时候他以一个"不赚钱的行者"的口吻，为《一年到头》写了一系列文章。而在接下来几个月里所写的文章里，他又一次唤起了对已逝往事的恐惧感，已逝童年的恐惧感。他在这时期写的一封信中说，"旧时光对我来说从来没有变旧或是变新"。它就跟原来一样，总是在那儿，总是会涌上心头。就跟在1860年1月到10月这十六篇文章中所写的一样——有关巴黎的太平间和尸体；有关断断续续的睡眠；有关他在夜晚的伦敦街道上踽踽独行；有关阴郁沉闷的大都会区；有关沃平①的自杀案件和贫民；有关那个"非常古怪的小男孩"——带有他自己幼年时的气质；有关伦敦四大律师学院里不见人影的出庭律师事务所；有关伦敦金融城里废弃的教堂，圣詹姆斯港教堂、圣迈克尔主祷文街教堂、圣马丁酒窖教堂、圣迈克尔皇后港教堂；有关他的童年故地之行——他回来后重新记起了早年的想象，觉得自己"那么疲倦那么痛苦，聪明了那么多而又糟糕了那么多！"；有关他小时候保姆讲的那些恐怖故事。这些详细地记录了他时而孤独凄凉、闷闷不乐的恍惚思绪，充满了对往事的怀念、孤独、疲倦和忧郁之情（就连他这一时期的信件也都要安静朴实得多，少了许多充满创意的生机感）。这是一个心中经年萦绕着自己的过去和死亡意象的人，这是他恍惚游离的思

① Wapping，伦敦东部的一个区。

绪——而且这让我们再次回想起《双城记》中的那句话，"因为我的人生就像是在绕着一个圈移动，越来越靠近终点的时候，我也在越来越靠近起点"。尽管他在那一系列"不赚钱的"文章中重现的那个伦敦是一个衰败或者说衰落的城市，丝毫不是60年代迅速发展起来的那种拥挤而且甚至有些"现代"的生活，狄更斯还是观察并注意到了身处的这个世界，仍然是其中不可分割的一部分。写这些文章时的他回忆起早先的一段时光，心中充满了无限的期盼和惋惜，便他忍不住要在创作《双城记》和《远大前程》之间的这段时间里倾诉这些想法。

4月，他来到盖茨山庄，然后又回到塔维斯托克宅，想在那里一直住到6月。但这幢房子再也不讨他欢喜了，它承载了太多记忆。他想要摆脱它。他想要卖掉它。一周后，他左侧肋部犯了风湿病，疼痛不已，而这又让他不自觉地想起了一段童年记忆，于是他决定提前离开伦敦，去乡间休养。上个月他的面部神经痛也发作了；所有这些事实上都是健康严重恶化的前兆，但他选择了轻视或者说忽视这些迹象。而且此时他过去生活中的另一个部分也将离他而去。他的女儿凯特就要离家了——这是在行为举止和脾气秉性上最像他的女儿，和他一样性情温和但有时脾气也会很火爆，和他一样习惯紧张且机智敏捷。她一直是父亲心头最爱的一个，总是让别的人推到前头请求特许的那一个。她决定嫁给查尔斯·柯林斯，威尔基的弟弟；不是因为她爱上了他，她之后解释说，而仅仅是因为想逃离"一个不愉快的家庭"。狄更斯强烈反对这一桩婚事，尤其是因为他对柯林斯本人很没把握；他雇柯林斯给《家常话》和《一年到头》写过文章，而且十个月前还带他一起去了布罗德斯泰斯，这说明他还是看得起柯林斯的，但因为某种原因他就是反对凯特嫁给他。据说，是因为他是同性恋。凯特本人似乎就告诉过父亲，说她的丈夫阳痿。他俩当然没有孩子，而且他从结婚以来一直患着一种神秘且让人消瘦的病。他也非常胆小且相当忧郁，后来的生活中似乎还在狄更斯的怒目而视下变得萎靡不振。

当时还有其他的家庭问题；凯特结婚没几天之后，狄更斯的弟弟阿尔弗雷德因胸膜炎去世了。他生前是一名工程师，一直在曼彻斯特工作，是狄更斯所有弟弟中唯一一个有出息的——狄更斯已经不再对弗雷德里克抱任何希望，并彻底拒绝和奥古斯塔斯有任何来往，这两人在金钱方面都极其不负责任，而且两人的人生似乎都断断续续地影射出了他们父亲的一生。现在阿尔弗雷德去世了，留下了一个寡妇海伦和五个孩子。狄更斯立即北上来到曼彻斯特，带着弟弟的家人回到了伦敦。葬礼在海格特墓地举行，那儿也埋葬着约翰·狄更斯，然后，狄更斯又和刚刚失去亲人的一家人一起回到了盖茨山庄。他在附近找了一间农舍让海伦和孩子们暂住，同时又帮他们在伦敦物色一幢房子，所有这些奔波忙碌都说明他这几周满脑子想的都是他们的事情。这五个孩子甚至可能出现在了《远大前程》中——他马上就要开始创作这部小说——库林墓地里五座菱形的墓碑（事实上那里的确有一排菱形墓碑，总共六块）。这并不是说明他希望他们死掉，不是这样，而是表明生活中的事件可以突然侵入他的小说中，就算是最严酷最明显的现实也会转变成为他自己的忧惧和执念。他过去的另一部分也将被抛弃；在塔维斯托克宅里住了约五年后，他现在已经决定要卖掉它了。他计划在盖茨山庄里度过夏天和秋天，然后在2月到3月间在伦敦租一幢带家具的房子。

所以这就是1860年的夏末。他最喜欢的女儿嫁为人妇不再住在家里，他的弟弟去世了，他的老房子卖掉了。此外，他的母亲现在也奄奄一息。所有这些都是痛失或分离的象征，而受情绪低落折磨的他现在已无法入睡；也正是在这状态最差的时候，8月初，他开始"构思一本新书"，仿佛治疗精神消沉的唯一疗法是回到自己的想象世界中。"但我们切不可把过去的时光当作忧伤的时光；"他在9月对沃森太太解释道，"或是不把它们当作孕育当下时光的父亲和母亲；我们必坚定不移地往山上爬，追寻那会学人说话的鸟儿、那会唱歌的树木以及金黄的水，我们必须牢记，之前那些被吓得回头看的攀登者都变成了乌黑的岩石。"不要回头看。这就是这些话中表达的观点，而且可以看作是《远大前程》的前兆。他在三周后即将动笔，而且在这部小说中，他专注于通过改写自己的过去从而驱除过去的影响。学人说话的鸟儿和会唱歌的树，听上去就像是他小说的标志，但要见到这些，他只能不断往前攀爬并忽略带他到达此处的山径。不要回头看。

就在发出这则警告的当月，他烧毁了过去所有的信件。为了出售塔维斯托克宅必须进行全面"清扫"，而这就是其中的一部分，但还有更深远的意义，这是他想要抵制过去、忘却过去、重写过去并将自己同妻子的分居和新生活的开始变得更加真实可感的又一个例证。他在盖茨山庄后面的田地里烧了这些信；玛米和她的两个弟弟从屋里拿出了一筐又一筐装得满满的信件，其中有卡莱尔、萨克雷、丁尼生、柯林斯和乔治·艾略特等许多人写来的信……过去二十年的通信。玛米请他留下一些，但他拒绝了。不行，全都得烧毁。而且在他灭掉这一献祭似的柴堆后，天开始下起雨来，雨下得很大；"我都怀疑，是不是我的信让老天的脸变阴了。"

9月底，他开始创作《远大前程》；或者倒不如说，他又伪装成"不赚钱的行者"写了一篇文章。福斯特向他建议，或许可以再次尝试下幽默的风格，那是他早年写作中不可分割的一部分（也正是福斯特强烈反对《双城记》中缺乏幽默感），但当他开始以原来的方式写作时，他脑海中突然冒出了"一个非常新鲜、荒诞的好主意"。"我开始怀疑，"他继续说道，"我是不是应该把这篇短文删掉，然后把这个想法留着写一部新书……我可以预见一整部连载小说以一种极为独特且滑稽的方式围绕这个主题展开……"福斯特说这一"荒诞的"主意包含了皮普和马格维奇①关系的发端，而这正是《远大前程》的核心。这当然有可能，但事实上，相对于狄更斯实现自己创意的必要性而言，《远大前程》的实际形式和《一年到头》陷入的麻烦处境关系更大。他几乎一想到这个"主意"就立马动笔了，而且显然仍和往常一样打算写二十期内容，但是这时出于某个商业上的考虑他改变了计划。问题出在查尔斯·里维尔的小说《一日行：传奇的一生》，当时正在《一年到头》中连载，但结果证明这成了一个巨大的累赘，导致期刊销量下滑。必须马上采取一些措施，否则《一年到头》的发行或许会遭受无法挽回的损害。于是，10月2日，狄更斯开始写这部新小说还没几天，他就决定把它变成一个每周一期的连载小说在杂志上发表，且长度和《双城记》差不多——尽管他之前抱怨过这种形式的不足和麻烦。于是，《远大前程》诞生了。到10月4日的时候，他已经选定了书名，并开始以这一新形式进行创作——第一期将在12月初发表，而且他希望能在那天之前至少完成连载两个月的内容。至少，他已经准备好了总的主题；这个故事将讲述一个"像大卫一样的小男孩"的冒险经历，但为了避免出现任何无意识的重复，"我前几天又把《大卫·科波菲尔》重读了一遍，你绝不会相信，我看完后有多么受打动……"所以说，之前这部小说中包含着他的过去，而那段过去仍然纠缠着他；就算现在正在创作皮普——一个急切而充满负罪感的小男孩，内心敏感到了歇斯底里的地步，总的说来非常古怪——的生活，那段过去仍然纠缠着他。

到那个月中旬，他已经完成了前四章，而且他非常自然且本能地省掉了工作

---

① Magwitch，亦译作马格韦契。

笔记，也几乎没有使用笔记本中的任何内容，虽然他依旧在记着（他只用了备忘录里的几个名字）。然后，为了能在工作时不受打扰，他去了盖茨山庄，到10月底的时候已经完成了七个章节；他又重拾原先的日常惯例，拼命工作然后同样拼命地锻炼，至少有那么一阵子他看上去开心多了。不过，他的身体再也没法那么快恢复健康了，再也不能维持同样的创作速度了。他觉得自己在过度工作；左侧肋部的疼痛再次发作，这似乎是夏天风湿病留下的病根子；而且还失眠。他左侧肋部的这些疼痛持续了很久，说明那是中风的初期症状，也是中风最终取走了他的性命。但是，他在12月初说，"我必须继续写作"。他现在已经年过五十，开始有点秃顶，身子也不舒服，虽然没有严峻的经济形势逼着他，但不管怎样还是有什么东西在驱使着他。"我必须继续写作。"他觉得身子太不舒服了，于是回到了盖茨山庄，并在那儿继续着自己强加的日常工作。"我必须继续写作"是他在这个乡间"隐居处"写的一封信中用的词，而他在这段身体不适、努力工作且精疲力竭的时期所写的这几章带着一种奇异、幻觉似的、极端暴力的风格。奥力克失去理性般地袭击了乔·葛吉瑞太太，仿佛他替皮普发泄出了心中压抑的愤怒和痛苦之情；文章间接提到了学徒乔治·巴恩威尔[①]，那个有许多相关歌曲和故事的著名谋杀犯；皮普向比迪坦白了"自己心中的狂怒"；奇怪的贾格思先生出现了；皮普在离开并进入自己的远大前程之前最后一次拜访了赫薇香小姐。其中的幽默可以和狄更斯早期任何一部小说媲美，但这部小说更为黑暗，而且不知怎么的也更为残酷。这时候的盖茨山庄冰冷刺骨，而且他还是觉得很不舒服；温度计显示的数字远远低于零度，水管冻住了，卧室水壶里的水也结了冰，陶壶都给冻破了。

他和家人度过了圣诞节（因为天气太冷，他们几乎无法坐在餐桌前用餐），第二天回到了伦敦；主要是为了离他的医生弗兰克·比尔德（托马斯·比尔德的兄弟）近一些。伦敦的天气要暖和一些，而且比尔德还建议他不要继续往返于盖茨山庄和威灵顿街上新安置的单身公寓之间。所以他就留在了办公室楼上的住处继续写作，而让他高兴的是，小说刚开始连载就大获成功，因为回到他原先的"幽默"风格而立马受到热烈欢迎。事实上，尽管家中其他人仍然蜷缩在盖茨山庄里，

---

① George Barnwell，17世纪民谣中的一个人物，乔治·里洛（George Lillo）依据民谣创作了《伦敦商人》，亦称作《乔治·巴恩威尔的历史》。

他在伦敦一直待到了1月中旬——只是工作、吃药、每晚去剧院看戏。毫无疑问，这期间他见了爱伦·特楠（不过他并没有在信件中不经意提到她），但在这伦敦冬日里他主要的男性伙伴还是威尔基·柯林斯，而且狄更斯现在面对他不正常的感情生活时也更加坦然了。事实上，他经常去柯林斯在哈利街上的寓所拜访他，柯林斯在那儿和卡罗琳·格雷夫斯及其女儿哈里特住在一起；狄更斯甚至还给她们取了充满爱意的绰号。

在伦敦期间，狄更斯创作《远大前程》的进度很迅速。"说起每周都订计划，"他之后告诉福斯特，"没有尝试过的人无法想象那有多困难。但是，克服这一困难后，那种喜悦感难以想象，事情往往都是如此。"他决定像《双城记》一样把这部小说也分成三卷；之前那部小说既以每月一期的形式也以杂志上每周一期的形式发行，但这一试验并不成功，而狄更斯也没有再试一次；因此，《远大前程》只在《一年到头》中连续刊登了三十六期。不过，他天生爱好整洁有序，因此这三卷（或是"阶段"，他这么称呼）的长度几乎一样，尽管每周的内容有时长短不一。而且他也没有全然忘记自己原本的计划——惯常的二十期，每月一期；他仍然按月计划着这一系列，并在每月手稿的开头重新标页码。

1月中旬他的身体好了许多，足以让他回到盖茨山庄，而且在接下来的几周里他又像往常一样在两头来回赶；不过一开始他在伦敦的大部分时间都花在了物色房子上，而不是用来写作。他打算在首都租一个住处，待上五个月——主要是为了玛米，因为她很喜欢"上流社会的社交活动时节"——他没花多久就在汉诺威排屋3号找到了一幢"相当迷人的房子"，面朝摄政公园。住在这儿的时候，他的生活就是写作、去办公室、宴请客人和会见朋友；而且他也会从这儿出发去伦敦的大街小巷散步，这一步行的惯例从小时候就开始了，而且从未厌倦过。事实上，搬到汉诺威排屋前四天，他就从威灵顿街上的办公室出发散步——沿着穿过威灵顿街的河滨马路，再顺着怀特霍尔街走到威斯敏斯特区，穿过威斯敏斯特区后再沿着泰晤士河走到米尔班克区；"这天真是明亮且暖和极了，"他在第二天的一封信中告诉德赛加[①]，"于是我决定沿着米尔班克继续往前走，去河边看看。我径直往前走，在泰晤士河旁一片宽阔壮丽的大道上走了三英里，大道旁耸立着巨大的

① William F. de Cerjat，与狄更斯通信的一个人。

工厂、铁路工程以及诸如此类的东西，还有大量最不可思议的街头巷尾通向泰晤士河。我以前在河上划船的时候，这片地方还是凹凸不平的泥地和沟壑，零星有一两个酒吧，有一座老磨坊和一根高高的烟囱。尽管我以为自己和生活在这座大城市中的每一个人一样了解它，但我从没目睹过它的变迁……"《大卫·科波菲尔》里的妓女玛莎就是被追踪到了这个地方——而此时，1861年1月的最后一天，狄更斯跟随着她的路线来到了这个地区，这里在他笔下曾是"一到晚上就变得死气沉沉、阴郁冷清，和伦敦周围其他地方一样。那儿有座巨大的空监狱，监狱附近有一条荒凉的路，路两旁既没有码头也没有房子。一条流得十分缓慢的沟渠把淤泥都积在了监狱墙边。附近的烂泥地长满了粗糙的杂草。其中一块地方有些当年不幸动工却永远无法完工，正在腐烂的房屋架子。另外一些地方堆着生了锈的蒸汽锅炉、机轮、曲柄、管子、熔炉、桨、锚、潜水钟、风车轮叶以及叫不出名的奇怪东西……"但现在这块曾经满是木头堆、颓败建筑和废弃机器的地方旧貌换新颜，成了狄更斯脚下一片宽阔的河滨旷地。

伦敦在他人生中这十年间的变化可真大啊。原先，这个地方只是18世纪一座破败不堪的城市的外延区域，而现在却是19世纪晚期的一座现代首都——更加干净、更加宏伟、更加井然有序。泰晤士河南北两端的主干下水道现在已经建设到位，而泰晤士河也不再是早几十年间的那个露天污水坑了。街道修缮过后，那个十七世纪和十八世纪的伦敦城已经彻底改头换面；铁路的入侵把整个区域裁得一块一块，而且挖得到处是坑；伦敦金融城的商业区重建工程也让许多地方夷为平地。就连19世纪早期纳什[①]风格的伦敦也在首都经历的这场巨大变迁中遭到摧毁。维多利亚女王街从黑衣修士桥到英国中央银行横穿整个城市。坎农街拓宽了。法灵顿街、加里克街、克勒肯维尔路、南华克街，所有这些都正在以"明挖"或"明挖覆盖"的方式修建着，将伦敦的一部分地区变成了广阔的建筑工地，满是灰尘和木制脚手架。威斯敏斯特桥和黑衣修士桥重建了。亨格福德吊桥拆毁了。坎农街上建起了铁路终点站、维多利亚火车站、圣潘卡斯火车站、布罗德街火车站、从肖迪奇区到利物浦街的铁路线。而最壮观的要数从帕丁顿区到法灵顿街的地下铁路线，于1836年开通——这一铁路线的浩大建设工程意味着《奥利弗·退斯特》

---

① 英国建筑师约翰·纳什（John Nash）在摄政时期负责了伦敦的城市设计。

中所描写的那个老克勒肯维尔区已经基本不复存在。对狄更斯这样从三四十年代就熟悉伦敦的居民来说，很可能，这座旧城就像灭绝了一样，而在原地重新拔地而起了一座新城。只有在那些于三四十年代拍摄的伦敦最早期相片中，还有可能看到斯莫利特居住过，笛福工作过的那座城市的轮廓；这些早期照片中的寂静和安宁真的能让人觉得，这是一座从逝去光阴的潮水中解救下来的城市。但之后六七十年代的照片中展现的却是一个截然不同的首都；广告牌、公共汽车、车上戴着高筒窄边丝绒帽的男人、出租马车、急速而模糊的车流，所有这些都让人想起一个和现代生活更为接近的城市，和我们的生活更为接近。只有在那么一段时间里，新时代与旧时代同时存在，并充满了不稳定性。在这一段时间里，狄更斯就在两个时代之间大踏步走着。

所以说，正当查尔斯·狄更斯沿着新修的岸堤大道漫步时，伦敦正经历着巨变。这再也不是他童年及青年时期熟悉的那座城市了。现在的伦敦正在成为一座遍布宽敞街道和地下铁路的城市，乔治王时代首都的那种整齐和对称性完全被维多利亚中期公共建筑的帝国主义新哥特式风格所代替。原先那种简洁紧凑的感觉彻底消失了，与之一起消失的还有18世纪独有的优雅和情调。取代它的是一座规模更大、管理更严密、组织更有序的城市。大都会变得更大但也更空荡了，因为周边的郊区接纳了一部分流离失所的人口；而且大都会也更加平淡无奇了；这座城市更加公共化，成了帝国和商业中心，但也越来越没有人味儿。在19世纪60年代新修的大道和广场上可看不见埃比尼泽·斯克鲁奇、赫薇香小姐、费金或是小扒手道奇；这不再是狄更斯想象世界中那个荒无人烟、了无生气的地方了，也不是荒谬且古怪的场所，可供他所有角色见面和活动。但狄更斯从未停止生活在那座旧城里。就在他沿着泰晤士河岸堤散步的时候，他也在和皮普一起穿过四十年前的那座城市。狄更斯观察这座新城时，自己的想象力正停留在《远大前程》中那个更古老的伦敦城里，眼前所见还是一个逝去的过去。那座旧城才是他一直生活着的地方，是那座城市造就了他，是那座城市摧毁了他但又让他重生。对他来说，那是一座梦想之城和想象之城。在他的作品中，那是一座永生之城。但随着身边发生的这一切变化，他此时是否也觉得自己也是那不复存在的天命中的一部分——在这座新城里，他也在变旧呢？

三十

　　他下一个生日的时候，或许是作为送给自己的礼物，狄更斯买了玛丽·格林的《英格兰公主的生活》以及艾格尼丝·史翠克兰的《英格兰女王的生活》。同一天，他在汉诺威排屋3号为自己举办了一场晚宴；宾客中也有他的老朋友比尔德，而且他大部分家人也都在场。他儿子查理已经从中国回来了，现在正在伦敦金融城里工作——事实上他已经对他父亲的《远大前程》产生了影响，该小说中年轻的赫伯特·鄱凯特原先是一个"去中国做茶叶生意"的"商人"。但狄更斯在校稿阶段把这些暗指儿子的部分都删掉了。不过，其中一处关于赫伯特的描写他没有删去，那几乎就是对他儿子的描述，"他整个人的神情中有一种非常有渴望成功的感觉，但同时那种感觉又向我低声耳语，告诉我他永远不会很成功或是很富有"。值得一提的是，狄更斯因为儿子仍然坚持要娶贝茜·埃文斯这件事十分愤怒和难过，因为贝茜的父亲是他从分居以来就彻底冷落疏远的那位出版商。那样的话，写小说对狄更斯来说是不是一种发泄所有这些攻击性情绪——这些不能在正常生活中表露出来的情绪——的方式呢？弗兰克也在家；狄更斯对他做生意这方面的能力已经绝望了，因此让他在《一年到头》的办公室里做事务总管。玛米当然也在家，还有乔治娜，她的身份在1861年的人口普查中被描述成了"仆人——管家"，这确实有些直白且不好听。凯特和查尔斯·柯林斯住在她婆婆位于克拉伦斯排屋的公寓里，狄更斯对这桩婚事还是很不看好，同时还不得不资助远在国外的其他孩子。沃尔特已经在印度欠下了一大笔债，上个月狄更斯就给他寄了115.14英镑。还有他弟弟阿尔弗雷德的遗孀海伦和他的五个孩子；还有他年迈的老母亲。

难怪他在下个月的一封信中说，"我让生活压弯了腰，几乎要压垮了，而且还被牢牢拴住了"——写这封信时他刚刚在《远大前程》中描写完那些"双手铐在一起，脚上还带着镣铐"的囚犯。这时的故事中，皮普正在靠想象力理解那些带着锁链的罪犯的悲惨处境，但毫无疑问我们可以看到，在这些文字背后，狄更斯正将自己和囚犯甚至遭驱逐的人等同起来。

他自己的事情也不断地从四面进逼。他想尽快完成《远大前程》——他心里已经定了6月初一个日期——但3月和4月即将在圣詹姆斯礼堂举行的六场朗诵会打断了他的创作进度。到了进行朗诵会的时候，前排的一些观众"清楚地看见，狄更斯一踏上舞台受到的热烈欢迎让他眼中泛起了泪花"。圣詹姆斯礼堂中有一位观众就是托马斯·比尔德，但他坐在最后排而且也非常腼腆，不愿去"后台"和狄更斯一起喝掺了水的白兰地。他不想影响自己的老朋友。他太忠诚可靠了，也太羞怯扭捏了，所以不可能做这种事情，而且相对狄更斯身边那些更加容易流露感情的人来说，他或许是一个更好的朋友。就像萨克雷在这一时期说的那样，"要是出了问题，没有人会告诉他。狄更斯就是苏丹王，而威尔斯就是他的大首相"。朗诵会结束的时候，狄更斯很高兴，因为在付清所有费用之后他还赚了五百英镑，但更让他很欣慰的是自己又能专心继续创作皮普和马格维奇的故事了。为了清静，他似乎在新十字区五铃酒吧附近租了几间屋子（他之前也曾在这里租房居住过），4月底他已经在创作皮普"远大前程"的第三"阶段"了，而且皮普也已得知自己所有的财富和"绅士"地位都来自囚犯马格维奇的口袋。

他继续写作，但也几乎一直处于疼痛之中。他所谓的"面部神经痛"又发作了，而且5月20日那天身子非常不适，无法去主持一年一度的报纸经销商慈善协会晚宴（威尔基·柯林斯很不情愿地顶替了他的位置）。但两天之后他却租了一艘泰晤士河汽船，以便能更准确地描绘在泰晤士河上追捕和重新捕获马格维奇的情节。福斯特和其他几位朋友也加入了这趟短途旅行，而且福斯特注意到"他似乎没有什么操心的事……朋友们很开心，这让他也很开心，而且他还用自己源源不断的突发奇想和新奇想象来逗他们乐；但他一直都不曾合眼，一直在观察，河两岸没有任何东西能逃出他的法眼。"回来之后，狄更斯列了一张单子，记下了所有的潮汐及涨落时间。第二天，他南下去多佛住了一周，主要是为了能不受打扰专心创作小说的最后一章，但也希望海边的空气能治愈他的神经痛。他还是坚持散步的习惯（一天，他竟从多佛走到了福克斯通，然后又走了回来，来回大约有十四英里），但他还是把注意力集中在了小说上，以便能在下个月中旬完工。"我在这儿工作起来像台蒸汽机，走起路来像巴克利船长"，这位船长是个有名的步行者，他曾经在一千个小时里走了一千英里。等回到伦敦的时候，他确实快要写完了；为了帮自己构建小说的最后几个情节，他把已经出现过的日期和角色都记在了备忘录上。他希望能在6月12号写完，而他计划得太有条理了，事实上是提前一天完成的。更不可思议的是，小说一写完他的神经痛也消失了。

这时候，狄更斯回到了盖茨山庄，准备在那里度过夏天；他习惯每周三北上伦敦，安排《一年到头》下一期的"内容排版"，但其他大部分时间都是在肯特度过的。年纪小点儿的几个男孩也从学校回家过暑假了，现在终于有机会打板球、去郊外探险、散步或是仅仅在草坪上待上几小时。但毫无疑问，对狄更斯而言这也是工作的机会；他这一生中从没有真正休息过，就算是在宁静夏日的几个月里他也开始勤奋认真地准备即将在秋天开始的朗诵会。很长一段时间以来，他都想要设计一场《大卫·科波菲尔》的朗诵会，现在离巡演开始还有四个月，他终于找到了实现这一愿望的绝佳机会。同时，他还准备了朗诵讲稿，暂时取名为"约克郡学校里的尼古拉斯·尼克尔贝""侏儒乔普斯先生""鲍勃·索亚先生的聚会""巴士底监狱"以及"远大前程"。最后两个节目从未真正上演，但其他几个都让他搬上了演讲台，《大卫·科波菲尔》的朗诵版时长约为两小时，而《尼古拉斯·尼克尔贝》时长大约为一小时十五分钟。

然而，在准备朗诵会巡演的同时，一则意味着巡演尚未开始就可能泡汤的消息弄得他焦虑不安：他的经纪人阿瑟·史密斯病了，而且病情很危急；狄更斯很担心也很手足无措。史密斯卧病在床的时候他无法定下明确的计划，另一方面，他也不想雇用别的人来顶替他；狄更斯直到意识到史密斯无法康复才决定雇用一个名叫阿瑟·海德兰的人。然后，史密斯病逝了——狄更斯把他称为自己的"右手"。狄更斯参加完葬礼的第二天，他的妹夫亨利·奥斯丁也去世了，狄更斯之前经常向他寻求支持和建议。更多死亡的消息如潮水般涌来。但他宣布即将到来的朗诵会"必须突破重重困难继续进行，就像生活中的其他一切事情一样"。狄更斯在面对朋友和亲人的逝去时一直都是这个反应——与其斗争。在这个世界上，我们"都要经受苦难、奋力拼搏然后命赴黄泉"；但对狄更斯而言，重点落在"奋力拼搏"上。事实上，阿瑟·史密斯的离去远比亨利·奥斯丁的去世更触动他。现在一切都变了，而且没有他，狄更斯觉得非常迷茫和无助。之前是史密斯一手操办，处理票务、观众、交通和宾馆等一切事务。现在他不在了，狄更斯也怀念起"自己身边那种紧凑和舒适"的感觉，对他来说，这种感觉在整个联合王国长途艰苦的巡演中十分重要。

所以他就是这样在那年秋天动身开始了第二轮朗诵会，而且担心没有阿瑟·史密斯的朗诵会会变得无聊乏味。此次巡演将于1月底结束，将包括远至布莱顿、爱丁堡、黑斯廷斯和普雷斯顿等地区。但第一炮并没有打响。据他说，第一站诺威奇的观众"不可磁化"，这话的意思是，他和听众之间没有任何能量的互动；有时候他会用伦理学上的术语把这称作一种"公共联结"，但大多数情况下这似乎一直都是一种更实在可感的联系。而且同样重要的是，在这第二轮巡演中他竟能隐约辨别出各种观众的不同反应，这反过来也说明，他的表演在很大程度上依赖于他和每场观众之间"特有的私人关系"。这对他来说几乎是一种身体上的快感，一股能量的激增给他带来动力，让他得以在每晚朗诵时扮演各种角色。但这种能量现在也开始对他的身体产生不利影响。11月初科尔切斯特①的朗诵会结束后，一个小孩子获得允许进入了狄更斯的更衣室；多年之后这个孩子还记得狄更斯"只穿着一件衬衫，急促地来来回回走着，作为让自己镇定下来的方式……"后来他还吃了一顿丰盛的晚餐，但"丝毫没有平静下来，不论是心理上还是身体上……"

11月中旬他回到了肯特。在紧张的朗诵会日程中他还安排了一个十天的假期，这样他就可以准备《一年到头》的圣诞特刊了，但那之后又再次启程继续巡演。不过，正是从这个时候开始，他之前预见阿瑟·史密斯不在时可能产生的问题都开始降临到他头上了。11月第三周朗诵会开始出岔子了，首先是泰恩河畔纽卡斯尔发生的一起事故。那里的观众"都对斯迈克的遭遇非常平静"，突然给狄更斯照明的煤气设备掉了下来；一个女人尖叫着跑向他，而且人群中出现"一阵惊慌"。但在这种时候狄更斯总是能轻松地保持镇定。他对那个女人大声说道，"没事儿，请相信我；别慌；请您回去坐好。"慌乱的观众们平静了下来，设备也重新装好了，朗诵会继续进行。但当时那一刻真的很吓人；挤满了人的礼堂、激动的人群

---

① Colchester，英格兰东南部城市。

（似乎总是发展成歇斯底里），退场的困难、汽油设备的不稳定，所有这些都意味着这种场合常常带有着火或发生踩踏事件的危险。而且这个时候，狄更斯也更有理由惋惜阿瑟·史密斯的离去。宣传朗诵会的传单丢了；朗诵会宣传错误；印刷的节目单有细节上的错误。狄更斯作为一个在工作安排方面要求最大精确度和严谨性的人，此时无疑既担心又愤怒。

1862年1月巡回朗诵会结束的时候，他又失眠了，而且"让汽油味和高温弄得眼冒金星、疲惫不堪"。他又一次回到盖茨山庄休养，但2月他突然带着全家撤到伦敦的一幢寓所里住一季（这次不是租的，而是作为和盖茨山庄的交换），海德公园南大门16号，离肯辛顿花园只有几码远。但他一点都不喜欢这个地方——"这幢令人作呕的小房子，"他这么形容这座房子，这个"伦敦小棚屋"。而且他的工作也没有结束。他之前答应在伦敦的汉诺威广场礼堂里再举办几场朗诵会，而这几场朗诵会将持续到1月底；换句话说，他按照一贯的风格决心让自己待在伦敦时保持忙碌。很显然，他没有想过要休息或是娱乐——也许是为了钱，也许是为了他此时已非常习惯的喝彩声和光环，更有可能是为了所有这些因素的强大结合。他也计划创作一部新小说，而且已经想好了角色和主题——他在查塔姆见过一对奇怪的父子，之后又在伦敦码头张贴的布告上"发现他们淹死了"——但事实证明他无法在肯辛顿的这幢小房子里工作。于是，每天早上吃完早饭后他都会去办公室，毫无疑问还是习惯性地走上四英里来到威灵顿街，而且每天晚上都和叶慈、威尔斯和柯林斯之类的朋友一起度过。他此时还和另外两个人变得非常熟，而这两人从此以后几乎成了他生活中的"固定人物"，他对他们的感情极不寻常，而他们之间的友谊也帮助我们从另一个角度了解狄更斯的性格。

这两个伙伴中最有趣的要数查尔斯·费希特，一位来自法国的演员，他浓重的口音并没阻碍他在伦敦舞台上获得成功。让他一举成名的是1861年他在公主剧院扮演的哈姆雷特一角，当时剧院里一位雇员的评价至今仍然值得一提——"先生，太精彩了。我们都知道基恩先生，基恩先生也很棒，但他演的《哈姆雷特》就是一个悲剧。而费希特先生就不一样了，他把这出戏拔高了，成了情节剧。"事实上，情节剧并不是费希特的长项；他在当时话剧界非常与众不同的原因是他能克制当时非常常见的那种夸夸其谈且故作姿态的表演艺术，并用一种更加"自然主义"，更加"浪漫主义"也更加"生动独特"的表演方法来替代。这些正是狄更斯在自己的业余戏剧表演中所追求的品质，而且他第一次发觉费希特的天赋是在观看他扮演一个恋人时，考虑到狄更斯当时自己敏感的情况，这或许并不奇怪。他在巴黎就见过他。"他在向一个姑娘表达爱意，"狄更斯告诉一个朋友，"而他那浓烈的情感不仅振奋了姑娘也振奋了自己，两个人像是脱离现实世界进入了一种更加纯洁的苍穹之中，像是进入了另一个空间。'我的上帝啊！'我自言自语道，'一个能做到这一点的人什么事做不了啊。'我从没见过两个人能像那么迅速、那么纯粹地因爱的力量而如此欢欣鼓舞。"狄更斯如此喜爱这样一个人——这个人能扮演精神崇高的浪漫恋人，能将爱情带入一个超越俗世快感、更加纯洁的空间——这很难不让人联想到这段时间内狄更斯自己的状况。

另外一个经常来盖茨山庄的客人是亨利·乔利，一位音乐评论家，时不时会写写小说；事实上，他和狄更斯的关系非常好，是为数不多的几个能不请自来去肯特郡过周末的人。但相比费希特，他成为狄更斯的朋友要更为不可思议——乔利是个性情温和、体弱多病、郁郁寡欢的中年单身汉（他比狄更斯大五岁）。他的嗓音很细，走起路来拖着步子，性格很抑郁，不管喝多少酒都消不了他心中的愁。但狄更斯懂他，也很喜欢他，并且总会试图安慰支持他。大家都说，乔利是个非常沮丧的人，觉得自己的人生很失败，而这种性格最能赢得狄更斯本能上的关注和同情；从他的小说中就足以看出狄更斯有多么"同情"那些在"人生的斗争"中被打败的人。当然，他自己从来没失败过，但他半辈子的时间都处于对发生这种可能性的极度恐慌中，这意味着他能对那些没有避免这种不测事件的人非常善良慷慨。但两个命运如此不同的人之间还有另外一种联系。乔利基本上也是一个完全自学成才的人，早年的职业生涯也受到了母亲的阻挠，在他还是个小男孩时就把他送到了一个商船办公室去打工。在这早年经历的相似性中，我们也能看到狄更斯同情心的根源——没有什么故事能像受母亲虐待的故事那样触动他，而且确实有些时候他对待乔利的态度就像是对待自己个性中悲伤的一面、一个失败版的查尔斯·狄更斯。所以这年春天，住在伦敦的这几个月里，他会和乔利一起长途远足——比方说，有一次，两人在听完阿瑟·沙利文为《暴风雨》的作曲后一起从克里斯托剧院走回了乔利在奈特桥的住处。

房屋交换期一结束，他便离开了肯辛顿那个讨厌的"小棚屋"回到盖茨山庄过夏天；这个夏天又是下午运动（在屋后的田地里玩板球或是在屋前的草坪上玩槌球游戏），晚上打惠斯特牌、猜字谜或谜语。但这些悠闲的快乐时光并不长久，因为乔治娜·贺加斯在6月生病了。按狄更斯的描述，她得的病是"心脏衰竭"或是"主动脉瘤"，而且病情恶化得非常严重，他都开始怀疑她能不能挺过来了。她情绪很低落、神志不清，而且胸口疼痛难忍。狄更斯自己看到这个曾经在他分居时站在他这边的女人身体状况迅速恶化，像一只没头苍蝇一样不知所措。6月底她身体有些许好转，但还是病得很重，到7月底时有再度恶化的趋势。但他对乔治娜病情的焦虑不安会不会在一定程度上因为内疚而放大了呢？为什么乔治娜的"心"痛得这么突然？一直有观点认为，那是因为她听说或了解了她姐夫生活中一些让她焦虑不安的事情。如果不是事实上在乔治娜生病这段时间狄更斯行踪不定、非常奇怪甚至有些神秘，这种话可能就只是臆想出来的推断了。

6月的第三周，乔治娜的病情仍然很严重，他却去法国待了一周，然后又为了6月27号伦敦最后一场朗诵会回来了，朗诵会结束后又立马动身前往法国——这两趟旅行只是个开端，之后三个月间还有许多短期但很有规律的法国之行。他毫无目地在两个国家之间来来回回赶，再加上他对乔治娜病情的担心，这无疑说明他在这期间无法安心持续地做任何事；很明显他想要开始已经酝酿了几个月的新小说，但没有足够的时间或内心的宁静来做这件事，而且这种状态持续了两年半。不过，和他往常在描述自己旅行时的丰富细节相比，他这一时期的通信非常缺乏信息价值。"我一直待在法国……我马上就要去法国了……立即回那儿……去远方做客……我不在这件事只有你知我知……星期天我要消失一两天……"

他用的"做客"这个词可是意味深长，或许还是无意识的——他去谁家做客？还有，他去了"远方"的什么地方？第二个问题回答起来至少还有一点把握；狄更斯横渡英吉利海峡来到布伦，然后又往南行了几英里来到了一座叫孔代特的村子。孔代特市当时的市长记录道，"著名作家查尔斯·狄更斯于1864年住在了布库·穆图艾尔先生的房子里，他在那里度过了一段最愉快的时光，总共待了八天。他还给一些居民留下了些许回忆……"布库·穆图艾尔先生在孔代特市的房子是幢朴素的小木屋，跟之前他在布伦拥有的那些房产以及狄更斯住过的那一幢相比显然是非常朴素。但故事就在于此：布库·穆图艾尔在布伦"房产"上的花费太大，结果破产了，于是1860年不得不变卖财产而后在布伦郊外十余英里的地方买了一幢朴素的小平房。这就是狄更斯居住的那幢"小木屋"。房子墙上挂着的牌匾上显示，他于1860年到1864年之间居住在这里，而孔代特市长将1864年作为他初访的时间；事实上，狄更斯信件中所有的暗示和间接证据都表明，他从1862年开始定期来孔代特，一直持续到1865年夏季才结束。所以这样一个地方到底有什么吸引狄更斯的呢？这是一个安静甚至有些与世隔绝的村庄。若不是当地还有一些稀稀拉拉的住所，这座带自己的院子和花园的小木屋和整座村庄还真是格格不入。换句话说，从此可以推知狄更斯很喜欢这个地区以及这幢房子的清静气氛。

那么他"做客"的时候到底去见谁了呢？至少可以这么说，他不断跨越英吉利海峡不可能是为了去拜访布库·穆图艾尔一家。这答案所涉及的话题要更尴尬一些，但多亏了1865年1月的一场火车撞车事故，否则这一答案或许永远也不会被揭开——斯泰普尔赫斯特发生那场可怕的事故时，查尔斯·狄更斯正和爱伦·特楠以及特楠夫人坐在头等车厢里。他们都是从布伦回来。这件事并不确定无疑，但有所有的可能性都倒向了一边：从1862年起，爱伦·特楠和特楠夫人一直寄宿在布库·穆图艾尔家（此时急需任何额外收入）的小木屋里，狄更斯不断去法国只有一个目的，那就是去这个与世隔绝的地方看望她们。或许同样值得注意的是，1862年间狄更斯连续不断的法国之行还和另一个时期发生了重合，用狄更斯告诉他心腹之交的话来说，这段时间他内心充满了"苦恼"。9月，他告诉威尔基·柯林斯，"有些焦虑的事情让我痛苦不已，这些天里必须说出来……"三个月前，他写信给福斯特讲述"这段时间这个永远无法忘怀的苦恼"，还将其与自己童年的痛苦相比（他觉得自己遭到遗弃的那种痛苦）。12月，他也告诉莱提西娅他"已经对自己的烦心事十分厌烦了"。

那么，是什么让他如此焦虑痛苦？无论如何，这都和他频繁地去孔代特见爱伦·特楠和她的母亲有些关系。因此，有许多关于狄更斯和爱伦这时期关系性质的猜测——说他们是一对不幸福的恋人，说爱伦生下了一个孩子并在孔代特偷偷抚养这个孩子，说她流产或是堕胎了，说孩子夭折了。我们必须指出，人们并没有找到任何证据来证明这些更为戏剧化的猜测，而从狄更斯在10月给妹妹莱提西娅（还处于丧夫之痛中）的一封信中，或许我们能离狄更斯苦闷的真相更近一些。"但在这个世界上，"他对她说，"我们都是匆匆过客，只能期望有一个更好的归宿，而且除了上帝的仁慈和善良没有别的依靠。对一颗饱受摧残的心灵来说，这两种美好的事物便是安全的港湾……"一颗饱受摧残的心灵——这话用来形容一个寡妇真是有些奇怪却也不无道理，但狄更斯想到这个比喻真是毫不费力啊。而且，这显然也反映了他自己的忧虑，因为他继续说道，"不安的思绪和情感就像波涛汹涌的大海，很少会风平浪静，没有一丝困惑和烦恼"。狄更斯似乎又在说自己的事情了；我们都知道，他经常使用风暴和大海的比喻来描写这段人生时期。就像他本能地提到"饱受摧残的心灵"以及对上帝的根本信仰——只有这信仰才能拯救心灵。

但这些话不像是一个奸夫或是让一个年轻女子产下一子并蒙羞生活在法国的男人能说出的话。而且，布库·穆图艾尔夫人或是特楠夫人也不可能允许在她们共同的屋檐下有任何此类不得体、不光彩的行为举止。但这样一来我们剩下的就是那个一直没解决而且或许也无法解决的问题：爱伦·特楠和查尔斯·狄更斯到底是什么关系？他对她很着迷，这一点毫无疑问。直到生命的最后一刻他都一直和她保持着联系，这一点也毋庸置疑。他对她的爱慕之情从未淡去，这一点也无可辩驳。也许一个"普通"的男人在这种情况下会成为她的性伴侣，但我们只要回过头去翻几页就能立即意识到狄更斯绝不是个"普通"人。他在许多方面都是无可否认的古怪。他在玛丽·贺加斯去世时那歇斯底里的反应——他留着她的衣物好时不时地拿出来看一看，还想要和她合葬——就足以说明问题了。而且，鉴于他的行为总是异于常人，我们就不应当犯这样的错误，期待他在对待爱伦·特楠时能依照常规行事。

但是，普遍的观点都认为他俩的确发生过性关系，而且爱伦·特楠还成了他的情妇。19世纪30年代有一位名叫托马斯·赖特的人传了某位坎农·本汉姆的话，这谣言才开始广泛流传——似乎爱伦后来对这位本汉姆先生以一种非常全面的方式"吐露了心怀"。但是只要有情妇，就会有私生子；因此最近这些年一直有人在玩"找私生子"的游戏，包括学术争执、家族秘密、生平八卦、"机密"信件中的题外话、对纳税登记册、教堂记事簿以及铁路时刻表的详细调查这一整套架势——最终所有这一切都一无所获。不过这种搜捕行动完全可以理解；合法婚生的孩子很少会引来那么强烈的兴趣，因为他们和他们的著名父母之间的关系显而易见。但认为狄更斯有一个生于19世纪晚期甚至活到了20世纪的私生子这一猜测有更为深刻的意义；不知什么原因，私生子似乎能遗传到更多的能力，仿佛作为一个社会弃儿，其才华和自己的天才父亲更像。这一身份至少有两位候选人，但这种猜测还是毫无依据。诚然，一位伺候过爱伦·特楠的仆人曾声称"两人生过孩子"，但每一个委婉暗示两人私通的声明都有一个同样有权威的人予以驳斥。从1866年就开始给爱伦·特楠当女仆的简·惠勒，给爱伦的女儿留了一段话——"……要是你问了的话，她没准早就跟你说实话了，你亲爱的母亲，从来就不是查尔斯·狄更斯的情妇"。

这个问题不可能有确凿的答案。但如果回忆一下爱伦·特楠女儿的话至少还是很恰当的："我母亲经常提起狄更斯。她说起他的时候总是充满了爱意，并说他是一个非常好的人。提起他时她从未透露出一丝悲伤或是遗憾或是烦恼。她只是说他是个了不起的人，作为朋友也非常讨人喜欢……"这样的描述或许太不痛不痒了，但有可能其中某处就包含了事实真相。尽管如此，这绝不是一个"了不起的人"和一个年轻女子之间的寻常友谊；这种关系的确非常与众不同，比私通更为与众不同，而且几乎古怪得有些令人困惑。我们必须想象这样一个狄更斯：一个中年人，因为一位成了自己心目中的妹妹、女儿、童贞母亲、孩子的年轻姑娘而痛苦不堪；一个男人，直到生命尽头都一片痴心却又因为痴心而苦闷烦恼；一个作家，在自己的生活中建立起了在小说中不由自主反复描述的关系；一个天才，尽管困难重重也一直坚持自己的理想，而且可以说最终也让理想给毁了。毕竟，他已经有了一颗"饱受摧残的心灵"；而且会不会就是因为爱伦不愿意扮演这样一个角色才导致他的痛苦在去孔代特的这一年越积越多呢？

但这个时候乔治娜慢慢开始康复了，10月初狄更斯带她来到了多佛，想要给她试试他最喜欢的海风加海水疗法。然后他又神秘地消失了几天，不过回来的时候决定和她一起住在盖茨山庄，因为自从他走后乔治娜一直一个人住在那里；凯特和查尔斯·柯林斯在苏格兰，而玛米和朋友们在一起。10月中旬他又来到法国，那是因为玛米和乔治娜在四天后也会来法国。那四天他大概待在了孔代特，因为他计划去布伦见两位亲人；但浪太急风太大，最终海峡渡船停泊在加来。狄更斯在那儿接了她们，然后一起乘坐火车来到巴黎——去位于法布尔-圣欧诺和路27号的一套公寓，非常昂贵但"漂亮、宽敞、明亮"。当然，他此时已经很熟悉巴黎了，而且他在法国的这种"回家"的感觉（它确实也成了他的第二个家）也更强烈了，因为"我在法国大大小小各个火车站都能看到自己的书在出售"。为了确定下一期圣诞特刊的内容，威尔斯来巴黎待了几天，这一趟行程意味着圣诞特刊已经不再仅仅是该杂志中普通的一部分了——每期圣诞特刊在当地都有二十万份的销量，这是狄更斯收入中的很大一部分。威尔斯回国后对妻子说，"狄克"看上去"非常愉快"。

他从巴黎来到孔代特，"感受一下布伦的海"，他在一封信中这么含糊其辞地对女儿凯特说道。从这封信中可以很明显看出至少她还不知道爱伦·特楠或是那幢小木屋的事情。他出去了十天，并在这趟"旅行"中去了亚眠和阿拉斯，然后2月中旬一过就回到了伦敦，去工作，去参加活动。他进行了几场早已计划好的朗诵会，一开始是一周两场，但最终缩减到了每周五一场。然后他为了某件"急事"又回到了法国，并因此一直"情绪低落"。回到伦敦后，在4月初的一场演讲中他断言，"我敢说，我们当中最出色的人通常都很难与别人相处（我知道我自己就常常这样……）"然后他让一位"生病的朋友"再次召唤回了法国。有一些传记作家认为那所谓的病要么是爱伦·特楠流产了要么就是她怀孕了，这一点解释了为什么这病一病就是一年。我们都知道，他过去理想化的那些年轻女子在他眼里似乎总是命中注定红颜薄命——就好像她们身上都印上了玛丽·贺加斯的轮廓。爱伦病了很久这一点——如果真的是这样（而且值得一提的是她之后的确久病不愈）——只会让狄更斯更喜欢她，让他更加绝望地将她理想化。他见过这位生病的朋友之后，回来时又听说了奥古斯塔斯·艾格去世的消息。"我们必须让队伍靠得再紧一些，然后继续向前行进……"他对威尔基·柯林斯这么说，并在两周之后代表皇家免费医院①发表的演说中再次提到了这句话。他的身边都是死亡和难逃一死的消息。在这些不加修饰的传记性记述当中，1863年的头四个月就只有工作和生病、连续不断的旅行和连续不断的焦虑。但焦虑可以让时间变形。一个片刻或许会像一辈子那么久。那么传记中描述的这四个月对狄更斯来说有多久的感觉呢？

不过还有更加愉快的事情可以记录，因为他待在伦敦的时候终于和萨克雷重修旧好了。狄更斯声称是自己迈出的第一步：当时他正在雅典娜俱乐部挂帽子，

---

① 皇家免费医院（The Royal Free Hospital，英文常简称the Royal Free），隶属于伦敦大学（University College London）的一家教学医院。1828年由外科医生威廉·马斯顿（William Marsden）创办，其初衷正如其名称所示，是为没钱人提供免费医疗的。所以国内亦有将媒体其译为"皇家自由医院"，是不妥的。

一抬头便看见了萨克雷那张憔悴的脸。"萨克雷,"他说,"你身体不舒服吗?"于是,按狄更斯的说法,他俩就这样和好了。西奥多·马丁的说法要更加让人信服,那天晚上狄更斯进俱乐部的时候他正在和萨克雷说话。狄更斯和萨克雷擦肩而过却"没有任何认出他的迹象"。萨克雷突然结束了对话,在狄更斯的脚刚刚踏上台阶的时候伸手拉住了他。"狄更斯转向他,我看见萨克雷开口说了些话然后立马向他伸出手。他们握了握手,说了几句话,然后萨克雷马上回来跟我说'我很高兴我这么做了。'"相比狄更斯那给自己脸上贴金的说法,这听起来更像是真的,特别是鉴于狄更斯在这种情况下是出了名的不善于主动"讲和"。他曾经说过,"吵架是件很好的事,但和好的过程就太讨厌了",而且这在很大程度上都是因为他在此类感情问题上很羞怯敏感。他无法忍受遭到人家断然拒绝,连想都不敢想,所以他会保持沉默。

回国后他不是在肯特郡就是在伦敦的办公室(因为他不得不经常去法国,所以就没有在伦敦租房子),但就算是在这儿,在他更为熟悉的生活中,他也会梦到爱伦·特楠;梦到她披着一条红色披肩,背对着他。他身体又不舒服了。他总是以精力旺盛和恢复力强为傲,现在竟那么容易患上各种疾病,这可真是让人惊讶。他也越来越厌倦伦敦了;就是在这期间,他以"不赚钱的行者"身份描写了这座城市让人绝望的破旧,而且他现在也尽可能多地待在盖茨山庄。过去他曾和福斯特讨论过出租甚至出售这幢房子的可能性,但现在它却成了他的领地。

三十一

　　1863年的夏天和春天一样不平静。他在8月里又去了一次法国，但当月底就回到了盖茨山庄，而且心里已经有了两个明确的计划；一个是《一年到头》的圣诞特刊，该刊的创作已经成了他的固定工作的一部分，而另一个是他至少已经酝酿了两年的小说。现在，他终于觉得已经准备就绪，可以动笔了；他写信给查普曼与豪尔公司，想要为自己七年来第一部长篇小说定下恰当的条件；他想以六千英镑卖给他们一半版权，而且他如愿以偿了。他现在非常急于动笔，根本没有什么事能阻止他，就连身边的人去世也不能。他曾经说过人活过中年就像是穿过一片墓地，而且这一年的后半年的确就是像他说的这样。他极其厌恶的岳母贺加斯太太在8月去世了，但狄更斯对此毫不关心；他给凯瑟琳寄了一封非常简短的信，告诉她她有权埋在玛丽·贺加斯埋葬的坟墓里。9月的时候他自己的母亲也去世了——狄更斯似乎觉得这一刻来得并不算突然，因为她的身体和精神衰退已经有一段时间了。她一直和儿媳妇海伦住在格拉芙顿排屋的一幢房子里（由狄更斯出房费），他也偶尔会来这里看望"状态令人担忧"的母亲。但狄更斯对她的逝去并没有表现出任何痛苦或悲伤；毫无疑问，这无法和父亲去世后他那种心灰意冷的状态相比。不过，如果说狄更斯本人没有一丝明显甚至有意识的悲痛之情的话，他此时正在忙着写的那部作品里倒是有一些类似悲伤的情绪出现。狄更斯太太在一个星期四葬在了海格特公墓，躺在她丈夫旁边，而就在三天前狄更斯开始了那一年的圣诞故事，故事开头塑造了一个多嘴的女性角色利日普太太，和他即将下葬的母亲似乎很是相像。但现在有一处差别；利日普太太远非他小说里非常典型的蠢女人，她虽然很爱说话，但其实是一个和善敏感的老人。这是狄更斯在母亲逝世不久塑造的人物。我们能从中看到一些他对母亲的称赞，一些她在世时不能说出口的赞美之词。想必，他和她的关系太近了，而她也将他伤得太深了，他在现实生活中永远都无法坦诚地表达这种情感。但在他的作品中，在她去世后，她再一次以一个善良得体的女士形象生活着。在这个故事里，她有一个男性房客杰米·杰克曼少校，他说起话来和约翰·狄更斯很像："我认为，靠这个有史以来最出色的男孩载入史册真是一件令人自豪的荣幸……"这很可能就是约翰·狄更斯在谈论自己的儿子查尔斯，但故事里那个"出色的男孩"是一个由利日普太太和杰克曼少校一同收养的年轻孤儿。就这三个人——一个不是母亲的母亲，一个不是父亲的父亲，还有一个无父无母的儿子；可以说，几乎算得上一个神圣的家庭了，不过话又说回来，只是狄更斯想象世界中的神圣家庭。

过去的一年对狄更斯来说是极其痛苦的一年。这一年的最后一天，他在盖茨山庄和客人们一起玩猜字游戏；题目包括他表演的"可怜的小斯维普的悲惨人生""伊斯兰教徒对基督教徒的暴行"以及"快活的英格兰"。他把玩这个游戏时的一个小道具靠在了卧室墙上，而当他发现它看起来像一个"人们在葬礼上使用的可怕东西"时，他立马剪下了遮在它周围的黑色棉布。那天晚上上床睡觉的时候，他看见那个道具还在自己屋子里，而且它的影子仍然很像一个送葬用的长矛。那天晚上，五点十五分，他儿子沃尔特在加尔各答倒地毙命，嘴里还喷了好多血。更多的人离他而去。沃尔特没留下任何东西，只有一个旅行箱，里面装着一些亚麻布的换洗衣物、几本祈祷书和一张相片，是"一个女人，应该是家里人"。照片上的会不会是他那独身住在格洛斯特新月街上的母亲凯瑟琳呢？一位朋友之后回忆说，凯瑟琳对儿子的去世"悲痛不已"。与她分居的丈夫给儿子写了一段墓志铭，并寄到印度，却没有给凯瑟琳本人送去任何吊唁慰问的话。他的周围到处都是死亡、失望和疏远。

这期间他一直在创作的那部小说又怎么样呢？他决定给它取名为《我们共同的朋友》。他从11月开始动笔，而且已经想好了故事的"主线"；到现在为止他为写这部小说已经准备了两年多，因此极其迫切地想要继续写下去，免得自己又突然失去动力或是因为其他原因而心神不宁。有一些角色和主题都已经存在很长一段时间了；早在1855年他就草草记下过有关波茨纳普这一角色的笔记，而且书名本身也是那种一直在他脑海中不经意间会跳出来的短语，像个护身符似的一直带在身上。它在《小杜丽》中至少以删减版的形式出现过三次——"共同朋友是个非常恰当的表达方式"，弗洛拉·芬沁这么说道。但更重要的是，这本书的主题和寓意可以追溯到更久以前；因为在《我们共同的朋友》中，他童年时代的歌谣几乎幻象般地重又响起——装着木腿的塞拉斯·维格吟诵了一首抒情民谣《小吉他》的歌词，而这首歌狄更斯小时候就学过，三十年前发表的第一篇文章中也引用过。

"如果我的故事（希望鲍芬先生能原谅我）会让你叹息。

那就让我拨响这把小吉他。"

现在有了故事的"主线"，他便开始仔细认真并坚持不懈地写作了。对于这个故事将如何慢慢地展开，他从一开始就心里有数，他工作笔记中每一期的创作建议都紧紧跟随着上一期，而且其备忘录也突出表现了他脑中的构思有多么持续且统一——"仔细打好基础……这要贯穿全书……扫清障碍，前前后后都不能落……谨慎地往前进……"有时候，他在创作期间给自己看的笔记上只有一个名字或是一个地方，仿佛只要有一丁点儿的提示他脑中就会展开一整幅广袤的全景。但他的写作速度要比以前慢得多，故事风格也要精巧复杂得多，人物对话读起来有些像程式化的戏剧；他的字迹现在也变小了，向右下倾斜，有许多补充和修改。他甚至告诉威尔基·柯林斯，在《一年到头》上的连载小说之后，他一直在努力回到二十期月刊的大规模，这让他"晕头转向"。

就好像他在从头开始，开始一种全新的风格一样，而这种新颖的感觉也因其插画家从哈博罗特·布朗换成了马库斯·斯通这一点而更加突出。他突然放弃了布朗，而这位单纯、害羞且不谙世故的插画家从未真正明白狄更斯这一决定的原因："最近（作家和画家有时候也会吵架）我和他的关系不是很好……"他在两人合作结束前曾这么说过，而那之后他又告诉自己的搭档，"我和你一样不知道到底发生了什么……可能狄更斯觉得换只新手能让他那些木偶们有个新鲜的样子吧……我得说，这让所有作家和出版商都困惑不解；没法儿取悦或满足任何人。我多么希望自己和这家伙没有任何关系。"

马库斯·斯通才看过前两期就设计出了月刊的封面，尽管狄更斯有具体的修改意见，他似乎大体上对这一结果很满意。"给一个模糊的大概印象，越模糊越好，"他告诉这位年轻人，而且这一回狄更斯自己也很模糊。比方说，当斯通问他塞拉斯·维格的哪条腿是木腿时，他就说不上来，"我觉得我并没有定哪条腿。"针对这个问题，按斯通的说法，狄更斯还说，"都没关系——随你的便吧。"这反过来也说明狄更斯对自己作品中的插画越来越不感兴趣了，也许是因为他意识到它们不再像之前那样是他整体构思中必不可少的一部分了。事实上，这几个月间他和斯通合作的故事表明他有热情减退和关心程度降低的可能性。一开始他还给斯通具体的指示，但很快他就批准他自行选择的精彩"瞬间"。连载快结束的时候，狄更斯已经允许斯通任意选择对象进行插画而且几乎没有提出任何反对意见。这也加快了《我们共同的朋友》的整个创作进程。1864年1月的第三周，他刚刚写完前两期就立马开始了第三期的创作，他如此孜孜不倦主要是因为他想在出版前手上能有五期稿子。这或许是一个很大的数量，但他意识到自己现在的进度比以前慢多了，而且也不能不假思索地依赖原先那种旺盛的创造力，和总能在截止日期前给他带来足够素材的创造力。此外，他也将在伦敦再租一幢房子度过这一"季"，而这又将给他带来更多麻烦事。

2月初在找房子的时候，他收到了沃尔特在印度去世的消息；他没有把儿子猝死的直接原因告诉乔治娜，因为他和乔治娜一样都得了"主动脉瘤"。他很难过，但并没有到悲痛不已的地步，依旧毫不迟疑地继续租下海德公园北边的格洛斯特街57号。他在这里一直住到6月份，2月的时候在这里创作《我们共同的朋友》的第三期。上一期里的最后一章太长了不能用，正当狄更斯思索着填补该空缺的新话题时，马库斯·斯通带来了一则改变整个故事面貌的消息。斯通之前一直在寻找一只制作成标本的狗作为模型，而就在寻找的过程中，他偶然发现了一位名叫威利斯的动物标本剥制师，他的店子就在七面晷附近的圣安德鲁街上。斯通早就听狄更斯说他需要为《我们共同的朋友》找一个古怪的职业——"必须非常引人注目且非同寻常，"一天晚上他俩去剧院看戏的时候狄更斯对他说——于是他一发现这位标本剥制师，就赶去格洛斯特街告诉狄更斯自己偶然之中找到了一个着实非常引人注目的职业。狄更斯立即和他一起回到那家商店，尽管威利斯本人不在，狄更斯还是留心观察了一切；在一部解剖社会和人类身份困惑性的小说中，这个给动物尸体接合骨架并往肚子里填东西的人正是狄更斯实现自己构思所需要的。于是，维纳斯先生就这么诞生了。

1864年6月，狄更斯正在写《我们共同的朋友》的第七期，并且终于离开了伦敦；他南下来到盖茨山庄，在那里继续小说的创作。因为他又在计划着跨越英吉利海峡的旅行，所以他保持着持续快速的创作进度。他马上就要写到詹尼·雷恩从圣玛丽斧街的账房楼顶往下喊"上来死呀！上来死呀！"的情节了；这个时候，他也已经知道自己故事的长处，这也许是他有生以来第一次没有因为销量下降而过分担忧。（从第一期到第二期大约减少了五千份，最后一个合期的销量跌到了一万九千册，而最开始的销量是三万五千册。）他当然再也用不着担心任何灾难性的经济损失了；首先，他现在完全可以依靠朗诵会、《一年到头》的股份以及之前小说各种版本中对自己版权的"开发"来维持生计。而且他的年收入在这一时期稳步提升，这种经济上安全感的增加很有可能大大增强了他在艺术方面的自信心；又或者是他再也不那么受外在因素困扰了。他只是继续踏实勤快地写作，并在6月最后一周出国之前准时写完了第七期。他有可能是像对一位熟人说的那样去了法国，也有可能是像在另一封信中说的那样去了比利时；要么是他计划同爱伦·特楠和她母亲一起旅游度假，因此自己也不太清楚去哪儿；要么就是他故意含糊其辞，想掩盖自己的行踪。没错，他在一封给威尔斯的信中开玩笑地提到过另一次"神秘的失踪"。不过，他在7月的第一周就回到了盖茨山庄，并立马开始校对小说的样张：这次短暂的假期意味着他差不多已经"损失"了原本想要提前完成的五期中的一期。而且，威尔斯突然生病的消息也让事情雪上加霜，这意味着狄更斯不得不承担比平常更多的编辑工作。

但他最常抱怨的问题似乎对他来说还真是个新问题；他告诉福斯特自己现在"缺乏想象力，而且跟不上小说的创作了"。这一直是他最害怕发生的一件事——失去创造力、写到一半写不下去——所以他觉得"身体非常不舒服"也在情理之中。他喉咙痛了一阵子，现在又患上了某种更严重但不知名的疾病，让他整个人虚弱抑郁。8月初的天气十分炎热，所以他还是没办法好好工作。但到了8月中旬他的身体和精神都好转了许多，于是又开始"努力工作"，而且为了专心写作、避免打扰并赶上进度，他拒绝了所有邀请。10月初，他其实已经写完了第九期，这样算来他也终于完成了小说的一半。但他还有这一年的圣诞故事要写。现在这圣诞故事在他的财务方面可是具有十分巨大的重要性，而且时间也非常紧迫。于是他住在了威灵顿街上的办公室，并在那儿继续坚持不懈地创作《利日普太太的遗产》；这是《利日普太太的出租房》的续篇，他希望也能获得同样的成功。一天晚上，为了让自己工作后"沸腾的大脑"能"冷却下来"，他去公主剧院观看了《伦敦的街道》，然后在几天后完成了这篇圣诞季故事。事实上，他很关心这则故事的成功，而且非常担心会出现盗版或伪造，所以让印刷商在铅字版排好就把它锁起来，而且没有他的书面指示不能印试样。这个故事挺讨人欢喜的，围绕一个善良多嘴的女主角展开，而且就算在这种喜剧形式里狄更斯也再次向读者传递了一则道德寓意——这一次不是他原先那种宣扬同志友谊和欢乐气氛的圣诞寓意，而是更加严肃阴沉的主题，也是他正在创作的这部小说的核心——"将帮我们克服一切的永恒之爱和真理！"。

11月他又去了法国——无疑又是去见爱伦·特楠，（可以推测）她的存在也给他的文字蒙上了一层阴影。事实上，危险就在于到处都能看见她的影子。比方说，站在《我们共同的朋友》中那个"出身卑微"但温柔贤淑的莉齐·赫克萨姆背后的会不会就是爱伦·特楠呢？是不是她促使狄更斯描写了布拉德利·海德斯通对莉齐炽热强烈的感情："是的！就是您把我给毁了——毁了——毁了啊。当我靠近您或是想起您的时候，我就束手无策了，我就自信全无了，我就毫无自制力了。而且我现在脑子里满是您。自从我第一次见到您，我就无法对您忘怀。喔，那对我来说真是一个不幸的日子！那真是一个不幸、痛苦的日子啊！"然后还有查理·赫克萨姆对她的嫌弃："'但你绝不能让我丢脸……我已经下定决心，等我从这污泥里爬出去之后你绝不可以再把我拖下水。'"这两个人物的反应反差鲜明，而我们能否从其投射出的矛盾心理中感受到狄更斯那复杂的态度呢？又或许，我们是否能在同一部小说中的贝拉·威尔弗身上看到爱伦·特楠的影子呢？这个姑娘曾说"'我坚信我没有人们所说的心肠，而且我认为这种东西就是扯淡'"。这和《远大前程》中埃斯特拉的宣言有一种神秘的相似性："'你得清楚，'埃斯特拉像个聪明漂亮的女人一样居高临下地对我说，'我是个没心肠的人……我这儿没有一丝柔情，没有——同情心——感情——那都是些毫无价值的东西'"。这些话会不会也是出自一个现实生活中的女人之口呢？

也许是，也许不是。一个以惊人且丰富想象力著称的作家不可能只是依靠爱伦·特楠来塑造书中的年轻女性形象。确凿无疑的是，在这最后两部小说——《远大前程》和《我们共同的朋友》——里，狄更斯首次认真思考了单恋这一主题。在之前的小说中，这种单恋可能是未公开或是时机不对，但总是存在着一个平衡，在这种平衡状态中双方似乎都认为他们互相喜欢或是可以接受对方的爱；而当他们最终表白时，不会遭到对方拒绝。但在这最后两部小说——还有他最后那部未完成的小说——中出现了因爱而受的折磨、绝望和疯狂。而且求爱和死亡之间存在着某种必然的联系，所以在这两部作品中可以发现狄更斯的性情发生了奇怪的转变，开始探索其艺术甚至自己生活中的极限。

那一年的圣诞节聚会里有查尔斯·柯林斯、凯特·柯林斯、费希特一家、马库斯·斯通和亨利·乔利；据《盖茨山庄公报》①报道，"从1864年12月24日到1865年1月5日，不时有客人来。"但这并不一定是个非常欢乐的聚会。尤其是狄更斯，他似乎为女婿查尔斯·柯林斯久病不愈的身体担忧，而这病最后查出是胃癌。"我有强烈的预感，"他说，"他永远也不会康复，而她年纪轻轻就会守寡。"他对这个他最疼爱的女儿感情十分复杂，这也说明产生这种想法的根源就在于他对女儿所寄予的希望。那么，这一欢乐节日里的其他人怎么样呢？"其他所有人都一如往常。玛丽既没有结婚也不准备结婚；乔治娜则是全家的主心骨……"但还是有一些消遣调剂的事，一些激动人心的事。作为圣诞礼物，费希特送给狄更斯一幢瑞士小木屋——一幢真的小木屋，拆卸成了各个部件。由于天太冷不适合做任何户外运动，狄更斯便提议"单身男客人"（他的意思应该是指身体强壮的斯通而不是虚弱的柯林斯）一起把这些部件都取出来——总共九十四块，分装在五十八只箱子里——并帮忙组装起来。但这项工程太复杂、太困难了，他们这几个人根本没办法完成，于是便从伦敦的莱森剧院召来了费希特的法国木匠果旦先生来帮忙。这幢小木屋其实比所有人（也许除了费希特之外）想象的都要大——一幢货真价实的两层小木屋，一楼各有一间屋子，二楼还有六扇窗。于是，狄更斯便安排把它建在罗彻斯特大街对面那块属于自己的土地上；在那儿，小木屋掩映在一片雪松之中，而且狄更斯可以从那儿看见屋下的玉米田、远方的泰晤士河以及河上的帆船和汽船。最后，他还让人在道路的下方挖了一条地道，这样他就能从自己家走到小木屋而不受任何干扰；就跟建造装修小木屋一样，地道的修建也让他充满了几近孩子般的兴致和乐趣。他的一个孩子记得他满怀期待地看着工

---

① 狄更斯的儿子亨利和爱德华在盖茨山庄创办的一份家庭报纸，用威尔斯送给他们的一台小型印刷机印刷。

人从地道两端接近对方，也记得他在工人打通地道、完成工程后即兴安排了一个庆祝仪式。而这座小木屋本身，这个藏在大树间的秘密之地，就像是孩提时代的一个幻想。这成了他在春夏时节除盖茨山庄书房之外的工作地点，而且这个地方甚至采光更好也更有生机。他在这里装了一架望远镜，这样就能观察周围以及头顶的世界了；但更重要的是，他还在墙上装了一排镜子，这样他在桌子前写作时整个室内都会在阳光的照耀下闪闪发光。

1865年初的那几个月里，他继续创作着《我们共同的朋友》的下卷，而他的日常行程就是在盖茨山庄和《一年到头》的办公室之间"通勤"。1月，为了详细描述"黄金清洁工"鲍芬先生所看的读物，狄更斯还要了一份梅里威瑟的《守财奴的生活》："'喏，亲爱的，好好看看周围，找找有没有《一个守财奴的生活》或是任何这一类的书……'"创作着鲍芬先生衰败的情节；从办公室的窗户望出去看着滑铁卢桥上络绎不绝的人群；塞拉斯·维格唱着"美好的昔日"；萨里剧院发生了火灾。于是他的生活，不论是内心的还是外在的，都在继续着。2月初，他又去法国"旅行了一周"；别的不说，他"不断"横跨海峡是因为待在孔代特能帮他缓解此间常常发作的神经痛。但这永远也无法完全消除他的疼痛，而且到了2月第三周他的左脚又肿了，这让他十分苦恼。但这只是前兆，之后还会有更严重的疼痛和疾病袭来；福斯特说得很有道理，这代表了"他过去的生活和剩下的生活之间一道宽阔的分界线"。于是征兆不断增加，牢房的铁栅栏渐渐将他包围起来。狄更斯一直都相信靠决心和勇敢能战胜一切疾病，于是便对外声称自己只是因为在盖茨山庄附近的雪地里走太多所以脚冻伤了而已。不管怎样，这就是他第一次病情突然恶化的地方——当时他正带着两条狗琳达和淘气鬼一起散步，突然他倒在了地上，脚也摔瘸了。他费了好大劲才站起来，并不得不一瘸一拐走了三英里回到家，而两只狗一直悄悄地跟在他身边，从没有在他艰难缓行的时候离开他。事实上，他因自己宠物的反应深受感动，这进一步让他相信它们拥有与众不同的智力和性情（当时这种观念并不一定为人们广泛接受）。"淘气鬼抬头看着他脸时的表情既同情又害怕，"福斯特说，"但琳达完全吓坏了。"

他的病痛一直持续到春天，直到4月的最后一周才最终康复。那个月27号他第一次外出参加晚宴，然后几乎立马跑去了法国，5月的第一周都待在那儿。但他整体上的精神衰竭不可能那么容易就治愈了，脚肿也许只是其中一种症状，而之前的"缺乏创造力"显然是另一种。他为报纸经销人慈善协会做了一次演讲,还在那个场合上替发言时失去头绪的埃德蒙·叶慈"救了场"("我觉得,先生,当时我救了您!"他对叶慈说。"您太过自信了,可真是活该啊")。他又消失了三天左右,然后在那个月的20号对报纸媒体基金会发表了一个演说,在演说当中他回忆了自己当报纸记者的岁月。那已经是很多年前的事情了。当时,为了记录公共演讲他可以在暴雨中站上几个小时,可以乘坐驿马车在死寂的黑夜中匆匆赶路,可以和其他人一起坐在拥挤不堪的下议院;据在场的一位记者报道,观众们都"让那篇演讲的非凡魅力给迷住了"。但对狄更斯来说,他在讲述那些生机勃勃、精神抖擞的日子时心里是什么感受呢?那真的是很久很久以前的事情了。很明显,就在他做这个演讲期间,他也有些不对劲。不知什么原因,他在演讲结束后的几天里给奥斯丁·莱亚德写了两封一模一样的信,写第二封时忘了自己写过第一封。他需要离开这个地方。"工作和忧虑,"他在再次出发去法国之前告诉福斯特,"……会马上要了我的命。如果我不马上走,我会彻底崩溃的。现在没有人跟我一样明白我离死亡有多么近……"他告诉玛米,"很显然,是我让自己进入了这样一个岌岌可危的状态"。因此,他在5月底出发去了法国,并一下子觉得自己好多了;有可能是爱伦·特楠的陪伴缓解了他工作时紧张的神经。但接着发生了一些事情,一些将影响他余生的事情。

待在法国期间,他还创作了第十六期的第二章——他马上就要写完《我们共同的朋友》了——然后,他把手稿放在大衣口袋里(他有一只旅行提包,出门时随身携带,但不知为什么他从来不敢把自己的作品放在里面)回国了。他携特楠夫人和爱伦·特楠一起登上了这艘从布伦驶向福克斯通的渡船,而很有可能就是在这艘船上一位同行的乘客注意到了他:"和他一起的女士不是他的妻子,也不是小姨子,不过他在甲板上趾高气扬地走来走去,那种神情活像一个自命不凡的人,脸上的每一根线条以及手脚的每一个动作看上去都像是在傲慢地说——'看着我;好好珍惜你们的机会。我就是那个伟大的、独一无二的查尔斯·狄更斯;就因为这一点,不管我做什么都有理。'"他们三个人预定了头等车厢,然后乘坐了两点三十分依据潮汐涨落而定班次的火车从福克斯通前往伦敦。三十三分钟后他们经过了海德科恩镇,然后以五十英里的时速沿着铁路下坡向斯泰普赫斯特前面的博易特河高架桥驶去。那个时候,高架桥(事实上不仅仅是一座桥)上工人们正在进行维修工作，两条铁轨被移开并放在了铁路线的一边。而这个时候火车正在飞速驶向他们。负责维修工作的工头看错了一张铁路时间表，他以为火车还有两个小时才来，而本应给迎面而来的火车发出警告、提示任何障碍物的信号旗手违反了规定，离施工现场只有五百五十码。所以一切都太晚了。火车司机看见红旗便急忙刹车，但时间不够。他赶紧鸣笛让列车长关闸（当时还没有连续制动系统），但这还是不够。火车以每小时二十到三十英里的速度驶向了拆卸了的铁轨，跳过了那一段四十二英尺长的缺口，然后突然转弯脱离了铁轨，中间和后面的车厢都从桥上掉了下去，摔到了下面的河床上。所有七节头等车厢都陡然冲了下去——只有一节因为车钩挂在前面的二等车厢上幸免于难，而那节车厢上就坐着查尔斯·狄更斯和特楠母女。它翻出了铁轨斜挂在桥上，所以他们三个人都掉到了车厢的一个角落里。

狄更斯用木板作为临时替代物，将特楠母女弄出了底面向上的车厢，也正是这个时候他看见其他车厢就躺在河床底部。他像往常一场镇定沉着，又爬回车厢，拿出了一个装着白兰地的旅行酒瓶和自己的大礼帽。他在帽子里装满水，然后吃力地向下爬到了河岸，开始在那些奄奄一息和已经遇难的人之间忙碌起来。他发现一个颅骨裂开的男人，便给了他一些白兰地，在他脸上泼了一些水，然后把他放在了河边的草地上。那人只说了一句"我不行了"，然后就咽气了。一个女人掉在了一棵树上，脸上都是血；他也从酒瓶里给了她一些白兰地，然后等他再次经过她身边时她也已经死了。到处都是死了和快要死的人。"没有人能想象得出那种灾难场面……"他在一封信中说道，而且这是他最常用的评价——这一场景甚至对他来说都太过于真实了。一位年轻的乘客狄克森先生之后回忆说，正是狄更斯的鼓励和帮助让他有可能从一堆扭曲的碎片中被救出来。另一位乘客记得，狄更斯手里拿着装满水的帽子，"跑来跑去，尽最大的努力抢救并安慰见到的每一个受重伤的人"。再举一个例子就足以说明问题了。一个人在找他的新婚妻子，于是狄更斯就领他去了另一节车厢，并慢慢帮他做好心理准备，迎接即将看到的景象。他一看见她的尸体就转起圈子来，手高举过头顶，然后又放下了手，晕倒在地。正当他准备离开这一死亡现场时，他突然做了一件不同寻常的事情。他记起来自己的手稿还在大衣的口袋里，于是"一下子变得极度慌乱不安起来"，他又吃力地爬回了那节在半空中晃荡的车厢，把手稿取了出来。他说手稿只是弄脏了一些，不过现在都已经看不出来这场事故中的任何的污渍。然后他和其他幸存者一起乘坐急救火车回到了伦敦，威尔斯在查令十字街火车站接了他。到这时候他的镇定沉着顿时消失不见；现在他又到了伦敦，又安全了，他觉得"精疲力竭且痛苦不堪"。他那天晚上住在了办公室里，而威尔斯就住在隔壁，说不定狄更斯会需要他。

几天之后，狄更斯依然沉浸在这次经历中。他觉得很虚，但这种"虚弱病态"的感觉却是在头脑里而非身体上；他的脉搏很弱，也莫名地觉得紧张，坐火车的时候还会出现幻觉，以为车厢从左边翻了下去。事实上，那场撞车事故中火车并不是从左边翻下去的，但或许我们能回忆起来，今年早些时候他犯病的是左脚，而且肾绞痛在身体左侧发作——换句话说，这场事故很有可能对狄更斯健康状况比较差的那一边身体产生了相当大的影响，而且已有记录的血管损伤也因为他在经历斯泰普赫斯特那场灾难之后的莫名紧张而加重了。事实上，旅行成了最让他痛苦的事情，尽管他尝试通过立刻重坐火车来摆脱对它的恐惧。比方说，他乘坐了一辆火车回到伦敦去看医生以及拜访爱伦·特楠（这是毫无疑问的）。但这对他来说并不容易；不敢乘坐快车的他不得不搭乘一辆慢车，而且就连伦敦街上双座马车的声音也会让他焦虑。他停止参加一切公共活动，而且"这一打击"无疑对他的写作也产生了影响，是超越身体层面的影响；从事故中抢救出来的那一期《我们共同的朋友》的剩余部分出奇地无聊。不仅如此，也太短了——"自从匹克威克以来我就没做过这样的事情了！"——于是他不得不在校稿阶段加以扩充。

但其永久性的后果也同样严重。斯泰普赫斯特事故的影响"越来越多"，他在1867年这么评价道，而且一年后他也承认"我有时会突然有莫名的恐惧感涌上心头，甚至在乘坐双座马车时也会，虽然这极其荒唐，我却无法克服这种情绪"。这种突然的恐惧感一直是最明显的后果。他是一个视觉记忆和想象力强大的人，永远都在重温着那场事故也永远能预见自己可能再次陷入的撞车事故，他怎么可能不恐惧呢？他的儿子亨利回忆说，"我见过他坐在车厢里而火车突然有轻微晃动时的反应。那个时候他几乎会惊慌失措然后双手紧紧抓住座位。"而玛米也记得"父亲的神经紧张再也没有好过……我们经常看见他从伦敦坐火车回家时突然陷入一阵恐慌之中，浑身发抖，紧紧抓住车厢的扶手，满脸都是豆大的汗珠，而且非常痛苦。这种时候，我们从来不会和他说话，但会时不时轻轻触摸他的手。不过，他显然完全不知道我们的存在；在那一段时间里他眼前只有那个恐怖的场景。"于是，查尔斯·狄更斯强大的想象力变成了一个周期性、自觉性噩梦的媒介；以前他看到自己周围都是斯莫利特和菲尔丁笔下的人物，现在看到的却只是死人和将死之人。有些时候他甚至不得不在下一个火车站下车，走完剩下的路程。但这起事件像大火一般刻在了他的意识里，这一定还有更深层次的原因吧？在他的许多小说里，火车都是一种令人恐惧且具有破坏性的力量，尤其是当火车将伦敦的风景撕成碎片，然后从《董贝父子》中充满内疚感的卡克尔身上碾过去时，更是如此。这会不会就像他自己想象世界中的某些恐惧现在又复活了，就像他在写一部关于死亡的小说时斯泰普赫斯特的那些死人和将死之人将他重重围住一样？这起撞车事故不仅有可能让爱伦·特楠受伤了，而且无疑让他有暴露自己和她"另一个人生"的危险。最害怕的噩梦当时一定已经隐约可见，而且紧紧跟着他不放的是不是还有某种愧疚感和惩罚感，就像那辆火车曾追着卡克尔跑一样？正如他儿子说的那样，我们只知道狄更斯"有可能永远也不会完全康复"，而且他的确卒于斯泰普赫斯特灾难的第五个纪念日。

他在7月初回到了办公室，但他现在打算每次离开盖茨山庄的时间都不超过一两天。这个夏天和往常没什么两样，孩子从学校放假回家，他的朋友们也来做客并待上一整个周末。《盖茨山庄公报》还报道了一场板球比赛，但他的一个儿子因为缺席而特别显眼；5月初，阿尔弗雷德终于出发去了澳大利亚。他想成为一个牧羊的农民，狄更斯一直都因为自己需要赡养的家人太多而感到苦恼，因此他无疑很高兴看到这个儿子终于开始自力更生了。狄更斯仍然有很多事要做。他这时候已经草拟好了《我们共同的朋友》的整个计划，并希望能在8月底之前完稿。为了实现这一目标他写得非常勤快，而且从这段时间的笔记中也可以看出他在给小说收尾时有多么审慎："回到故事的第一章……有力呼应小说的第一章。"在为最后一个合期所做的笔记背面，他向自己解释了错综复杂的剧情，为大结局做准备。事实上，虽然斯泰普赫斯特事故之后写的那一期相对有些无聊，但此时似乎已经完全消除了；当他开始下一期时，他寻常的创造性和幽默又回来了，这从他对高贵却阴郁的威尔弗太太的刻画中就可看出来，"一副极其高兴的样子，却又无可奈何地颤抖了一下"。

他继续在盖茨山庄写作，8月的时候已经在写最后一个合期了。9月一到他就完成了这一期，然后他写了有生以来第一篇"跋"（而非以往的序言），在这篇跋中他说明了自己叙事手法的合理性并简要描述了斯泰普赫斯特事故的经历。"我满怀虔诚的感激之心，因为我记得那是我离与自己的读者永别最近的一次，除非有一天，今日我用来结束这本书的这个词也用来描述我的人生：终。"而这将是他最后一次用这个词。在这篇跋中，他在阐述自己的"方式"时也费心说明了每月连载这种形式的困难之处，这说明他在一定程度上很关心评论界对这本小说的评价。仆人们常说的话讲，评价"毁誉参半"，而其中最严厉的评价来自年轻的亨利·詹姆斯——"狄更斯先生作品中最差的一部；而且它就差在持续的枯竭感，而非片刻的难堪……"不过，《泰晤士报》的E.S·达拉斯声称，《我们共同的朋友》"在一部小说所应具有的高级品质上绝对优于《匹克威克外传》……"狄更斯有没有读到詹姆斯在《民族报》上的评论，这不得而知，但他肯定读到了《泰晤士报》上的新书评论。这在一定程度上说明了他对赞赏的需要，特别是这种相比他早期的小说更欣赏他后期作品的赞赏，而且事实上是他给达拉斯看了《我们共同的朋友》的手稿。这是他最想听到的话：他从未退步，他仍然在自己创造力的最高峰，他早期的声望没有被亨利·詹姆斯所谓的"持续的枯竭感"所替代。尽管斯泰普赫斯特事故对他产生了影响，他并不觉得自己才思枯竭，这一点从他在给《我们共同的朋友》收尾时仍在筹划着下一部小说——至少到了向一位美国出版商征求出价的地步——就可以明显看出。

　　他一完稿就想要再次逃离，其中一部分原因是为了治疗一直严重影响自己的神经痛。为了迅速完成紧急事务，他在伦敦的办公室里见了威尔斯，然后就去了法国。我们可以设想他是按照斯泰普赫斯特事故中那辆火车的路线去的法国，所以说，他这种想要一完成小说就离开的愿望在一定程度上也和他需要解决并战胜自己对乘火车的恐惧有关。他在布伦待了几天；因为从这段时间起爱伦·特楠和她母亲一直住在英国，所以他这段时间可能在孔代特帮她们处理一些遗留事务。不管怎样，他告诉福斯特，"我很疲惫而且一直不停地在海边散步"。他也提到自己的脚又肿了，但这似乎并没有让他停止散步——这是狄更斯拒绝向身体衰弱"投降"（他可能会这么说）的又一个例子。他从布伦来到巴黎，在那儿待了几天，然后再一次横跨海峡。他回来之后一直在盖茨山庄和威灵顿街的办公室之间来回赶，而且很有可能就是这段时间——肯定是在这一年——年轻的托马斯·哈代遇见了这位伟大的英国小说家。这应当是19世纪文学史上最重大的一次会晤,但就跟大多数这种情况一样,事实并非如此。当时在伦敦学习建筑学的哈代在这幸运的一天走进了查令十字街附近的一家咖啡店,然后看见了狄更斯。"我走上前去然后站在他凳子的旁边。我已经吃过中饭了,但我完全愿意再吃一顿,如果这样能让狄更斯跟我说话的话。我希望他能抬头看一眼,看一眼身边这个陌生的男青年然后说一句话——就算只是跟天气有关的话也可以。但他没有这么做。他在忙着算账单。所以我从未和他说上话。"

在伦敦的时候,他突然想到了下一个圣诞故事的创意——虽是一个自作多情的故事,但对中心人物的描写很引人注目。狄更斯曾描述自己是怎么想到这个创意的。"我坐下来想要找点儿灵感,心中很是沮丧地觉得自己当时已经劳累过度了。突然,你们之后会看到的这个小角色以及所有和他相关的事物都涌现在了我眼前,那真是叫人精神振奋,然后我只需在一旁观察着不慌不忙地写起来就可以了……"那个角色就是一个"卖廉价货物的小贩",一个坐在马车里四处走村串乡的旅行推销员,而且可能正好是狄更斯在肯特郡的大街小巷见过的那种人。奇妙的是,狄更斯在这个流动推销员的角色中竟倾注了许多自己的感情——仿佛在他现在的人生阶段没有比巡回推销员更像他的人。小贩的老婆走了,孩子也去世了;而他对一个年轻女孩有着绝对父亲般的关怀,这位姑娘"脸蛋很漂亮",有一头"亮丽的黑发"但又聋又哑(无疑是为了打造圣诞节气氛);他们两个人一起在全国各地跑。作为"廉价货物小贩之王",他的职业责任感意味着,他不得不向民众隐瞒自己的真实情感。"我这人天性就心细敏感,干完活之后总是觉得非常孤独。但我卖东西的时候会克制这种情绪,得维持自己的声誉(更不用说还得养活自己了),但一个人的时候这种情绪就会让我没精打采,反复折磨我。看见我们坐在马车上的样子,你也许会艳羡不已,恨不得拿自己的一切来交换,想成为我们。但看见我们下了马车的样子,你就恨不得想尽一切办法取消这笔交易了。"这和狄更斯自己在同一时期的哀叹多么相似,和他朗诵艺人的身份多么相似,于是我们很难不去认为他是在一定意义上描写自己的痛苦,或者说,是在这种他人的生活中看到了自己的痛苦。于是,他在现实生活的朗读会上朗诵这个故事时取得了巨大成功,这是完全可以预料到的。《泰晤士报》报道说,"这也许是这位伟大的小说家最出彩的角色"。

他在9月的第三周写完了这个故事，就在从法国回来后没几天，但这并不能说明他的身体恢复健康了。这趟旅程或许帮他恢复了对火车的信任，但也有证据表明正是在这个时期他有一次轻微或是短暂的"中风"。他自己告诉一位朋友，他只是"中暑"了并遵医嘱在床上躺了一天。事实上他早期的一位传记作家在1871年就记录说，狄更斯上一年夏天"在巴黎旅行时"经历了一次中风，他说"狄更斯先生突然中暑，让他的朋友们大为震惊。好几个小时他都完全不省人事，但最终还是苏醒过来并没过多久就回到了家中。"这听上去非常像是同一件事情，只是这位传记作家记的时间差了一年，而且证据本身也很显而易见；他事前收到了有一天会发生严重中风或大出血的警告。尽管如此，他还是选择忽略这些局部和具体的症状，继续他平常繁忙的活动：比方说，他在9月下旬卷入了更多作家协会和《一年到头》的事务，也在莱森剧院帮费希特改编《雷文斯伍德少爷》。特楠夫人也参与了演出（这也证明她和女儿们已经离开了孔代特），所以狄更斯作为非正式且未予公布的"剧本修改人"所做的努力无疑加倍了。

1866年新年年初，他不愿听取朋友的建议，决定开始在英格兰和苏格兰举行新一轮朗诵会。不过，他已经吸取四年前阿瑟·海德兰那次的教训，决定将所有后勤和经营上的事务都交给一家专业公司打理；1月中旬，为了和新邦德街的查普尔公司谈判，他北上来到伦敦，并让威尔斯作为自己的主要代理人（福斯特强烈反对狄更斯举办朗诵会，因此不适合担任这一角色），最终双方达成了一个满意的协议。但问题的关键是，狄更斯根本不应该辛苦工作，更别说完成一场长时间且艰苦的全国巡演。福斯特在传记中说，"这件事情非常令人震惊"。事实上，狄更斯本人也觉得整个1月和2月都很不舒服，那场火车事故的影响无疑依然存在，还有更常见一些的动脉硬化所造成的身体虚弱，这些都缠着他。他的医生弗兰克·比尔德诊断他"心脏肌肉缺乏动力"，而狄更斯也承认自己平常的"活泼劲儿"和"健康状态"有所减弱。他的脉搏也不正常，而且医生也建议他多休息。但他当然没法儿休息：他劝说自己相信朗诵会也许实际上会对他有好处，而且他还说医生们（他还征求了另一位专家的意见，和比尔德的诊断几乎一样）也鼓励他时不时朗诵一下。这听上去很像一个心急焦虑的病人把自己的话放到别人嘴里。福斯特解释说，狄更斯这段时间急于要巡演是他"想在最短的时间内赚最多的钱"这一自我加强任务的一部分，根本"不顾自己所要遭受的身体上的劳累"。这话不假，但并不是事实的全部。他再也没法儿让自己停下来了，就像他没法儿让自己停止呼吸一样。他必须不断往前。他必须在耀眼的煤气灯灯光下与自己的观众面对面。他必须在自己身边再创造出一个大家庭来。他甚至必须向自己证明他小说的效力和优点。

3月，他和查普尔公司就巡演性质和范围达成了一致。他想举办三十场朗诵会，并让他们支付自己一千五百英镑。一开始，他的预期在两千几尼左右，但他还是毫不犹豫地接受了这个较低的出价。确实，他似乎一直都在表明某种观点；他后来说自己通知这家公司，"我给你们出的价是每晚五十英镑、共三十场朗诵会，因为我早就清楚你们这个行业中没有一个人对这些朗诵会的真正价值有一丁点的了解，而我希望证明给你们看"。和往常一样（他也许会说），他是对的。查普尔答应负责处理所有生意和后勤事宜，并支付他的个人和旅行开销。该公司还在征得他同意后任命了一个叫乔治·多尔比的人安排所有事务；狄更斯之前见过这个人几次，但现在才真正开始了解对方。多尔比个子高、秃顶、身材粗壮，笑声响亮而且有一肚子的笑话。他恰好是狄更斯喜欢的那种人。他后来还"经营"了马克·吐温，而吐温说他"块头大且面色红润；充满生机、精力充沛；爱说话，说起来话永远不嫌累，永远活力四射；而且脾气总是很好，还会突然高兴得闹腾起来"。他有时候会有一点聒噪，而且有一个熟人说他"不是非常细致"；但他也有更为安静且忧伤的一面，据狄更斯的观察，这一面就表现在他的结巴中，而当他模仿别人的时候口吃就会消失。这几年时间里，多尔比和狄更斯因为工作而不得不接近，并没有破坏两人发展起来的真正友谊——两个人都是"专业"人士，两个人都很风趣且善于观察。此外，对狄更斯来说最重要的是，多尔比一直都非常谨慎可靠。多尔比记录下了自己和这位小说家的友谊，其中所展现的那个狄更斯比大多数后期传记作家所呈现的都要更为幽默轻松。不过，无疑也是多尔比让他展现出自己最好的一面；首先，他常常逗得狄更斯大笑，而且总会准备新的奇闻轶事讲给"头儿"（他对狄更斯的称呼）听。而且多尔比有一大堆动物本能——他可以头支着椅子倒立，狄更斯曾想尝试这个绝活儿，另外他的词汇量也很大。

所以狄更斯在他的陪同下开始了新一轮的朗诵会。这是他四年以来第一次长时间巡演，而且毫无疑问他像往常一样做了周密细心的准备。他还煞费苦心把上一年那个成功的圣诞故事——廉价货小贩的故事——改成了朗诵稿，并一个人私下排练了两百来次。但他对这个表演还不完全有把握，于是就约朋友们在索斯威克街上安排了一场私人朗诵会——狄更斯发挥了其有条不紊的天性，在这场朗诵会上按秒计时。观众有福斯特、勃朗宁、柯林斯、费希特等，而且据多尔比说，"大家的意见都是一致的赞许"。就连与他关系最亲密的朋友也被狄更斯的朗诵技巧惊呆了；还是引用多尔比的话，他们（还有普通观众）"都承认在那之前自己对狄更斯先生的改编或是朗诵能力只有一个非常模糊的印象……"狄更斯因此大受鼓舞，朗诵会就这样开始了。由多尔比做他的经纪人，威尔斯做他的旅伴，他在1866年3月23日开始了巡演的第一场，地点在切尔滕纳姆的礼堂里。他在那天表演结束后看见了麦克雷迪，并对一位他俩共同的朋友说他看上去"整个人苍老了许多"，而他觉得原因是麦克雷迪退出了戏剧界。这就好像狄更斯在变相安慰鼓励自己一样——向自己证明他应当继续忙个不停，而隐退后衰老的麦克雷迪更让他坚定了这一决心。狄更斯一行人从切尔滕纳姆又回到了伦敦（狄更斯得在皇家大众戏剧基金会上发表演讲），但之后又前往利物浦、曼彻斯特、格拉斯哥、爱丁堡、布里斯托、伯明翰、阿伯丁、朴茨茅斯……一直到6月巡演才在伦敦画上句号。这位伟大的小说家此时已经成了伟大的表演家。

三十二

公共朗诵会再次成了他生活中的重头戏，而且通过这些朗诵会我们或许能了解到他天赋的真正本质。他是靠巨大的努力和决心才掌握了朗诵技巧，就像年轻时精通速记法一样。最重要的第一步是准备工作——不仅仅是闲散地排练一两个小时，而是始终如一、井然有序且费时费力的改编和记忆过程。他排练廉价货物小贩的故事超过两百遍才觉得可以上台表演，而且事实上他大多数的朗诵会都是至少两个月辛勤努力的结果；在表情、姿势、语调和其他一切方面都下足了功夫。在根据自己的故事和小说改编而成的"读本"空白处，他还会加上一些笔记作为演讲风格的关键；《圣诞颂歌》中有"开心的""严肃的伤感""神秘"和"加快速度"，而在《炉边蟋蟀》中可以看到诸如"有力结尾"之类的提示。但我们并不清楚这些准备工作是否完全由他一个人完成；许多人都注意到他的演讲风格在不断改善，而且在他对其他演讲者的建议中也有一种对演说艺术明显非常专业的理解。所有这些都说明——或者至少提出了这种可能性——他有爱伦·特楠或特楠夫人作指导。当然，一直有观点认为这是他和特楠家保持亲密友谊的原因之一，而且这还是有一丝可信性的。当他背诵自己的台词，在盖茨山庄附近的小巷里大声喊，或在自己的书房里侃侃而谈，并一边排练一边删改自己的故事时，获得再生的是他的小说，还有他自己的身份。在1869年所做的一次演讲中他提到，"巴贝奇先生曾在《布里奇沃特第九论》①中说，仅仅一个说出来的词——一个抛到空中

---

① *Ninth Bridgewater Treaties*，Charles Babbage所著，作为对布里奇沃特伯爵弗朗西斯·亨利·艾格顿所著《布里奇沃特八论》的回应。

的音节——都可能在无限的空间里永远回响，因为它没有可以触碰到的边缘：没有它可能到达的边界"。也许在狄更斯的想象中，他自己的声音就是这样，随着山姆·韦勒或甘泼太太的话上升到空中然后穿过浩瀚的宇宙。

在这一过程中，这些故事也成了新的作品。常有评论说，狄更斯不喜欢有些观众在他朗读时对照他的书，而且他有一个很在理且很具体的理由；因为他朗诵的和书上写的基本不是同一个故事，而且有些人还会抱怨他偏离了文本。在准备这些朗诵会的时候，他就已经浓缩并修改了许多段落，删除了姿势和外貌的描写，改写了笑话等。他也会按照现场观众的反应来修改片段，并不止一次当场"插科打诨"或是即兴表演。他觉得自己能这么做是因为在上百次排练之后他已经对自己的故事烂熟于心了。有时候他还会在宣布完朗诵的标题后就非常招摇地合上提词本，凭记忆背诵起来。但有时候也会只是举着提词本装装样子，或是机械地翻过一页眼睛却从不看上面的提词。

1866年的春天巡演继续进行着。多尔比忙着处理所有业务上的事情，所以很少和狄更斯待在一起。威尔斯是一直陪在他身边的人，而且让狄更斯十分不安的是，他居然在去利物浦的路上盘问多尔比，以判断他是否合适这个工作。其实狄更斯自己也曾担心多尔比或许不是"一个足智多谋的人"。但多尔比通过了所有的考验，很快，他不仅和狄更斯一起坐在了头等车厢里，还总是在每家旅馆里预定休息室和狄更斯共用。也是多尔比在这第一趟同行的旅程中记录下了狄更斯的兴奋和热情。他只要一有时间就会去马戏团；在威尔斯和多尔比吹口哨的伴奏下，他在火车车厢里跳了一支角笛舞；他总是会准备好鸡蛋凤尾鱼三明治，而且会调冰镇的杜松子潘趣酒；有一次在一个火车站的饮食店他还因为自己随意加奶加糖而让女经理训斥了；在他的家乡，他像一个童话剧里的小丑一样躺在房子的台阶上。正如多尔比所说的，这是一个非常惊人的狄更斯，有着"魔鬼一般的钢铁意志和天使一样的温柔同情"；穿着厚呢短大衣、多耳赛斗篷，"轻松活泼地歪戴"着"宽沿"软毛毡帽；"铁丝似的胡子""灰白的络腮胡"，沟壑纵横、晒得黝黑的脸就像"一个北欧海盗"。在利物浦，三千人被拒在朗诵会的门外；在格拉斯哥，两个警察分队在市政厅的门口拦住人群；在曼彻斯特，观众的掌声和欢呼声太热烈了，让狄更斯激动地无法自持。这些充满欢乐和感激之情的场面很容易让他重新焕发活力，但那之间还有长时间的间隔，毫无疑问整个巡演在这些间隔中还是极其累人的。乘坐火车现在让他心神不宁且精疲力竭；多尔比曾记录道，他常常会喝一大口白兰地来给自己打气。（有一次，一节火车车厢着火了，这更是给他对乘坐快车的恐惧火上浇油。）这种生活非常艰苦：六点半起床，继续赶往下一个地点，躺在旅馆的床上却睡不着觉，吃得很少，而这整个过程一天又一天周而复始。福斯特说，"一定是劳累最终打垮了这个最强壮的男人……"但现年五十五岁的狄更斯并没有那么强壮。甚至在巡演当中他还忍受着自己称之为"心脏过敏"的疾病侵扰，而一直以来的焦躁不安和失眠也让病情更加严重。似乎只有这些表演才能帮到他的忙，而且在短暂的休息期间，他总是会就着一些香槟吃一打牡蛎让自己振作精神。除此以外他很少进食。在曼彻斯特的时候他因为感冒而嗓子哑了，所以不得不用嘶哑的嗓音朗读；伯明翰朗诵会上的一位观众注意到，他和1857来访时相比"显得疲态毕露"。5月，威尔斯告知妻子，狄更斯患上了头痛和他所谓的"前额神经痛"；狄更斯本人也说自己觉得非常沮丧"迟钝"，但他还是难改旧习，依旧试图不将这一面展现在旅行同伴面前。对他们来说，他还是那么乐观开心——威尔斯称之为"勇敢"——而且多尔比描述的狄更斯行为举止总是生机勃勃，很难从中发觉这个人刚刚经历过一次严重的精神打击且仍然饱受一次短暂中风的影响。但不管怎样这些影响确实存在；巡演快结束的时候他的左眼开始剧痛起来，而左手也突发"神经痛"。他每天都沮丧地继续着巡演，只是期望能有一天振作起来。他就这么继续着巡演，但当6月巡演结束时，他说自己"非常疲惫且精神不振"。但他做了一件出人意料的事情——巡演尚未结束他就已经开始和查普尔公司谈判，商谈第二年冬天再进行另一场巡演。现在什么都阻拦不了他了。

他离开家已经有三个多月了；当他南下来到盖茨山庄"休养、听鸟儿唱歌"的时候，这是他自3月以来第一次回家。这次巡演的总收入达到了五千多英镑，这一点无疑让他非常欣慰；他履行了与查普尔公司的协议，让他们得到了丰厚的报酬。然后他回到了伦敦，一部分原因是为了在各种晚宴和社交活动上"供人消费"（不过他似乎每周只让自己出去参加三四晚的活动），而另一部分原因是为了补上所有拖欠着的办公室事务和通信。他还必须着手发行自己作品的新版本，即"查尔斯·狄更斯版"：每月发行一份单卷本，定价三先令六便士重新排版，并由狄更斯本人重新作序，而他的每一部小说都会以这种形式发表，而且据简介中的说明，"作者会在右边的每一页附上一个解释性的小标题"。事实上，这是他有生之年最受欢迎的版本；书的背面有烫金的字体，而红色的封面上有狄更斯的仿真签字，或许可以说，这套书包含并标明了他一生的成就。

7月的大部分时间他都待在盖茨山庄，因为他有许多客人要招待，有些客人是他和家人邀请来的，有些客人则是不请自来的。不过他还是会去办公室，每周至少两天，而且心里一直惦记着之后要做的工作。不久，他和查普尔公司就下一轮朗诵会达成协议；他将获得每晚六十英镑的报酬（比上一次巡演提高了20%）并表演四十二晚，而查普尔和之前一样负责支付他所有旅行和业务费用。新一轮巡演将在新年开始，于是他计算了一下，这一年剩下的六个月里他不仅可以创作《一年到头》的下一个圣诞故事，而且那部他希望次年春天在杂志上连载的小说也可以酝酿起来了。他意识深处又一次有灵感和创意浮动着，但还没有一条结实的线索将它们结合起来。

整个夏天，狄更斯的身子一直都有这样或那样的不适。胃肠气胀和胃痛让他苦恼不堪，而且有两次他"显然心脏"突发不适。身体发出了更多警告；但狄更斯仍然选择忽视这些警告的严重性，说那和"空气"有关。当然，不管怎样他还是继续忙着自己的职责，其中包括和费希特在莱森剧院耗时但挺愉快的工作；这位演员兼经纪人即将上演迪恩·布什科①轰动一时的戏剧《大罢工》，而狄更斯在该剧的筹备过程中一直担任顾问。但他也在继续干着自己非做不可的事情。他已经开始了那一年的圣诞故事，还用自己的尴尬经历作为出发点——上一次朗诵巡演时他在一个车站的饮食店受到了女经理的训斥；通过在《马格比的男孩》中滑稽模仿这位柜台后的老泼妇，虽然晚了些，但他终于在文字上报了这一箭之仇。但这只是他在那期《一年到头》圣诞特刊所撰文字中的一篇；他还附上了许多其他故事，其中有著名的鬼故事《信号兵》，这不禁让我们联想到福斯特曾经评价过，狄更斯最喜欢讲或是听鬼故事了。事实上，那一年的圣诞特刊中几乎一半的文章都出自他的手笔，而且整个9月以及整个10月上旬他的心思都扑在上面。毫无疑问，在他人生的最后一个阶段并没有任何创造力减退的迹象；饮食店里那个男孩的滑稽描写之后紧跟着一个鬼故事，这两篇文章之前是一个失意男人的伤感故

① Dion Boucicault（1820—1890），爱尔兰演员、剧作家。曾被誉为爱尔兰的莎士比亚，王尔德、萧伯纳等都视其为可学习的大师。

事。最后这一篇或许是最有趣的，因为在两篇故事——《巴尔博克斯兄弟》和《巴尔博克斯兄弟公司》——中，狄更斯又回到了他笔下最不朽的幻想和形象。文章中又是一个萎靡不振、痛苦不堪的男人——对爱情失望，对生活失望，对不存在任何真正的童年和青年生活而失望。就像他之前那两篇圣诞故事一样，在这个故事中，一个忧郁的中年男子和一个小女孩成了朋友并处处保护她；当然，这之中丝毫没有性关系的暗示，而是那种忧郁的幼稚行为（狄更斯很擅长描写"成人模仿的儿语"），而且此时他所有和人类爱情有关的文章中都会出现这种幼稚病。

在激动兴奋的朗诵会之后，这年的夏天和秋天似乎显得十分平静，但其中也不乏戏剧性的时刻；他被迫射死了珀西·菲茨杰拉德送给他的那条叫"苏丹王"的狗，因为它一见到除了狄更斯之外的任何人就会猛扑上去（狄更斯非常正式地将它带到屋外的田里，然后对准其胸部开了一枪）；他还在和凯夫先生打官司，因为这位马里波恩剧院的老板控告狄更斯醉醺醺地出现在一场《黑医生》的演出中（并不属实）；他那位抛弃妻子的弟弟奥古斯塔斯在芝加哥去世了。然后，他的女儿凯特突然病得很严重，当时管那种病叫"神经热病"①，听上去好像和莱曼在这年早些时候观察到的现象有关系——他说她"恐怕不仅烧得精神涣散连身体也越来越弱……"然后，这一年接近了尾声：圣诞节的时候有一屋子的客人，而狄更斯向大家朗诵了他改编的《马格比的男孩》；圣诞节后的第一个工作日还举行了一场运动会，由狄更斯担任裁判和仲裁人（"全场赛跑。赛程全长——绕场一圈。第一名，十秒……"），而爱伦·特楠当时就在附近，她在罗彻斯特和叔叔住在一起。

新的一年，1867年，狄更斯将开始第二轮朗诵会巡演。其中间或有些小插曲打破了单调无聊的巡演生活；比方说，狄更斯正在火车车厢里即兴表演歌舞节目，突然他的海豹皮帽被风吹出了车窗；还有他们去爱尔兰时正值芬尼亚运动②的一个高潮，使旅行充满了刺激。当然，和往常一样，他还是会因为观众们的反应而至少感到片刻喜悦和振奋；他在信件中一再提到人山人海的人群、不可思议的掌声、眼泪和笑声。但到巡回结束的时候，他对这一切都厌倦了——厌倦闷热的屋

---

① Nervous fever，即伤寒（typhoid fever）。

② 芬尼亚组织，即爱尔兰共和兄弟会，该组织是19世纪爱尔兰人在美国和爱尔兰的革命民族主义组织，1867年在爱尔兰发动起义失败。

子、耀眼的灯光以及身体的疲劳。1867年5月13日的日记中，在简要记载自己在圣詹姆斯礼堂朗诵了"董贝与鲍勃"的记录旁边，他在"最后"这个词底下画了下划线。一切都结束了。但就在画上这一愉快的句号之前，他还在盘算着另一场巡演；而这一次是最艰苦且最费劲的。他很长一段时间以来都一直收到各种信件和请柬，请他去美国办朗诵会，而这些提议现在成了他和多尔比讨论的"主要话题"。他应该去美国，去他所谓的那块富有吸引力的"磁力礁"吗？他觉得自己能在那儿"发财"，但他没法想象没有爱伦·特楠的生活。他想要在美国取得和在英国一样的巨大成功，想要在美国也铭刻上自己的印记，但他只有拿自己的精神和身体健康冒险才能实现这一愿望。可是狄更斯现在满脑子都是美国。这已经成了"怀疑和优柔寡断的幽灵，与我同吃同睡，让我寝食难安"。可是啊可是，"那奖品看上去太丰厚了！"

他决定在没有拿到关于发财可能性的第一手报告之前不做任何重大决定，于是，6月的一个上午，他和多尔比步行穿过海德公园从帕丁顿车站去办公室的路上，两人商定多尔比应当在8月初去一趟美国以判断举办长期巡演的经济前景并视察可以用作会场的礼堂（他还会带上狄更斯为美国期刊所写的《乔治·希尔弗曼的解释》的手稿和另一个故事）。与此同时，狄更斯还下定决心要以一种更加直接的方式改变自己的生活。从3月底以来，他就时不时在伦敦郊区的佩卡姆①物色房子，有可能是为爱伦·特楠和她母亲租的。佩卡姆是个毫无特色的地方，仍然保留着一种离大都会生活十分遥远的外观；更重要的是，这里离新十字街的五铃客栈只有二十分钟的路程，而且狄更斯似乎断断续续地在那里租过房间。不过他花了不少时间才找到一幢合适的房子。那个月6号，他寄给威尔斯一封信纸上凸印着"ET②"图案的信，并在信中承认那位"病人"（爱伦）是妨碍他美国之行的"最大困难"。而且，6月份，爱伦的姐姐范妮无疑在从意大利回国期间住在了那里（她当时和丈夫T.A·特罗洛普生活在意大利）。不过，狄更斯的日记充分表明他或者爱伦在那个月21号找到了一幢合适的房子，而且第二天为了查看该房产他还在那儿等了她一段时间。房子在林登格罗夫路16号，是一幢安逸的两层小楼，屋子周

---

① 佩卡姆（Peckham）：又译佩克汉。

② 爱伦·特楠（Ellen Ternan）名字的首字母。

围有个大花园，坐落在一片田地之中。这比之前那一幢要更为生机勃勃，也更为气派。但首先得将它重新装修，所以装修完之前特楠一家一直住在临时住处。她们在7月18日搬了进去，那时候狄更斯好像回到了盖茨山庄。一般认为，不论是在临时还是长期性的房子里，狄更斯都和特楠母女住在一起，但并没有任何这方面的直接证据；他日记的记录太简略了，根本无法提供任何真正的线索。事实上，狄更斯同样有可能这段时间一直住在五铃客栈附近的出租房里——除此之外还能有什么更好的理由，让他在这附近选一幢房子吗？他（化名为查尔斯·特林汉姆）支付了林登格罗夫街那幢房子的费用，但他至少有可能只是定期拜访特楠母女而非和她们住在一起。他有时候会从新十字车站（从这儿去五铃客栈很近）回到盖茨山庄，这一点无疑也说明就算在特楠母女住在附近的时候他仍然保留着原先的住处。

8月2日，他陪同多尔比一起去了利物浦，在多尔比横渡大西洋之前"为他送行"。尽管他的左脚又一次肿了而且痛得走路得拄拐杖，他还是坚持去送行——两人登上轮船，大家都认出了他，不论男女都给他让座。不过，似乎什么都不能减少他自己的好奇心，而多尔比就记录说"他把什么东西都仔仔细细地检查了一遍，连高级包房里那个窄小的铺位也不放过，仿佛那是盖茨山庄的床一样，想确保它睡着舒服"。狄更斯在第二天回到伦敦，当天晚上在雅典娜俱乐部用餐，然后，因为腿瘸得厉害，实在没法儿走去火车站，他就叫了一辆双座小马车去了佩卡姆。第二天是周日，但他还是去了伦敦，特地为了去听听知名外科医生亨利·汤普森爵士的意见。汤普森诊断他由于走路得了"丹毒"——一种急性感染性皮肤病——这或许可以算作医生告诉病人他最想听的话的一个例子。但丹毒本身是一种很严重的病，有时还称作"圣安东尼之火①"因为它和神经系统的剧烈不适有关。狄更斯立即回到了佩卡姆，但第二天又来到了伦敦，想要再次找这位医生诊治；他左脚的状况此时太糟糕了，所以不得不在威灵顿街上的办公室里"卧床"四天。

在"卧床"这一周的最后一天，狄更斯觉得身子好多了，可以去外面坐车并

---

① St Anthony's Fire：一般认为这是因为圣安东尼修道会（Order of St. Anthony）而得名，传说中世纪时该修道会特别擅长治疗这种疾病。丹毒是皮肤及其网状淋巴管的急性炎症，皮肤表面炽热，有烧灼样痛，伴有高热畏寒及头痛等症状。丹毒的淋巴管炎症主要集中在表皮和浅层真皮，这个位置是痛觉小体的地方，成片的神经末梢刺激造成的疼痛非常明显，作者可能是这个意思。

去奥林匹克剧院看戏了。从那往后，他一直往返于威灵顿街和佩卡姆之间，当然同时还是确保定期回盖茨山庄。这段时间他一直在焦急地等着多尔比的电报，等着他从美国发来消息，不过，在此期间，肯定不能指望他闲得下来。于是，他便开始创作起那一年圣诞特刊的故事——这已经成了他的固定节目，但狄更斯是个伟大的艺术家，就算在最次要或临时创作的文章中也一定会融入自己的一些元素。这篇新故事——更确切地说应该是连载小说——题目是《死胡同》，而且这又是由狄更斯和威尔基·柯林斯合作的成果。笼统地说来，这是一个怪诞小说，将谋杀、逃跑和侵吞财务这些元素运用到了淋漓尽致的地步，而故事的背景设在一直让狄更斯魂牵梦绕的阿尔卑斯山地区。同样很有特点的是，狄更斯又一次将自己的想象力对准了一个谋杀犯的心理和意识，而这同一个圆滑、伪善的谋杀犯还在《追捕》以及之后的《艾德温·德鲁德之谜》中出现。他在佩卡姆创作这个故事，然后8月底的时候，他在办公室里把第一部分念给威尔基·柯林斯听。他想尽快写完，主要是因为他现在满心惦记的都是美国，别的事似乎都没那么重要了。

9月下旬多尔比从美国回国了，并一丝不苟地完成了他的"头儿"交给他的所有任务。他在华盛顿、纽约和波士顿视察了许多礼堂；他仔细计算了该项目可能的收益，还参照最近的美元汇率进行了换算；他会见了美国最有声望和影响力的人物，其中包括著名的P.T·巴纳姆①。多尔比马上从伦敦南下来到盖茨山庄——他到那儿的时候迎面传来了开饭锣声，狄更斯将其形容为"真正的娱乐性行业"——而他就是在这里向"头儿"宣布了他那全面看好的结论。狄更斯应该去美国。然后经过协商，多尔比将就此事拟定一个正式书面报告，并由狄更斯将其交给他的顾问们看（最主要的是威尔斯、福斯特和他的律师乌弗里）。但这三位先生都分散在全国各地，不方便聚到一起，所以狄更斯就自己写了一份说明，标题为《情况简单介绍》。他在说明中提出了多尔比的建议，但这份"简单"汇报主要还是论述了美国巡演可能带来的经济收入。

有许多事情需要安排，但没有一件比爱伦的问题更敏感、更重要。她一直都是他美国之行"最大的困难"，主要是因为他无法忍受离开她那么长时间，连想都

---

① P.T. Barnum（1810—1891），美国巡回演出团老板和马戏团老板，被认为是世界最伟大的巡回演出团老板。

不敢想。于是，在这些个月的计划和协商之中，他一直在策划带她一起去美国。当然，她不能以任何危及自己名声的身份同这样一个公众人物一起出行，而且他似乎一开始想到了让她公开以自己女儿玛米女伴的身份跟他一起去。玛米亲口说过父亲曾叫自己陪他去美国，最后因为这趟行程只是"出差"而放弃了这个念头。没错，他的袖珍日记本里有一条记录是关于横渡大西洋的女士高级包房的，"在船舶机械设备前面的两个朝前的卧铺"。这里的重点在于这两个卧铺；爱伦如果去的话，不会一个人去。但玛米没有去，尽管这个"出差"的借口听上去并不怎么可信。她似乎本来就很怕乘船，而且很有可能她一想到自己同行只是为了让爱伦有个正大光明的身份觉得很是厌恶。不管原因是什么，不得不放弃这个计划。但狄更斯并没有放弃，还没有。多尔比将先于他的老板去美国，以确保朗诵会的所有准备工作都准备妥当，在出发的三天前他还同狄更斯和爱伦·特楠一起吃过晚饭。而这事又有了一个新方案。从现存的通信中可以明显看出多尔比将去波士顿和狄更斯的出版商詹姆斯·菲尔兹及其夫人（狄更斯之前见过她也很欣赏她）磋商——想看看能否在不引起过分闲话或人身攻击的情况下让爱伦一同前往美国。因为爱伦有一个表兄弟理查德·史密斯·斯波福德就住在波士顿的北边，所以至少她还是可能以拜访亲戚为由分开去美国的。不管怎样，多尔比将从大西洋彼岸发回一个电报告诉狄更斯"行"或是"不行"；但狄更斯对前景并没有非常乐观，他还是设想到了多尔比周详的询问有得到否定回答的可能性。

与此同时，10月初的那几天他在做旅行的准备，而现在这趟旅行将不会有爱伦陪伴了，因为多尔比发来的电报上说"不行"。不过，繁忙的事务中有一件事很引人注意：他出发前七天，朋友和身边的人在共济会礼堂为他举办了饯行宴会。这是一个非常铺张奢侈的活动，就算是依照维多利亚中期的标准来看也是；总共大约有四百五十位宾客参加了宴会，而根据惯例还有一百来位女士坐在楼上的楼座里。穿堂和走廊里已经装饰上雕塑和奇花异草，英国和美国国旗交错摆放，礼堂的墙上挂着二十块装饰板，代表着这位小说家的作品，每一块上都是金色的字体。一位在场的宾客似乎觉得"这间雄伟壮观的屋子像极了一座神殿，专门用来纪念和颂扬英国最受欢迎的作家"。门猛地打开了，狄更斯进来的时候"整个屋子都响彻了人们的尖叫声，宴会席和楼座上都是挥舞着的手帕……而乐队奏响了一整支进行曲"。在晚宴期间，掷弹兵近卫团乐队演奏了莫扎特、梅耶贝尔、威尔第①、施特劳斯和奥芬巴赫②的音乐。大家做了饭前祷告，然后各种各样的人都发表了讲话（其中有兰西尔、特罗洛普和布尔沃-李顿），最后查尔斯·狄更斯本人终于站了起来。但他说的话没有人能听见，因为在场的客人全体起立，欢呼声经久不息；有些人把过道挤得水泄不通，把他紧紧包围住，有些人则直接跳到了椅子上。这时候狄更斯快控制不住自己的感情了。他想要说话却激动得说不出话来，据在场的一位客人描述，"他的脸上留下了两行热泪"。最终，他还是说了下去，谈到了美国，然后还趁机同一些人讲和，他引用了自己一篇圣诞故事里的话，打动了这些男男女女。"我心里很清楚，不论我明亮的眼睛在他们身上看到了什么样的瑕疵和缺点，他们都是一群善良、慷慨、宽容和伟大的人。[欢呼声]。"于是，在多次被欢呼声和掌声打断后，他就这样结束了自己的讲话："所以，借小蒂姆的话来说．'愿上帝保佑我们每一个人！'"他坐了下来，而欢呼声久久不停。

就在出发前四天，他回到了办公室做离开前的最后准备。珀西·菲茨杰拉德前去看他并注意到"这个面带倦容、精神紧张的男人刚刚还在看着一封匆匆送进来的信，现在又开始和某个商人接洽起来"。也是在这间办公室里，他给凯瑟琳写了一封简短甚至有些敷衍的信，因为凯瑟琳之前明显写信祝他"一路顺风"。他的信上只写了"很高兴收到你的来信和美好祝愿，我也很乐意回报你的好意。我有许多极其艰苦的工作要做；但这对我来说并不是新鲜事了，而且能按照自己的意愿来做这些事我感到很满足。"11月8日，他乘坐一节特殊的火车车厢——有人管它叫作"皇家特等客车"——从伦敦前往利物浦。威尔斯也跟他一起北上并好奇地注意到，狄更斯在午饭后"竟拿出一把大衣刷，然后拂去了所有掉在座位和地板上的面包屑"。11月9日，狄更斯登上"古巴号"向美国进发。

---

① Giusepp Verdi（1813—1901），意大利歌剧作曲家。

② Jacques Offenbach（1819—1890），德国作曲家，代表作有《地狱中的奥菲士》和《霍夫曼的故事》。

三十三

　　他受到了关照，住进了甲板上二副的船舱，这就意味着只要打开窗和门他就可以尽情呼吸新鲜空气。但他对这些大西洋渡轮的颠簸和摇晃还是不太习惯，所以他随身携带了一个药箱，里面装满了鸦片酊、乙醚和嗅盐。不过结果他发现吃烤苹果是预防晕船的最佳方法。和他同行的有他此时的新贴身男仆斯科特、新广告员朗兹和一个名叫凯利的事务总管，不过凯利糟糕的身体状况似乎让他的雇主极为不满。他还带了许多书，包括加里克新传记的校样；就像他对女儿所说的那样，他坐船的时候总是"如饥似渴地读书"。从他自己的描述看，这一趟航程中点缀着许多热闹的嬉笑时光——这都多亏了狄更斯欢乐活泼的个性——也见识了极其恐怖的大风；也许有人会说，有这位作家在的任何旅行中，这都是意料之中的事。他特别饶有兴致地描写了一次大风大浪中的礼拜仪式，牧师和会众一起摇晃颠簸着，这幅场面让狄更斯觉得"极其搞笑"。在这种情况下，他总是忍不住想大笑，这次也是一样："……我不得不在礼拜开始之前离开现场。"但毫无疑问在所有这些诙谐趣事中，他还抽时间思考了这个阔别二十五年后即将再度访问的国家，而且必须指出，在这二十五年间他对这个国家的看法从未有过任何实质性的变化。尽管他有许多美国朋友，很明显他还是不信任这个国家，觉得这个地方的人不是信奉"小聪明"就是推崇金融不法行为。

　　多尔比提前抵达波士顿，给这座城市带来了狄更斯即将来访的消息。据一份报纸的报道，在狄更斯的船靠岸前，"一切立即整理得井然有序。整个城市的街道在二十四小时之内清扫了两次。州议会大厦和老南教堂被不假思索地刷成了柔和的淡粉红色。"书店的橱窗里摆满了他的小说，而且市面上又出现了"小奈尔香烟""匹克威克鼻烟"和"曼塔里尼口嚼烟草块"。按照狄更斯朗诵巡演时的习惯，多尔比已经安排好让狄更斯在逗留期间住在一家宾馆里；在"第一站"波士顿，他将入住帕克酒店。多尔比已经决定，狄更斯不应免费供人参观——可以这么说——并要求酒店给予他的雇主绝对的隐私；所以酒店经理派了一名私人服务生去狄更斯的个人休息室里给他上餐，并在他房门口安排了一个仆人时时守着，防止有人进入。在他抵达前好几天，购买朗诵会门票的队伍就已经排成了一条长龙；吸引人之处不仅在于他本人的名气和才华，也在于这件事本身的新颖性，因为在美国从来没人见过狄更斯即将举办的朗诵会这种东西。门票开售的第一天上午，买票的队伍长度就已经过了半英里，而且许多人都是前一天晚上带着草垫、食物和烟草来排队的。

抵达美国后第三天，狄更斯和他的出版商詹姆斯·菲尔兹及其夫人安妮·亚当斯·菲尔兹一起用餐；狄更斯在这次来访期间还和安妮成了非常要好的朋友，安妮当时三十三岁，而她丈夫已经五十岁。而且从安妮的日记中可以找到对狄更斯充满好感的描写，尽管有些时候太过浪漫。第一次晚宴进行得很顺利——"他真是风趣幽默极了，"菲尔兹太太写道。但他其实有些心不在焉，同一天他写信给威尔斯，告诉他自己会通过他寄信给爱伦·特楠（"我亲爱的姑娘……"）。第二天他在自己的休息室里用早餐，然后开始了每天的朗诵会排练；他的房间里有一面很大的镜子，四边装饰着黑胡桃木，他很有可能就是在这面镜子前练习自己的面部表情。吃过一顿简单的午餐后，他在美国进行第一次长途散步，之后还有很多次，每次的路程在七到十英里间不等。一位记者注意到了他第一次远足时的穿着："浅色的裤子，两侧各有一条通到底的宽条纹；一件棕色外套，绑着一条深色宽穗带，有天鹅绒贴边；一件花卉图案的花背心……用一个镶有珠宝的环扣固定住的领结；一件类似和服的宽松夹大衣，袖子很肥大，翻领上绣了繁复的花纹；一顶大礼帽以及一副浅黄色的手套……"在通常穿着黑西装黑外套的波士顿本地人中，这是一套华美的行头，而一个名叫小约翰·莫尔斯的小男孩"清楚地记得狄更斯是他在街上见过的穿着最华丽的行人"。不管他在哪儿停下来，都会有一群人围上来。但总的来说，波士顿人还是很少去打扰他的。不过他去当地一家剧院时还是不得不隐瞒自己的真实身份，以避免引起任何麻烦。

12月2日，他的第一场朗诵会在特里蒙特礼堂举行。那天早上有一场暴风雪，但是到晚上天就放晴了；据《纽约论坛报》报道，"每条街上的马车都排起了长队，甚至排到了郊区……那些轻松欢乐、蜂拥着奋力向前挤的人群想要进到门里，而一旁没有票的人群则拉长着脸默默挤在门口看着他们……"观众中间有朗费罗、詹姆斯·鲁塞尔·洛威尔 [1]、奥利佛·温德尔·霍姆斯 [2]、R.H·戴纳 [3] 和查尔斯·艾略特·诺顿 [4]。观众们花了好长时间才就座，然后狄更斯在一阵响亮的欢呼声和掌声以及挥舞手帕的伴随下轻快地走上了讲台，他穿着缎面翻领的燕尾服，纽扣洞里插着红白两朵小花。"舞台布景"还是没变——一样的褐紫色背景幕，一样的褐紫色地毯，一样的桌子和煤气管。他没有以任何方式对掌声表示感谢，而是直接开始朗读《圣诞颂歌》。据大家（不仅仅是狄更斯本人）所说，不论是从鼓掌欢呼时间的长度还是喧闹程度来说，观众的反响都异常热烈。

他在波士顿还办了三场朗诵会，然后就来到了纽约，下榻于欧文广场的威斯敏斯特大酒店。酒店经理考虑得非常周到，为他安排了一个通向他房门的私人楼梯仅供他使用，而且和在波士顿的时候一样，酒店也派了一名仆人守在他房间门外，防止有闲杂人等擅自闯入。第二天上午他和多尔比参观了斯坦威音乐厅，准备在这里举行朗诵会，然后剩下的一天时间都在纽约城里散步。他在斯坦威音乐厅办了六场朗诵会，而且又一次获得了极其热烈的长时间鼓掌。他完美地记录下了酒店看门人对他说的话，"狄更斯先生，您太棒了，您的创意真是层出不穷啊！越来越好。接下来该怎样啊！"他在重现这些话的声音时明显很开心，我们从中也能察觉到他原先那种敏锐机智和观察力。但不能就此认为他在这次来访期间好好游览了这个国家——在最初的这几周里，他只是在波士顿和纽约之间来回奔波——但他根本没有兴趣去观察。他不再是1842年的那个年轻人了，不再从早到晚瞪大了眼睛迫切地想要了解一切。现在他只关心自己的表演，关心能从美国人

---

[1] James Russell Lowell（1819—1891），美国诗人、文艺评论家。

[2] Oliver Wendell Holmes（1809—1894），一般称老奥利佛·温德尔·霍姆斯，美国诗人、内科医生、散文作家。

[3] R. H. Dana，疑指Richard Henry Dana, Sr.（1787—1879），美国诗人、文学评论家、律师。其子也是一名律师和作家。

[4] Charles Eliot Norton（1827—1908）美国作家、社会批评家、哈佛艺术史教授。

民头上赚得的钱；多尔比几乎一拿到"营业所得"，狄更斯就把他那部分寄回了英国，而这时期他的通信也近乎乏味，一直在强调赚到的钱和预计赚到的钱。

1868年1月，他在纽约、波士顿、费城、巴尔的摩和布鲁克林举办了朗诵会；这对他个人而言是辛苦的工作，对他手下的人也是——不得不新招募了一些美国人。他们要为费城朗诵会的六千张门票编号并盖印，布鲁克林八千张；答复业务信件；安排广告事宜；准备账单；组织所有行程安排。作为回应的是美国人民的激动与兴奋。"人们会转身，然后再转身朝着我，看我一眼……或是对另一个人说，'快看！狄更斯来了！'"当他在火车车厢里坐下，人们就围在他周围，而且"在火车车厢里，如果我看见任何人明显有想和我说话的意图，我通常都会自己先开口。"但他的身体还是很差，"流感"恶化成了感冒和黏膜炎，而且在整个访美期间一直没有好转。这总是让他非常沮丧；他每天晚上只能睡三四个小时，还告诉乔治娜自己的头发掉得"特别快"。他的确一天天一周周老得非常明显。但与众不同的巡演中最与众不同的一点就是他一站到朗诵会讲台上就能恢复活力的能力；他有一种神奇的力量，不论他之前看上去有多么疲惫不堪、多么无精打采，他都能"及时振作起来"，而且甚至经常是事先越虚弱，表演时的感染力就越强。这样由于紧张而产生的充沛精力似乎一下子消除了不健康的迹象，就像一股电流穿过了身体。但那之后便是虚弱乏力、恶心和抑郁：它们并没有消除，只是被暂时压制住了而已，而狄更斯本人也完全意识到"一个能精神地表演两个小时的人，可能也同时有着抑郁和疲劳的强烈感觉"。

2月1号，他南下来到华盛顿准备在那儿办朗诵会；他拜访了约翰逊总统（"我们两人都牢牢注视着对方……"）并参加了一个晚宴，晚宴上有一位客人注意到他"紧张得不得了，动作非常快而且表情多得跟变脸似的"。在这个场合上，他听说了许多关于亚伯拉罕·林肯遇害当天的故事，特别是关于他遭暗杀前做的那个怪梦。然后，华盛顿的巡演结束后，他又去了巴尔的摩、费城、哈特福德和普罗维登斯。在普罗维登斯，当他在两名警察的陪同下并在一大群人的环绕下大步迈上酒店的台阶时，狄更斯对多尔比说，"这很像在弓街①上进一辆警车的架势，是不是？"但不论到哪儿都会感冒，都有暴雪，都刮大风。他这时候真的太

---

① 伦敦市的街名。

累了，所以决定取消几场已经计划好的朗诵会。他取消了芝加哥、美国西部和加拿大的朗诵会，这样就能比原本设想的提前一个月回家。而在这段时间他一直在给爱伦·特楠写信——2月写了四封。3月初的几天他终于有时间休息一下了，因为那一周正好赶上总统弹劾案，计划的朗诵会不得不取消。但这之后他又出发了。虽然短暂的休息没有让他的精神消沉和疲劳感有任何缓解，他还是去了锡拉丘兹（"我们……晚餐的时候吃了水牛，那真是一个可怕的噩梦……"）、布法罗、奥尔巴尼、纽黑文、哈特福德。可以让他宽慰的事情似乎只有计算所赚的收入——他估计他自己大概能赚两万英镑——还有看到热情观众时内心的激动兴奋。"他们习惯于在自己笑或哭的时候也鼓掌，"他这么评价波士顿人，"而且结果非常振奋人心。"一晚上他特别注意到，"一个戴孝的可怜小女孩因为小蒂姆突然悲伤地大哭起来，结果被请出场"。这段时间他一直在服用鸦片酊，只是为了能入睡（不过这种催眠药剂到第二天还会让他萎靡不振）而且他的脚突然又肿胀起来，让他痛苦不已。事实上，他瘸得十分厉害了，不得不到哪儿都拄着拐杖跛行，蹒跚地踏上美国街道上的积雪和半融化的雪泥。多尔比这个时候和他形影不离，就连在朗诵会上也会坐在讲台旁边，密切关注着狄更斯的情况。

但很快只剩纽约的最后几场朗诵会了。显然，一想到马上能离开美国，他显得非常兴奋，而在纽约的第一场朗诵会过后，他的情绪又高涨起来，在朋友面前即兴表演了一系列滑稽歌曲和"顺口溜"。第二天晚上他又办了一场，而菲尔兹夫人注意到他过度疲劳的一个迹象，"脸上和手上突然变得通红"。四天之后的4月18号，纽约为他举办了一个欢送晚宴；可是他的腿瘸得太厉害了，结果迟到了很久。他一整天都处于剧痛之中，连靴子都穿不上，最后多尔比只好驾着马车满城跑，想找一种叫痛风长袜的东西。不过最后他还是在约定时间一个小时后抵达了宴会现场，在《纽约论坛报》主编贺瑞斯·格里利的搀扶下一瘸一拐地进了宴会厅，一只脚上还裹着类似毛毡一样的东西。晚宴期间，乐队一直演奏着美国民族小调，最后他终于站起来说话了。"当人们暴风雨般的热烈掌声和欢呼声安静下来后，"一位客人回忆道，"狄更斯想要开口却哽咽了；眼泪顺着脸颊流了下来。他就站在那儿静静地看着我们，脸上红一阵白一阵，整个大厅里的人都深感同情和共鸣。不一会他终于开始说话了，不过声音还是有些颤抖，而我们都为他欢呼……"

几天之后他无法下床，而且变得疲惫不堪。那天晚上，菲尔兹告诉他人们将为他立一尊雕像来向他和他的英勇精神表示敬意。"不，别这样，"他以其一贯的风格回答道，"还是拆毁一座旧的吧！"然后，第二天，他登上了回英国的轮船。他离开酒店时一大群人围着他，附近的窗户里也有好多人向他扔来花束。那天天气很好，他沿着春光大街来到港口，要在那里登上私人拖船，然后去停靠在斯塔顿岛的"俄罗斯号"。狄更斯一看见海就说，"回家了！"菲尔兹和其他朋友一起陪他来到这最终的起航点。"当拖船的汽笛响起，除了菲尔兹之外所有人都离开了……那条瘸腿从栏杆上放了下来，朋友们都互相紧紧地挽着手，菲尔兹赶紧从一边下了船，然后缆绳解开了。狄更斯表示认可地拍了拍多尔比的肩膀并说了声'好样的'，于是大家都向多尔比投去欢呼声。大家又为狄更斯欢呼了一阵，然后拖船就喷着蒸汽驶远了。"留在岸上的那群人大喊"再见！"而狄更斯"把帽子顶在拐杖上，然后挥舞着拐杖回喊'再见'和'愿上帝保佑你们每一个人'"。安东尼·特罗洛普在同一天抵达纽约，因此狄更斯在"俄罗斯号"起航前在船舱里和他见了面；他发现狄更斯的脚虽然包扎了起来，但人明显非常高兴。

那狄更斯本人怎么样呢？这趟美国之行对他产生了什么样的影响呢？他两个儿子都认为这次访美之行对他的身体造成了损害。亨利说这事实上缩短了他的寿命，而查理则写道，"在美国的辛勤工作对他产生了极坏的影响。左脚的问题加重了许多，而且身体也变得非常不好。"但在关于这五个月的记录中还能挖掘出更多东西，卡莱尔读到福斯特在传记中对这段时间的记述时就觉察到："对有思考力的读者来说，那两趟美国之行所带有的悲剧意味完全超过了他大部分作品所展现的。"比方说，我们完全可以说狄更斯为了赚更多的钱几乎断送了自己的性命；为了获得更多"安全感"，他不惜冒一切风险。诚然，他还是个小男孩的时候，寻求安全感就是他那痛苦焦虑不安的生活中始终如一的一方面。而且也许正是从这个角度才能理解他美国之行的真正意义——在成年狄更斯走在异国他乡的这幅画面中，我们仿佛能不时看见小狄更斯走在伦敦街道上的样子。

和小时候所经历的一样，同样都是对安全感的迫切需求，同样都是那种人生的"凄凉"感；那年圣诞节他在从波士顿到纽约的火车上度过，并一声不吭地坐在位子上看着车窗外，这让人想起了他小时候坐火车从罗彻斯特去伦敦的那段旅程。在那趟列车上"我发现生活比我所预期的要伤感得多"。成年之后的他和小时候一样，还是饱受焦虑的痛苦折磨。福斯特曾表示，当狄更斯"不断遭受疾病侵扰"，他所谓的自己童年时"病快快的生活"无疑又重现了。但和过去一样，此时他还是选择不把自己的痛苦告诉别人，并再一次"默默忍受"。在别的方面，他也这样试图隐瞒自己的生活。正像他曾经向鲍勃·费金和作坊里其他工友隐瞒了自己父亲关在马夏尔西监狱的事实一样，他现在也向大多数人隐瞒了自己和爱伦·特楠的私通关系。还有同样的表演需求；在黑鞋油作坊里，他能像现在一样"用以前读过的一些故事"来逗乐他的小工友们。小的时候，大人们就觉得他是一个"天才"，而且现如今大家仍认为他是"天才"。小的时候，他也觉得有必要工作得很熟练且很刻苦，并在做工的时候尽可能多攒钱；而这一点从未改变过。久病不愈的身体、凄凉孤寂的感觉、秘密的生活、逗乐他人的需求、想要工作的强烈愿望以及对钱的兴趣——他生命最后几年中的所有这些都和他的童年如此相似。当然还有许多东西都变了。他再也不用在监狱里吃早饭了，他再也不恨自己的母亲和姐姐了，他再也不觉得自己"永远无法企及或赶超所有这样的成就"，他再也不觉得自己遭到忽视和羞辱了，而人们再也不会从钱多斯街的窗户里看见他给黑鞋油瓶贴标签了。但难道你不觉得所有这些压力在他之后的一生中仍然在促使着他往前进吗？这并没有卡莱尔所想的那么可悲，更确切地说，这是生活不可避免的一段过程——尽管查尔斯·狄更斯有天赋和所有这些名声，他还是回到了童年时的那种状态。仿佛发生在他身上的任何事都无法驱除那个小男孩的存在。仿佛到最后，除了他小时候第一次对世界产生的认知之外，没有任何东西是重要的。

三十四

　　"俄罗斯号"于1868年4月30日抵达了昆斯顿港，但狄更斯和多尔比没有急着回家。

　　第二天，他们在利物浦逗留，然后第三天乘坐早班火车于中午时分抵达伦敦。狄更斯并没有去盖茨山庄，而是去佩卡姆和特楠母女团聚，爱伦和她母亲两天前刚从意大利回来。他在那儿待了一周，中间偶尔回几趟伦敦。

　　他仍然一心想着《一年到头》的工作，并给自己确定了夏季固定行程，而且很少有不按其行事的时候；从周一到周四他都在伦敦工作生活，然后周末回到盖茨山庄，在那儿招待整个夏天陆陆续续到来的客人（其中有朗费罗和弗里斯）。事实上，他在这份杂志上的工作负担最后有如天意般的减轻了，不过狄更斯可能情愿这个原因不发生。他的儿子查理破产了，他造纸厂生意的钱全赔了而且还欠了一千英镑左右的债。这对他来说简直就是灭顶之灾，因为他有一个老婆和五个孩子要供养——狄更斯很迷茫，不知道该为他做些什么，不过最终还是决定叫他来威灵顿街和自己一起工作。于是查理就负责每天汇报"邮袋"的收信情况并回复大部分的信件。还有其他种类的家庭问题；他的女婿查尔斯·柯林斯这时候身体很差，而且狄更斯说，"我敢肯定——活不了多久了"。事实上，柯林斯得的是胃癌而且于1873年病逝，但对狄更斯而言，他去世这一刻绝对不算来得太早。一部分原因是他从一开始就不满自己女儿嫁给柯林斯（狄更斯去世后，乔治娜告诉安妮·菲尔兹，他有很长一段时间因为凯特"沉闷不幸的命运"而担忧），但另一部分原因是他对任何种类的身体虚弱都深感厌恶。

但也是在这期间，狄更斯的问题呈现出更为私人的一面。特楠母女似乎离开了佩卡姆林登格罗夫的房子——10月的时候特楠夫人住在哈灵顿广场32号，而在12月到1月之间她（很有可能）和爱伦住在沃辛的巴斯街10号。后来她们又搬到了沃克斯豪尔桥路305号的一套公寓房里。这些证据都有充分的细节却无法证实，而且也不完整，但至少说明从这往后查尔斯·狄更斯和爱伦·特楠再也没有住在一起或是住得很近。狄更斯自己似乎继续租了一段时间佩卡姆的房子，或许还花钱请人替他收拾屋子。尽管如此，并没有证据表明两人的关系有任何疏远——我们之后会看到，在他下一轮朗诵巡演的整个或部分期间，爱伦明显陪着他——而且甚至有可能在她母亲搬走之后她有时还偷偷待在佩卡姆。如果是这种情况，那到底是以什么身份留着我们当然就不知道了。但或许我们能从狄更斯即将开始写的那本小说里找出一些离题的句子，并转述罗莎·巴德对"情人"艾德温·德鲁德说的话。"'这才对啊小伙子。艾迪，我们要勇敢一点。从今天起我们就做兄妹吧。'

'永远也不结为夫妻？'

'永远不！'"

朗费罗来盖茨山庄拜访狄更斯时，他也注意到狄更斯"伤心欲绝"。

现在，除了继续努力工作之外狄更斯还有什么事情可做呢？7月底，他试图开始那一年《一年到头》圣诞特刊的故事，但他都是写了个开头就又放弃了；对他而言，现在这就是一系列乏味且程式化的故事，永远围绕一个主题展开，仅此而已。其中一篇草稿的一部分是在佩卡姆写成的；这是一个很短的片段，以一位傲慢拍卖商的口吻叙述，为《艾德温·德鲁德之谜》中的一些部分埋下了种子。这可能实际上就是狄更斯向威尔斯描述的那篇有可能发展成一本新书而非圣诞故事的故事，但就算是这样，这也只是一个片段。最终他彻底放弃了写这一年圣诞特刊的念头，尽管这种老方式明显很有经济优势。他似乎就是没法以原先的速度或是没有天生的旺盛精力来工作了，而且非常关键的是，福斯特在这个夏天竟察觉到"他那种天生的活力明显减弱了，也不如以前开朗通融，明亮的眼睛有时也会暗淡下来"。还有更加不祥的预兆，他补充说有一次"他看着自己右手边的店铺门只能看清楚上面一半的字"。狄更斯认为这是他正在服用的脚伤药产生了副作用，而且据福斯特说，没有人真的明白"事实上的确存在紧迫的危险"。

　　他的儿子爱德华（"普洛恩"）迁居澳大利亚时，他突然陷入了一阵相当不常见的强烈悲伤之中，尽管事实上他本人在送不满十七岁的普洛恩去澳大利亚内陆偏远地区寻求出路这件事上起到了很大的作用，这或许能在一定程度上说明狄更斯这期间紧张不安的状态。他在普洛恩和其他孩子身上都观察到同样的缺点——缺乏决断力以及好逸恶劳，他把这怪罪到了他们的母亲头上，但这同样有可能是从他自己家族里遗传下来的。为了给普洛恩移居做准备，狄更斯把他送去赛伦塞斯特农业学院读了八个月——他认为在这种情况下八个月足够长了——然后就派他去新南威尔士州和哥哥阿尔弗雷德一起干活。但他一直都是易受影响且非常脆弱的男孩，而且狄更斯对澳大利亚内陆偏远地区的了解仅仅来自于"书上和口头的描述"，就这样把儿子送到那里去生活似乎显得有些轻率。（不过，相信"书"上对现实生活的真实描写，这是典型的狄更斯做法。）可是到了在帕丁顿火车站的月台上送别普洛恩的那一刻，"那场面真是悲痛欲绝"。这是狄更斯儿子亨利的话，他还继续描写道，"我父亲在大庭广众之下抑制不住内心的悲伤痛哭起来，全然不顾周围的人"。在另一个场合上他还说"我从没见过一个人那么悲不自胜"，这说明当时狄更斯悲伤之情的迸发一定非常强烈。普洛恩本人当然也不习惯看到自己的父亲情绪那么激动，或许除了他公共朗诵时之外，所以一直扭着头不看父亲直到火车离站。不过他带了一整套父亲的书；对这位年轻人来说，这将是和父亲的诀别，而他还随身带着让查尔斯·狄更斯流芳百世的小说，这真是太令人感动了。

　　亨利·狄更斯此时花许多时间陪伴母亲。他在家的时候就是狄更斯的一大负担，而且狄更斯仍然常常抱怨这一点；他之前表达过去剑桥上学而不是直接工作的愿望，虽然狄更斯同意他上大学，但仍然心怀忧虑。事实上，在普洛恩坐船离开前一周亨利就进入了三一学院，而狄更斯非常认真地确保儿子得到的钱刚刚够他花。他一再重复的话总是绝不借债、必须自力更生，而他的警告也总是一样。不要浪费你父亲辛辛苦苦挣来的钱。记住你父亲在你这个年纪时过的是什么样的日子。尽管如此，他还是发自内心地为儿子感到骄傲，而且第二年亨利在三一学院赢得了奖学金，每年能获得五十英镑的津贴，这让他非常高兴。亨利从剑桥坐火车抵达海厄姆站，坐上父亲的马车时将这个消息告诉了他。一开始狄更斯只是喃喃自语"太棒了！太棒了！"但在回家的半途中他"突然情不自禁地哭了起来。转过身来朝着我，眼里满是泪水，然后紧紧握住我的手说，'为你祝福啊，我的孩子；为你祝福！'"亨利是他所有孩子中唯一一个取得一些成就的人。狄更斯有时候一定觉得自己是以其他所有人的幸福为代价取得了自己的盛名，但现在，他从亨利身上找到了些许证据，证明自己卓越的才华至少有那么一丁点能在他身后流传下去。

在其他方面，正如他所说的，这个世界就像一片墓地。就在普洛恩和他永别后几周，他的弟弟弗雷德里克因肺部脓肿爆裂导致窒息死亡——弗雷德里克，狄更斯还是一个年轻记者的时候曾带着年幼的他一起进出议院，他的教育和前途一直都是狄更斯最担心的事情，而且他也是狄更斯最亲的弟弟。他后来成了一个游手好闲的人，成了一个废物（不过他一直保留着他哥哥的那种辛辣幽默和喜剧感）而且最近这些年他的挥霍浪费和不负责任成了狄更斯肩头的又一大负担。但他病故的消息让狄更斯忘却了之前两人所有的争吵，他只记得那个自己像"父亲一样"照顾的聪明活泼的小男孩。他碰巧也是狄更斯最后一个健在的兄弟。"他虚度了自己的光阴，"狄更斯写信告诉福斯特。"但希望不会有人苛责这一点，或是苛责这世上任何并非有意和冷漠犯错的人……"这些话中有一种无奈却又宽恕的语气，很可能与狄更斯越发脆弱的状态有关；而且时隔十二年冷淡的敌意和怀疑之后，他此时也以之前从未有过的语气给马克·雷蒙写了一封言辞亲切的信。在生命快走向尽头的时候，他开始从更加长远的角度来看待事物，甚至包括那些曾经让他大动肝火的事情。

是多尔比告诉了狄更斯他弟弟的消息。他从一位和弗雷德里克住在一个镇子上的朋友那里得知他去世了，而当他把这消息告诉狄更斯时，这对他产生一个"严重的影响"——他"心中的悲痛"似乎严重得让他无法进行当晚在伦敦的朗诵会。但一看到礼堂和那张小斜面讲桌，狄更斯就像吃了兴奋剂一样；它们"清除了他心中所有的忧伤，而且在朗诵的兴奋之中他忘记了自己，也忘记了自己的痛苦"。这对他来说无疑是公共朗诵会一大无可估量的好处；就算是身体不适、未老先衰、精神消沉（他总是这么说自己），他还是在朗诵中精神振奋，并在扮演自己所塑造的角色中达到真正的忘我境界。他可以忘却自己是个终将一死的凡人。在他最筋疲力竭、最过度劳累的时候，也清楚地知道一旦"告别"演出季结束，他将十分怀念这些公共表演。

然而，那些和狄更斯最亲近的人仍然对这些朗诵的影响很不安。他们痛苦地看着狄更斯站在台上，知道这些朗诵会对他有什么样的影响。看着这个男人在观众面前彻底摧毁自己，这幅景象中甚至还有一丝太过危险、太扰乱人心、太古怪的东西。但现在没有什么能阻止狄更斯。至少其中两位观看《奥利佛·退斯特》朗诵会的朋友，查尔斯·肯特和威尔基·柯林斯有更加技术层面的反对意见。他们对这场朗诵会朗诵到赛克斯把狗拽出发生谋杀案的房间并锁上门这一幕戛然而止感到很不满。或许应该呈现出赛克斯逃跑并在雅各布岛的屋顶上失足摔下身亡的情节。一开始狄更斯非常反对这个建议——"听到这个小女孩的死，这世上没有一个观众能忍得了十分钟，"他告诉肯特。"相信我是对的。我站在那儿，我心里清楚。"但这只是他惯常的自信腔调，事实上他的确给这起谋杀案添加了一段简短叙述。他将《奥利佛·退斯特》中讲述赛克斯逃窜和死亡的那一部分浓缩了在三页手稿里，然后整个朗诵会就成了我们现在看到的模样。考虑到这场朗诵会的不同之处，狄更斯还给熟悉的布景添加了一些东西。两个巨大的紫褐色屏风摆放在了原有的背景幕布的两侧，就像两扇翅膀一样，而同一颜色的帷幕也挂了起来，用于挡住台上的其他任何空隙。换句话说，狄更斯创造了一个密闭空间，将他这位演员兼朗读者完全隔离开来——每一个姿势都清晰可辨，每一个动作都在煤气灯的照射下投在了深色幕布上。整个舞台变成了一座"恐怖剧院"。

《赛克斯与南希》的第一场公共表演于1869年1月5日在圣詹姆士礼堂举行。他已经排练了好多天，而且据多尔比说，表演结束时他"完全累虚脱了"；在他快步离开讲台后，观众们才恢复了镇定并意识到刚才在舞台上到底发生了什么——"他们听到的种种恐怖之事只是一个故事而非现实"。媒体的报道普遍都是好评，这足以让狄更斯坚定信心，将这个节目作为自己定期演出剧目中必不可少甚至最重要的一部分。这个故事他一周大约朗诵四次，而且世上似乎没有什么能阻止他这么做，就算是以自己的健康和生命为代价也在所不惜。对他来说，这个故事呈现出一种幻觉般的现实感。这几乎成了一种偏执的狂热。多尔比说，这是"我们必须与之抗争的最危险因素之一"，但狄更斯仍旧一意孤行。

第一场伦敦朗诵会结束后，他当晚又赶往爱尔兰。珀西·菲茨杰拉德在他即将上火车时看见了他，并注意到他看上去"疲惫憔悴、布满皱纹，焦虑不安，晒得黝黑发亮，脸上还带着忧伤的表情……"爱伦·特楠也来为他送别了吗？或者，是不是甚至和他一起去爱尔兰了？珀西·菲茨杰拉德的记叙中有一句拐弯抹角的题外话似乎暗示了这种可能性，因为当他借机告诉狄更斯自己马上要结婚了，"我记得他说，我必须让他把这个消息告诉和他同行的一个人。"和他同行的一个人……菲茨杰拉德没有详细叙述这个未给出姓名的同伴，但此人不大可能是多尔比、乔治娜或是其他任何狄更斯手下或家里常常提起的人。而且从狄更斯自己之后少有的坦白中也可以明显发现，在英国北部的朗诵会中至少有一场有爱伦·特楠的陪伴；所以她还是他的情人，而且——仍然是他本人出人意料地提及这一点——是唯一一个能告诉他那些关于他健康的"逆耳忠言"的人，而多尔比之类的其他人则不会。

但有些时候他身体不健康的症状明显得让他无法忽视。2月中旬他左脚的状况又糟糕了起来，医生们都坚持要求他取消下一场伦敦朗诵会并推迟即将到来的苏格兰巡演。狄更斯在伦敦待了几天——从他的通信判断，他明显非常不耐烦且烦躁不安，但还是决心要战胜病痛，重振雄风。脚上的肿胀最终消了下去，而且首次确诊仅过了五天，弗兰克·比尔德，用福斯特的话说，就不顾狄更斯家人和好友的"迫切恳求"而允许狄更斯出行了。多尔比注意到自己的"头儿"到达苏格兰时，脚"瘸得很严重"，但他努力用自己寻常的"活泼举止"来"掩盖"自己身体状态不佳的事实。那次巡演他在爱丁堡朗诵了《赛克斯和南希》，朗诵结束后又觉得"精疲力竭"，不得不躺在沙发上恢复体力并让自己镇定下来。喝了一杯香槟之后他又回到台上朗诵第二个节目，"那欢乐轻松的样子就像是刚刚开始这一晚的工作一样"。尽管如此，多尔比还是惊恐地注意到"这些突发的神经紧张并不像当时看到的那样那么容易消除，而是总会在晚上晚些时候重新发作，不是表现为极度的欢乐就是想要再次上台的愿望，或是表现为对再表演一遍的渴望"。这种想再次上台并再表演一遍的渴望，是所有表现中最奇怪的一面。

他的脚痊愈了，但身体和精神上缓慢而持续的损耗加剧了；他的老朋友爱默生·坦南特突然离世，他必须去参加葬礼，这便意味着他不得不拼命加速约克郡一场朗诵会的进程。为了赶上当晚去伦敦的火车，整场朗诵会他都没有进行正常的幕间休息，只是走到幕后用香槟润润嘴唇，然后回到台上继续朗诵，从《布茨》到《赛克斯和南希》再到《甘泼太太》。在回伦敦的火车上，福斯特发现他的朋友一副"'茫然'疲倦"的样子。这种不断努力、不停奔波以及同样的劳累有些近乎癫狂——而且在这个节骨眼上，他居然花了整个上午清理威尔斯的办公室，扔掉了所有东西，整理了各个柜子和角落，把自己弄得灰头土脸，但锲而不舍，决心要将一切都"规整到位"。

狄更斯回到了盖茨山庄，并觉得"十分心烦意乱"。在他的医生比尔德和一位专科医生沃森的联合声明中，他的病部分归因于"长期且频繁的铁路旅程"，而这一诊断狄更斯本人也同意。他说自己的不适在很大程度上都是因为坐火车时的"摇晃"而且他突然觉得自己再也无法忍受乘坐快车了。换言之，斯泰普赫斯特事故的阴影继续笼罩着他。他的饮食和作息都很正常，但他承认自己总觉得头晕眼花而且非常疲惫。他一直避免服用任何种类的兴奋剂，代替以往常喝的茶或咖啡，他现在依据顺势疗法开始饮用可可。他必须至少静养一个月，而且无疑因为不得不取消朗诵会及由此带来的收入减少而非常失望。但几天之后他就宣布自己"状态好极了"甚至准备好继续自己的伦敦生活，这在一定程度上也表现了他异于常人的意志力以及在表面上恢复健康的能力。不过这时候他也有些意识到自己的生命快要走到尽头了；或者说，他是不是甚至在初发的瘫痪状态中感受到了死亡的感觉呢？回到伦敦两天后，他给律师乌弗里写信请他帮忙起草遗嘱。这项工作完成得很快——于5月12日起草完毕然后在《一年到头》的办公室里签字生效。这一季度他没有在伦敦租房子，不想待在办公室时，他就会入住皮卡迪利大街的圣詹姆士酒店。在伦敦期间他会去剧院看戏，在华利餐馆或是科克街的蓝桩酒馆用餐；他爱去吃饭的其他小酒馆还有科克酒馆、舰队街的柴郡奶酪店以及德鲁里巷剧院对面的阿尔比恩酒馆。和他形影不离的伙伴之一是多尔比，而且在这段被迫离开普雷斯顿而待在伦敦的日子里，多尔比注意到"他开始出现的变化。我还是怀念他原先的活力和豁达开朗……"

但狄更斯对自己的身体状况装出一副若无其事的样子，尤其是因为他的美国朋友菲尔兹夫妇来到英国而他决定要盛情款待他们。狄更斯住在圣詹姆士酒店的一个原因也是为了和他们在汉诺威广场上下榻的酒店近一些。毫无疑问，他认为很有必要让菲尔兹夫妇对自己的健康状况安心，而在见到他们前写的一封信中，他解释说自己因一直坐火车影响了身体但现在已经"恢复正常"了。见到他们的第一天，仿佛是为了证明自己很健康，他带着詹姆斯·菲尔兹沿泰晤士河走了很长时间。菲尔兹及其夫人都留下了他们与狄更斯共同时光的记录。他带他们去了自己开始创作《匹克威克外传》的福尼瓦尔客栈里的房间。他带领他们参观了律师协会会所以及《远大前程》中的皮普曾经住过的房间，马格维奇摔了一跤的黑漆漆的楼梯以及皮普为他不受欢迎的恩人找的出租房间的窄街。不过这是一幅多么奇怪的画面啊，狄更斯指着这些住处的样子就好像他笔下的角色真实存在一样。好像他的小说是伦敦城里一砖一瓦中的一部分。好像这座城市里到处都是他的创造物。狄更斯在一个春日的夜晚走在伦敦的街道上，"一个天色已晚却仍在赶路的身影从我们身边匆匆经过而后消失不见，或者在转弯的时候徘徊了一下'好好看了看'查尔斯·狄更斯"，这不仅让人联想起他小说里的情节。

第二个月，詹姆斯·菲尔兹和安妮·菲尔兹夫妇俩又来到盖茨山庄和狄更斯同住；在那儿，依旧是更多的远足探险、更多的长途散步、更多的聚会和更多的晚宴。他们都坐着四匹马拉的大马车去了坎特伯雷，马车上还配有穿着红外套和长筒靴的左马驭者，而且就是在这里狄更斯为自己即将创作的那部小说找到了又一个线索。在这儿的大教堂里，他让一个看上去仅仅是种崇拜象征的宗教仪式弄得心情压抑沮丧，而这个仪式将在《艾德温·德鲁德之谜》中出现。也是在坎特伯雷，狄更斯给出了自己创作方式的一点暗示，因为在被问及哪一幢房子是《大卫·科波菲尔》中斯特朗博士的学校时，他笑了笑回答说好几幢"都可以算是"。也是在这儿，他非常高兴自己没让人认出来。一群人围在马车周围，而其中一个男人指着詹姆斯·菲尔兹大叫道，"那就是狄更斯！"狄更斯这时候递给菲尔兹一个小包裹并用足以让所有围观群众听到的音量说，"给您，狄更斯，请帮我保管好这个。"

这是狄更斯生命中最后一个完整的夏天——按照凯特·柯林斯和乔治娜·贺加斯的说法，这也是"一个非常愉快的夏天"。和以往一样，他仍是周末待在盖茨山庄然后总是在周四待在伦敦的办公室里处理"杂志编排"事务。威尔斯此时差不多已经不工作了，而狄更斯的儿子查理在避免了破产的耻辱之后，现在似乎接过了威尔斯的大部分职责。狄更斯自己在这段休养期间只给杂志写了几篇短文。但他还写了一篇关于费希特的文章，准备在《大西洋月刊》上发表，为了在这位演员开始美国巡演之前帮他提高点儿名气；但这篇文章关注的不仅仅是"吹捧"，因为在其中狄更斯再次谈到了一个显然无法回避的话题。狄更斯说费希特是一个浪漫的演员，尤其是还提到了被爱之人因为爱人的关注和热情而获得拯救并变得更加快活、更加美好的情况。"就像一个孩子可能会说的那样，我对自己说，'一个坏女人是不会有人用那种美好的柔情来对待她的，不会让追求者的心如此乖乖就范，也不会让这样一个小伙子流下这样的泪水的。'"而且，在对爱情的描述中，狄更斯再次把自己放在了一个孩子的位置上，用一种孩子般的洞察力，描写了一种真挚且近乎神圣的激情。

也是在这个时候，1869年的夏天，朗诵会造成的身体伤害刚恢复一点，狄更斯又一次急切地开始了一部新小说的创作。上个夏天他就考虑过这一可能性，并至少写出了一个片段，但直到此时他才觉得自己可以认真投入其中。可能这和他手上大把的"空闲时间"没有太多关系（上一年他也一样闲），而是和他的病情有更大的关系；身体的衰弱给他带来的打击以及死神发出的第一个通知似乎刺激到了他，让他再次想要表达自己的情感，想要写一部小说——这部小说中，在生命的表象之下到处涌动着死亡意象以及未得到回应的激情。

就像以前常常发生的那样，他一开始下定决心动笔之后紧接着又有了其他灵感，8月，他告诉福斯特自己"为新小说想到了一个非常奇妙且新颖的主意"。8月20日，他已经在给新小说考虑书名；他在一张纸上写下了一连串名字，共十七个，第一个是《詹姆斯·韦克菲尔德的伤心事》而最后一个是则《是死还是活》。同一天他写信给弗雷德里克·查普曼，提议出版这个售价十二先令一期的新小说；这说明狄更斯第一次意识到自己的创造力会像朗诵会戛然结束那样迅速耗尽，所以不再急于使用二十个连续月刊的旧模式了。而且市场情况也变了，四五十年代为人们所接受的到了六十年代晚期和七十年代就不一定是正确的方法了，因为这时候出现了穆迪租赁图书馆和铁路书报摊。用句流行的话来说，狄更斯自己从来不畏惧与时俱进。这是他能一直取得更大成功的秘诀之一。合同很快就起草好了，但在他的坚持之下，其中又添加了一个条款，规定倘若作者逝世或伤残，仲裁人将估算需要偿还给查普曼与豪尔公司的钱款。他不想以欺骗手段签任何合同，而对终止朗诵会给查普尔公司造成的经济损失也非常担心，这说明他在对待自己的出版商方面十分谨慎。合同直到那一年冬天才最终敲定下来，结果狄更斯将获得七千五百英镑以及凭自己的版权获得这最后一部小说一半的利润分红。

9月中旬，狄更斯真正开始了小说的构思。在这个月或是上个月的某个时候，他对福斯特详细说明了自己想到的那个"非常奇妙且新颖"的主意——一位年轻人遭自己叔叔谋杀，并且这起家庭内部的谋杀案直到凶手本人在死刑牢房里反思自己沾满他人鲜血的职业生涯时才揭露出来。这是一个非常吸引人的情节，而且还使用了鸦片作为揭露真相的催化剂，和威尔基·柯林斯的《月亮宝石》也有一丝相似之处。但这并不怎么符合狄更斯在8月20号想出的那一串书名和主题，因为当时构思的主旨是想让主人公消失后又在结尾处重现。狄更斯很有可能是开始在分期计划中草拟故事主线时才想到了谋杀以及让艾德温·德鲁德永远消失的主意。这就能解释为什么他在处理罗伯特·利顿的故事《约翰·阿克兰失踪案》时那么奇怪了——这是一个短篇小说，故事中一个年轻男子失踪了，到后来才发现其实是遭人谋杀了。他原先早就安排这部小说在《一年到头》上发表，但他接受这则故事时自己的小说主线还没确定，而当他一决定自己失踪的角色也是遭到谋杀后，就突然以极其简短的借口停止发表罗伯特·利顿的故事。换句话说，他不想让别人先声夺人，于是《约翰·阿克兰失踪案》就成了《艾德温·德鲁德之谜》的牺牲品。

狄更斯感兴趣的不仅仅是策划犯罪行为和侦察行动；他这个犯罪故事将建立在激烈且受挫的恋情之上，而且将通过剖析谋杀犯本人约翰·贾斯珀的心理来讲述这个故事。这并不是一种新的构想——在处理《我们共同的朋友》中的布拉德利·海德斯通以及《死胡同》中的欧本·赖泽时他就使用了类似的手法。但是，尽管贾斯珀身上有这两个人物的影子，在刻画这个人格分裂且受欲望驱使的男人时，狄更斯关注得更多的是攻击行为以及性迷恋的本质。正当狄更斯将小说情节和主题口述给福斯特听时，他真正且无法言传的兴趣正以自己的方式寻求出路。因此《艾德温·德鲁德之谜》在本质上成了谋杀侄子的叔叔贾斯珀之谜，而且小说的真正主题并不在于复杂的情节，而是如狄更斯女儿凯特所说的，在于狄更斯"对人物的精彩观察，以及对人类内心悲惨秘密的奇异洞察力……"而且怎么可能不是这样呢？当时他的公众生活的主旋律是《赛克斯和南希》的朗诵，而私人生活则是受到对爱伦·特楠似乎越发悲伤的爱恋控制着，小说主题以这种方式发展完全在情理之中。

不过某些关键主题从一开始就显而易见。第一个分期计划是以"吸食鸦片"开头的，然后一下子进入了莱姆豪斯和布鲁盖特菲尔兹[①]的世界，上个月狄更斯

---

① Bluegate Fields，是维多利亚时期伦敦旧城北部最差的贫民窟地区之一。

曾带他的美国出版商参观过。但也是在这个计划中，还出现了另一个地点——"大教堂镇贯穿始终"。在小说里这座镇子叫克洛伊斯特汉姆，而所有可考细节都说明它和狄更斯童年生活过的那座城市——罗彻斯特及其近郊——密切相关。于是伦敦就和罗彻斯特重叠在了一起。在生命的最后一段时光，他又回到了自己创造力的两大源泉。不仅是回到了这两个地方，还把它们合二为一了。因为这部小说所探讨的是分裂生活和双重人格的本质，所以其中莱姆豪斯和罗彻斯特聚在一起并在某种意义上互相叠加形成一个混合的想象风景，这并不怎么奇怪；这种重合甚至体现在地形的细节上，布鲁盖特菲尔兹的鸦片烟馆背后隐约耸现奇异且富丽浓艳的东部圣乔治教堂①，它却和罗彻斯特大教堂十分相似。他童年时的所见所感以及成年后的经历交织在了一起。

9月底，当他开始认真创作这个新故事时，这些元素当然都在他的脑海里；从现存的分期计划中可以看出，他对于小说开头的情节该如何发展心里都挺有数。而且，他已经同意让查尔斯·柯林斯来为这部新的每月连载小说插画。我们并不清楚这究竟是柯林斯的提议还是狄更斯要求的；但他似乎有可能非常乐意交给柯林斯这个任务，因为这不仅能让他的女婿有事可忙，还能给他提供一笔收入来源。不管怎样，狄更斯自己心里也很清楚，柯林斯本人的名声要比给自己上一部小说插画的马库斯·斯通更加响亮。为了让柯林斯提前做好准备，狄更斯还让弗雷德里克·查普曼把哈勃雷特·布朗以前设计的绿色封面寄到盖茨山庄。换句话说，他想让柯林斯在已经获得认可的模型基础上进行创作。现在他也准备好动笔了。秋天和冬天他常常去威灵顿街上的办公室，但没有像以前那样住在那里；他只是去那里工作。其他时间他要么待在盖茨山庄，要么待在佩卡姆，最后一部作品的一些构思和创作都是在佩卡姆隐居期间完成的。

10月的第三周他完成了小说的第一期，而且立刻在福斯特家"饶有兴致"地朗读了出来。石头、尘土、老教堂、过去的影子。这些是狄更斯此时呈现给读者的幻象中的一部分。这是他塑造过的最小也是最极端的世界，以布鲁盖特菲尔兹鸦片馆里奇怪的梦开头，然后又转到了"古老的大教堂镇"——克洛伊斯特汉姆。或者，是不是该叫它罗彻斯特呢？总之这时候又转变成了一个令人压抑、充满回

---

① St George in the East，是伦敦的一座国教教堂，建于1714—1729年。

声的地方；仿佛狄更斯正在自己脑海中以及童年故地的风景中寻找着人类激情更为奇异古怪的一面，寻找着能够永远提醒人们终有一死的东西。古代的故事，英国历史的故事。这对狄更斯来说并不是一个新主题——在十九年前为《家常话》所写的一篇文章中，他就谈到了"一座古老的大教堂镇"，其特征便是"满镇弥漫着的庄严、神秘、衰败和安静气氛"，却糟糕地体现在了"那死气沉沉地唱着无聊固定歌曲的声音中，那没有感情、有气无力的声音中……"他几个月前参观坎特伯雷大教堂时竟然因为这样"有气无力"的声音而大为失望，这真是太古怪也太意味深长了。狄更斯的人生中有些时刻总有某种感觉突然涌回心头，而且和之前一样强烈。

不过，在《艾德温·德鲁德之谜》中，所有过去的感觉都笼罩在狄更斯自己对时间和必死性沉痛思考的阴影中并因此变得更为深刻，这些思考反过来也诱发出了他最精炼的文字。"旧时光从坟墓、拱门和拱顶中发出带着霉味的叹息；阴影开始在角落里变深；石板的片片青苔上冒出了湿气，夕阳透过彩色玻璃窗在教堂中殿地面上投下的宝石般光影也逐渐消失了……大教堂里，一切都变得灰暗朦胧、阴森恐怖，而那沙哑单调的喃喃声像垂死之人的声音一样，一直不停，直到风琴和唱诗班的声音突然响起，才把原先那声音淹没在一片音乐的海洋中。然后，海浪小了一些，于是这垂死的声音又作了一次无力的挣扎，接着海浪又涨了起来盖过那声音，甚至拍打着教堂屋顶，在拱门之间翻腾，直冲教堂塔楼的顶端。然后海水退去了，一切又归于平静。"这是狄更斯作品中和哥特式小说最接近的一部，一部源自他童年记忆、混合着艰苦经历和自己内心奇怪声音的小说——"如果在任何情况下，活人能看见死人……"打破生死界限是19世纪哥特式小说最核心的特点，但无疑也处于狄更斯自己想象世界的中心；《大卫·科波菲尔》的开篇中就有孩子对死去的父亲从坟墓里爬出来的恐惧，这只是狄更斯受其影响程度之深的一个迹象。但现在，在他生命的最后一段时光里，他是带着多么不安的矛盾心理接近已死之人并思考死亡这一问题啊。

多尔比说狄更斯在这部小说的创作中遇到了比之前更大的困难；小说的创作让他"忧虑不安"，而且狄更斯告诉他自己怀念过去的压力。但事实上从手稿中可以发现，他在写作时还是相对比较轻松的，因为修改要比他之前的小说少。主要的修改都是些补充和扩充；这反过来又强调了在这本小说中狄更斯的语言似乎本能地更为简练且更为谨慎。《我们共同的朋友》在一定程度上建立在拐弯抹角的说辞和搞笑浮夸的语言上，而《艾德温·德鲁德之谜》要朴素得多，所有改正和补充只是让行文更加确切具体。这在一定程度上可能源于狄更斯想要保留自己能量的愿望，因为当时他也不确定那些能量能持续多久或是能有多大的效果；但更重要的是，他人生最后一个构想的能量和重大意义没有像之前那样激发他进行任何随心所欲的创作。当然，他在最近的那些小说中都探索了"秘密"生活、双重身份以及人格分裂的主题，而且也分析了在一个注重外表的社会里拥有面具和伪装的必要性。毫无疑问，所有这些问题似乎都和他的人生——就算在他创作这部小说时也不得不过的人生——有关。但在《艾德温·德鲁德之谜》中这些话题都在追求一个更宏大的构想中扩大并加强了，一个描绘教堂地下室深色柱子之间"光道"的构想，一个反思"潜伏在万事万物中的神秘之火"——甚至潜伏在古老教堂冰冷的石墙中——的构想。

11月，尽管染上了重感冒，他仍在创作第二期，并且在当月底写完了这一期。他试图加快进度，尤其是因为他知道自己现在得准备那个短暂"告别"季巡演了（已获得他医生的允许）。但他完成这两期时却惊恐地发现自己写少了；每一期都少了六页左右的内容，他必须马上补上这些空缺。他加了一个全新的情节，把第二期中的一章挪到了第一期，然后在第二期中新加了一章——所有这些都意味着他过早用完了自己的素材。他的插画师也让他很伤脑筋。查尔斯·柯林斯已经画出了一款封面的草图，但发现自己继续画下去只会让身体更加虚弱。所以必须马上换画家，于是狄更斯来到伦敦和弗雷德里克·查普曼商量此事。结果他发现了一位年轻画家卢克·菲尔兹。或者更确切地说，是约翰·埃弗雷特·米莱帮狄更斯找到了他——这位画家当时住在盖茨山庄，一天上午走进狄更斯的书房给他看了《图画报》的第一期。"我找到他了！"他大叫一声，然后指着一张插画给他的客人看，所指之处是由菲尔兹所画的《无家可归、食不果腹》。这种对社会苦难的现实主义细致观察正合狄更斯胃口，于是他给这位年轻画家写信想要看看他其他作品的样本。他看过之后也很满意，于是就把这个任务交给了他，对这样一位年轻的画家来说，这真是一个非同寻常的殊荣及机会。就这样，问题解决了。圣诞节前三天，狄更斯也完成了所有必要的重写工作。

但就在最后一个朗诵会演出季前一周左右，他身体上的病痛又发作了。多尔比注意到"他身上出现了一种缓慢但持续的变化……",而且圣诞节那天他的脚肿得太厉害,不得不待在自己房间里。因为疼痛和身体不舒服,他没法走路,但到了晚上,他还是一瘸一拐地跳下楼梯来到客厅,加入家人晚饭后惯常的庆祝活动。这是他在世的最后一个圣诞节;他总是在自己的作品中庆祝颂扬这个节日的恩典,但现在只能以一个病人的身份来过这个节日了。他躺在沙发上看着其他人玩游戏。这个时候他在想些什么?至少有一条线索可以让我们猜测他当时的心境。家人们在玩"记忆游戏";这是狄更斯从来都难以抗拒的一个游戏,在看其他人玩了一会儿之后,他也决定加入其中。亨利对他贡献的一个词记忆深刻。"过了好几轮后,我父亲成功记住了一长串词,最后一个是他自己贡献的那个词条,'河滨马路30号沃伦黑鞋油店'。他说这个词条时眼睛中闪过了一道奇怪的亮光,嗓音也奇怪地变了一下音,这一下子就猛地吸引了我的注意力,给我留下了鲜明的印象,记了好一阵子。"河滨马路30号沃伦黑鞋油店。那家黑鞋油作坊。他童年做苦力并忍受耻辱的地方。他所有痛苦的来源。但这个名字对他的家人来说没有任何意义;没有人知道他的过去。只不过是一个圣诞游戏中的一个词条罢了;但对狄更斯来说,这个词条意味深长,代表着他整个人生的秘密。然而,这依旧是一个谜,甚至对那些最了解且最爱他的人来说也是。尽管这是他第一次公然暗示那一段可怕的时期,他的家人在读到福斯特所著传记之前都不知道他那段早期生活的真相。

第二天下午,在惯常的节礼日①运动会之后,狄更斯对在场客人和比赛者发表了一个简短的讲话,结尾的时候他说"但愿我们来年再办一次"。但这一愿望没有实现。新年前夕他参加了福斯特家举办的一个聚会,并在聚会上朗诵了自己新书的第二期。午夜钟声敲响时,宾客们举着酒杯站起来庆祝这一辞旧迎新的时刻。后来一位客人说"我之后再也没见过他"。

---

① 即圣诞节后的第一个工作日。

三十五

　　新的一年，也是狄更斯生命中最后一年，他打破了一直以来恪守的原则——小说创作和公共朗诵会同时进行。他试图不让朗诵会妨碍到自己的写作，尽管如此还是每周在圣詹姆士礼堂出现大约两次，此外他还觉得有必要花时间再次"记熟"朗诵内容。不过，没有证据表明他愿意放弃这共十二场表演的"告别"季；他需要这些钱（或者认为自己需要，这两者之间也没什么差别），但他也觉得对其他人负有责任。他对查普尔公司上一年在自己身体虚弱时对自己的体谅大为感动，据福斯特说，单单这一责任感"就给他提供了坚决把这些朗诵会完成的强大动力"。

　　事实上，狄更斯非常积极地期待自己和观众的下一次约定。多尔比透露说，当托马斯·沃森爵士允许他进行最后一批朗诵会时，这一消息"让他又燃起了新的希望，并帮助他（我们希望是）完全康复"。所以，他心情愉悦地在1月11日开演了，而福斯特注意到，虽然狄更斯从美国回来后说话明显有些粗哑刺耳，现在又找回了"之前的细腻柔和"而且"音调缓和"，有种"告别的淡淡伤感"。他还在三天上午举办了朗诵会，这是为了方便"戏剧界同行们"，因为他们晚上都有演出无法观看狄更斯的表演。这自然也大大影响了他的体力，这时候，无疑是在他家人的强烈要求下，弗兰克·比尔德陪着他并在每场朗诵会前后都检测他的脉搏。他的记录保留了下来，从中可以清晰地看出狄更斯的脉搏如何随着每一个故事结尾的临近而加快速度。第一晚他的正常脉搏为每分钟七十二下，但很快就再也没有低于八十二次了，而到了最后几晚脉搏升到了每分钟一百多次；在每场朗诵会当中，脉搏也在不断升高，而且在他以《大卫·科波菲尔》结束最后一场演出时升到了一百二十四下，这事实上是在所有《赛克斯和南希》表演之后达到的最高纪录。所以说，他的身体对其工作做出了反应，显露出缓慢但持续恶化的迹象。而且他儿子查理甚至认为这最后一批朗诵会害了他的性命，他记得弗兰克·比尔德曾对他说了一些完全算不上让人安心的话。"查理，我在舞台旁边放了一些梯凳。你每天晚上都必须坐在那里，如果看见你父亲有一丁点踉跄，你必须马上和我一起跑上去接住他，然后把他扶下台，否则，我的老天，他会在所有观众面前咽气的。"

这期间狄更斯租下了海德公园路5号的一幢房子，主要是因为他想在朗诵会期间留在伦敦，避免坐火车在盖茨山庄和伦敦之间来回赶时经受"颠簸"。他又一次回到了"泰伯尼亚"①，而他在伦敦住的这最后一幢房子能直接俯瞰海德公园，窗户下面是现在的贝斯沃特路。他的卧室和书房在二楼，就在马路上方，但狄更斯似乎并没有被路上来往车辆的轰鸣声和混乱影响；他告诉多尔比，甚至拂晓时分他都喜欢听到运货马车驮着从帕丁顿车站运来的货物拉去市里各个市场的声音，因为这提醒他自己熟睡时世界也在活跃忙碌着。为什么他现在要在乎伦敦的噪声呢？毕竟这是他这一辈子都熟悉的事物啊。当然，他还留着佩卡姆的秘密"隐居地"，而那里的女佣也记得当时"特林汉姆先生"正在写"一本疑案小说"；所以我们可以假定《艾德温·德鲁德之谜》有一部分是在林登格罗夫完成的。

有些时候他会谈到死亡，特别是自己对突然死亡的渴望。"让闪电劈死与以诺②肉身升天最相像，"据说他说过这话，不过这话听上去并不像是从狄更斯嘴里说出来的。但这之中的观点还是足够清楚明白的。尽管如此，他还是下定决心要努力保持心情愉悦，至少是在别人面前。他的左手也肿了，不得不用吊腕带固定起来；因此他不得不取消了1月底和格莱斯顿③的晚餐，但毫无疑问还是继续在晚冬阴郁沉闷的天气里创作小说的第三期。在一定程度上，狄更斯很尊敬格莱斯顿，但不能就此认为狄更斯在这一阶段对他的信心多于对其他任何立法委员或议员的

---

① Tyburnia，是艾奇韦尔路（Edgware Road）西边的一个地区，在其与贝斯沃特交界处附近。这名字来源于泰伯恩（Tyburn），伦敦的一条流失河。该地区有出名的是泰伯恩树，那里立着一个绞刑架，是伦敦著名的刑场。

② Enoch，以诺，《圣经》中该隐的长子。

③ 格莱斯顿（William Ewart Gladstone，1809—1898），英国政治家，曾作为自由党人四次出任英国首相。

信任。而且他在政治生活这一话题上的最后一句评论意思再清楚不过了；2月，在他去世前四个月的时候，他对布尔沃·李顿说，"我们的政治体制不管用"。他这一生都在为下这个结论做准备，而现在，在某种意义上，他又拾回了自己之前对议会的憎恶和蔑视；他现在又像年轻时那样以自己所谓的"激进主义"而自豪。

日子一天天过去了。最后的日子。他于3月1日晚进行了人生中最后一场《大卫·科波菲尔》的朗诵会。两天之后，他和威尔斯一起去摄政街上的布兰查德饭店参加爱伦·特楠的生日宴会。那个月8号，他表演了最后一场《赛克斯和南希》的朗诵。在去舞台准备最后一次扮演凶手和受害者的路上，他对查尔斯·肯特低声耳语道，"我会把自己弄成碎片的。"几周之前他就向多尔比坦白，"在这样四处巡回演出的情况下，进行'谋杀'情节的朗诵真是一件疯狂的事情，而且比这更糟糕的是，还表演得那么频繁"。但就算他看到了自己的疯狂，他也没法儿停下来。最后还是继续下去。

这场朗诵会之后，狄更斯收到女王邀请来到白金汉宫面见女王。尽管他脚瘸了，但根据礼仪整个谒见期间还是从头到尾站着，而维多利亚女王则斜倚在沙发扶手上。他觉得她"不可思议地腼腆"，他这么告诉乔治娜，"而且行为举止像个小姑娘"。女王在自己的日记里形容他"非常容易相处，声音和举止都讨人喜欢"。那他们两位说了些什么呢？仆人问题，林肯遇害前做的梦（这个话题狄更斯永远都不会厌烦），狄更斯自己的公共朗诵会，十三年前她去观看《冰渊》演出的经历，美国人对芬尼亚组织的态度，国民教育，肉价。所以说，这两位维多利亚时期最伟大的代表人物就这么互相说着话，仿佛对自己所处时代的历史全然不知。后来有谣言说狄更斯获得了爵士头衔甚至贵族的爵位，但根本就没有这种事；不管怎样，他都决定一直做自己——查尔斯·狄更斯。

现在到了准备最后一场朗诵会的时候，最后一次在观众前露面。两天前，他为所有参与朗诵巡演生意的相关人士办了一场晚宴，然后，3月15日那天他开始为当晚的最后一场朗诵会做准备。那天他嗓子不好，不得不在上面敷了一张膏药。他就《艾德温·德鲁德之谜》第四期插画的事情见了卢克·菲尔德斯。晚上他从海德公园街来到圣詹姆士礼堂，准备朗诵《圣诞颂歌》和《匹克威克外传中的审判》；他的观众将最后一次听到埃比尼泽·斯克鲁奇、鲍勃·克拉奇蒂和山姆·韦勒的声音。礼堂里座无虚席，而朗诵会开始前好几个小时人们就围在摄政街的两个入口外面。八点整，狄更斯手里拿着书准时走上了舞台，看上去"明显非常激动"，多尔比说，因为这是最后一场演出。观众都起立欢呼鼓掌，好几分钟他都没办法进行下去。大家都看着他，而他则站在演讲台后面微笑着，那"消瘦的身子……穿着无可挑剔的晚礼服，煤气灯的一束灯光打在他身上，照亮了他那熟悉、泛红的脸庞上每一根线条……"然后，他终于开始了。"我觉得，我从没听过他朗诵得……那么精彩而又那么轻松，"查理说。查尔斯·肯特认为"他的表现可以说是登峰造极"。当他朗诵完第二个节目，即《匹克威克外传》里的审判情节，观众席中再次爆发出热烈的欢呼声和掌声，足足持续了好几分钟。他下了台，但因为观众的热情——几乎有些歇斯底里——数次返回台上。直到最后喧哗声和轰动的场面才平息下来。狄更斯最后一次站在他们面前，发表了一个为这一场合专门准备的简短讲话。"女士们、先生们，如果我要掩盖自己结束这一人生篇章时强烈的痛苦之情，那是毫无意义的——因为这既虚伪又无情。"然后他又简单地提到了自己举办朗诵会的十五年表演生涯，提到了自己对公众的职责和他们对自己的支持。他也提到了即将出版的《艾德温·德鲁德之谜》，然后，就在讲话快要结束时他的声音突然颤抖了起来——"……不过我现在将永远从这耀眼的灯光中消失了，带着一颗诚挚、感激、恭敬和深情之心向你们说一声再见。"观众席中先是一片寂静，片刻之后大家似乎异口同声地叹了一口气，然后，据他儿子回忆，"响起了我这辈子见过的最响亮、最热烈的欢呼声"。他下台的时候低着头，眼泪顺着脸颊淌了下来。但欢呼声和掌声经久不息；过了几分钟他又返台，再一次面对他的观众，举起双手放在唇上献了一个吻，然后永远离开了舞台；"那一晚他深受感动，"他儿子说道，"但也伤心颓丧极了……"这一切都结束了啊。而他眼前几乎已不剩下些什么了。对一个永远无法忍受告别的人来说，对一个把自己和观众读者的直接联系置于生命中心的人来说，这真是一个悲不自胜的时刻。

3月的第三周，在最后一场公共朗读会结束一周后，狄更斯把《艾德温·德鲁德之谜》的第四期念给福斯特听；福斯特又一次成了他的知己，而他仍在一定程度上疏远着威尔基·柯林斯，这一事实说明狄更斯在自己生命走向尽头时又回归到了自己最早的阵营里。他在这一场合还告诉福斯特自己的视力又出现问题了。他看不见店面上后一半的店名。几天之后，他还经历了一次痔疮大出血。所有这些迹象都指向同一个结论。但还是有一些事让他高兴起来。4月初，《艾德温·德鲁德之谜》的第一期以熟悉的绿皮封面问世了，而且立即获得了巨大成功。销量达到五万多册，而且评论界的反响也是集体庆祝这位小说家终于重新回归了自己的"旧"风格。小说真正的特色没有受到广泛关注，评论家反而都在赞扬其中一些角色所展现的幽默，例如石匠兜得儿和保守党"傻子"撒泼西先生。这就是为什么《观察者报》认为狄更斯回到了"他早期几部作品的水准"，但这部小说和那些作品所处的世界是多么不同啊。在《尼古拉斯·尼克尔贝》所附的"广告附录"中有类似穷人药片和男孩穿的轻骑兵套装等广告。而现在，在《艾德温·德鲁德之谜》中登的广告都是洗衣机和自发面粉了。

持续恶化的视力和痔疮意味着他每周至少要见弗兰克·比尔德一次，一般都是在《一年到头》办公室处理"编排"事务的前一天。尽管如此，他在4月5日对报纸经销人慈善协会发表演讲时，有一位观众评论说"他整个人兴高采烈，妙语连珠"。第二天他在白金汉宫参加了午后接见会，在这一特别的场合他被迫穿上了宫廷服，还包括一顶三角帽，但因为不确定帽子的角该朝向哪一边，他就把它夹在了胳膊下。第二天晚上他在海德公园路举办了一个盛大的招待会，宴会上不仅有约阿希姆弹奏舒曼和塔尔蒂尼的曲子，还有伦敦合唱团以及无乐器合唱俱乐部聚集在一起演唱。"每个人"都出席了——你可以说，这是他和"上流社会"的最后一次约会——但多尔比注意到尽管狄更斯本人和以往一样欢乐、一样生机勃勃，却"非常痛苦"而且看上去"精疲力竭"。

这个月颇为忙碌。他一天晚上去了马戏团，并看见一头大象倒立，这一壮举让他情不自禁大声说出了心中的疑惑——"他们从来没教过犀牛表演任何绝技……"他还去剧院看戏。和朋友一起参加私人晚宴。而且，在所有向他表示尊敬的礼物中，他似乎最喜欢一位成功的利物浦木材商乔治·候姆的礼物，一个银质的桌饰。乔治娜在一封信中对安妮·菲尔兹说，这是狄更斯在自己整个职业生涯中最"满足"最"开心"的一刻。这件礼物的一部分是一个放在桌子中央的银质装饰品，侧面都雕刻上了代表季节的图案——不过只有春、夏、秋，这样狄更斯或许就只会想起一年中更舒适宜人、更充满希望的那些月份。但他对福斯特说了一句透露自己这最后一段时间心态的话，"我从来都不看它一眼，所以想得最少的就是冬天。"即使他再也不会见到真正的冬天了。

玛米说，在这些繁忙的活动中他"很快也很容易就会累"，事实上他也同样很快厌倦了外出吃饭和四处交际。他变得越来越焦躁不安，于是在4月中旬就下定决心接下来这大半年不参加任何公共活动。他也厌倦了伦敦的生活，盼望能回到乡下，这一情绪在他此时正在创作的那一期小说中也有所表达——"如荒漠一般布满沙砾的街道上，许多人聚集在街巷的拐角处纳凉，也有不少人拖着脚在滚烫的铺路石上散步，发出单调得令人难受的声音。总之，一切人事物都显得那么粗糙、那么寒碜。"小说的进度很慢，他在调换章节的位置以达到自己想要的戏剧效果，小心谨慎但又焦虑不安，担心自己过快用完了素材。

但本来专注于小说创作的他又因为丹尼尔·麦克利斯去世的消息而心神不宁。这是他最年迈的朋友了，年轻时的他、福斯特和安斯沃斯组成了狄更斯第一个真正的朋友圈子，而晚年古怪孤僻的他只是让狄更斯回想起他们一起经历了多少事和多少改变。他无法真的从这位画家的死中"缓过劲来"——在一封信中他对福斯特说，自己总是"动不动就想到这件事，然后又用非常奇怪地方式不去想它"——这就好像在麦克利斯去世这一令人惊愕的事件中，他仿佛也看到了自己生命的尽头。他早先已经答应三天后在皇家艺术院一年一度的晚宴上发表演讲，于是他利用这个机会——至少，他有那样的自持力——不仅吊唁了自己老朋友的离世，也为他这一领域因此遭受的损失表示了惋惜。讲话快要结束时他又补充道："我已经觉得自己有些像威尔基提到的那个西班牙僧侣了，开始渐渐相信身边唯一的现实就是自己所喜爱的画［欢呼声］，看见或见过的所有瞬息万变的生活都只是一个幻影、一场梦而已。［欢呼声］。"其中一位宾客说那一晚的狄更斯，"看上去就像一个会活到八十岁并工作到八十岁的人。他眼中闪烁的光芒和生气让我印象尤其深刻。"但事实上，这是狄更斯的最后一场公共演讲。

那个月的一个晚上，年轻作家康斯坦斯·克劳斯在布尔沃·李顿举荐下来到海德公园路拜访他。他俩一起聊了一个小时左右，其间他告诉她自己正打算去德国待两年，并希望能"在女儿的陪伴下"去那里。他还和她讲到了盖茨山庄——"我很喜欢那个亲切的老地方；我希望，我能在那里合眼。"然后他还说自己的夜晚"大多都是在一个自己十分宠爱的女儿的社交圈子里度过，而且总是充满爱意地提到这位女儿"。或许，他口中说的"女儿"其实是爱伦·特楠？康斯坦斯·克劳斯最后问他，如果他还没完成小说就离世了会怎么样。"我想到过这个问题——偶尔会。"但他用更加乐观的语气继续说道，"你也知道，我们只能继续往下写——有一天就写一天。"

狄更斯此时正在创作的将是他的绝笔之章,而且他不仅为自己用掉了太多准备好的素材而烦恼,也担心自己不经意之间泄露了整个构思中的太多内容。但他还是继续往下写——罗莎·巴德到达伦敦,正在泰晤士河上泛舟,"然后,顷刻间,这座巨大的城市在河面上投下一个个黑影,黑黢黢的桥梁横跨河流,就像死亡跨越生命一样;常绿的花园仿佛被永远遗弃,再也寻不回,遥不可及。"这之后,他只写了几千个字,而他没有完成的这部小说反过来导致了大家所谓的"德鲁德争论"。德鲁德真的死了吗?贾斯珀是真凶吗?德鲁德怎么死的?那奇怪的戴吉利先生到底是谁?是女人还是男人?但在某种意义上,所有这些问题都没有抓住最核心的问题;狄更斯并不真的关心情节,至少不像这些猜测一样关注如此细节的情节问题。当然,这给那些喜欢游戏和解谜的人提供了不少无伤大雅的乐趣,却忘记考虑了狄更斯写作艺术的真正本质,而这一本质在这最后一部小说中与约翰·贾斯珀与众不同、令人难忘的刻画息息相关——或许是一个谋杀犯、无疑是一个鸦片瘾君子、一位艺术家、一位深陷单相思的恋人。就连在演奏音乐时,他都会让"'突然涌上心头的一阵野心、抱负、心神不宁、失望——叫它什么好呢?——弄得焦虑不安。'"或许我们可以管它叫作查尔斯·狄更斯自己的生活状况,一个奋斗、拼命工作且充满焦虑的生活,在名望耀眼光环下的生活。关于贾斯珀,狄更斯还写道,尽管"始终生活在伪装之中,维持和其他人表面上的和谐状态……"他却拥有一个"和周遭世界的道德没有一丝一致或任何交集"的灵魂。有可能就是在这天下午,写了一上午的小说之后,狄更斯坐在雅典娜俱乐部附近,"花白头发、面容憔悴,而且心不在焉,完全沉浸在自己缥缈的思绪中……"

那天晚上,狄更斯回到了盖茨山庄,并在那里度过了生命中最后一段时光。那个周末他散步或是写信。周六上午,在走完一段相对较短的路程后,他突然感觉非常累,而他的女儿凯特惊恐地发现他"变了好多"。但晚饭时他似乎好转了,而且饭后还是像平常一样抽雪茄并在院子里和两个女儿一起散步,空气里弥漫着紫丁香的甜美香味。然后他坐在饭厅里凝神注视着自己的新温室,那是饭厅的延伸部分,刚刚建成。玛米去客厅弹钢琴,而狄更斯听着她幽静的琴声,坐着赏花。凯特提到自己有一个决定想和父亲谈一谈——她想上台表演,好给自己和生病的丈夫挣一些钱——于是十一点的时候,等乔治娜和玛米都上床睡觉了,温室里的

384 | 狄更斯传 *Dickens*

灯也关了，父女两人便开始促膝长谈。他们一起讨论了她的计划，狄更斯并不赞成，因为他觉得演员这个行当里有些人"会让你毛骨悚然"。他们认真探讨了一阵，但当凯特站起来准备走时，狄更斯求她留下，因为自己还有些话要对她说。他谈到了自己对《艾德温·德鲁德之谜》的期望，"如果，老天保佑，我能在有生之年写完这本书的话"。他继续说道，"我是说如果，因为你也知道，我的好孩子，我最近这些日子身子并不太好。"他又讲到了过去的事情，但丝毫没有提到未来，在他女儿看来，"他说话的样子就好像自己的生命已经完结，眼前什么都不剩了似的"。然后他又对自己没有努力当"一个更好的父亲——一个更好的人"而表示抱歉和遗憾。凯特在之后一篇未发表的记述中说，他也提到了爱伦·特楠。父女两人一直聊到了凌晨三点才各自回房。

第二天早上七点半狄更斯就起床了，那是一个星期一——"务必麻利一点，"他对伺候用餐的客厅侍女说，因为他那一周有一大堆工作要处理。他早早地去了对面的小木屋，继续小说的创作，凯特和玛米在出发去伦敦前来这里看了他。她知道父亲讨厌告别，所以本来只是让乔治娜代为转告自己的问候；但当她在门廊上等待接她们去火车站的马车时，她突然"抑制不住想要再见父亲一面的强烈愿望"。于是她急匆匆跑到路对面的小木屋，爬上木楼梯来到楼上父亲工作的屋子。"他的脑袋深深埋在书纸堆里，我进屋的时候他转过头来看着我，满脸热切激动的表情。换做平常，他只会抬起脸让我亲一下脸颊，或许会用我们小时候他习惯用的'逗小孩子的话'跟我说上一两句；但这天上午他看见我的时候，把椅子往后一拉，张开双臂把我拥入怀中……"这是父女俩最后一次谈话。那天下午他溜着狗步行来到罗彻斯特，在镇子上买了一份《每日邮报》。好些人看见他倚在复辟公馆[1]对面的木栏杆上，而且"当时就有人议论说，这一期故事里可能会出现这座建筑物……"

第二天他还是和往常一样写作，然后和乔治娜乘坐马车前往科巴姆森林。他们一到那儿就退了马车，绕着公园走了一圈后走回了盖茨山庄。此时，我们不得不从他第一部小说中引用一段话，描写的几乎是一模一样的散步场景。"这一路走

---

① Restoration House 是一座位于罗彻斯特的典型伊丽莎白时代的公馆，因为查理二世在他王政复辟当晚来此处借宿过，因而才得此名。

得十分愉快：因为那是6月里一个舒适的下午，他们散步的那条路穿过一片幽深荫翳的树林，微风轻轻吹过茂密的树叶发出沙沙声，然后吹拂在他们脸上甚是凉爽；栖在枝头的鸟儿清脆的歌声让他们心情轻松愉悦。古树上爬满了一簇簇茂密的常青藤和厚实的苔藓，而柔软青翠的草地像一块丝质地毯铺在地面上。"6月里的一天。那个时候是，现在也是。我们在开头又看到了他的结尾。这是他最后一次散步，但早在三十四年前他就完美地预料到了这一天。那天晚上，他在温室里挂了一些纸灯笼，坐在饭厅里全神贯注地看着它们在暮色中的效果。

第二天，6月8号，星期三，他一大早就起了，精神矍铄。他和乔治娜就这部小说聊了一会，然后吃完早餐后直接去了小木屋，继续创作。一点钟他回到家里吃午饭，在温室里抽了一根雪茄后又回到小木屋继续忙着写小说，这对他来说可是很少见的，可见他满脑子想的都是这本小说。最后这几页他写得相对比较轻松，和以往相比修改要少得多，而且这最后一段故事是以对光的赞美开始的——"早晨明媚的阳光照耀着古城"——和他第一部小说《匹克威克外传》的开头真是遥相呼应。"第一缕阳光刺破黑暗，带来光明……"两缕光亮交相辉映，而在两束光辉之间便是狄更斯佝偻的身影。阳光甚至穿透了大教堂冰冷的石墙，并"减弱了石块上散发出的泥土气息"，这又让人联想起了他第一部小说，金格尔曾提起过同一个地方，"也是古老的大教堂——泥土的味道……"人生之圈就要完整了。他的第一部小说和最后一部小说。一个以光明和罗彻斯特开头，一个以光明和罗彻斯特收尾，一模一样。生命的圆圈。"因为，我人生就像是在绕着一个圈移动，"《双城记》中如是说道，"随着越来越靠近终点，我也在越来越靠近起点。"查尔斯·狄更斯此时正在走向他的终点，在这座他小时候见过一次便从未忘怀的房子里走向终点。他写完《艾德温·德鲁德之谜》的最后几个字——"然后坐下来，津津有味地大吃起来"；之后他又画了一个简短的螺旋形图案，这一般来说就标志着一章的结束。他在晚饭前一小时回到家里，而且看上去"很疲倦、闷不作声而且心不在焉"。等开饭的时候，他走进书房写了两封信。一封给查尔斯·肯特，在信中约定第二天三点去伦敦见他："如果我去不了……哎，那我就是再也去不了了。"另一封给一位牧师，作为对一些批评的回应，他宣称说"我在自己的写作中一直力求表达对生命的敬意并传递救世主的训诫……"

乔治娜是唯一陪着他的家人，他俩刚坐下准备吃饭，她就注意到他的脸色和表情都有些不对劲。她问他是不是不舒服，他回答道，"是的，很不舒服；刚才这一个小时一直都很不舒服。"她立马想去请医生来，但他禁止她这么做，说自己吃完晚饭后想去伦敦。可接着就出问题了。他突然发病了，但他试图压下去——他停了一会儿，然后开始说话，语速很快而且口齿不清，其间还提到了福斯特。她惊慌失措地站起来，叫他"躺下来"。

"好的，"他说。"躺在地上。"

但就在她扶着他的时候，他从她手间滑了下去，重重摔在了地上。他失去了知觉。一位年轻仆人立即骑上马向罗彻斯特飞奔而去，去传唤当地的医生斯蒂尔先生。斯蒂尔先生于六点半抵达盖茨山庄。"我看见狄更斯晕倒在饭厅的地板上。他失去了意识，一动不动。仆人们从楼上搬了一张长沙发下来，把他抬到了上面。我给病人用了灌肠法和其他疗法，但都没有效果。"他身上裹着好几条盖毯，头下枕着好几个枕头。

给弗兰克和狄更斯女儿们的电报已经发出。他们到达盖茨山庄时，凯特说她都能听见父亲沉重的呼吸声，"我们看见他毫无意识地躺在饭厅的一张沙发上，而我和他曾经就在那个地方说过话；那个地方突然之间阴沉了下来，一切都变了；只有天气依旧暖和无风，还有从新建温室敞开的门里飘来的花香，他曾经那么喜欢那些花儿。"他们整晚都守在他身边，轮流给他换热砖块，敷在他冰凉的脚上。他一动也没动过，但他们还是情不自禁地想，或许他会在突然之间苏醒过来然后一切又恢复正常。他们无法相信眼前神志不清的这个人就是查尔斯·狄更斯。但他依然一动不动。

"躺在地上。"这是他说的最后一句话。而且有没有可能晕晕乎乎的他重复了《艰难时世》中路易莎对她出格的父亲说的话，"'如果您抱着我，我会死的！让我摔倒在地上！'"当他不省人事地躺着，他笔下的其他角色有没有围绕在他身边，陪他度过最后一晚？他之前常常会回想起沃尔特·斯科特爵士去世时的画面，"虚弱晕眩、面色苍白，精神和肉体都因为其光荣的奋斗而崩溃了，而他自己想象世界中的鬼魂一直盘旋在他身边，然后渐渐消失在昏暗的远方"。他年轻时曾在美国，在自己名声最鼎盛的时候，说过这些话。那现在，我们能否看见狄更斯想象世界中的鬼魂在他奄奄一息之时徘徊在他身边呢？奥利佛·退斯特、埃比尼泽·斯克鲁奇、保罗·董贝、小奈尔、小杜丽、小扒手道奇、鲍勃·索亚、山姆·韦勒、费金、史蒂芬·布莱克浦、尼古拉斯·尼克尔贝、尼克尔贝太太、邦布尔、乔、马丁·朱述尔维特、鲍勃·克拉奇蒂、费金、克朗穆斯一家、艾德温·德鲁德、皮果提、狄克先生、芬沁先生的姑姑、甘泼太太、尤赖亚·希普、佩克斯列夫、米考伯、神童、杰里比①一家、斯墨尔维德一家、曼塔里尼一家、马夏尔西监狱之父、巴纳比·拉奇、无赖赖德胡德、赫薇香小姐、比尔·赛克斯、南希、斯迈克，所有这些角色此时都徘徊在即将离开人世的创造者身边。

但他周围还徘徊着其他他看不见的幻影，未来的幻影。现实生活中那些他此时抛在身后的人们的幻影。当他躺在棺材里，约翰·福斯特亲吻了朋友的脸颊，然后写道，"生命犹在，生活的职责也就依然还在，但于我而言生活的快乐已不复存在。"爱伦·特楠在之后几年拜访过玛米和乔治娜，并嫁给一位教师，自己则教授小学生法语和朗诵法。玛米和乔治娜与亨利住在一个屋檐下。亨利的孩子互相吵得很厉害。凯特画画，一直照顾她生病的丈夫直到他去世，然后改嫁。乔治娜和凯瑟琳最终和好。凯瑟琳在被迫分居十二年后终于成了名副其实的寡妇。西迪尼于两年后葬身大海。普洛恩破产了。阿尔弗雷德做着关于父亲的讲座。查理举办了父亲小说的朗诵会，设立一个名为"查尔斯·狄更斯后代"的圣诞基金。两个月后拍卖动产，他最爱的渡鸦格里普的标本卖了一百二十英镑。所有这一切都将一一发生。

他们整晚都守着他——弗兰克·比尔德、乔治娜、他的女儿们——但他一直未从昏迷中清醒过来。斯蒂尔医生第二天早上又赶来了，发现"症状依然没有任何变化，之前开始的鼾声和呼吸现在仍然继续"。他和弗兰克·比尔德建议再请一位医生来会诊，于是刚刚到家的查理发一封电报到伦敦："狄更斯先生病重。万分紧急。"但现在一切都于事无补了。罗素·雷诺兹应这急迫的恳求来到盖茨山庄，他一见到狄更斯就立马说，"他活不了了。"爱伦·特楠也被乔治娜请来了，那天下午到达后，出现在了奄奄一息的狄更斯床边。那一天他一直勉强拖延着，而呼吸声越来越大。晚上五点五十五分的时候他的气息突然弱了下去，然后开始呜咽起来。十五分钟后他深深叹了一口气，右眼中落下一滴眼泪，顺着脸颊滑了下来。然后他咽气了。查尔斯·狄更斯离开了人世。

---

① 《荒凉山庄》中的人物。

后记

那一天站在他身边的人中，没有一个真的希望他苏醒过来。他已经受了太多苦。他已经不成样子了。凯特曾说，"就算我父亲活了下来，他也会发疯的。"

他经历了什么？那个世纪还有三十年没过完。查尔斯·狄更斯在"维多利亚时代"的鼎盛时期离世。随着他的离去，那个时代的领头人也悄然离开了，那个时代的一部分灵魂和精神消失了。回过头去看着这一个生命的记录，我们能从中看到他所处世界的发展轨迹吗？他出生于世纪初，而且从未顺从于在他成年时期发生的变化和发展。维多利亚女王退位时他已经是英国最著名的小说家，而且在他的一生中，狄更斯毫无疑问一直是一位早期维多利亚人；50年代和60年代任何认识他的人都会本能地知道他的性情和眼力都来自一个已经消失了的时代，正像在我们自己的时代中，也可能辨别出那些在20世纪30年代或40年代成年的男男女女的显著特征。他是一个早期维多利亚人，更确切地说，是一个前维多利亚时代人；他有兴奋愉快的能力、激进主义思想和对社会改革的诚挚希望，他是一个在那个世纪头三十年赢得声望的人。乐于发现、相信进步、胸怀博大——所有这些都是那些和狄更斯一起成长起来的人身上的共同特征。从他的激情，从他的夸张风格，甚至从他的庸俗粗鄙中就可以看出他是一个从那个世纪初来的人。他去世的时候，大部分英国人身上已经不存在这些特征了；或者，更确切地说，这些特征变得更不显眼，并让务实、沉着的性格特征所取代。就像那个时代的整体发展是朝向集中化和统一化一样，所以早期维多利亚时代人的一心一意甚至古怪特质也被取代了。

毫无疑问会发生这样的变化，但这些变化或许只有在像狄更斯这样的个人生命进程中才能得到最清晰的体现。但我们在狄更斯的小说里也能发觉这些变化，不仅在其戏剧性和感性之中，也在其阴郁的诗意及其将现实世界转变成神话的能力之中。在狄更斯的作品中——在狄更斯自己的生活中——有这样一股显而易见的强烈欲望，想要包括一切、领会一切、控制一切的冲动。在这一方面，他是自己时代的一部分，用自己对世界完整构想的不懈追求证明了所处时代的精神。他笔下故事的错综复杂——势头、演变以及长度就足以说明——故事中包含许多幽默（从没有一个时期像那个时代一样能如此自嘲），如此关注最核心的人类进步，而又如此渴望超然存在。查尔斯·狄更斯是18世纪最后一位伟大的小说家，也是第一位伟大的象征主义小说家，而在这两种力量决定性的平衡均势中便是他写作艺术真正的力量源泉。他去世后报纸上的社论认为他完整详细地记录下了自己的时代，但他的功劳不仅限于此；他还让那个时代变得比那个时代的人自己所能想象的一切都要更宏大、更明亮、更广阔。他也有可能以自己的形象创造或再创造了自己的时代，但就像历史所展现的那样，他在自己身上强烈体验到了所处时代最真实的力量。从相对的高贵地位一落千丈，黑鞋油作坊里干苦力，雄心勃勃，永无止境的辛劳，充沛的精力，和现实做斗争，然后意志力的胜利；但随之而来的是疲劳和疾病；然后是悲伤和死神的最终胜利。所有时代、所有人都是这样，最终都会跌入无尽的黑暗。

因此，在某些方面，可以说他代表了维多利亚时代的时代性格，不仅在他的热切诚挚中也在他的多愁善感中，在他的热情中也在他的责任感中，在他的乐观主义中也在他的怀疑中，在他对劳动的信念中也在他的戏剧天分中，在他的狂热中也在他的活力中。于他而言，生活就是斗争，永远都是"战斗"，但这之中包含着鲜艳的色彩和壮观的幻象。这场"战斗"的本质显而易见。这不仅仅是他个人对抗这个世界和自己分裂人格不同需求的战斗；这也是一场时代的斗争，那个时代所有的力量都在他的阵营里，因为这场斗争是为了维持世界的凝聚性和最重要的人类延续性。在这种意义上，这也是一场对抗掩藏在他自己表面性格之下的自我怀疑、焦虑以及分裂的斗争，而这些也掩藏在19世纪不断进步的政治构想之下。

但这些都是泛泛而谈，和当时生活的真实现状或那个世纪的实际发展进程相去甚远。"生活是由琐事构成"：大卫·科波菲尔的话在这段历史中拥有一定分量，因为我们无疑是在狄更斯生活的"琐事"中找到了他作品的来源和手法，而正是这些作品成就了他的伟大。如此说来，不是"琐事"而是来龙去脉。狄更斯的小说告诉了我们，仅仅一个转瞬即逝的姿势、一个模样或是一种情绪就可以形成一整个意义网络。巧合、不经意的话语、不期而遇，这些都能改变一个人。一生奋斗拼搏的重要意义可以因为突然的混乱事件而改变。但这些不仅仅是小说手法。这是对社会本质的洞察，也是传记文学本身必须力求加以说明的。看着狄更斯一天天获得成功，自己生活中的小插曲决定着小说的发展方向，而小说反过来又改变了他的生活，信件、小说和对话中呈现的是同样的情绪和意象模式，同样的势头，同样的控制欲——于是，要了解狄更斯就是要将传记变成一种获得真知的媒介物，正如我们要牢记他小说的伟大之处或许就在于小说所展现的与生活截然不同的一面。我们一旦跨越了从人到作品的一大步，也就能开始描绘出从他个人到他所处时代之间那段难以想象的过渡阶段了。在他的一举一动、一言一行中，在他的故事、衣着、情绪中，甚至是在他失明和自我欺骗的那些时刻中，我们都能看见那个时代本身的轮廓——一个存在于他之中并通过他存在的时代，但也是一个存在于他之外的时代。这个时代也可以看作是一条条生命呼出的一口气，那个时代的灵魂；那个时代的气息；那些有名或无名的人们；他们之中就有狄更斯，我们逐渐了解的狄更斯。

他去世后几周内，家产的拍卖事宜已经准备就绪，乔治娜、玛米和凯特在盖茨山庄里，"走进每一间屋子，和每一个亲切的角落道别"。玛米写道，"我们三个这一辈子都是最好的朋友和伙伴，也一起走出了我们亲爱的老家"。三年后，凯瑟琳·狄更斯出席了伦敦环球剧场《董贝父子》的第一场话剧表演。看剧时，她突然悲从中来，泣不可抑。